Selected Readings in Korean

Selected Readings in Korean

Ho-min Sohn & Heisoon Yang

KLEAR Textbooks in Korean Language

Printed in the United States of America
11 10 09 08 07 06 7 6 5 4 3 2

This textbook series has been developed by the Korean Language Education and Research Center (KLEAR) with the support of the Korea Foundation.

Library of Congress Cataloging-in-Publication Data
Selected Readings in Korean / Ho-min Sohn.
p. cm. — (KLEAR textbooks in Korean language)
ISBN-13: 978-0-8248-2691-8 (pbk. : alk. paper)
ISBN-10: 0-8248-2691-4 (pbk. : alk. paper)
1. Korean language—Textbooks for foreign speakers—English. I. Ho-min Sohn. II. Series.

PL913.I5812 2001
495.7'82421—dc21 00–033782

Camera-ready copy has been provided by KLEAR.

University of Hawai'i Press books are printed on acid-free paper and meet the guidelines for permanence and durability of the Council on Library Resources.

Printed by The Maple-Vail Book Manufacturing Group

PHOTOGRAPH AND FIGURE CREDITS
www.cshscuba.co.kr/jpg/still/work/diver1.jpg—p. 17
www.nato.int/ccms/general/countrydb/sweden.gif—p. 34
retorta.w.interia.pl/roz/nno/nobel.gif—p. 35
www.dongascience.com—p. 88
www.korealink.co.kr/event/misskorea/1998/focus.html—p. 126
comixpipe.n4.co.kr/new/no3/images/03/bla03_04_2.jpg—p. 150
www.taekwondo-oat.com.ar/marioyalumnos.jpg—p. 172
nada.netian.com/images/hunminjeongeum.jpg—p. 218
www.koreandb.net/KPortrait/PortraitGate_Body.asp—p. 244

CONTENTS

PREFACE

During the past twenty-odd years, college-level teaching of Korean as a foreign language in the English-speaking world has been steadily increasing in quantity and improving in quality. A great many students have achieved a survival level of proficiency in Korean. We must now exert our utmost efforts to help students (including heritage students) achieve greater proficiency at the advanced and superior levels, so that they may function properly and profitably in the global village in the information age.

While many useful sets of elementary- and intermediate-level textbooks are currently available, textbooks suitable for advanced and superior levels, especially for English-speaking students, are scarce. Both students and teachers in advanced Korean classes have wasted much time and energy as they have had to use improvised, inefficient materials semester after semester. Filling this significant academic gap is one of the main goals of the current Korean language textbook development project that the Korean Language Education & Research Center (KLEAR) has embarked on with the support of the Korea Foundation. *Selected Readings in Korean*, an advanced reading text, is one outcome of devoted collaboration among Korean language educators.

The original version (1996) of *Selected Readings* consisted of lessons developed by the following specialists:

Young-mee Y. Cho (Rutgers University)
Gwee-Sook Kim (Princeton University)
Dong Jae Lee (University of Hawai'i at Manoa)
Jeyseon Lee (University of California, San Diego)
Sunae Lee (University of California, Santa Barbara)
Kyu J. Pak-Covell (Defense Language Institute)
Carol Schulz (Columbia University)
Ho-min Sohn (University of Hawai'i at Manoa)
Sung-Ock Sohn (University of California, Los Angeles)
Soo-ah Yuen (University of Hawai'i, Kapiolani Community College)

Since its debut in draft form, *Selected Readings* has been revised extensively after field-testing at several universities in the United States, including the University of Hawai'i at Manoa and UCLA. Following suggestions from students and instructors, as well as from the anonymous reviewers of the volume, we have taken the liberty of replacing many of the original lessons with new ones. We have also endeavored to systematize the exercise formats, with useful activity questions brought in, and added or expanded explanations of many more vocabulary items in a more learner-friendly manner. We have also adopted the same pattern for each lesson.

Each of the fourteen lessons is composed of (a) 그림을 보면서 함께 생각해 봅시다 (pre-reading group activities with pertinent pictures), (b) the main reading text, (c) 어휘 (vocabulary), (d) 관용 표현 (idiomatic expressions) (e) 연습 문제 (exercises), and (f) 더 생각해 봅시다 (post-reading activities). Section (a) consists of warm-up questions and activities, which will not only serve as a schema for efficient comprehension of the subsequent reading text but also will help students broaden their relevant knowledge. Section (b) is an authentic reading text, with a minimum of editing, on an informative and intellectually stimulating topic for college students. Section (c) contains explanations, both in Korean and English, of words that are (relatively) new to students. Many words indicating abstract concepts are repeated across different lessons. Examples of usage are also given for most vocabulary entries. Section (d) includes explanations of idiomatic constructions that appear in the main text of the lesson. Section (e) contains extensive exercises intended to help students master the text, the new vocabulary items, and the grammar points, while helping them improve composition and oral presentation skills. Section (f) is provided for further thought and group discussion of selected subjects closely related to the main topic of the lesson. Translations of the main texts of all the lessons are appended.

Selected Readings is designed to be used, in general, by students who have completed fourth-year Korean (approximately 500-600 class hours) or the equivalent. It will be particularly useful for students who would like to improve their reading skills of a wide variety of informative materials in Korean, especially relating to Korean tradition, culture, and society.

We extend our sincere appreciation to the contributors to the original lessons named above. We are also grateful to the following individuals, who have helped us greatly in the course of revising the volume to its present form: Jeyseon Lee, Eun-Joo Lee, Sangsuk Oh, Andrew Byon, Seung Bong Baek, Sangseok Yoon, Miyoung Choi, and Soomin Lee. In particular, we owe much to Sangseok Yoon, who put much time and effort into preparing the camera-ready version. Special thanks also go to Michael Pettid, Kil Cha, and Gabriel Sylvian for their invaluable English translations of the main reading texts. Many thanks also go to the Korea Foundation, the University of Hawai'i Press (notably Patricia Crosby, Ann Ludeman, and Nancy Woodington), the Center for Korean Studies of the University of Hawai'i, the anonymous reviewers, and the authors of the main texts, who have generously allowed us to use their writings.

Ho-min Sohn and Heisoon Yang
June 2003

제1과 아침 8-9시 조깅은 해롭다

(Jogging in the morning between 8 and 9 is harmful)

그림을 보면서 함께 생각해 봅시다.

1. 위의 그림을 보고 아래의 질문에 대해 대답해 보세요.

(1) 이 사람들은 무엇을 하고 있습니까?

(2) 이 활동(activity)을 하는 데는 어떠한 준비물이 필요할까요?

(3) 이 활동은 하루 중 어느 시간에 하는 것이 좋을까요? 왜 그 시간에 하는 것이 좋습니까?

(4) 이런 활동을 해 본 적이 있습니까? 친구들과 서로 경험을 얘기해 보세요.

2. 다음 글은 달리기를 취미(hobby)로 하는 두 사람의 이야기입니다. 이 두 사람에게 달리기는 어떤 효과(effect)가 있습니까?

> 달리면 어떤 효과가 있나요?
>
> ▲박영석: 달리기를 시작하고 3개월이 되니까 소화가 잘 되고 6개월을 뛰니까 배가 쏙 들어가고, 감기 같은 잔병(sickliness)에도 안 걸리게 되더군요. 제가 165㎝에 70㎏를 넘었는데 이제는 59㎏입니다. 보다 소중한(valuable) 것은 정신적인 기쁨이죠. 또 생활에 필요한 아이디어도 얻을 수 있어 좋습니다.
>
> ▲방선희: 저는 마라톤을 하면서 자기 절제(temperance)를 할 수 있게 됐습니다. 자신의 체력(physical strength)이나 스피드의 한계(limit)를 모르고 무리하면 목표를 이룰(achieve) 수가 없거든요.
>
> <2001/04/13 일간스포츠>

3. 달리기는 누구나 할 수 있는 운동이기 때문에 아무런 기술이 필요 없다고 생각하기 쉽습니다. 그러나 처음부터 바른 자세로 시작해야 부상(injury)의 위험을 줄이고 더 안전하게 운동을 즐길 수 있습니다. 아래의 글을 읽고 질문에 답해 보세요.

> 달리기를 시작하시는 분들께 뛰는 법을 조언해(advise) 주신다면?
>
> ▲방선희: 우선 뛸 때 허리를 꼿꼿하게 세우고 보폭(stride)은 좁게, 뒷꿈치(heel)가 먼저 땅에 닿고 앞 부분이 나중에 닿는 방법으로 뛰면 됩니다. 팔은 어깨 힘을 빼고 앞뒤로 똑바로 흔들고 시선(gaze)은 15~20m 앞에 둡니다. 무리하면 안된다는 것이 가장 중요합니다.
>
> ▲박영석: 무리하게 뛰면 무릎(knee)이 상하기 쉽습니다. 가벼운 마음으로 뛰기 시작해 꾸준히 3달만 뛰어 보십시오. 몸과 생활에 좋은 변화가 올 것입니다.
>
> <2001/04/13 일간스포츠>

(1) 어떤 자세가 달리기에 좋은 자세입니까?

① 허리:

② 발:

③ 팔:

④ 시선:

(2) 달리기를 처음 시작하는 사람들에게 가장 중요한 것은 무엇인가요?

4. 이 과의 제목은 "아침 8-9시 조깅은 해롭다"입니다. 왜 아침 8-9시 조깅이 해로울까요? 짐작해 보세요.

5. 본문의 대기 오염 연구는 다음 도시들을 대상으로 조사한 것입니다. 아래 지도에 이 도시들을 표시해 보세요.

도시 이름: 서울, 인천, 수원, 안양, 과천, 대구, 광주, 전주, 대전, 부산

아침 8-9시 조깅은 해롭다

서울대 기상연구소 대기 오염 공동 조사
아황산가스 먼지 하루 중 최악
공단보다 대도시가 더욱 심해
오존은 오후 3시쯤 최고 농도

"아침 늦은 시간의 조깅만큼은[1] 가능한 한[2] 삼가 주십시오." 조깅은 도시인 중 상당수가 건강 유지 수단으로 아침 시간에 즐기고 있다. 그러나 이 시간만큼은 되도록이면[3] 덜 움직여야 건강을 지키는 데 좋을 것으로 보인다.

서울대 박순웅(대기과학과) 교수, 기상연구소 정영선 연구원 팀이 최근 발표한 "남한 도시 지역 대기의 질" 조사에 따르면 어느 도시 할 것 없이[4] 오전 8시를 전후한[5] 시간에 대기 오염 상태가 최악인 것으로 밝혀졌다. 이러한 경향은 공단 지역보다는 대도시 지역일수록 더 현저한 것으로 나타났다.

박 교수 팀은 지난해 초부터 환경부가 제공한 89-92년 전국 60개 관측소의 대기 오염 감시망 자료를 바탕으로 각 지역의 대기 오염 상태 등을 분석, 최근 이와 같은 결과를 내놓았다. 이번 조사는 최근의 대기 오염 상황을 가장 잘 보여주는 자료로 평가받고 있다.

연구 팀은 이들 지역 중 측정치의 정확성을 신뢰할 만한[6] 18개 지역의 자료를 집중 분석했는데, 이들 지역에는 서울을 비롯해 인천, 수원, 안양, 과천, 성남, 광명, 안산, 부산, 울산, 대구, 광주, 전주, 대전 등이 포함돼 있다.

연구 팀이 분석 대상으로 삼은[7] 대기 오염 물질은 아황산가스(SO_2), 먼지(TSP), 일산화탄소(CO), 오존(O_3), 이산화질소(NO_2) 등 5종으로 이중 오존을 제외하고는 모두 아침, 특히 오전 8-9시 전후에 가장 오염도가 심했으며 오존의 경우 광화학 반응에 의해 생기는 까닭에 햇빛이 가장 강한 오후 3시쯤에 가장 높은 농도를 기록했다.

박 교수는 "아침 시간에 오염 물질의 농도가 가장 높은 것은 이 시간대에 공기 덩어리가 가장 차기 때문에 대기 오염 물질이 상층부로 확산되지 못하고 아래쪽으로 깔리기 때문"이라고 말했다.

또 먼지와 일산화탄소, 이산화질소 등은 아침 외에도 오후 5-6시를 전후해 다시 높아지기 시작하는 것으로 나타났는데 정 연구원은 "퇴근 시간대 차량 증가 등으로 이같은 종류의 오염 물질 배출이 늘어난 것 같다"고 추정했다. 그러나 오염 농도는 최악인 시간대에도 5개 오염 물질 모두 허용 기준치를 대개 밑도는[8] 것으로 확인됐다.

대기 질을 악화시키는 주 오염 물질은 지역별, 계절별로 차이를 보였다. 예로 봄철의 경우 안양과 구미 지역은 아황산가스가 주 오염원이었으나 서울, 인천, 수원, 부천, 부산, 울산, 대구, 대전은 아황산가스와 먼지가 주 오염원이었다. 연구 팀은 결론적으로 "지난 4년간 우리 나라 대기 중에는 대도시 지역에서는 아황산가스의 오염도가 감소하는 반면 공단 지역에서는 증가하고 있다"고 분석했다.

한편 강한 북풍 혹은 북서풍이 불거나 비가 내린 다음날은 오염 물질이 많이 씻겨 내려가기[9] 때문에 공기가 상대적으로 깨끗한 것으로 밝혀졌다.

<중앙일보> 1995년 5월 14일 김창엽 기자

어휘

감소: 줄어드는 것; diminution, decrease, fall, drop, reduction. 감소하다 to diminish, decrease, lessen ¶테러 사건 이후 관광객 수가 감소하고 있다.

감시망: 주의하여 지켜보기 위한 조직이나 체계; surveillance network or system. 감시 watch, observation; 감시하다 to keep watch on; 망 net, network ¶조직망, 정보망, 통신망

결론: 최종적으로 판단을 내림. 또는 그 판단; conclusion, concluding remarks. 결론적으로 in conclusion ¶그 연구는 결론적으로 우리 경제가 좋아지고 있다고 분석하고 있다.

경향: 현상이나 생각이나 행동 따위가 어떤 방향으로 기울어짐; tendency, trend, inclination ¶평균 결혼 연령이 과거에 비해 높아지는 경향이 있다.

공단: 공장이 많은 공업 단지; industrial complex ¶공단 지역에는 대기 오염, 수질 오염이 심해서 병에 걸리는 사람들이 많다.

공동: 둘 이상의 사람이나 단체가 함께 일을 하거나, 관계를 가짐; cooperation, partnership; union ¶공동 생활, 공동 책임 ¶교수와 학생들이 공동 연구를 계속하고 있다.

관측소: observatory, observation station. 관측 observation; 관측하다 to observe; ~소 place ¶연구소, 이발소 barber's (shop), 강습소 training school ¶어젯밤에는 우리 대학 관측소에서 별을 관측했다.

광화학: photochemistry ¶광화학 반응 photochemical reaction

기상: 대기 중에서 일어나는 물리적인 현상; atmospheric phenomena, weather, weather conditions ¶오늘은 기상이 좋지 않아 비행기가 뜨지 않았다.

기준치: 기준이 되는 수치; allowed level. 기준 standard, criterion; ~치 level; value ¶대기 오염이 허용 기준치를 넘었다.

깔리다: to be spread, covered, scattered. 깔다 to spread out, cover ¶구름이 낮게 깔려 있다.

농도: 액체나 기체의 진한 정도; density ¶이 수프는 크림을 많이 넣어 농도가 진하다.

대기: 지구를 둘러싸고 있는 공기; air; atmosphere ¶대기 오염 air pollution

대기과학과: department of atmospheric science

대상: 어떤 활동의 목표가 되는 것; object, subject; target ¶연구(의) 대상, 공격(의) 대상

물질: matter, substance, material ¶결혼의 가장 중요한 조건은 물질이 아니라 사랑이다.

바탕: 근거; basis, foundation. 바탕으로 on the basis of ¶정확하지 않은 자료를 바탕으로 연구를 한 결과는 아무도 믿지 않을 것이다.

반면(에): on the other side, on the other hand ¶봉사 활동은 힘이 드는 반면에 보람이 있다.

배출: 안에서 밖으로 밀어 내보냄; discharge, exhaust. 배출하다 to discharge, exhaust ¶집집마다 쓰레기 배출을 줄이기 위해 노력하고 있다.

~별: ~에 따라서; (classified) by; according to ¶지역별, 계절별, 연도별 ¶대학 입학 시험은 학교별로 날짜가 다르다.

분석: analysis. 분석하다 to analyze ¶대기의 분석 방법에는 여러 가지가 있다. ¶그 연구 결과를 분석했어요.

비롯하다: 시작하다; 포함하다; to start from; to include. 비롯해 starting from ¶이번 달은 학기말 시험을 비롯해 논문도 써야 하고 할 일이 많다.

삼가다: 조심하여 피하거나 하지 않다; to refrain from, abstain from; to be cautious ¶그는 최근 건강이 나빠서 술을 삼가고 있다.

상당수: 많은 수; large number. 상당하다 to be considerable; to be decent; 수 number ¶비행기 사고로 상당수의 사람들이 목숨을 잃었다. ¶도시인 상당수가 시골 출신이다.

상대적: 다른 것과 비교 관계에 있는; relative. 상대적으로 relatively ¶하늘로 높이 올라갈수록 상대적으로 기온은 낮아진다.

상층: 여러 층 가운데 위의 층; upper layer. 상층부 upper regions

상황: 현재의 상태; present situation ¶오전 8시 현재 교통 상황을 알아보겠습니다.

시간대: 하루 중에서 어느 시각에서 어느 시각까지의 일정한 폭의 시간; time range, time slot. ~대 zone, region ¶열대, 80점대, 90년대 ¶오락 프로그램들은 주로 저녁 시간대에 집중되어 있다.

신뢰: 굳게 믿고 의지함; reliance, dependence; trust. 신뢰하다 to trust, rely on ¶이 연구의 결과는 신뢰할 만하다.

아황산가스: sulfur dioxide

악화: 어떤 상태, 성질, 관계 따위가 나쁘게 변하여 감; a change for the worse, aggravation. 악화하다 to get worse, worsen; 악화시키다 to make (something) worse, aggravate ¶그의 병이 갑자기 악화되었다.

오염: 공기나 물이 더러워지는 것; 순수함을 잃는 것; pollution, contamination. 오염되다 to be polluted, contaminated; 오염시키다 to pollute, contaminate ¶자동차와 공장의 증가로 대기 오염이 심각하다.

오염도: pollution level. ~도 level, degree ¶신선도, 성취도, 신뢰도

오염 물질: pollutant, contaminant

오염원: pollution source. ~원 source ¶자금원 source of funds, 동력원 power source

오존: ozone

이산화질소: nitrogen dioxide

일산화탄소: carbon monoxide

정확하다: 바르고 확실하다; to be accurate. 정확성 accuracy ¶성명과 주소를 정확하게 쓰세요.

제외하다: 빼어 버리다; to exclude. 제외하고(는), 제외하면 except (for) ¶여름철을 제외하면 이 지역은 비가 거의 안 온다. ¶그렇게 능력 있는 사람을 제외하면 무슨 일이 되겠어요?

증가: 양이나 수가 늘어남. 또는 양이나 수를 늘림; increase, augmentation, increment, gain, addition. 증가하다 to increase ¶인구(의) 증가, 수입(의) 증가 ¶자동차 수가 날마다 증가하고 있다.

질: quality ¶옷감의 질, 교육의 질 ¶양(quantity)보다는 질이 중요하다.

집중: 한 가지 일에 모든 힘을 쏟아 부음; concentration, concentrated. 집중하다 to concentrate. 집중적으로 intensively ¶집중 공격, 정신 집중 ¶그는 환경 오염 문제를 집중적으로 연구했다. ¶그는 한 가지 일에 정신을 집중 못하는 사람이다.

최신(의): 가장 새로운; newest ¶그 공장은 최신의 설비를 갖추고 있다.

최악: 가장 나쁨; worst ¶요즈음 경제가 최악의 상태이다.

추정: 추측하여 판단하는 것; presumption, estimation. 추정하다 to presume, estimate ¶사실의 추정, 추정 가격 ¶추정을 내리다, 추정이 들어맞다 ¶네가 말하는 것은 단지 추정에 불과하다.

측정치: 측정하여 얻은 수치; measured value. 측정 measurement; 측정하다 to measure. ~치 level; value ¶기준치, 평균치, 허용치 ¶이 실험 결과의 측정치는 정확하지 않은 것 같다.

통계: 어떤 현상을 종합적으로 한눈에 알아보기 쉽게 일정한 체계에 따라 숫자로 나타낸 것; statistics, figures ¶통계 자료 ¶통계를 내다

평가: 가치나 수준 따위를 정함; appraisal, assessment. 평가하다 to estimate, evaluate; 평가받다, 평가되다 to be evaluated, to be valued ¶한국의 반도체(semiconductor) 생산은 세계 제일로 평가받고 있다.

해롭다: 해가 되다; to be harmful ¶담배는 몸에 아주 해롭다.

허용: 어떤 것을 허락하고 받아들임; allowance, permission. 허용하다 to permit, approve ¶테러는 절대로 허용해서는 안 된다.

현저하다: 뚜렷하다; to be notable ¶50년 전의 사람들의 평균 키와 지금의 키를 비교하면 현저한 차이를 볼 수 있다.

확산: 널리 퍼짐; diffusion; extension. 확산되다 to disseminate, spread ¶오염 물질의 확산 ¶핵무기(nuclear weapons)의 확산은 금지해야 한다.

환경부: Ministry of the Environment

관용 표현

1. ~만큼은 = ~만은 at least; as much as

만큼 is used as a particle occurring after a noun, pronoun, or numeral, as in 이것도 저것만큼(은) 좋아요 'This is as good as that', or as a bound noun occurring after a relative clause, as in 먹을 수 있을 만큼(은) 먹어야 해 'We should eat as much as we can'. As these examples show, the basic function of 만큼 is to indicate the comparative degree, in the sense of 'as . . . as'. In addition, the particle form 만큼은 has another meaning, 'at least, as much as', when there are no obvious entities to be compared, as in 늦은 아침 조깅만큼은 삼가 주세요 'Please refrain from jogging at least in the late morning' and 오늘 저녁 식사만큼은 꼭 집에서 해라 'Please be sure to have (at least) today's dinner at home by all means'. In this sense, ~만큼은 is synonymous with and can be replaced by the particle ~만은. It is also similar in meaning to 적어도 'at least' and 최소한 'at the minimum'.

2. ~ㄴ/은/는 한 as far as; as long as

The scope-indicating noun 한 'limit, extent, duration' functions as a clause connector in the sense of 'as far as' when it is preceded by a clause that ends in a modifier suffix (~ㄴ/은/는). Examples are 가능한 한 빨리 오세요 'Please come as soon as possible', 날씨가 좋은 한 나는 어디로 가나 상관없어 'As long as it is fine, I don't care where we/I go', 내 힘이 닿는 한 도와 줄게 'I will help you as much as I can', and 제가 알고 있는 한 그 사람은 나쁜 사람이 아니예요 'As far as I know, he is not a wicked person'.

3. 되도록(이면) = 될 수 있는 대로 as . . . as possible; if at all possible

The basic meaning of 되도록 (되 'become, get to be, consist of, succeed' + ~도록 'so that, to the extent that') is 'so that (one) may get to be, to the extent that (one) may turn out to be', as in 일등이 되도록 무척 노력했어요 '(She) did her best for first place'. It also has evolved as an idiomatic expression to mean 'as . . . as possible, as much as you can'. It may be followed by 이면 'if it be', to mean 'if at all possible, if circumstances allow', as in 되도록(이면) 빨리 떠나세요 'Please leave as soon as possible'. In this idiomatic sense, 되도록(이면) is equivalent to 될 수 있는 대로.

4. 할 것 없이 = 구별할 것 없이 regardless of; including

These expressions appear after two or more enumerated items to indicate that there is no need to distinguish them. The literal meaning of 할 것 없이 is 'without the need of saying', from which the idiomatic meaning 'regardless of' has derived. Examples are 연말에는 너 나 할 것 없이 모두 바빠요 'Everybody is busy at the end of the year, including you and me' and 그 여자는 눈, 코, 입 할 것 없이 다 예뻐요 'She is wholly pretty, including her eyes, nose, and mouth'.

5. ~을/를 전후하다 be around (the time)

The Sino-Korean nouns 전 'before' and 후 'after' are combined as a compound noun 전후 'before and/or after' to indicate a time span, for example 매일 저녁 6시 전후가 교통난이 가장 심하다 'The traffic is worst around six every afternoon'. With the verb 하다, the compound noun forms a time-indicating transitive verb 전후하다 'to be around (the time of), shortly before or after'. As a transitive verb, it requires the preceding noun to take the object particle 을/를, as in 크리스마스를 전후하여 바겐 세일이 많다 'There are a lot of sales around Christmas'.

6. ~ㄹ/을 만하다 = ~ㄹ/을 가치가 있다 be worth doing; deserve

The basic meaning of 만하다 is 'be about the same, be as big [small] as, be to the extent of', as in 그 사람 마음은 콩알만하다 'His mind is as small as a bean' and 그만한 것쯤 살 돈은 있어 'I have enough money to buy it'. After a clause ending in the prospective suffix ~ㄹ/을, it means 'be (well) worth (doing), worthy of (doing); deserve', as in 그 영화는 정말 볼 만해요 'That movie is indeed worth seeing', 그 사람 말 믿을 만해요? 'Is he trustworthy?' and 그 일은 불가능이라 말해도 좋을 만해요 'That work is next to impossible'.

7. ~(으)로 삼다 make/take/have/use/adopt (something) as

The verb 삼다 'make' usually occurs with a noun ending in the particle (으)로 'as'. It is not widely used to mean 'make', 'use', and the like, but is used rather idiomatically with certain kinds of nouns (e.g., a family member, a problem, material, a target). Examples are 박 선생님은 자기 학생을 사위로 삼으셨어요 'Professor Park made one of his students his son-in-law', 이웃집 아주머니는 고아를 아들로 삼았어요 'Our neighbor lady adopted an orphan to be her child', 이 점은 문제(로) 삼지 않아도 되겠어요 'This point may be left out of consideration', and 학생들을 연구 대상으로 삼았어요 'I used students as subjects in the study'. 삼아 (삼 + 아[서] 'by doing') is also idiomatically used, as in 오락 삼아 'for amusement', 장난 삼아 'for fun', and 운동 삼아 'for exercise'.

8. ~을/를 밑돌다 do not amount to; fall short of; be less than; be below

밑돌다 consists of the noun 밑 'bottom' and the verb 돌다 'go around, turn', literally meaning 'go around the bottom'. Occurring with a noun indicating a standard, it denotes something that is below that standard. The standard-indicating noun must be marked with the object particle, as in 우리 학교 수학 평균 점수는 작년 평균을 밑돌았어 'The average math scores of our school are below those of the last year' and 이 번 투표 결과가 우리 예상을 밑돌았어요 'The election results fell short of our expectations'.

9. 씻겨 내려가다 be washed down

This compound verb is composed of the verb stem 씻기 'be washed', which is the passive form of 씻 'wash', with the connecting suffix ~어, and the verb 내려가다 'go down.' Korean is full of such compound verbs, which are technically called "serial verb constructions". Usually a preceding verb stem modifies the following verb stem in terms of manner of action, as observed in 따라 들어가다 (follow-enter-go) 'follow in', 기어 나가다 (crawl-be out-go) 'crawl out', and 물어 뜯어 내다 (bite-tear-take out) 'bite and tear out.'

연습 문제

1. 다음의 글이 본문의 내용과 맞으면 T, 틀리면 F로 답하세요.

(1) ___ 공기 오염도는 시간대별 차이는 있으나 계절별 차이는 없다.
(2) ___ 오전 8시 전후의 대기 오염은 대도시 지역보다 공장이 많은 공단 지역이 더 심하다.
(3) ___ 오전 8시 전후에 오염 상태가 최악인 이유는 이때에 공기 덩어리가 위로 퍼져 올라가기 때문이다.
(4) ___ 오후 5-6시에 오염 물질이 다시 늘어나는 이유는 이때가 퇴근 시간이기 때문에 차량이 많아져 일산화탄소, 이산화질소 등이 많이 배출되기 때문이다.
(5) ___ 이번 연구의 대상으로 삼은 대기 오염 물질인 아황산가스, 먼지, 일산화탄소, 오존, 이산화질소는 아침 8~9시에 오염도가 가장 심한 것으로 나타났다.

2. 아래 왼쪽에 있는 단어의 뜻을 오른쪽의 영어와 연결해 보세요.

(1) 대기 오염	density
(2) 오염 물질	level of pollution
(3) 오염도	Department of the Environment
(4) 광화학 반응	exhaust
(5) 농도	air pollution
(6) 측정	pollutant
(7) 허용 기준치	the upper regions
(8) 배출	allowed level
(9) 상층부	measurement
(10) 환경부	photochemical reaction

3. 다음 보기에서 알맞은 단어를 찾아 괄호 안에 넣으세요.

최악	최고	최저	최선	최근	최신

(1) 대기의 질은 오염 물질이 확산되지 못해 아침 8-9시에 (   )의 상태인 것으로 밝혀졌다.
(2) 김 사장은 금년에 공장의 모든 기계를 (   )의 것으로 바꾸었다.
(3) 서울대 기상연구소 박 교수 팀은 89-92년 자료를 분석해서 (   ) 이 같은 결과를 내놨다.

(4) 오존의 경우에는 광화학 반응 때문에 햇빛이 가장 강한 오후 3시쯤에 (   )의 농도를 기록했다.

(5) 비가 내린 다음날은 오염 물질이 많이 씻겨 공기가 깨끗하므로 그 때 조깅을 하는 것이 (   )의 방법인 것 같다.

4. 아래 문장을 보기와 같이 바꾸어 쓰세요.

a. 비가 내린 다음날은 오염 물질이 많이 씻겨 내려간다. b. 그래서 공기가 상대적으로 깨끗하다. ⇒ 비가 내린 다음날은 오염 물질이 많이 씻겨 내려가기 때문에 공기가 상대적으로 깨끗하다.

(1) a. 아침 시간에 공기 덩어리가 가장 차다.
b. 그래서 대기 오염 물질이 상층부로 확산되지 못하고 아래로 깔린다.

⇒______________________________

____

(2) a. 오존은 광화학 반응에 의해 생긴다.
b. 그래서 햇빛이 가장 강한 오후 3시쯤에 가장 높은 농도를 보인다.

⇒______________________________

____

(3) a. 퇴근 시간인 오후 5~6시를 전후해 차량이 증가한다.
b. 그래서 일산화탄소, 이산화질소 등이 다시 증가한다.

⇒______________________________

____

5. 주어진 관용어를 사용하여 보기와 같이 짧은 글을 두 문장씩 지으세요.

(1) ~에 따르면

신문 보도에 따르면 세계 경제가 점점 좋아지고 있다고 한다.

a. ______________________________

b. ______________________________

(2) 되도록(이면)

감기에 걸렸을 때는 되도록(이면) 음식을 많이 먹는 것이 좋다.

a. ____________________

b. ____________________

(3) 할 것 없이

한국 사람들은 남녀노소 할 것 없이 노래를 좋아해요.

a. ____________________

b. ____________________

(4) ~ 한

내가 아는 한 그분은 정직한 사람이다.

a. ____________________

b. ____________________

6. 다음 대화의 괄호 안에 알맞은 단어를 보기에서 골라 써 넣으세요.

농도	배출	확산	분석	증가	물질	오염도	시간대

영희: 민지야, 안녕? 아침 일찍 어디 가니?
민지: 응. 오늘부터 아침 조깅하기로 마음 먹었어.
영희: 너 어제 9시 뉴스 못 봤구나. 어느 대기연구소에서 전국 주요 도시의 대기 (   )을/를 조사해서 (   )했다더라. 그런데 글쎄, 아침에 운동하면 몸에 오히려 해롭대.
민지: 무슨 소리야? 자세히 말해 봐.
영희: 아침 8-9시 사이에 대기 오염 물질의 (   )이/가 제일 높다지, 아마.
민지: 정말? 그래도 많은 사람들이 아침 공기가 상쾌하다고 하잖아.
영희: 글쎄 말이야. 그런데, 연구 발표가 과학적으로 맞는 것 같아. 아침에는

공기 덩어리가 차니까 대기 오염 ( )이/가 상층부로 ( )되지 못하고 아래쪽으로 깔리잖아.

민지: 듣고 보니 그럴 것도 같네.

영희: 그럴 것 같은 게 아니라 그렇지.

민지: 좋아. 그러면 저녁에 해질 때쯤 해야지.

영희: 그때도 좋지 않다던데. 어느 잡지에서 보니까 퇴근 ( )에는 차량 ( )(으)로 대기 오염 물질의 ( )이/가 다시 늘어난대.

민지: 그럼 운동은 도대체 언제 하라는 거야? 아침에도 안 되고, 저녁에도 안 되면.

7. 오염 물질을 아는 대로 다 써 보세요.

8. 본문은 대기 오염에 관한 신문 기사입니다. 본문에 따르면, 몇 시에 대기 오염이 제일 심합니까?

9. (위 질문과 관련) 그 시간대에 대기 오염이 가장 심한 이유는 무엇입니까?

10. "~ 만하다"와 관련하여, 지시대로 답하세요.

(1) 읽을 만한 책 세 권을 추천 하세요.

________________, ________________, ________________

(2) 볼 만한 영화 세 개를 추천하세요.

________________, ________________, ________________

(3) 미국에서 가 볼 만한 도시 세 곳을 추천하세요.

________________, ________________, ________________

11. 본문의 내용에 맞게 다음 주제로 짧은 라디오 방송 자료를 만들어 보세요.

(1) 날씨와 대기 오염도
(2) 운동하기에 좋은 시간
(3) 대기 오염 공동 조사 연구 결과

더 생각해 봅시다

1. 대기 오염은 지구 전체에 걸친 문제가 되었습니다. 어떻게 하면 대기 오염을 줄일 수 있을까요? 대기 오염을 줄이는 데 성공한 사례(case)들을 알고 있으면 말해 보세요.

2. 전 세계에 걸쳐 공기, 물, 땅의 오염이 증가하고 있습니다. 그로 인한 환경 문제는 인류의 생존(survival)을 위협하는(threaten) 중대한 문제가 되었습니다. 우리들은 이러한 오염 문제에 대해서 어떤 일들을 할 수 있을까요? 토론해 보세요.

제2과 수중 비경 함께 물고기도 친구

(Unexplored sights in the water, with fish as our friends)

💡그림을 보면서 함께 생각해 봅시다.

1. 위의 그림을 보고 아래의 질문에 대해 대답해 보세요.

   (1) 이 사람들은 무엇을 하는 사람들입니까?

   (2) 이 사람들은 지금 어디에 있습니까?

   (3) 이 사람들은 무슨 장비(equipment)가 필요할까요?

   (4) 왜 이런 일을 할까요?

2. 다음은 이 글의 제목입니다. 잘 읽고 다음 물음에 맞는 답을 고르세요.

> 수중 비경 함께 물고기도 친구
> "우주인 유영 안 부러워"
> 새 포인트 속속 개발

(1) 위의 제목을 읽고 뒤에 나올 본문의 내용을 짐작해 보세요. 어떤 내용일까요?

a. 바다 속 잠수의 재미
b. 우주 여행을 하는 재미
c. 물고기를 잡는 재미

(2) "우주인 유영 안 부러워"라고 말한 사람은

a. 우주 유영을 아주 좋아할 것이다.
b. 우주 유영을 아주 싫어할 것이다.
c. 우주 유영보다 잠수를 더 좋아할 것이다.

3. 다음은 위의 사진 밑에 나오는 캡숀입니다. 읽어본 후, 다음 질문에 답하세요.

> 다이버들이 "수중 주말"을 즐기기 위해 보트 안에서 장비를 점검하고 있다. 다이빙 포인트를 마음대로 고를 수 있다는 점이 보트 잠수의 매력.

(1) 왼쪽에 나오는 낱말의 뜻을 오른쪽에서 찾아 연결하세요. (모르는 낱말은 위 캡숀을 다시 읽고 짐작해 보세요.)

수중	charm
장비	diving/submerging into water
점검	equipment
잠수	underwater
매력	checking

(2) 다음의 질문에 답하세요.

a. 다이버들이 무엇을 하고 있습니까?

b. 보트 잠수는 어떤 점에서 좋습니까?

4. 다음의 낱말들 중에서 위 사진의 사람들이 하는 일과 관계되는 것들을 고르세요.

__ 낚시(fishing)	__ 부킹(booking)	__ 운동화
__ 잠수	__ 수상 스키(water skiing)	__ 골프
__ 라켓(racket)	__ 공기통(air tank)	__ 수영
__ 서핑(surfing)	__ 오리발(webfoot)	__ 장갑
__ 우주복	__ 세일링(sailing)	__ 바다

수중 비경 함께 물고기도 친구

"우주인 유영 안 부러워"
새 포인트 속속 개발

1

더위가 성큼 다가오면서 전국 바닷가에 "오리발 시즌"이 시작됐다. 지난 4일, 동해안 속초 연금정에 50여명의 스쿠버 다이버들이 모여 해안 다이빙을 즐기며 초여름 수중 비경을 만끽했다. "너무 신기해요. 모래에 누워 두 눈을 굴리고 있는 광어를 봤는데 첫 다이빙에서 광어를 만난 것은 행운이라지요?"[1] 지난달 대한수중협회서 초보자 강습을 마치고 첫 수중 나들이를 왔다는 주부 김성희씨(23 서울 강동구 명일동)는 "수중에서 유영하는 기분이 우주인 부럽지 않다"고 즐거워했다.

2

연금정은 해안 수심이 5-15m 정도여서 입수에 편리한 데다 물도 맑아 잠수에 갓 입문한 초보자들이 많이 찾는 다이빙 명소. 이곳과 함께 속초 인근인 오호리, 강릉 십리바위 등이 다이빙 적지로 잘 알려졌지만 최근엔 스쿠버 다이빙 붐을 타고[2] 새로운 포인트들이 속속 개발돼 국내 주말 수중 여행지가 퍽 다양해졌다. 서울에서 주말 당일치기[3] 또는 1박 2일로 다녀올 수 있는 잠수 포인트는 동해안에만 10여 곳 이상이며 최근엔 교통이 편리한 서해안 대천 해수욕장 등에도 공기통을 맨 다이버들의 발길이 잦다.[4]

3

"주말 골프보다 낫습니다. 골치 아픈 부킹 전쟁이 있습니까? 스코아가 안 나 짜증낼 필요가 있습니까?" 최근 골프에서 스쿠버 잠수로 "전향"했다는 회사원 김정수 씨(44 강릉시)는 장비를 추스르며 잠수 예찬론을 폈다. 김 씨는 강릉 경포대 십리바위 앞에서 평일에도 조기 잠수를 즐기는 열성파. 오전 6시 10분쯤 십리바위 포인트에서 3천 psi짜리 (30분용) 공기통 하나를 쓰고 나서 직장에 출근하는 "새벽탕"에 맛을 들인[5] 동호인이 10여명이 넘는다고 강릉의 잠수 열기를 전한다.

4

현재 동해안의 수온은 12도. 서해(18도)나 남해(20도)보다 수온이 떨어지는 것이 단점이지만 포인트가 다양하고 시설이 잘 된 것이 장점이다. 속초 인근 문암 2리에서부터 아래쪽으로 내려가며 삼척, 한섬, 근덕 (이상 강원도), 축산, 나곡 (이상 경북) 등이 새로 개발된 포인트. 이 중 한섬은 초보자용 해변 잠수에, 문암 2리는 해변 잠수뿐 아니라 배를 타고 멀리 나가는 보트 잠수에 적당해 주말마다 울긋불긋한 수트 차림의 잠수객 물결로 활력을 더한다. 다이버라면[6] 무조건 "출입 금지"[7]부터 내걸던 현지 어민들도 1-2년 전부터는 다이버들을 반긴다.

5

서울에서 출발할 경우 동해안 당일치기가 5만원, 1박 2일은 8만-9만원 (이상 교통, 장비 대여, 숙식 포함) 정도. 서해안은 대천 해수욕장 앞 외연도와 용섬리, 천리포 해수욕장 등에 수중 관광 발길이 잦으며 요금은 비슷한 수준이다. 남해안과 제주는 물론 전체가 포인트이다시피[8] 수중 경관이 좋지만 서울에서 내려갈 경우 2박 3일은 각오해야 한다.

<중앙일보> 1995년 6월 14일자 임용진 기자

어휘

각오: 앞으로 해야 할 일이나 겪을 일에 대한 마음의 준비; readiness, preparedness. 각오하다 to be ready for, determined; to make up one's mind ¶각오가 대단하다 ¶성공을 하려면 고생을 각오해야 한다.

갓: 이제 막; just now, a moment ago, recently; newly, fresh from ¶대학을 갓 나온 청년 ¶갓 시집온 새색시 ¶갓 스물이 되었다.

강습: 여러 사람을 대상으로 일정 기간 가르쳐서 배우게 하는 것; short training course; studying, learning. 강습하다 to train (for a short time) ¶강습소, 강습생 ¶요리 강습을 받는다.

개발: development, exploitation. 개발하다 to develop ¶개발 도상국 developing country ¶에이즈를 치료할 수 있는 약품이 개발 중에 있다.

결심: 마음을 굳게 정함; determination, resolution. 결심하다 to make up one's mind ¶올해에는 담배를 끊기로 결심했다.

경관: 산이나 들, 강, 바다 등의 자연의 경치; view, scene, scenery ¶설악산의 경관은 계절에 따라 다르다.

골치: "머릿속"의 속된 말; the head ¶골칫거리, 골치 아픈 일 trouble, nuisance ¶골치(가) 아프다 to have a headache; to be annoyed

공기통: air tank. 공기 air; 통 tank ¶물통, 술통 ¶스쿠버 다이버들은 공기통을 메고 물에 들어갑니다.

과정: 학과 과정; course (of study) ¶박사 과정, 1년 과정 ¶과정을 마치다

광어: flatfish, flounder

굴리다: 구르게 하다; to roll ¶눈을 굴리다, 공을 굴리다

나들이: outing, going out, airing ¶나들이 가다 to go on a visit

낫다: 더 좋거나 앞서 있다; to be better (than), superior (to) ¶영어는 영수보다 철수가 낫지만 수학은 영수가 낫다.

내걸다: 밖이나 앞쪽에 걸다; 앞세우거나 내세우다; to hang out (a sign); to fly (a flag); to hold up; to advocate ¶조건을 내걸다, 목숨을 내걸다, 국기를 내걸다 ¶백화점은 큰 세일 간판(billboard)을 내걸었다.

다양하다: 종류가 여러 가지로 많다; to be various, diverse ¶다양한 취미, 다양한 색상 ¶이 식당의 메뉴는 참 다양하다.

단점: 모자라거나 흠이 되는 점; weak point ¶디젤차의 단점은 고개를 올라갈 때 느리다는 것입니다. ¶그의 유일한 단점은 좀 게으른 것이다.

대여: 빌려줌; lending, loan. 대여하다 to lend, lease, loan ¶책 대여, 자동차 대여 ¶그 비디오 가게에서는 새 비디오는 이틀만 대여해 준다.

대한수중협회: Korea Underwater Association

동호인: 같은 취미를 가지고 함께 즐기는 사람; persons interested in the same subject, friends with similar tastes ¶연극 동호인, 골프 동호인, 스키 동호인 ¶요즈음은 여러 동호인 모임이 많다.

만끽하다: 충분히 만족할 만큼 즐기다; to enjoy fully ¶자연을 만끽하다, 젊음을 만끽하다 ¶영수는 미국에서 대학 생활을 만끽하고 있다.

메다: 어깨에 걸치거나 올려 놓다; to shoulder, carry on one's shoulder ¶어깨에 배낭을 메다

명소: 널리 알려진 곳, 이름난 곳; famous place, place of interest ¶관광객들이 서울의 명소를 찾고 있다.

무조건: 이리저리 살피지 아니하고 덮어놓고; unconditionally, unqualifiedly ¶그는 무조건 그 여자가 좋았다.

~박: 객지에서 묵는 밤의 횟수; stay ¶3박 4일 3 nights and 4 days ¶1박하다 to stay overnight ¶유리는 미국 여행 중 뉴욕에서 2박 했다.

반기다: 반갑게 맞다; to rejoice to see or hear, be delighted at ¶어머니는 뛰어 나가 손님들을 반기셨다.

부럽다: (남의 좋은 일이나 물건을 보고) 그런 일을 이루거나 그런 물건을 갖고 싶다; to envy; to be enviable ¶나는 공부 잘 하는 언니가 부럽다.

부킹: 예약; booking, reservation ¶주말에는 골프 부킹이 어렵다.

비경: 사람의 발길이 잘 닿지 않는 신비롭고 아름다운 곳; unexplored regions, lands of mystery, mysterious sights ¶바닷가에 높이 솟은 산이 푸른 파도와 함께 비경을 이룬다.

새벽탕: 아침 일찍 해뜨기 전에 하는 활동; activity at dawn [such as diving before sunrise]. 새벽 dawn, daybreak; ~탕 spell of action, a turn, a round ¶아르바이트를 하루에 두 탕이나 뛰었더니 아주 피곤하다.

성큼: 어떤 때가 갑자기 가까워진 모양; with big strides, briskly ¶봄은 이미 성큼 다가와 봄 향기를 전해 주고 있다.

속속: 계속하여 자꾸; continuously ¶여름 해변에는 수영객들이 속속 몰려들고 있다. ¶월드컵을 앞두고 여러 나라 축구 선수들이 속속 도착하고 있다.

수심: 강이나 바다, 호수 따위의 물의 깊이; water depth

수온: 물의 온도; water temperature

수중: 물속; underwater ¶수중 경관, 수중 관광

수트: suit (본문에서는 잠수복[diving suit]을 의미함)

숙식: 잠자리와 식사; room and board ¶2박 3일 동안 숙식 포함해서 모두 20만원이다. ¶여행을 할 때에는 숙식 해결이 제일 중요한 문제이다.

시설: 생활의 편리를 위해 설치된 설비; facilities ¶이 대학은 도서관 시설이 아주 잘되어 있다.

신기하다: 새롭고 기이하다; to be novel, marvelous ¶아기가 말을 배우는 것을 보면 신기하다.

어민: 어부; 물고기 잡는 일을 직업으로 하는 사람; fishermen, fishing people

연금정: name of a place in Kangwŏn province

열기: 뜨거운 공기; 흥분한 분위기; heat, hot air; enthusiasm, zeal, heated atmosphere ¶야구 팬들의 높은 열기가 운동장을 가득 채우고 있다.

열성파: 열렬한 정성으로 일을 하는 사람들; group of enthusiasts or a member of such a group. 열성 earnestness; devotion; ~파 group; school ¶낭만파 romantic school, 보수파 conservatives ¶이 모임이 계속되는 것은 몇몇 열성파의 노력 덕분이다. ¶그는 자녀 교육에 열성이 대단하다.

예찬론: 고마움이나 뛰어남을 찬양하는 말; admiration, adoration; glorification. 예찬 praise, admiration; 예찬하다 to praise, admire; ~론 treatise, theory ¶그는 자연 예찬론자이다.

오리발 시즌: 바다에 많이 가는 여름철을 비유한 말; flipper season, bathing season. 오리발 (*lit.,* duck foot) webfoot; 시즌 season ¶스키 시즌, 야구 시즌 ¶해마다 오리발 시즌이 되면 바닷가에 사람들이 몰려든다.

우주인: astronaut. 우주 universe; ~인 person

유영: 헤엄치며 노는 것; swimming and playing. 유영하다 to swim ¶돌고래들(dolphins)이 자유롭게 바다에서 유영하고 있다.

인근: 이웃한 가까운 곳; neighborhood, vicinity ¶그 집안은 인근에서 큰 부자였다.

입문: 무엇을 배우는 길에 처음 들어섬; entrance into a professional area. 입문하다 to be introduced to; to become a pupil in a new area ¶그는 일곱 살 때 바둑에 입문하였다.

입수: 물에 들어가는 것; entering into water. 입수하다 to enter into water ¶입수하기 전에 약간의 준비 운동을 하는 것이 좋다.

잠수: 물 속으로 들어감; diving, submerging, submergence. 잠수하다 to dive, go under water ¶몬트레이 베이는 잠수하기에 좋다.

잠수객: 잠수하러 온 사람 [손님]; diver. ~객 guest, person

장비: 어떤 일이나 어떤 것에 쓰이는 장치나 설비 또는 비품; equipment ¶등산 장비, 전쟁 장비 ¶등산할 때는 장비를 잘 갖추어야 한다.

장점: 뛰어난 점; strong point ¶디젤차의 장점은 가솔린차에 비해 안전성이 높다는 점이다.

적당하다: 알맞다; to be appropriate, right, suitable ¶음식도 적당히 먹고 운동도 적당히 하면 건강에 좋다.

적지: 알맞은 장소; right place, appropriate place ¶하와이의 하나우마 베이는 스노우클링에 적지이다.

전향: 이제까지의 사상, 신념, 주의, 주장 따위를 다른 것으로 바꿈; changing one's beliefs or ideas. 전향하다 to shift, switch over ¶그는 공산주의에서 민주주의로 전향했다.

정도: degree, extent; about ¶나는 요즘 하루에 만 원 정도 필요하다. ¶그의 당시 나이는 40세 정도였다.

조기: 이른 시기; early stage (period) ¶외국어는 조기 교육이 중요하다.

짜증: 마음에 꼭 맞지 아니하여 발칵 화를 내는 짓; fret, annoyance, irritation, temper. 짜증(을) 내다 to lose one's temper; to get irritated ¶날씨가 더워지니 사람들이 작은 일에도 자주 짜증을 낸다.

초보자: 기술이나 학문 등을 처음 배우는 단계에 있는 사람; beginner, novice. 초보 first steps, first stage ¶이 책은 초보자용이다. ¶제 기타 실력은 아직 초보예요.

추스르다: 챙기다; 정리하다; to pack up ¶스노클링 하기 전에 먼저 잠수 장비를 추스르세요.

펴다: 벌리다; to spread (out), open, unfold; to speak up

포인트: 지점, 장소; point ¶이 지역은 물고기가 잘 잡히는 포인트다.

해안: 바다와 육지가 맞닿은 부분; seashore, (sea)coast, seaside

행운: 좋은 운수. 또는 행복한 운수; good luck, good fortune ¶내가 취직 시험에 합격한 것은 정말로 행운이다.

현지: 현장; very spot, (actual) locale; the field ¶언제 배가 떠나는지 현지 어민에게 물어 보면 잘 알 수 있습니다. ¶우리가 현지에 도착한 시간은 밤 12시쯤이었다.

활력: 살아 움직이는 힘; energy, vitality, vital power ¶그는 늘 활력에 넘쳐 있다.

관용 표현

1. ~라지요?/~다지요? (Is that) right? Isn't it?

~라지요 immediately after the copula stem 이 or 아니 and ~다지요 elsewhere are contractions, respectively, of the quotation constructions ~라고 하지요? and ~다고 하지요? 'Aren't they saying that . . . ?' These expressions are used when the speaker has previously heard the information in question and wants to confirm his/her understanding of it mildly and politely, as in 고래는 물고기가 아니라지요? 'Whales are not fish, right?', 첫 다이빙에서 광어를 만난 것은 행운이라지요? 'I understand that it is good luck to see a flounder on one's first dive. Is that right?' and 이번 태풍이 전국을 휩쓸었다지요? 'The recent typhoon devastated the entire country, right?'

2. 붐을 타다 ride the crest of the boom; take advantage of the boom

The basic meaning of 타다 is 'to ride', as in 말을 타다, 버스를 타다, 기차를 타다, 배를 타다, and 비행기를 타다. Its extended meanings are used in various idiomatic expressions, including the following: 기회를 타다 'to get an opportunity', 틈을 타다 'to take the opportunity' (도둑이 혼잡한 틈을 타서 달아났어요 'The thief took advantage of the confusion to run away'), 추위를/더위를 타다 'to be sensitive to cold/heat'. Similarly, 타다, in 붐을 타다, has an extended meaning 'to take advantage of', as in 최근의 건축 붐을 타고 큰 돈을 번 건축업자가 많아요 'There are many builders who earned big money taking advantage of the recent construction boom'.

3. 당일치기 one day's doing [work, trip, study, etc.]

당일 means 'the day' and 치기 'hitting, doing, making, performing', from which the meaning 'one day's doing' has developed. It applies to something that one can begin and finish on the same day. Idiomatic expressions like the following are frequently used: 당일치기 공부 'cramming (before an exam)', 당일치기 여행 'a day's trip', and 용호는 시험 때만 되면 당일치기로 공부해요 'Yongho crams whenever he has exams'.

4. 발길이 잦다 make frequent calls on a person or at a place

This idiomatic expression has developed from 발길 (foot-way) 'steps, coming and going' and 잦다 'to be frequent'. It literally means 'footsteps are frequent'. 월드컵 뒤에 한국을 찾는 관광객의 발길이 더 잦아지고 있어요 'Tourists are visiting Korea more frequently since the World Cup'.

5. ~에 맛(을) 들이다 develop a taste for; take a liking to

들이다 'to let in, bring in, put in, employ' (the causative of 들다 'enter') forms idiomatic expressions with certain nouns such as 맛 'taste', 정 'affection', and 재미 'interest', as in 돈에 맛(을) 들이다 'develop a taste for money', 우리 동생은 이웃집 개한테 정(을) 들였어 'My younger sibling has become attached to a neighboring dog', and 아버지는 바둑에 재미(를) 들이셨어요 'My father has developed a taste for *paduk*'. 들이다 may be replaced with 붙이다 'to attach'. Note that this pattern requires a particle indicating a goal, such as ~에 (inanimate) and ~한테 (animate).

6. ~(이)라면 if it be; any/every/all

This pattern is a contraction of ~(이)라고 하면 'if someone/something is said to be'. Examples are 학생이라면 모두 길로 나갔어요 'All the students went out to the street' and 고아라면 무조건 배에 태웠어요 'If (said to be) an orphan, he or she was loaded on the ship'.

7. 출입 금지 Keep Out; Keep Off; Off Limits; No Trespassing

This is a Sino-Korean set phrase used to prohibit people from entering. It consists of 출입 'coming and going' and 금지 'prohibition'. It is used either as it is as a sign or in expressions like 외인 출입 금지 'No admittance (for outsiders),' 출입 금지 장소 'an off-limits place,' 미성년자 출입 금지 'No minors,' 학생 출입 금지 'No students,' and 이 지역은 직원 외에는 출입 금지이다 'This area is off limits except to employees'.

8. ~(이)다시피 = ~(이)ㄴ 것처럼 as if it were

~(이)다시피 is an adverbial form of ~(이)다싶다 'appear to be'. It is similar in meaning to ~(이)다싶게, ~인 것처럼, or ~인 것 같이, as in 바보다시피, 바보다싶게, 바보인 것처럼, and 바보인 것 같이 'as if he were stupid'.

연습 문제

1. 본문의 내용을 가장 잘 요약한 것을 고르세요.

(1) 전국의 스쿠버 다이빙 회원 명단과 전국 해안의 스쿠버 다이빙 금지 지역 소개
(2) 스쿠버 다이빙의 인기와 전국 해안의 다이빙 포인트 및 다이빙 여행에 드는 경비
(3) 스쿠버 다이빙에 필요한 장비와 다이빙 할 때의 주의점

2. 다음은 분문의 어느 문단에 나오는 내용입니까? 문단 번호를 쓰세요.

(1) __ 동해안 잠수의 장단점
(2) __ 새벽 잠수와 스쿠버 다이빙의 매력
(3) __ 각 해안 잠수 여행에 드는 경비
(4) __ 초여름 다이빙 첫 나들이
(5) __ 새로운 다이빙 포인트 개발
(6) __ 현지 어민들도 잠수객들을 환영한다.
(7) __ 남해안과 제주는 거의 해안 전체가 잠수 포인트다.

3. 다음의 글이 본문의 내용과 맞으면 T, 틀리면 F로 답하세요.

(1) __ 여름이 되면 한국에서는 오리 고기를 많이 먹는다.
(2) __ 연금정은 처음 잠수를 배우는 사람들에게 알맞은 곳이다.
(3) __ 초보자는 해변 잠수보다 보트 잠수를 먼저 배워야 한다.
(4) __ 스쿠버 다이빙을 하려면 공기통이 필요하다.
(5) __ 서울에서 남해안이 동해안보다 멀다.
(6) __ 주말에 다이빙을 하려면 미리 부킹을 해야 한다.
(7) __ 현지 어민들은 잠수객들의 바다 출입을 금지하고 있다.
(8) __ 바다물의 온도는 서해가 동해보다 높다.
(9) __ 잠수는 하루 중 새벽에 하는 것이 가장 좋다.
(10) __ 해안 다이빙을 처음 하는 사람들은 1달 정도 강습을 받아야 한다.

4. 본문에서 언급된 잠수 포인트를 다음 지도에서 찾아 동그라미 치세요.

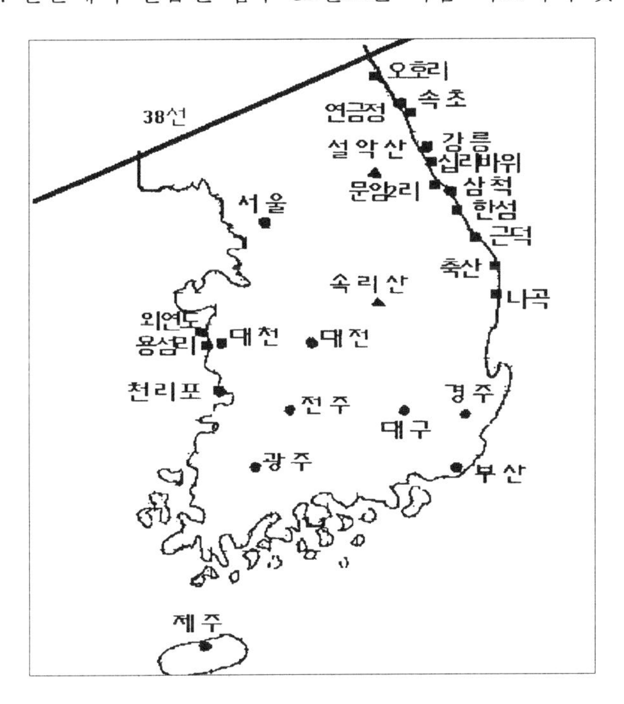

5. 본문을 읽고 아래 빈 칸을 채우세요.

	잠수 포인트	비용	
	동해안 9곳, 서해안 3곳	당일치기	1박 2일
동해안			
서해안			

6. 다음은 본문에 나오는 표현입니다. 본문의 앞뒤 문맥으로 보아 그 뜻으로 알맞은 것을 고르세요.

(1) (문단 1) "오리발 시즌"이 됐다.
  a. 바다에 많이 가는 계절이 되었다.
  b. 오리가 잘 자라는 계절이 되었다.
  c. 오리 고기를 많이 먹는 계절이 되었다.
  d. 사람들이 게을러지는 계절이 되었다.
(2) (문단 1) 수중 비경을 만끽했다.
  a. 물 속 경치를 사진 찍었다.
  b. 물 속 경치를 마음껏 즐겼다.
  c. 물속에서 오랜 시간을 보냈다.
  d. 물에 들어갈 때는 여러 모로 주의해야 한다.
(3) (문단 3) 새벽탕에 맛들이다.
  a. 아침 일찍 잠수하는 것을 즐기다.
  b. 새벽에 목욕탕에 가는 재미를 알게 되다.
  c. 아침 일찍 잠수하고 난 후에 먹는 국(soup)이 맛있다.
  d. 아침 일찍 일어나 집안 일을 하는 재미를 알게 되다.
(4) (문단 5) 수중 관광 발길이 잦다.
  a. 바다로 휴가 따나는 사람들 수가 많다.
  b. 스쿠버 다이버들이 잠수하러 많이 온다.
  c. 관광객들이 스쿠버 다이빙을 구경하러 많이 온다.
  d. 바다 속 물고기를 구경하러 오는 관광객들 수가 많다.

7. 다음은 본문에 나오는 김정수 씨와 김성희 씨에 관한 내용입니다. 물음에 답하세요.

(1) 김정수 씨와 김성희 씨에 관한 정보를 써 넣으세요.

	남/여	나이	직업	사는 도시
김정수				
김성희				

(2) 김정수 씨가 특히 좋아하는 것은 무엇입니까?

a. __ 해변 잠수　　b. __ 보트 잠수　　c. __ 조기 잠수

(3) 다음은 위의 두 사람이 한 말의 내용입니다. 본문을 다시 읽고, 누가 한 말인지 이름을 쓰세요.

a. 골프보다 잠수가 좋다. (　　　)
b. 첫 다이빙에서 광어를 만나서 너무나 기뻤다. (　　　)
c. 수중에서 유영하는 기분이 우주인 부럽지 않다. (　　　)
d. 직장에 가기 전에 잠수를 하는 사람들도 꽤 있다. (　　　)

8. 괄호 안에 가장 알맞은 단어를 보기에서 골라 써 넣으세요.

숙식	경관	입문	결심	당일
전향	명소	활력	현지	대여

(1) 그는 최근 바둑에 (　　　)했다.
(2) 매킨리산은 알래스카의 (　　　)이다.
(3) 한국의 설악산은 (　　　)이/가 아주 아름답다.
(4) 대부분의 골프장에서는 골프채를 (　　　)해준다.
(5) 그는 최근 클래식 음악 애호가에서 재즈 음악 애호가로 (　　　)했다.
(6) 여행은 생활에 (　　　)을/를 더해 준다.
(7) 이번 한국 여행에서 (　　　)은/는 롯데호텔에서 한다.
(8) 콩코드 비행기를 타면 미국에서 한국을 (　　　)(으)로 다녀올 수 있다.
(9) 경수는 다시는 술을 마시지 않기로 (　　　)했다.
(10) 뉴욕에 사는 (　　　) 한국 동포들은 대체로 잘 산다.

9. 다음 대화의 괄호 안에 적당한 동사를 보기에서 골라 알맞은 형태(form)로 고쳐 써 넣으세요.

타다, 들이다, 아프다, 짜증나다, 편리하다, 다양하다, 추스르다

유진: 야, 드디어 스키 시즌이구나. 주디야, 이번 주말에 스키 갈래?
주디: 좋은 생각이야. 그런데, 어디로 가지? 교통이 (　　　) 데로 가자.
　　피닉스 스키장 어때?

유진: 피닉스는 교통은 좋은데 사람이 너무 많아서 (   ). 알프스 스키장 어때?

주디: 알프스는 너무 멀지 않니? 교통도 불편하구. 작년에 거기 가다가 눈 때문에 길이 막혀서 버스 속에 3시간이나 갇혀 있었어. 골치가 (   ) 혼났어.

유진: 그렇기는 해. 그럼 용평 스키장으로 가자. 교통은 진부령보다 나을 거야. 사람은 좀 많겠지만 그래도 피닉스보다는 적을 거구. 또 용평은 스키 코스가 (   ) 좋아.

주디: 그래, 용평이 좋겠다. 주말에는 어딜 가나 사람은 많은 것 같아. 최근 몇 년 사이에 스키가 붐을 (   ) 더 그런가 봐.

유진: 그러게 말이야. 스키에 한번 맛을 (   ) 점점 빠지게 된단 말이야. 자, 그럼 오늘 저녁에는 슬슬 스키 장비를 (   ) 볼까?

주디: 나도 그래야겠다.

10. 주어진 표현을 사용하여 보기와 같이 짧은 글을 두 문장을 써 보세요.

(1) 무조건

현지 어민들은 다이버라면 무조건 "출입 금지"부터 내걸었다.

a. ______________________________

b. ______________________________

(2) ~다시피

제주도는 섬 전체가 잠수 포인트이다시피 수중 경관이 좋다.

a. ______________________________

b. ______________________________

(3) ~에 맛을 들이다.

그는 요즈음 새벽 잠수에 맛을 들였다.

a. ______________________________

b. ______________________________

(4) 당일치기

영호는 시험 때만 되면 당일치기로 공부한다.

a. ______________________________

b. ______________________________

더 생각해 봅시다

1. 스쿠버 다이빙 경험이 있으면 다음의 사항을 넣어서 글을 써 보세요.

- · 어디서?
- · 누구하고?
- · 무슨 장비를 갖추고?
- · 해변 잠수였는가 또는 보트 잠수였는가?
- · 바다 속에서 무엇을 보았는가?
- · 바다 속 경치가 어땠는가?
- · 바다 속 색깔은 어땠는가?
- · 바다 속은 육지하고 어떻게 다른가?
- · 물 속 온도가 어땠는가?
- · 재미있었는가?
- · 또 하고 싶은가?
- · 친구에게 권하고 싶은가?
- · 권하고 싶다면 그 이유는?
- · 권하고 싶지 않다면 그 이유는?

2. 스쿠버 다이빙 경험이 없는 학생은 위의 사항을 넣어서 상상으로 글을 써 보세요.

제3과 노벨의 나라 스웨덴

(Sweden, land of the Nobel Prize)

💡그림을 보면서 함께 생각해 봅시다.

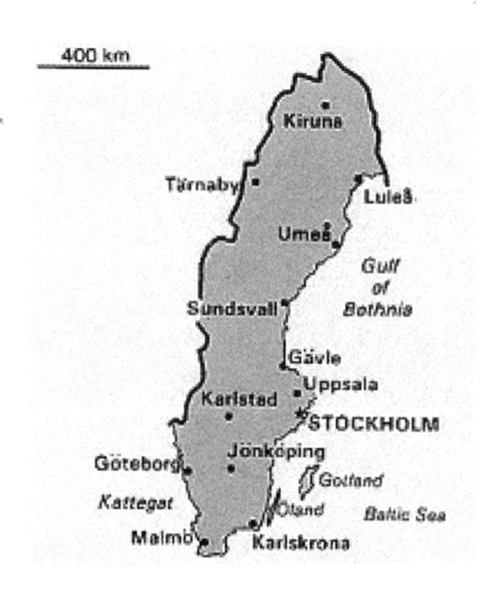

1. 위 지도와 사람들의 사진을 보고 아래의 질문에 대해 대답해 보세요.

   (1) 이 나라의 이름은 무엇일까요?

   (2) 이 나라의 위치와 기후 특징을 간단히 말해 보세요.

   (3) 이 나라에서는 세계적으로 유명한 자동차들을 생산하고 있습니다. 어떤 자동차들입니까?

   (4) 이 나라의 역사에 대해 알고 있으면 설명해 보세요.

2. 오른쪽의 사진은 알프레드 노벨의 초상화입니다. 노벨은 어느 나라 사람입니까? 노벨의 일생에 대해 조사한 후, 그의 공적인 삶과 사적인 삶에 대한 여러분의 의견을 발표해 보세요.

3. 아래 그림을 보고 질문에 답하세요.

(1) 위 왼쪽 사진의 배는 얼어붙은 바다를 가르며 항구로 들어오고 있습니다. 스웨덴의 바다가 얼어붙는 이유는 무엇일까요?

(2) 스웨덴은 호수의 나라라고 불릴 정도로 호수가 많습니다. 국토의 12%가 호수로서 9만여 개의 호수를 갖고 있습니다. 여러분이 만약 스웨덴과 같은 자연 환경을 가진 나라에 산다면, 어떤 방법으로 자연을 개발하겠습니까?

노벨의 나라 스웨덴

최 상 진

북구 여러 나라에 에워싸여[1] 있는 발틱 해는 마치 호수 같다. 바닷물이지만 하천의 담수가 모여들면서 염분이 희석되어 다른 바닷물에 비해 염도가 절반밖에 안 된다. 그래서 겨울철에는 얼어 붙기 때문에 쇄빙선을 앞세워야만 항해를 할 수 있다.

그러나 여름철에 북구를 여행할 때는 유람선을 한번 타 볼 만하다. 헬싱키 항에서 오후 6시에 승선하면 선상에서 핀란드의 아름다운 수도를 감상할 수가 있고, 식당에서 저녁 식사를 하면서 발틱 해 연안의 경치를 즐길 수가 있다.

식사 후에는 석양을 바라보면서 칵테일을 한 잔 하기도 하고, 어떤 이들은 연인들을 끌어안고 춤과 음악을 즐기다가 침실에 들어 하룻밤을 자고 나면, 인접국인 스웨덴의 아름다운 도서와 스톡홀름이 멀리 모습을 드러낸다. 아침을 들면서 발틱 해에서 평화롭게 유영을 하는 백조를 만나게 되면[2] 마치 환상의 나라에 온 것 같은 기분이 든다.

헬싱키와 스톡홀름을 오가는 실야(Silja)와 바이킹(Viking)이라는 이 두 여객선은 동시에 나란히 출항하고 동시에 입항한다. 왜 두 여객선이 시차를 두고 운행하지 않느냐고 물었더니, 만약의 사고에[3] 대비하여 인명 구조를 용이하게 하기 위해 한 쌍의 원앙처럼 나란히 운항한다는 대답이었다.

스웨덴의 수도 스톡홀름은 북구의 베니스라 일컬어지고 있다. 이 도시는 원래 14개의 섬을 연결해서 건설된 "물 위에 떠 있는 도시"라고도 불리우는[4] 아름다운 수상 도시이다.

스웨덴의 국토는 한반도의 2.4배 크기로 미국의 캘리포니아 주보다 약간 크지만, 인구는 9백만 명이 채 못된다. 국토의 12%가 호수로서 9만여 개의 호수를 지닌 호수의 나라이기도 하다.

이 나라의 세 가지 주요 자원은 목재, 철광석 그리고 풍부한 수력이다. 국토의 약 절반이 산림이고, 이 곳에서 세계 펄프 생산의 약 10%를 담당한다. 양질의 철광석에서 고급 철강재를 생산하며, 단단하기로 세계적으로 명성을 자랑하는 볼보(Volvo)와 사브(Saab) 자동차는 물론[5] 항공기와 기계 공업의 꽃이라고 할[6] 볼 베어링(ball bearing)과 정밀 공구도 생산한다.

스웨덴에서는 아시아에서 이주한 우랄 알타이계에 속하는 핀란드인 약 3만 명과 랩족 약 1만 5천명이 살고 있지만, 인구의 95%는 언어, 인종, 종교적으로 순수한 바이킹의 후예로서 용감하고 진취적이기에 한때 러시아의 피터 대제와 자웅을 겨루었고,[7] 프랑스의 나폴레옹에게 항전하기도 했었다. 그들은 용감 무쌍하고 호전적인 바이킹의 투사였지만, 문화 진흥과 산업 발전에도 일찍이 진력했음을 국토 어디에서든 쉽게 찾아 볼 수 있다.

스웨덴 땅의 어디를 파도 화강암 층에 부딪친다고 한다. 그러므로 단단한 화강암을 깨지 못하면 아무 것도 할 수가 없다. 알프레드 노벨은 천신 만고[8] 끝에 엄청난 파괴력을 지닌 다이너마이트란 폭약을 발명하였는데(1869), 스웨덴의 노벨이 폭약을 만들어 낸 것은 "발명은 필요의 어머니이다"라는 서양 속담에 꼭 들어맞는 경우라고 하겠다. 다이너마이트의 발명은 세계 광업 진흥에 획기적인 공헌을 하게 되었고, 이에 힘입어 스웨덴은 20세기의 주요 공업국으로 부상하는 계기가 되었다.

노벨은 일약 대재벌로 떠올랐지만, 연구 도중 폭발 사고로 동생을 잃었고, 초기 제품이 한동안 사고가 빈번하여 한때 "공적"으로 비난의 대상이 되기도 했다. 노벨은 인도주의자였지만, 다이너마이트가 평화적인 목적이 아닌 전쟁에 사용되면서 한동안 그는 죄책감에 사로잡히기도 했다. 그는 평화를 바라는 마음이 진실이었음을 증명하기 위해 세상을 하직하면서[9] (1896) 그의 전 재산을 노벨상 기금으로 헌납하였다. 노벨은 살아서 다이너마이트를 남겼고, 죽어서는 노벨상을 남겼다. 세계의 모든 학자들과 대학과 국가들이 노벨상을 최고의 영예로 꼽고 있으니, 그는 조국 스웨덴에게 노벨상을 수여하는 영광을 안겨 주고 간 것이다.

어떤 이들은 이런 이야기를 한다. "이탈리아의 미켈란젤로와 스웨덴의 노벨은 죽어서도 그들의 후손들을 먹여 살리고 있다." 미켈란젤로의 예술 작품이 지금도 이탈리아 관광 수입의 큰 몫을 해주고 있듯이, 노벨상은 세계의 최우수 논문을 스웨덴이 제일 먼저 수집하게 하여 첨단 과학 기술 진흥에 큰 몫을 해 주고 있다는 것이다.

스웨덴은 한동안 노르웨이와 핀란드를 지배하에 두기도[10] 했다. 하지만 19세기 초부터 절대 중립 정책을 채택하면서 세계 1차, 2차 대전에서 중립을 고수하여 신생 공업국으로서의 기반을 다지면서 복지 국가를 이룩할 수 있는 원동력을 키웠다. 그리하여 스웨덴은 일찍이 유럽에서 자동차와 전화기를 가장 많이 보유한 부국이 되었다.

최상진 저 <어느 대사의 이야기: 이런 나라 저런 나라> (1997), 서울 인능원

어휘

건설: 건물이나 시설 따위를 만들어 세우는 것; construction. 건설하다 to construct, build ¶다리를 건설하려면 많은 시간과 돈이 필요하다.

겨루다: 승부를 다투다; to compete with ¶나는 친구와 누가 빨리 달리는지를 겨루었다.

계기: 어떤 일이 일어나거나 변화하도록 만드는 결정적인 원인이나 기회; momentum, opportunity, chance ¶이것을 계기로 하여 with this as momentum ¶전쟁은 인간에게 문명 발전의 계기를 마련해 주기도 한다.

고수: 굳게 지킴; adherence, persistence, tenacity. 고수하다 to adhere to, hold fast to ¶크고 작은 사고는 원칙을 고수하지 않는 데서 생기는 경우가 많다.

공구: 공작에 필요한 연장; instrument, tool ¶시계 수리(repair)와 같은 간단한 일에도 드라이버 등의 기본 공구가 필요하다.

공적: 국가나 사회 또는 일반 사람들의 공통의 적; public enemy ¶자그마한 이익을 위해 강과 바다, 땅을 오염시키는 부도덕한 기업은 온 국민의 공적이다.

공헌: 가치 있는 일에 힘써 참여하고 도움을 줌; contribution, service.

공헌하다 to contribute (to), serve ¶정주영 씨는 한국의 경제 발전에 크게 공헌한 사람이다.

광업: 땅 속에 묻힌 자원을 캐어내는 산업; mining (industry) ¶영국에서 시작한 산업 혁명(the Industrial Revolution)을 보면 광업의 발달을 통해 다른 산업의 발전이 가능하였다.

구조: 위험한 형편에 있는 사람을 도와 구하여 주는 것; rescue, relief. 구조하다 to rescue, save, relieve ¶인명 구조 saving a life, 구조선 rescue ship, lifeboat, 구조 작업 rescue operations

기반: 기본이 되는 자리; 밑바탕; base, foundation ¶가족은 사회의 기반이다.

꼽다: 수를 세다; 골라서 지목하다; to count (on one's fingers); to be ranked (among) ¶이 마을에서 부자로는 그를 첫째로 꼽는다.

노벨상: Nobel Prize

논문: 어떤 주제에 대하여 연구한 결과를 체계적이고 논리적으로 적은 글; thesis, dissertation ¶학자는 논문의 양과 질로써 학문적 업적 (achievements)을 인정받는다.

담당: 어떤 일을 맡음; charge. 담당하다 to take charge of, be in charge (of) ¶그가 이번 살인 사건(murder case)을 담당하고 있다.

담수: 짠 맛이 없는 맑은 물; fresh water ¶바닷물을 담수로 만들어 농업과 공업용 물로 사용한다.

대~: (일부 명사 앞에 붙어) "큰, 엄청난"의 뜻을 나타냄; big, huge, severe ¶1994년 일본의 고베에서 대지진(severe earthquake)이 있었다.

대제: 황제를 높여 부르는 말; Great Emperor, the Great ¶알렉산더 대제는 중동(Middle East) 지역을 침략하고(invade) 심지어는 인도의 북부 지역까지 점령하였다.

도서: 크고 작은 섬들; islands ¶대표적인 도서 국가인 인도네시아는 3,000개 이상의 크고 작은 섬들로 이루어진 나라이다.

드러내다: 가려 있거나 보이지 않던 것을 보이게 하다; 나타내다; to show, disclose, expose ¶그는 하얀 이를 드러내며 활짝 웃었다. ¶그는 드디어 본색(real character)을 드러내기 시작했다.

들어맞다: 정확히 맞다; to fit (in) perfectly, be applicable (to); to hit (the mark) ¶그의 예상이 정확하게 들어맞았다.

랩족: Lapps. ~족 tribe, race, kinsmen

명성: 명예로운 평판; fame, renown ¶그는 훌륭한 과학자로서 세계적으로 명성이 높다.

목재: 나무로 된 재료; timber, lumber ¶고급 가구를 만드는 목재로 마호가니가 많이 쓰인다.

몫: 여럿으로 나누어 가지는 각 부분; share, portion ¶각자 자기 몫을 받았다.

발틱 해: 발트 해; Baltic Sea

백조: swan

보유: 가지고 있음; 간직하고 있음; possession, retention. 보유하다 to possess, hold ¶그는 마라톤 세계 신기록(new record)을 보유하고 있다.

부국: 부유한 나라; rich country ¶부국은 빈국(poor country)을 경제적으로 도와 주어야 한다.

부딪치다: 힘 있게 마주 닿거나 마주 대다; to run against, collide with ¶버스와 자동차가 부딪쳐서 많은 사람이 다쳤다.

부상: 떠오름; 눈에 띄게 좋아짐; rise to the surface. 부상하다 to appear suddenly as ¶한국은 최근 축구 강국(strong country)으로 부상하였다.

북구: 유럽의 북부 지역 일대; Northern Europe ¶북구 지역 국가들은 아름다운 경치로 유명하다.

비난: 남의 잘못을 찾아내어 나무라거나 나쁘게 말하는 것; blame, reproach, criticism. 비난하다 to blame, criticize unfavorably, censure ¶남을 비난하기는 쉽다.

빈번하다: 일이 매우 잦다; to be frequent, incessant ¶겨울이면 화재(fire)가 빈번하므로 특히 주의하여야 한다.

사로잡다: 산 채로 잡다; 생각이나 마음을 온통 한곳으로 쏠리게 하다; to catch alive; to captivate. 사로잡히다 to be taken alive; to be seized (with) ¶그는 새끼 사자를 사로잡았다. ¶그 여자는 사람의 마음을 사로잡는 힘이 있다. ¶그는 아름다운 경치에 사로잡혔다.

산림: 산과 숲; forest ¶산림을 보호하다 to conserve forests

석양: 저녁때의 햇빛; 저녁때의 저무는 해; evening sun ¶서쪽 하늘이 석양을 받아 붉게 빛나고 있다.

선상: 배의 갑판 위; deck. 선~ ship; ~상 on ¶수상 surface of the water, 옥상 roof(top) ¶이 호화 유람선(luxury excursion ship)은 선상에 수영장 및 각종 레저(leisure) 설비를 갖추고 있다.

속담: 옛날부터 전해오는 짧은 말; proverb, common saying

쇄빙선: 얼어붙은 바다의 얼음을 깨뜨려 뱃길을 내는 배; icebreaker. 쇄빙 ice breaking; ~선 ship, vessel ¶화물선, 유람선 ¶핀란드에서는 겨울철에 바다가 얼기 때문에 쇄빙선은 바닷길을 여는 데에 필수적이다.

수도: 한 나라의 중앙 정부가 있는 도시; capital city ¶일본의 수도는 토쿄이고 미국의 수도는 워싱턴 D.C.이다.

수력: 물의 힘; water power ¶수력 발전 water-power generation

수여: 공식적인 절차를 따라 증서, 상장, 훈장 따위를 줌; award, conferral, presentation. 수여하다 to award, confer ¶교장 선생님은 성적이 우수한(excellent) 학생들에게 상(prize)을 수여했다.

수입: 어떤 일을 해서 얻는 돈; income, revenue ¶지난 달에는 지출(expenditure)이 수입보다 많았다.

승선: 배를 탐; boarding. 승선하다 to board the ship ¶손님들이 모두 승선하자 배가 출항했다.

시차: 시간상의 차이; time difference, difference in time ¶아침 첫 기차와 두 번째 기차 운행 사이에는 한 시간의 시차가 있었다.

신생: 새로이 생기거나 태어남; new birth, newborn ¶신생아 newborn baby ¶신생 국가 newly emerging nation

쌍: 둘씩 짝을 이룬 것; pair, couple ¶한 쌍의 젊은 부부 ¶젊은이들이 쌍쌍이 춤을 추고 있다.

앞세우다: 앞에 서게 하다; 먼저 내어 놓다; to make (a person) go ahead; to give priority to ¶우리는 행렬(procession)에 밴드를 앞세웠다. ¶정치 문제 보다 경제를 앞세워야 한다.

양질: 좋은 품질; good quality ¶그 식당은 양질의 재료로만 음식을 만든다.

엄청나다: 훨씬 많거나 대단하다; to be extravagant; to be absurd ¶이번 테러 사건으로 입은 피해(damage)는 엄청나다.

에워싸다: 둘레를 빙 둘러싸다; to surround ¶사람들은 사인(autograph)을 받으려고 그 영화 배우를 에워싸고 있었다.

여객선: 여객을 태워 나르는 배; passenger boat. 여객 passenger; ~선 ship ¶저 섬으로 여행 가려면 여객선을 타야 한다.

연안: 바닷가, 강가, 호숫가의 육지; coast, shore ¶시애틀은 태평양 연안에 있다.

염도: 소금기의 정도; (degree of) saltiness ¶고혈압 환자(hypertensive)는 염도가 높은 베이컨, 햄 등을 적게 먹는 것이 좋다.

염분: 물질 속에 들어 있는 소금 성분; salt content ¶염분이 많은 땅에서는 농작물(corps)이 잘 되지 않는다.

영예: 빛나는 명예; 많은 사람의 칭찬과 존경을 받아 자랑스럽고 유명하게 됨; honor ¶그는 열심히 공부하여 수석 졸업의 영예를 차지했다.

용감 무쌍: 매우 용감하고 씩씩하다; unchallenged bravery, peerless courage. 용감하다 to be brave; 무쌍하다 to be matchless ¶이번 전쟁 중 용감 무쌍했던 군인들에게는 훈장이 수여되었다.

용이하다: 아주 쉽다; to be easy, simple ¶용이하게 해치우다 to make short work of ¶외국어를 배우는 것은 용이한 일이 아니다.

우랄 알타이계: Ural-Altaic. ~계 system; lineage, origin ¶한국계 미국인 Korean-American

운항: 배나 비행기가 다님; navigation. 운항하다 to navigate ¶폭풍(storm)으로 그 배는 운항을 중단하였다.

운행: 차나 배 등의 탈것이 다니는 것; traffic service. 운행하다 to run, operate ¶소나기로 인해 철로가 무너져 기차의 운행이 중단되었다.

원동력: 근원적인 힘; motive power ¶그 나라 모든 국민의 노력이 빠른 경제 성장의 원동력이 되었다.

원앙: mandarin duck; pair of lovebirds ¶저 부부는 한 쌍의 원앙처럼 늘 붙어 다닌다. That couple always stick together like a pair of lovebirds.

유람선: 여기저기를 구경하는 사람들을 태우고 다니는 배; excursion boat, pleasure boat, sightseeing boat. 유람 sightseeing tour; 유람하다 to go sightseeing; ~선 ship ¶유람선을 타고 세계 일주(tour around the world)를 하고 싶다.

이주: 다른 곳이나 다른 나라로 가서 사는 것; move; migration. 이주하다 to migrate ¶민족의 이주는 문화의 교류를 촉진시켰다.

인구: 한 나라나 일정한 지역 내에 살고 있는 사람의 수; population ¶전 세계 인구의 약 10%인 4억 명이 인터넷을 이용하고 있다고 한다.

인도주의자: 모든 인류의 행복과 복지를 위하여 노력하는 사람; humanist. 인도주의 humanism; ~자 person ¶대표적인 인도주의자로는 슈바이처 박사나 톨스토이, 간디를 꼽을 수 있을 것이다.

인명: 사람의 목숨; human life ¶한국의 인명 구조 핫라인은 119번이다.

인접국: 바로 이웃해 있는 나라; neighboring country. 인접하다 to be adjacent ¶한국의 인접국으로는 중국과 러시아, 일본이 있다.

인종: 사람의 피부 색깔, 골격 등 신체적인 여러 특징에 따라 구분되는 사람의 종류; race; ethnic group ¶그 나라의 사회 문제 중 가장 심각한 것으로 인종 차별 문제를 들 수 있다.

일약: 지위, 등급, 가격 등이 한번에 뛰어오르는 모양; suddenly; at a (single) bound ¶그 가수는 일약 스타가 되었다.

일컫다: 부르다; to call, name, designate. 일컬어지다 to be referred to ¶사자를 흔히 모든 동물의 왕으로 일컫는다.

입항: 배가 항구로 들어오는 것; entry into port. 입항하다 to enter port; to arrive in port ¶외국에서 들어오는 배는 검사(inspection)를 받은 다음에 입항하게 된다.

재벌: 많은 돈으로 여러 개의 기업을 거느린 자본가나 기업가 집단; financial combine, great financial conglomerate ¶그는 열심히 돈을 벌어 이제는 재벌이라는 소리를 듣게 되었다.

절대: 어떤 조건도 붙지 않음, 무조건적인; absolute(ness), absolutely. 절대로 absolutely; 절대적 absolute ¶물과 공기는 우리에게 절대 필요한 것이다.

정밀: 아주 세밀하고 정확함; minuteness, precision, accuracy. 정밀하다 to be minute, precise ¶그 약품은 정밀한 조사 끝에 판매가 가능하게 되었다.

죄책감: 저지른 죄나 잘못에 대해 책임을 느끼는 마음이나 양심의 가책; pangs of conscience, guilty conscience. 죄책 liability [responsibility] for a crime; ~감 sense ¶책임감, 의무감 ¶그는 물에 빠진 동생을 구하지 못했다는 죄책감에 평생 괴로워했다.

중립 정책: 전쟁에서 어떤 나라에 대해서도 공평한 태도를 취하는 정책; policy of neutrality. 중립 neutrality; 정책 policy ¶스웨덴은 중립 정책을 통해 나폴레옹 전쟁 이후 180년 동안 전쟁을 겪지 않았다.

지배: 다스림, 통치함; governance, domination. 지배하다 to govern, dominate ¶간디는 영국의 지배로부터 자신의 조국 인도를 독립시키는 일에 일평생(all one's life)을 바쳤다.

진력하다: 있는 힘을 다하다; to exert oneself; to endeavor ¶그 나라는 최근 경제 발전에 진력해 왔다.

진취적: 적극적으로 나아가서 일을 이룩하는; progressive ¶젊은이들은 진취적인 생각을 가져야 한다.

진흥: 활발하게 일을 벌여 번성하게 하는 것; promotion, development ¶무역을 진흥하다 to promote foreign trade ¶산업의 진흥을 꾀하다 to promote the development of industry ¶정부는 기초 과학 진흥에 힘쓰고 있다.

채: 미처; 제대로; 아직; (not) yet, as yet, so far; before; only ¶우리는 잠이 채 깨기도 전에 여행길에 올랐다.

채택하다: 골라서 쓰다; to select, choose; to adopt. 채택 choice, selection, option ¶우리 학교에서는 어떤 교과서를 채택할까 고민 중이다.

철광석: 철이 들어 있는 광석; iron ore ¶한국의 대표적인 제철 기업인 포항제철은 철광석을 주로 호주에서 수입하고 있다.

첨단: 유행이나 시대의 흐름 등의 맨 앞장; spearhead; cutting edge ¶그 디자이너는 항상 유행의 첨단을 걷는다. ¶인공위성(artificial satellite)의 발사(blastoff)는 첨단 기술을 요구한다.

출항: 배가 항구를 떠나는 것; departure from port. 출항하다 to start on a voyage ¶태풍(typhoon) 때문에 모든 항구에서 출항이 금지되었다.

투사: 싸움터나 경기장에서 싸우거나 싸우려고 나선 사람; fighter, combatant ¶온 국민의 영웅이던 투사가 그 싸움에서 지고 말았다.

파괴력: 깨뜨리어 부수는 힘; destructive power. 파괴 destruction; 파괴하다 to destroy, break down; ~력 ability, power ¶블랙홀의 파괴력은 엄청나다.

펄프: (wood) pulp

폭약: 매우 큰 힘을 내며 갑자기 터지게 하는 화학 물질; explosive, blasting powder ¶광산(mine)에서는 다이너마이트를 비롯한 여러 종류의 폭약을 사용한다.

피터 대제: Peter the Great

하직: leave-taking. 하직하다 to take one's leave, bid farewell (to) ¶세상을 하직하다 to leave this world, die ¶고향을 하직하다 to leave one's native place

하천: 시내보다는 크고 강보다는 작은 물의 흐름; river, stream, brook

한반도: Korean peninsula, Korea

항전: 적에 대항하여 싸우는 것; resistance, fighting (against). 항전하다 fight against

항해: 배를 타고 바다 위를 다님; navigation, (sea) voyage, sailing. 항해하다 to sail, navigate, make a voyage ¶오늘은 파도가 심해 항해를 할 수가 없다.

~해: 바다; sea. 동해 East Sea; 지중해 Mediterranean Sea

헌납: 돈이나 물건을 바치는 것; offering, contribution, donation. 헌납하다 to present, contribute ¶그는 전 재산을 자선 단체(charitable organization)에 헌납했다.

호전적: 싸움하기를 좋아하는; belligerent, bellicose ¶한국 민족은 역사적으로 호전적인 민족이 아니다.

화강암: granite ¶한국의 산들은 봉우리가 화강암으로 이루어진 곳이 많다.

환상: 현실에는 있을 수 없는 일을 있는 것처럼 상상하는 것; fantasy. 환상적 fantastic ¶이 소설은 작가의 환상을 글로 옮긴 것이다.

획기적: 전혀 새로운 시기를 열어 놓을 만큼 훌륭한; epochal, epoch-making (events) ¶이 안전 벨트는 운전자의 안전성을 획기적으로 높여 주었다.

후손: 자손; posterity, descendants ¶그 분은 후손에게 재산을 남기지 않았다.

후예: 후손; descendant, offspring ¶그는 양반(the nobility)의 후예임을 자랑스럽게 생각한다.

희석: 묽게 함; dilution. 희석하다 to dilute ¶물은 몸에 해로운 물질을 희석시켜 주기 때문에 자주 마시는 것이 건강에 좋다.

힘입다: 어떤 힘의 도움을 받다; to owe, be indebted. 힘 strength, force, energy; effort; power, help; courage; 입다 to put on; to owe; to suffer ¶그는 아버지의 교육에 힘입어 성공했다.

관용 표현

1. ~에/(으)로 에워싸이다 be surrounded by/with

This is a passive form of ~을/를 에워싸다 'surround, enclose, encircle'. 에워싸다 is a compound verb consisting of 에우다 'encircle' and 싸다 'wrap up'. Thus, the passive expression of 사람들이 그 배우를 에워싸고 있어요 'People are crowding round the actor' is 그 배우가 사람들에게 (or 사람들로) 에워싸여 있어요 'The actor is being surrounded by people'. Similar expressions are ~을/를 둘러싸다 'surround, enclose' and ~에/(으)로 둘러싸이다 'be surrounded by/with'. All the following expressions are used to mean 'My house is surrounded on three sides by hills':

우리 집은 산이 삼면을 에워싸고 있어요.
우리 집은 삼면이 산에 (or 산으로) 에워싸여 있어요.
우리 집은 산이 삼면을 둘러싸고 있어요.
우리 집은 삼면이 산에 (or 산으로) 둘러싸여 있어요.

2. ~게 되면 if it (so) happens to be/do . . .

This conditional expression carries the meaning of 'if by (any) chance' or 'if it happens to be/do', as in the following examples:

돈을 많이 벌면 집을 살래요.
'I will buy a house when I earn a lot of money.'
돈을 많이 벌게 되면 집을 살래요.
'I will buy a house if (by any chance) I earn a lot of money.'

취직하면 결혼하려고 해요.
'I am thinking of getting married if I get a job.'
취직하게 되면 결혼하려고 해요.
'I am thinking of getting married if I happen to get a job.'

3. 만약의 사고 = 만일의 사고 an unforeseen accident

만약 and 만일 are usually used as adverbs in the sense of 'if by any chance'. They occur occasionally as nouns in the sense of 'rare chance, emergency', in which case they usually form idiomatic expressions such as 만약(만일)의 경우 'emergency', 만약(만일)의 사태 'emergency', 만약(만일)의 사고 'accident by rare chance', and 만일의 경우에는 'if anything should happen'.

4. ~(이)라고 불리우다 be called (titled, named)

This is a passive form of ~(이)라고 부르다 'call, title, name'. 그 아이를 천재라고 불렀다 'They called the child a genius' corresponds to 그 아이는 천재라고 불리웠다 'The child was called a genius'. Another passive form of 부르다 is 불리다, which is equivalent to 불리우다.

5. ~은/는 물론(이고) let alone; to say nothing of

물론 is used both as a noun in the sense 'a matter of course', as in 용호가 똑똑한 것은 물론이야 'It goes without saying that Yongho is bright', and, more frequently, as an adverb in the sense 'of course, needless to say, undoubtedly' as in 물론 그래요 'Of course it is' and 물론 나는 가야지 'Needless to say, I must go'. In the form ~은/는 물론, it is also used as a conjunction attached to a first clause, as in 너는 물론(이고) 나까지 초대했어 'He invited even me, not to speak of you'. In this case, 이고 is frequently omitted in both speaking and writing, a fact that often confuses language learners.

6. ~고 할 worth being said; deserving to be said

This form seems to be a contraction of ~고 할 만한 'enough to be said to do/be' or ~고 할 수 있는 'can be said to do/be', as in 한국을 대표한다고 할 [할 만한; 할 수 있는] 인물 'a person who deserves to be said to represent Korea'. ~(이)라고 할, ~(이)라고 할 만한, and ~(이)라고 할 수 있는 all mean 'worth/deserving to be called; can be called'. 천재라고 할 [할 만한; 할 수 있는] 학생 means 'a student who can be called a genius'.

7. 자웅을 겨루다 vie for supremacy; strive for mastery

자웅 means not only 'male and female' but also 'victory or defeat, superiority or inferiority, supremacy, mastery'. 겨루다, a synonym of 다투다, means 'vie (with), contend, compete (with), strive (with another for)'. Thus 자웅을 겨루다 or 자웅을 다투다 means 'vie for supremacy', as in 1998년 월드컵 결승전에서 프랑스와 브라질은 자웅을 겨루었다 'In the 1998 World Cup, France and Brazil competed (for supremacy) in the finals'.

8. 천신 만고 all sorts of hardships

Literally, 천신 만고 means 'one thousand bitter events and ten thousand sufferings'. Examples are 천신 만고하다 'undergo all sorts of hardships and privations' and 천신 만고 끝에 성공했다 '(He) succeeded after great difficulties'.

9. 세상을 하직하다 die

The Sino-Korean noun 하직 means 'leave-taking, saying good-bye' and 하직하다 means 'take one's leave (of), bid farewell (to)', as in 고향을 하직하다 'leave one's native place'. 세상을 하직하다 means 'leave this world', hence 'die', as in 세상을 웃으면서 하직할 수 있는 사람은 많지 않을 것이다 'Not many people can leave this world smiling' and 이 세상을 하직할 때 후회가 없어야 할 것이다 'There shouldn't be any regret when one dies'. Similar expressions meaning 'leave this world' are 세상을 떠나다 and 세상을 뜨다.

10. 지배하에 두다 place under one's control; occupy

지배하 consists of 지배 'control, command, rule' and ~하 'under'. It is synonymous with 지배 아래, where 아래 is a native equivalent to the Sino-Korean ~하. Usually this pattern is used when talking about an organization or a country placed under another organization or country, as in 일본은 한국을 35년간 그들의 지배하에 (or 지배 아래에) 두었다 'Japan occupied Korea for thirty-five years'.

연습 문제

1. 다음의 글이 본문의 내용과 맞으면 T, 틀리면 F로 답하세요.

(1) __ 발틱(Baltic) 해는 다른 바다에 비해 짜다.
(2) __ 스웨덴은 국토의 크기에 비해 인구가 너무 많다.
(3) __ 발틱 해를 겨울철에 항해하려면 쇄빙선이 반드시 필요하다.
(4) __ 헬싱키와 스톡홀름을 오가는 두 여객선은 같이 출항하고 같이 입항한다.
(5) __ 스웨덴의 수도 스톡홀름은 아름다운 수상 도시라서 "북구의 베니스"라고 불린다.
(6) __ 스웨덴의 땅은 주로 화강암 층이어서, 노벨이 발명한 다이너마이트는 스웨덴의 건설업, 광업에 큰 역할을 했다.
(7) __ 노벨은 전쟁 무기로 사용하려고 다이너마이트를 발명하였다.
(8) __ 스웨덴은 19세기 초부터 절대 중립 정책을 채택하였으므로, 1차, 2차 세계 대전의 피해를 피할 수 있었다.
(9) __ 스웨덴은 노벨상을 통해 세계 최우수 논문을 먼저 수집함으로써 전 세계의 첨단 기술을 쉽게 익힐 수 있었다.
(10) __ 노벨상은 스웨덴의 국가 이익에 별 도움을 주지 못하였다.

2. 아래 물음에 답하세요.

(1) 헬싱키와 스톡홀름을 오가는 두 여객선의 이름은 무엇입니까?

(2) 위의 두 여객선이 나란히 출항하고 동시에 입항하는 이유는 무엇입니까?

(3) 스웨덴의 수도인 스톡홀름의 별칭(nickname)은 무엇입니까? 그렇게 불리우는 이유는 무엇입니까?

(4) 스웨덴에서 기계 공업이 발달된 이유는 무엇입니까?

(5) 노벨이 폭약을 만들어 낸 것이 "발명은 필요의 어머니이다"라는 속담에 딱 들어맞다고 했는데 왜 그렇습니까?

(6) 노벨은 어떻게 "죽어서도 후손을 먹여 살리고" 있나요?

(7) 노벨상의 수여를 통해 스웨덴이 얻는 이익은 무엇입니까?

3. 왼쪽의 단어와 가장 잘 어울리는 단어를 오른쪽에서 찾아 연결하세요.

(1) 기반을	들어맞다
(2) 배가	겨루다
(3) 재산을	다지다
(4) 자웅을	빈번하다
(5) 속담에	사로잡히다
(6) 사고가	수여하다
(7) 죄책감에	출항하다
(8) 노벨상을	헌납하다

4. 다음 a, b 두 문장의 괄호 안에 공통적으로 들어갈 표현을 보기에서 골라 그 번호를 쓰세요.

① 그래서	② 그러나	③ 그리고

(1) a. 발틱 해는 하천의 담수가 모여들면서 염분이 희석되어 다른 바닷물에 비해 염도가 절반 정도이다. ( ) 겨울철에는 얼어붙는다.
b. 스웨덴의 국토는 거의 대부분 화강암 층이다. ( ) 다이너마이트 같은 폭발물이 없으면 아무 것도 할 수 없다.

(2) a. 유람선 바이킹 호에 승선하면 선상에서 야경을 즐길 수 있다. ( ) 갑판에 있는 식당에서 저녁 식사를 할 수도 있다.
b. 스웨덴은 볼보와 사브 자동차를 생산한다. ( ) 항공기와 기계 공업에 필수적인 볼 베어링과 정밀 공구도 생산한다.

(3) a. 스웨덴은 한동안 노르웨이와 핀란드를 지배하였다. ( ) 19세기 초부터 중립 정책을 채택하면서 두 나라를 독립시켜 주었다.
b. 스웨덴인은 대부분 호전적인 바이킹족의 후예들이다. ( ) 그들은 문화를 진흥하고 산업을 발전시키는 일에도 일찍부터 힘써 왔다.

5. 다음의 문장을 읽고 밑줄 친 부분의 뜻으로 가장 적당한 것을 고르세요.

(1) 스웨덴에서는 기계 공업의 꽃이라고 할 수 있는 베어링과 정밀 공구를 생산한다.

a. 가장 약한 부분
b. 가장 기초가 되는 부분
c. 가장 중요한 부분
d. 가장 어려운 부분

(2) 바이킹의 후예로서 한때 러시아의 피터 대제와 자웅을 겨루었다.

a. 형제처럼 사이좋게 지냈다
b. 승패나 우열을 가렸다
c. 나란히 용감하고 진취적이었다
d. 사돈 관계를 맺었다(to become related by marriage)

(3) 알프레드 노벨은 천신만고 끝에 엄청난 파괴력을 지닌 다이너마이트라는 폭약을 발명했다.

a. 수많은 실험을 한 끝에
b. 오랜 시간이 지난 후에
c. 갖은 고생을 다 한 후에
d. 많은 돈을 투자한 후에

(4) 스웨덴은 20세기의 주요 공업국으로 부상하게 되었다.

a. 많은 상처를 받게
b. 눈에 띄게 발전하게
c. 물 위로 떠오르게
d. 경제적으로 풍요하게

(5) 스웨덴의 수도 스톡홀름은 '물위에 떠 있는' 도시라고도 불리우는 아름다운 수상 도시이다.

a. 상을 수여하는
b. 물 위에 지어진
c. 가장 중요한
d. 바닷가

6. 다음 글을 읽고 아래 물음에 답하세요.

스웨덴의 국토는 한반도의 2.4배 크기로 미국의 캘리포니아 주보다 약간 크지만 인구는 9백만 명이 채 못된다. 국토의 12%가 호수로서 9만여 개의 호수를 지닌 호수의 나라이기도 하다.

이 나라의 세 가지 주요 자원은 목재, 철광석 그리고 풍부한 수력이다. 국토의 약 절반이 산림이고 이 곳에서 세계 펄프 생산의 약 10%를 담당한다. 양질의 철광석에서 고급 철강재를 생산하며, 단단하기로 세계적으로 명성을 자랑하는 볼보(Volvo)와 사브(Saab) 자동차는 물론 항공기와 기계 공업의 꽃이라고 할 볼 베어링(ball bearing)과 정밀 공구도 생산한다.

(1) 다음 중 위 글의 내용과 <u>다른</u> 것을 고르세요.
a. 수력은 스웨덴의 주요 자원이다.
b. 스웨덴은 기계 공업이 발달되어 있다.
c. 스웨덴은 산이 많아 펄프 산업이 발달되어 있다.
d. 스웨덴은 인구 밀도(population density)가 높은 나라이다.

(2) 한국, 스웨덴, 미국의 캘리포니아 주를 땅의 크기 순서로 써 보세요.

(3) 스웨덴이 세계적으로 유명한 자동차를 생산할 수 있는 이유는 무엇입니까?

7. 아래 대화의 괄호 안에 가장 알맞은 단어를 보기에서 골라 써 넣으세요. 같은 단어를 여러 번 써도 좋습니다.

수여	헌납	공헌	후손	영예	죄책감	호전적
하직	비난	증명	조상	영광	책임감	획기적

주디: 민수 씨, 한국인 중에서 노벨상을 수상한(to win) 사람이 있나요?
민수: 그럼요. 김대중 대통령이 수상하셨지요. 국민들 모두가 얼마나 많이 감동했는데요.
주디: 아, 네. (　　　　)들도 아주 영광으로 여기겠네요. 모든 국가들이 노벨상을 최고의 영예로 꼽고 있잖아요. 그런데, 김 대통령이 무슨 분야에서 상을 받으셨나요?
민수: 평화상 분야요. 김 대통령은 한국인으로는 최초의 노벨상 수상자예요. 그래서 국민들의 감동이 더 컸지요.
주디: 그렇겠네요. 그런데, 김대중 대통령이 노벨 평화상을 받게 된 근거가 뭐예요? 평화를 위해 어떤 (　　　　)을/를 하셨어요?
민수: 지난 40년 동안 한국의 민주주의 발전을 위해서 꾸준히 노력해 온 것을 스웨덴 한림원이 인정해서 노벨상을 (　　　　)한 것이지요. 또, 남북한 관계의 개선을 위해서 많은 노력을 기울여 한반도의 군사적 긴장 완화(easing of tension)에 (　　　　)인 (　　　　)을 한 것도 수상에 크게 작용했다고 해요.
주디: 그렇군요. 그러고 보면, 노벨은 죽어서도 (　　　　)을 먹여 살리고 있지요? 해마다 자기 조국 스웨덴이 그렇게 영예로운 상을 (　　　　)하는 (　　　　)을/를 누리고 있으니 말이예요.
민수: 맞아요. 그런 노벨도 한때는 (　　　　)에 시달렸다지요? 다이너마이트 폭발 사고로 동생이 죽고, 또 처음에는 사고가 빈번했대요.

주디: 네, 그래서 한동안은 모든 사람의 적으로 ( )도 많이 받았잖아요.
민수: 글쎄 말이에요. 노벨은 원래 인도주의자였다고 하던데 . . . 그가 세상을 ( )할 때 전 재산을 노벨상 기금으로 ( )했던 것도 평화를 바라는 그의 마음이 진실이었음을 ( )하기 위해서였대요.

8. 주어진 표현을 사용하여 보기와 같이 짧은 글을 써 보세요.

(1) ~든(지)

보기: 스웨덴이 문화 진흥과 산업 발전에 일찍이 진력했음은 국토 어디에서든 쉽게 찾아볼 수 있다.

a. ______________________________

____

b. ______________________________

____

(2) ~게 되면 마치 . . . ~것 같은 기분이 든다.

보기: 평화롭게 유영을 하는 백조를 만나게 되면 마치 환상의 나라에 온 것 같은 기분이 든다.

a. ______________________________

____

b. ______________________________

____

9. 노벨의 일생에 대해서 100단어 이내로 글을 써 보세요.

더 생각해 봅시다

1. 여러분은 조상 중에 "후손을 먹여 살리는" 인물이 있습니까? 있으면 어떻게 후손을 먹여 살리는지 얘기를 나누어 보세요.

2. 인류는 지난 20세기에 수많은 과학적 발견과 발명을 이루었습니다. 이러한 과학의 진보가 인류의 삶에 끼친 영향에 대해 긍정적인 시각을 가질 수도 있고 부정적으로 볼 수도 있습니다. 여러분은 과학 기술의 발전에 대해 어떤 의견을 가지고 있는지 발표해 보세요.

3. 다음은 20세기의 가장 위대한 발명, 발견들입니다. 인류에게 가장 큰 공헌을 한 발명이나 발견을 5개 선택하고 선택한 이유를 발표해 보세요.

(1) 라이트 형제의 동력(power) 비행 (1903)
(2) 최초 합성수지(plastics) 베이클라이트 (1909)
(3) 아인슈타인의 상대성 이론(theory of relativity) (1915)
(4) 텔레비전 (1923)
(5) 페니실린 (1928)
(6) 제트 엔진 (1930)
(7) 나일론 (1937)
(8) 컴퓨터 (1943)
(9) 원자폭탄(atomic bomb) (1945)
(10) 트랜지스터 (1947)
(11) 피임약(birth control pill) (1954)
(12) 최초 인공위성(satellite) 스푸트니크 발사 (1957)
(13) 레이저 (1958)
(14) 최초 유인 우주선(manned spaceship) 발사(launching) (1961)
(15) 심장 이식(heart transplant) (1967)
(16) 인간 달 착륙; 보잉 747 등장 (1969)
(17) 마이크로 프로세서 (1970)
(18) 시험관 아기(test-tube baby) (1978)
(19) 월드와이드웹(WWW)으로 인터넷 전세계망 구축 (1989)
(20) 인간 태아(embryo) 복제(clone) (1993)
(21) 최초의 복제 동물 복제양 돌리 (1997)
(22) 인간 유전자(genome) 지도 초안 완성 (2000)

제4과 덤의 사상

(The idea of giving extra)

그림을 보면서 함께 생각해 봅시다.

1. 위의 왼쪽 사진은 동양화이고 오른쪽 사진은 서양화입니다. 두 그림은 어떤 차이가 있습니까?

2. 각 문화에는 각기 다른 인사법과 인사말이 있습니다. 각 언어별로 헤어질 때 하는 인사말에 어떤 표현들이 있는지 리스트를 만들어서 서로 비교해 봅시다.

3. 한국의 전통적인 시장이나 이태원에 가 본 적이 있습니까? "덤"과 관련해서 자신의 경험이나 전해 들은 이야기를 친구들과 나누어 보세요.

덤의 사상

이 어 령

여운이 있는 문화

덤을 좋아하는 동양인의 마음은 비단 물건을 사고 파는 데에만 나타나는 것은 아니다. "덤"을 물질적인 측면에서 본다면 사실 그것은 불로 소득의[1] 공짜를 바라는 심정이기 때문에 치사스러워 보인다. 그러나 "덤"은 오히려 물질적인 면보다 정신적인 분야에서 더 널리 그 특성을 드러내고 있다. 서양의 종소리는 우리의 범종처럼 여운이 없다. 방정맞게 땡그렁거린다. 노트르담의 대종 소리라 해도 그 은은한 에밀레종의 끝없는 여운에 비기면 거의 방울소리에 가까운 것이다.

에밀레의 전설이 생긴 것도 따지고 보면[2] 한국의 종소리가 유난히 여운이 긴 데서 생겨난 것이다. 두말할 것도 없이[3] 소리가 사라지고 난 뒤에도 울리는 여운은 "덤"으로 울리는 소리이다.

회화도 마찬가지이다. 루브르미술관의 그 다양하고 웅장한 미술품들을 보면 누구나 압도를 당한다. 그러나 예외없이 실망하는 것은 그 모든 그림에 "덤"이 없어서 우리가 그 화폭에 들어가 쉴 자리가 없다. 화폭 전체가 그림으로 메워져 있다.

여백이 없는 것이다. 그래서 미술관 순례는 나를 예외없이 피곤하게 만들었고 그럴 때마다 큰 화폭에 매화 한 가지나 난초 잎 하나가 여백 위에 걸쳐진 동양화가 그리웠다. 붓을 안 댄 흰 공백, 아무 것도 그려져 있지 않은 그 여백은 "시각의 덤"이 아니고 무엇이겠는가?

왜 동양인의 작별 인사는 긴가?

이러한 "덤"의 사상은 그대로 인간의 행동에서도 찾아 볼 수가 있다. 인사법만 해도 그렇다. 서양 사람들은 간단히 헤어진다. 악수나 윙크 한 번 하고 "아 드멩" "오르바르" "봉바야즈" 그때그때의 정도에 따라 적당한 인사말을 주고 받으면 그것으로 작별이 된다.

하지만, 동양인의 작별 인사는 보통[4] 뜸을 들이는[5] 것이 아니다. 일본인만 해도 한번 헤어지려면 서로 머리를 맞대고 방아를 찧듯이 수십 번 인사를 한다. 이 경우엔 덤이 너무 많아 어느 것이 진짜 인사이고 어느 것이 덤으로 붙는 것인지 분간이 안 가긴 하지만.

파리 카페 한복판에서 나는 한국식 인사법으로 비상한 각광을 받았던 일이 있다. 관광차[6] 파리에 잠시 들른 K교수와 길가의 오픈 카페에서 작별 인사를 했다. 교수는 자리에서 일어나며 정중한 악수를 하면서 잘 있으라고 작별 인사를 했다. 물론 악수를 하면서 머리로는 절을 했다. 어느 한 쪽만 하면 실감이 나지 않기 때문에 머리로는 동양식으로 인사를 하고 손으로는 서양식 악수를 한다.

이 동서 융합의 거창한 인사법을 보고 카페의 파리장들은 자못 놀라는 표정이었다. 그러나 더욱 그들을 놀라게 한 것은 카페를 나가면서 이번에는 "하힐! 히틀러" 식으로 손을 번쩍 들어 또 인사를 하는 것이다.

우글거리는 손님들 사이로 서로 얼굴을 보려고 얼굴을 연신 기웃거리면서 . . . 또 한 번 사람들의 시선이 집중되었다. 불과 1분 전에 마지막 작별을 하고서도, 물론 나도 일어나 그에 대해 응답을 했다. 그것으로 끝났을까! K교수는 길거리에 나가 택시를 잡아탔다. 그는 택시에 오르는 순간 다시 멀리에서 목례로 또 한 번 인사를 했다. 그리고 택시가 떠나자 뒤를 돌아다보며 창문 안에서 손을 흔든다.

"덤"이 많은 이 이별 장면을 보고 서양 친구들은 눈이 휘둥그레졌다.[7] 옆에 앉아 있던 프랑스의 교수가 고개를 갸우뚱하면서[8] 물었다. "일본 사람이나 한국 사람은 어째서 한 번만 인사해도 될 것을 여러 번 중복하느냐"는 것이었다.

나는 K교수와 그렇게 가까운 사이가 아니었다. 그런데도 한국인들은 작별 인사를 할 때에는 으레 그 아쉬움으로 두 번 세 번 고개를 숙이고 손을 흔들고 한다.[9] 바쁜 세상에 우리가 이렇게 긴 인사를 하는 동안 저들은 대포를 만들고 군함을 만들었다. 그러나 나는 그런 낭비를 후회하지 않는다. 프랑스 교수에게 나는 이렇게 대답을 했던 것이다. "당신네들은 단순한 되풀이로 보이지만 그렇지 않지요. 최초의 인사가 진짜 헤어지는 인사이고 다음의 것들은 조금씩 사라져 가는 여운이지요. 시각에서 떠나는 사람이 멀어져 가듯이 인사하는 감정도 서서히 소멸해 가는 것입니다. 그게 무슨 소리인 줄 모르겠지만 그것이 바로 '감정의 덤'을 주는 동양인의 전통이지요. 당신들의 작별 인사법은 칼로 끊듯이 단칼에 끊어 버리는 것이지요. 그러나 동양인의 작별 인사는 고무줄이 늘어나듯이 연장되고 팽창하고 헤어져 가면서 끊어지는 그런 것입니다. 그래서 서양 영화를 볼 때마다 우습게 느껴지는 것은 사랑하는 사람끼리 너무 덤덤하게 이별하는 장면들입니다. 당신네들은 꼭 적병이 쳐들어와 총을 가지고 뛰어 나가는 병사들처럼 그렇게 떠나더군요."

인사 한 번으로는 부족하다. 뒤에 꼬리가 있어야 한다. 물론 그것은 불편하다. 꼬리란 걸리적거리기 마련이다. 그러나 그것이 있기 때문에 사람들은 가난하고 어려워도 포근한 맛을 느끼며 산다. 군대가 사열하듯이 그렇게 인사를 할 수는 없다. 에펠탑을 준대도 바꾸고 싶지 않은 여운의 풍속이다.

이어령 저 <서양에서 본 동양의 아침> (1975), 서울 범서출판사

어휘

각광: 무대 앞쪽에서 배우를 환하게 비추어 주는 조명; spotlight ¶각광을 받다 to be highlighted ¶우리의 전자 제품이 세계 시장에서 각광을 받고 있다.

걸리적거리다: 거치적거리다; to be in a person's way, keep getting in the way, be a drag to/on a person, obstruct, hamper ¶바지 길이가 너무 길어서 걸을 때마다 걸리적거렸다.

걸치다: (어디에) 올려 놓다, 얹히다; 헐렁하게 입다; to be laid across, span, stretch over; to slip on, throw on ¶그는 책상에 다리를 걸치고 앉아 있었다. ¶그는 급히 스웨터를 걸치고 밖으로 뛰어 나갔다.

공백: 종이나 책 따위에서 글씨나 그림이 없는 빈 곳; blank, blank space, margin, gap, vacuum ¶공백을 메우다 to fill a blank; to bridge a gap

공짜: 힘이나 돈을 들이지 않고 거저 얻는 것; free of charge, thing got for nothing ¶이 세상에 진정한 공짜란 없다.

군함: warship, battleship

기웃거리다: 무엇을 보려고 고개나 몸 따위를 한쪽으로 기울이다; to crane one's neck to see, to get a peep ¶모르는 사람이 우리 집을 기웃거리고 있어서 경찰에 신고했다(reported).

길거리: 사람이나 차가 많이 다니는 길; downtown street, thoroughfare, avenue. 길 way, road; 거리 street, road ¶이 방은 길거리 쪽에 창문이 나 있어 시끄럽다.

꼬리: tail

난초: orchid, orchis

낭비: 시간이나 재물 따위를 헛되이 씀; waste of time or energy; extravagance. 낭비하다 to waste ¶그는 술을 마시는 데 많은 돈과 시간을 낭비하고 있다.

늘어나다: 원래보다 커지거나 길어지거나 많아지다; to increase; to stretch, extend, expand ¶한국어를 배우는 사람들이 갈수록 늘어나고 있다.

단칼: 단 한 번 쓰는 칼; 단 한 번; one stroke of the sword. 단 only, simple, sole; 칼 sword, knife; 단칼에 with one stroke of the sword; at a breath; at once ¶그는 친구의 부탁을 단칼에 거절했다.

대다: 어디에 무엇을 닿게 하다; to put, place, apply; to feel, touch ¶이 물건에 손 대지 마시오. ¶그는 이마에 손을 대고 생각에 잠겼다.

대포: gun, cannon, artillery

덤: 제 값어치 외에 공짜로 조금 더 얹어 주는 일, 또는 그런 물건; extra; addition ¶사과를 덤으로 두 개를 더 얻었다.

덤덤하다: 특별한 감정을 나타내지 않고 무관심하다; to remain silent, speechless; to keep dumb ¶모두들 덤덤히 앉아 의견을 내지 못하고 있었다. ¶1등을 했다는 소식을 듣고도 나는 그저 덤덤했다.

되풀이: 같은 말이나 행동을 반복하는 것; doing over again, repetition, reiteration. 되풀이하다, 되풀이되다 to repeat, be reiterated ¶역사는 되풀이된다.

땡그렁거리다: to clang, cling, ring, jingle

마찬가지: 서로 같은 것, 매한가지; (very) same, one and the same ¶이 옷은 깨끗하게 입어서 새 옷이나 마찬가지다.

맞대다: 서로 가깝게 마주 대하다; to bring into contact (with each other). 맞~ facing; 대다 to put, place, touch ¶맞서다, 맞잡다 ¶나는 그와 그 문제에 대해 머리를 맞대고 의논하였다.

매화: plum blossom; Japanese apricot tree; *maehwa* blossom

메우다: 구멍이나 빈 곳을 채우다; to fill up, plug up, stop up, fill in ¶도로를 가득 메운 차량(vehicles, cars) 때문에 꼼짝도 할 수 없었다.

목례: 눈인사; 눈짓으로 가볍게 하는 인사; nod of greeting, nodding ¶우리는 서로 바빠서 목례만 나누고 곧 헤어졌다.

미술관: 그림, 조각 등의 미술품을 진열하여 일반에게 관람시키기 위한 시설; art museum; art gallery. 미술 art, fine arts; ~관 building; organization ¶도서관, 체육관, 영화관

방아: 곡식 따위를 찧거나 빻는 도구; grinding mill, mortar. 방아(를) 찧다 to mill, pound in a mortar ¶이제는 방아로 쌀을 찧는 것을 보기 어렵다.

방울: small bell; drop ¶아기의 모자에 방울이 달려 있다.

방정맞다: 말이나 행동이 경솔하다; to be flighty, rash, frivolous, giddy. 방정맞게 frivolously, flippantly ¶방정맞게 떠들지 말고 조용히 해라.

번쩍: 물건을 가볍게 들어 올리는 모양; 눈을 갑자기 크게 뜨는 모양; lightly, easily, with no effort; suddenly ¶짐을 번쩍 들다 ¶눈을 번쩍 뜨다

범종: 절에 매달아 놓고 사람을 모이게 하거나 시각을 알리기 위하여 치는 종; bell of a Buddhist temple, temple bell

분간: 사물의 옳고 그름, 같고 다름을 가려서 아는 것; distinction, discrimination. 분간하다 to distinguish ¶어린아이는 위험한 것을 분간할 수 있는 능력이 없다.

분야: 여러 갈래로 나누어진 부문, 영역; field, sphere, division, branch, one's specialty ¶조각은 미술의 한 분야이다.

불과: just, nothing but, only, merely, no more than ¶한국어 공부를 시작한 지 불과 엊그제 같은데 벌써 1년이나 지났다.

비기다: 서로 비교하다; to compare to, liken to ¶자식의 마음을 부모의 마음에 비길 수는 없다.

비단: 부정하는 말 앞에서 '다만'의 뜻으로 쓰이는 말; merely, only ¶지금 경제적인 어려움을 겪고 있는 회사는 비단 우리 회사뿐만이 아니다.

비상하다: 예사롭지 않다; to be out of the ordinary, unusual, uncommon, exceptional, excessive, extreme ¶아인슈타인은 비상한 두뇌를 가진 사람이었다.

사열: 하나씩 죽 살펴보는 것; inspection; parade; review. 사열하다 to inspect troops ¶길가에 가로수들이 사열을 하듯이 가지런히(evenly) 줄지어 있었다.

서서히: slowly, gradually, little by little, by degrees ¶해가 서서히 서쪽으로 지고 있었다.

소멸: 사라져 없어짐; extinction, disappearance, expiration. 소멸하다, 소멸되다 to become extinct ¶이 조약(treaty)은 이달 말이면 소멸된다.

순례: 종교적으로 의미 있는 곳을 찾아다니며 절함; pilgrimage ¶그는 작년에 성지(the Holy Land) 순례 여행을 다녀왔다.

시각: visual angle, sight; point of view

시선: 눈이 가는 길; 눈의 방향; one's gaze, one's eye(s) ¶그 영화 배우는 팬들의 시선에 손을 흔들어 주었다.

실감: 실제로 경험하는 것 같은 느낌; actual feeling, solid sense, one's sense of reality. 실감하다 to feel (actually), realize, experience; 실감(이) 나다 to be true to nature ¶이 영화는 역사적 사실을 실감나게 묘사한 명작이다.

아쉬움: 필요할 때 없거나 모자라서 만족하지 못하고 안타까워하는 마음; 미련이 남아 서운한 마음; regret; attachment. 아쉽다 to miss, feel the lack of; to be inconvenienced by not having ¶고향을 떠나려고 하니 아쉬움에 발길이 떨어지지 않는다.

압도: 우세한 힘이나 재주로 꼼짝 못 하게 누르는 것; overwhelming, surpassing. 압도하다 to overwhelm; 압도(를) 당하다 to be overwhelmed ¶우리는 상대 팀에 압도되어 그 경기에 지고 말았다.

에밀레종: 신라 때의 동종인 "성덕 대왕 신종"; Emille Bell (bell of Great King Sŏngdŏk)

여러모로: 여러 방면으로, 다각도로; in various ways, one way or another, in more ways than one ¶컴퓨터를 잘 할 줄 알면 직장이나 가정에서 여러모로 도움이 된다.

여백: 종이 따위에 글씨를 쓰거나 그림을 그리고 남은 빈 자리; blank, space, margin ¶그는 책의 여백에 메모를 가득 적어 놓았다.

여운: 무엇이 끝난 뒤에도 남아 있는 느낌이나 정; trailing note, lingering sound; aftertaste; aftereffect ¶좋은 영화를 보고 나면 마음 속에 감동(deep emotion)의 여운이 오래도록 남는다.

연신: 연방; 잇따라 자꾸; 연이어; continuously, uninterruptedly, successively ¶내가 화를 내도 그는 연신 웃기만 했다.

연장: 길이 또는 시간을 늘이는 것; extension, prolongation. 연장하다 to extend ¶백화점의 세일 기간이 연장되었다.

예외없이: 보통의 예에서 벗어남이 없이; without exception. 예외 exception ¶법은 누구에게나 예외없이 적용되어야 한다.

우글거리다: 한 곳에 많이 모여 자꾸 움직이다; to swarm, be crowded, be alive with ¶세일 기간이 되면 백화점은 손님들로 우글거린다.

울리다: 어떤 물체가 소리를 내다, 소리가 반사되어 퍼지다; to ring, sound, clang ¶크리스마스가 되면 거리 곳곳에서 구세군(the Salvation Army)의 종소리가 울린다.

웅장하다: 아주 커서 훌륭한 광경을 이루고 있다; to be grand, magnificent, majestic ¶백두산의 웅장한 모습은 보는 사람을 감탄하게 한다.

융합: 다른 종류의 것들이 녹아서 서로 구별이 없게 하나로 합하여지는 일; fusion, merger. 융합하다 to fuse, merge ¶하와이는 동양과 서양의 문화가 잘 융합되어 있는 곳이다.

으레: 두말할 것 없이 당연히; customarily, habitually, usually, naturally, without question ¶나는 그를 만나면 으레 술을 마시게 된다.

은은하다: 멀리서 들려오는 소리가 들릴 듯 말 듯 가늘다; to be dim, vague, indistinct ¶가을이 되니 풀벌레 소리가 여기저기서 은은하게 들린다.

응답: 부름이나 물음에 대답함; response, rejoinder, answer, reply. 응답하다 to respond, answer ¶질문이 너무 많아 다 응답할 수가 없었다.

자못: 생각보다 매우; very (much), considerably, greatly, remarkably ¶교장 선생님은 이번 시합에서 우리 팀의 우승에 대한 기대가 자못 크셨다.

작별: 인사를 나누고 헤어짐, 또는 그 인사; leave-taking, good-bye, farewell. 작별하다 to say good-bye ¶공항은 언제나 만나고 작별하는 사람들로 붐빈다(be jammed).

잡아타다: (차나 말 따위의) 탈 것을 세워서 타다; to catch and ride; take (a taxi) ¶동생이 교통 사고를 당했다는 소식을 듣고 나는 급히 택시를 잡아타고 병원으로 갔다.

저들: 저 사람들; they (In this essay, 저들 indicates Westerners.)

적병: enemy soldier; enemy. 적 enemy; ~병 soldier

전설: 옛날부터 민간에서 전하여 내려오는 이야기; legend, folktale ¶한국에는 호랑이와 관련된 전설이 많이 있다.

정중하다: 말이나 행동이 공손하고 예의 바르다; to be polite, courteous ¶그는 장관직을 맡아 달라는 대통령의 제의를 정중하게 거절하였다.

중복: 불필요하게 두 번 이상 거듭하거나 반복함; duplication, repetition. 중복하다, 중복되다 to duplicate, overlap, repeat ¶그의 글에는 중복되는 얘기들이 많았다.

집중: 한곳을 중심으로 하여 모임; concentration, centralization. 집중하다 to concentrate; 집중되다 to be concentrated ¶학생들은 모두 선생님의 말씀에 집중했다.

찧다: 부서지거나 으깨어지도록 치다; to pound, hull, ram, hit ¶명절에는 쌀을 찧어 떡을 만들어 먹는다. ¶그는 넘어지면서 벽에 이마(forehead)를 찧었다.

최초: 맨 처음; beginning, opening, commencement ¶아문젠은 남극을 최초로 정복한 사람이다.

측면: 옆면; side, flank ¶뉴욕과 워싱턴의 테러 사건은 여러 측면에서

미국인들에게 깊은 상처를 남겨 주었다. ¶오늘 축구 경기에서는 측면 공격이 성공적이었다.

치사스럽다: 보기에 행동이나 말 따위가 쩨쩨하고 남부끄러운 데가 있다; to be shameful, dishonorable, disgraceful. 치사하다 to be shameful ¶작은 돈을 너무 따지는 것은 치사스러운 일이다.

특성: 일정한 사물에만 있는 특별한 성질; special quality, character, feature, characteristics ¶한국인의 특성, 인간의 특성 ¶특성을 발휘하다 to exhibit a special quality ¶그의 대표적인 특성은 예절이 바르다는 것이다.

파리장: 파리 사람; Parisian

팽창: 압력 등의 영향으로 길이나 부피가 늘어나거나 부푸는 것; 온도나 수량, 세력 등이 커지거나 늘어나는 것; expansion; swelling. 팽창하다 to expand; to swell ¶모든 사람들이 서울로 모여들어 서울 인구가 급격히 팽창하였다.

포근하다: 감정이나 분위기가 보드라우며 따뜻하게 감싸 주는 듯한 느낌이 있다; to be comfortably warm, snug and comfortable ¶고향에 오니 마음이 포근하다.

풍속: 옛날부터 그 사회에 전해 오는 생활 습관; manners, customs, popular morals ¶풍속을 해치다 to be injurious to public morals

한복판: the middle, center, heart. 한 peak, extreme; 복판 middle, center ¶한낮, 한가운데, 한여름 ¶길 한복판에서 자동차 사고가 나 교통이 막혔다.

화폭: 그림을 그려 놓은 천이나 종이의 조각; canvas, picture, drawing, painting ¶화가들이 제주도의 멋진 경치를 화폭에 담고 있다.

회화: 그림; picture, painting, drawing, sketch

후회: 자기가 한 일이나 행동을 잘못이나 실수였음을 느끼고 한스럽게 생각함; repent, regret. 후회하다 to repent of, regret, feel regret for ¶친구에게 화를 냈던 일을 후회하고 있다.

관용 표현

1. 불로 소득 unearned income

불로 means 'no labor' and 소득 means 'income'. Thus, 불로 소득 means 'income with no work', 'windfall', or 'easy money', as in 불로 소득에 대해서는 더 많은 세금을 내도록 해야 한다 'People should be made to pay more tax on their unearned income'.

2. 따지고 보면 in the final analysis; after all; on scrutiny

따지다 is a native Korean word with meanings such as 'estimate', 'calculate', and 'analyze'. 따지고 보면 literally means 'if we look at (it) after having estimated (it)', from which idiomatic meanings like 'if we look into (it) deeply', 'on scrutiny', 'in the final analysis', 'after all' (= 결국은), and 'in fact' (= 사실은) have developed, as in 따지고 보면 한국 사람들과 일본 사람들은 형제나 마찬가지에요 'In the final analysis/after all/in fact, Koreans and Japanese people are like siblings'.

3. 두말할 것(도) 없이 obviously; needless to say

This expression is an adverbial form of 두말할 것(도) 없다, which means 'One does not need to say (even) two words'. Hence the idiomatic adverbial meaning of 'obviously' or 'needless to say' has developed, as in 두말할 것 없이 테러리스트들은 죄의 대가를 치러야 한다 'Obviously terrorists should pay the price for their crimes'.

4. 보통/여간 . . . 아니다/않다 extremely

When a clause beginning with 보통 'ordinary' or 여간 'a little' is negated, the resulting meaning is 'extremely' or 'extraordinarily'. Examine 우리 수미는 보통/여간 똑똑한 것이 아니야 'Sumi is extremely bright' and 한국 축구팀은 보통/여간 강하지(가) 않아요 'The Korean soccer team is extraordinarily strong'.

5. 뜸(을) 들이다 warm up; allow enough time

뜸 'heating', 'interval' occurs in phrases like 뜸(을) 들이다, which literally means 'put in heating', 'warm up', or metaphorically means 'allow an interval of time', and 뜸질(을) 하다 'cauterize with dried mugwort' or 'apply a heat treatment'. Thus, 밥을 뜸(을) 들이세요 means 'Please steam the boiled rice a little longer' or 'Please allow the boiled rice to settle by its own heat', and 미숙이는 오래 뜸을 들인 뒤에 마침내 입을 열었어요 means 'Misuk finally opened her mouth after a long hesitation'.

6. ~차 for (the purpose of)

The Sino-Korean word 차 is used both (a) as a suffix meaning 'for (the purpose of)' as in 방문차 'for visiting', 관광차 'for sightseeing', and 사장님은 사업차 홍콩에 가셨어요 'Our president went to Hong Kong for his business'; and (b) as a dependent noun meaning 'when', 'on the verge of (doing)', as in 내가 떠나려던 차에 용호가 왔어 'Yongho came when I was just about to leave' and 시장에 갔던 차에 서점에 들렀어요 'I dropped by the bookstore on my way to school'.

7. 눈이 휘둥그레지다 become wide-eyed (with surprise)

휘둥그레지다 (or 휘둥그래지다, 휘둥그러지다) 'become wide-eyed' occurs only with 눈 to indicate surprise or being startled. It derives from 휘둥그렇다 'be wide-eyed, pop-eyed' + 지다 'become, get'. For example, 앵무새가 말을 하기 시작하자 아이들은 눈이 휘둥그레졌어요 means 'As soon as the parrot started to talk, the children became wide-eyed with astonishment'.

8. 고개를 갸우뚱하다 move one's head slantwise in wonder

This expression is used when someone moves 고개 'the nape of the neck' a little to one side questioningly, as in 그 학생은 선생님의 말씀이 잘 이해가 안 가는지 고개를 갸우뚱했어요 'The student cooked his head quizzically probably because he did not quite understand what the teacher had said'.

9. ~고 하다 do habitually

~고 하다, ~곤 하다, and ~고는 하다 all indicate habitual action, as in 나는 어렸을 때 일요일이면 산에 올라가고 [올라가곤; 올라가고는] 했어 'When I was young, I used to climb up the mountain on Sundays'.

연습 문제

1. 다음의 글이 본문의 내용과 맞으면 T, 틀리면 F로 답하세요.

(1) ___ 서양화는 대개 여백이 없다.
(2) ___ 동양인의 '덤'의 사상은 치사스러운 면이 있다.
(3) ___ 동양화의 아름다움은 화폭을 다 채우지 않는 데 있다.
(4) ___ 서양인들은 동양인들의 작별 인사를 이상하게 여기는 것 같다.
(5) ___ 일본 사람들도 서양 사람들처럼 간단하게 인사하고 헤어진다.
(6) ___ 필자는 한국인들의 긴 인사법을 시간 낭비라고 비판하고 있다.
(7) ___ 한국의 종소리는 서양의 종소리보다 길게 울려 퍼진다.
(8) ___ 필자와 K교수는 친한 사이이기 때문에 긴 작별 인사를 나누었다.

2. 왼쪽 표현의 뜻을 오른쪽에서 찾아 연결하세요.

(1) 두말할 것 없다	unearned; investment income
(2) 방정맞다	without exception
(3) 불로 소득	to open one's eyes wide
(4) 비상하다	to be flighty
(5) 예외없이	to be dim or vague
(6) 은은하다	to be exceptional
(7) 휘둥그레지다	no need to say this or that

3. 다음은 신체의 일부와 관련된 표현들입니다. 관련있는 것끼리 연결하세요.

(1) 눈(이)	갸우뚱하다
(2) 손(을)	걸리적거리다
(3) 고개(를)	벌리다
(4) 꼬리(가)	휘둥그레지다
(5) 입(을)	떼다

4. 다음 대화의 괄호 안에 가장 알맞은 단어를 보기에서 골라 써 넣으세요.

특징	여운	예외	분야	분간
여백	융화	화폭	압도	작별

민수: 이 동양화 전시회를 보는 느낌이 어떠세요?

주디: 아주 좋아요. 아주 차분하고 평화로운 느낌이 드네요. 여유있는 분위기가 인상적이군요. 동양화는 색칠을 하지 않은 부분이 많은 것이 (　　)인 것 같아요.

민수: 네, 동양화는 공백을 꽉 채우지 않고 많은 부분을 그냥 흰 부분으로 남겨 두지요. (　　)의 미를 중요시한다고 할까요?

주디: 흥미롭군요. 서양화는 대개 공백을 그림으로 다 채우는데 . . .

민수: 웅장한 서양화는 사람을 (　　)하는 것 같지 않아요? 동양화는 빈 여백이 그대로 남아 있어서 보는 사람이 좀 숨을 쉴 수 있는데.

주디: 그래서 동양화는 작품을 보고 난 후 감동의 (　　)도 오래 남는 것 같군요.

민수: 비단 동양화에서뿐만 아니라 한국 사람들은 일상 생활에서도 여운을 중시했어요. 가령 (　　) 인사를 나눌 때도 딱 부러지게 한번에 끝내는 것이 아니라 여러 번 인사를 하면서 서로 아쉬움을 나누지요.

주디: 그런데, 저 작품은 흰 공백이 많은 것으로 보면 동양화 같은데 그림 자체는 서양화 같지 않아요?

민수: 정말 동양화인지 서양화인지 (　　)이/가 안되네요. 요즈음은 사회・문화의 여러 (　　)에 걸쳐 동・서양이 (　　)된 모습이 많이 나타나지요. 예술계도 (　　)이/가 아니겠지요.

주디: 음식도 퓨전 음식이 많듯이 말이지요?

5. 주어진 단어가 잘못 쓰인 문장을 고르세요.

(1) 비단

a. 비단 학생들 뿐만 아니라 교수들도 방학을 기다린다.

b. 컴퓨터를 할 줄 모르는 사람이 비단 너만은 아닐 꺼야.

c. 그를 만난 지가 너무 오래 되어 그의 얼굴이 비단 생각나지 않았다.

d. 지난 가을 테러 사건 이후로 직원 수를 줄인 것은 비단 한 두 회사의 일이 아니었다.

(2) 거의

a. 조금만 참아. 산 꼭대기에 거의 다 왔어.

b. 그를 처음 만났는데도 얼굴이 거의 낯설지 않았다.

c. 그가 이렇게 술에 취한 것은 최근에 거의 없었던 일이었다.

d. 장 선배가 대학을 졸업하는 데 거의 10년이란 긴 세월이 걸렸다.

(3) 자못

a. 그는 결혼을 한 이후로는 자못 술을 끊었다.
b. 고기의 섭취량이 늘면서 콜레스테롤의 양이 자못 증가했다.
c. 문제가 별로 어렵지 않아서 그는 자못 여유있게 시험을 치루었다.
d. 남북 이산 가족이 만나는 장면을 보신 할아버지는 자못 감상에 젖어 계셨다.

(4) 불과

a. 진실한 친구는 일생 동안 불과 몇 사람밖에 만나지 못한다.
b. 미국에 유학온 지가 불과 엊그제 같은데 벌써 2년이나 되었다.
c. 미국과 영국 이외에도 불과 여러 나라가 영어를 모국어로 사용한다.
d. 그는 그렇게 열심히 일하는데도 한 달 수입은 불과 백만 원 정도이다.

(5) 으레

a. 외국인들은 한국하면 으레 김치와 태권도를 떠올린다.
b. 우리는 주말이면 으레 극장에 가서 영화 구경을 했다.
c. 사방이 조용하고 이따금 바람 소리만 으레 들릴 뿐이다.
d. 누구나 노인이 되면 으레 죽음에 대한 준비를 하게 된다.

(6) 연신

a. 아기가 연신 방긋방긋 웃고 있어.
b. 그 사람은 연신 허리를 꾸부리면서 절을 했어.
c. 나는 연신 그 책을 어제 읽어 버렸어.
d. 그 학생은 연신 이마의 땀을 손수건으로 닦았어.

6. 다음 밑줄 친 부분의 뜻과 가장 가까운 것을 고르세요.

(1) 동양인의 작별 인사는 보통 뜸을 들이는 것이 아니다.

a. 서두는
b. 복잡한
c. 시간을 끄는
d. 예절을 갖추는

(2) 또 한 번 사람들의 시선이 집중되었다.

a. 눈이 피로해졌다
b. 화제가 되었다
c. 관심을 끌었다
d. 웃음거리가 되었다

(3) 이 이별 장면을 보고 서양 친구들은 눈이 휘둥그레졌다.

a. 비웃었다
b. 슬퍼했다
c. 매우 놀랐다
d. 부러워하였다

(4) 옆에 앉아 있던 프랑스의 교수가 고개를 갸우뚱하면서 물었다.
   a. 고개가 아파서
   b. 조용한 목소리로
   c. 정중한 태도로
   d. 이상하게 여기며

7. 아래의 문장을 보기와 같이 바꾸어 쓰세요.

보기 1 : 소지의 여백은 "시각의 덤"이다.
⇒소지의 여백은 "시각의 덤"이 아니고 무엇이겠는가?

(1) 그는 우리의 영웅이다.

⇒ ______________________________

(2) 그의 성공은 노력의 결실이다.

⇒ ______________________________

(3) 대학은 진리의 탐구의 장소이다.

⇒ ______________________________

보기 2 : 동양인의 작별 인사는 몹시 뜸을 들인다.
⇒동양인의 작별 인사는 보통 뜸을 들이는 것이 아니다.

(1) 그는 요즈음 몹시 바쁘다.

⇒______________________________

(2) 일류 대학에 입학하기가 몹시 어렵다.

⇒______________________________

(3) 아들이 아프다는 소식을 듣고 어머니는 몹시 슬퍼했다.

⇒______________________________

8. "~듯이"를 사용하여 보기와 같이 짧은 글을 써 보세요.

서양인의 작별 인사법은 칼로 끊듯이 단칼에 끊어 버리는 것이다.

____

____

9. 본문을 다시 읽고, 아래의 물음에 답하세요.

(1) 서양 사람들과 동양 사람들의 인사법은 어떻게 다릅니까?

(2) 필자와 K교수는 헤어지면서 몇 번의 인사를 했습니까?

(3) 파리 사람들은 필자와 K교수의 인사법을 보고 어떤 반응을 보였습니까?

(4) 필자가 말하는 '감정의 덤'이란 구체적으로 무엇을 말하는 것입니까?

더 생각해 봅시다

1. 에밀레 종의 전설을 알아봅시다.

2. 덤을 주는 한국 문화에 대해 어떻게 생각합니까? 친구들과 의견을 나누어 보세요.

3. 여러분의 나라 문화에서도 '덤'이 있습니까? 설명해 보세요.

제5과 "미완성"을 위하여

(For "unfinished")

💡그림을 보면서 함께 생각해 봅시다.

1. 위의 세 그림을 보고 아래의 질문에 대답해 보세요.

(1) 왼쪽 그림의 제목은 무엇입니까? 이 그림을 그린 화가는 누구입니까? 이 그림을 미완성으로 보는 사람들이 있습니다. 왜 그럴까요?

(2) 가운데 그림은 조선의 화가 정선이 맑은 날 인왕산을 그린 작품입니다. 작품 속의 하얀 부분은 작가가 의도적으로 칠하지 않은 것입니다. 이러한 여백은 산과 물을 그린 동양의 산수화에서 매우 중요한 개념입니다. 왜 중국이나 한국의 화가들은 여백을 의도적으로 남긴 것일까요?

(3) 오른쪽의 사진은 독일의 쾰른 대성당의 원경입니다. 이 건축물은 1248년에 착공하였으나 600년만인 1880년에야 완성

된 역사를 갖고 있습니다. 쾰른 성당이 건축가들이나 사람들에게 남기는 의미는 무엇일까요?

2. 0에서 100까지의 숫자 중에서 미완성을 나타내는 숫자는 무엇이며, 완성을 뜻하는 숫자는 무엇일까요? 본문을 읽은 후 다시 생각해 보세요.

3. 우리가 살아가면서 미완성이어야 더 아름다운 일들이 있을까요? 있다면 어떤 것들입니까? 또, 반드시 완성을 이루어야 하는 일은 무엇일까요? 생각해 본 후 서로 의견을 나누어 보세요.

미완성을 위하여

이 응 수

"미완성"은 내가 가장 좋아하는 말 가운데 하나다. 경우에 따라서는 일에서조차 미완성을 완성보다 더 좋아하기도 한다. 예술의 세계에서도 가끔 미완성이 완성 이상으로 대접받을 때가 있다.

이를테면[1] 다빈치의 모나리자 (초상화에 눈썹이 빠져 있어 사람에 따라 미완성으로 보는 이가 있다) 그림이라든지, 슈베르트의 미완성 교향곡(교향곡 제 8번 b단조)이 그 예라고 하겠다. 그들이 모두 미완성 작품이기 때문에 많은 사람들의 가슴 속에 남아 사랑을 받고 감명을 주고 있다고 본다.

보름달보다는 반달에, 활짝 핀 꽃보다는 봉오리 꽃에, 한낮보다는 여명에 더 큰 의미와 무게를 두는 것도 모두 그런 차원이 아닌가 생각한다. 그러나 내가 좋아하는 미완성은 그런 감상적이거나 미학적 안목에 두는 것과는 거리가 멀다.

우리는 곧잘 똑똑 소리가 나도록[2] 똑똑한 사람, 바늘로 찔러 봐야 피 한 방울 안 날[3] 것 같은 이론이 정연한 사람보다는 약간의 흠이 있는, 가끔 실수도 할 줄 아는 사람에게 인간적으로 후한 점수를 줄 때가 있다. 그것은 그 부족함과 여백을, 지금의 완성보다 더 완벽하고 효율적인 것으로 채울 수 있으리라는[4] 바람이 있기 때문이다. 말하자면 앞으로의 다양한 발전의 여지를 그 미완에 기대해 보는 것이다.

콩쿨 대회에서 가수 지망생을 뽑을 때, 문학 작품을 심사할 때, 기업체에서 신입 사원을 채용할 때 대다수의 심사 위원들이 그 당시 완숙한 재능의 소유자보다는 장래성이 보이는 사람한테 더 관심을 두는 것도 모두 그런 맥락에서 해석할 수 있다.

누구한테나 첫사랑의 사연은 오래도록 가슴에 남아 있기 마련인데,[5] 그것도 따지고 보면 미완성으로 끝났기 때문이다. 완성으로 이어져서 웃고 즐거울 수만 있는 생활로 가득할 수 있겠는가?

때로는 다툼도 있고, 때로는 눈물도 있고, 그 가운데는 더러 즐거움도 없지 않겠지만, 꿈처럼 그렇게 아름답게만 수를 놓을 수는 없는 것이 현실이다. 이에 비하여[6] 첫사랑의 여백만은 상상으로나

마[7] 그렇게 꽃수를 놓을 수 있을 것 같았기 때문에 오래까지 가슴에 남는다.

내가 가지고 있는 것, 추구하는 것은 어느 것 하나 미완성이 아닌 것이 없다. 살고 있는 조그만 아파트가 그렇고, 내 직장이 그렇고, 기대에 못 미치는[8] 오늘의 생활이 그렇다. 무엇보다 내 인간적인 부족함은 말할 것도 없다. 그것들을, 그 부족한 여백을, 무엇으로 어떻게 메워야 할 것인가?

내가 아등바등[9] 살면서 마음에 없는 웃음도 웃고 밤늦게 친구들과 어울려 술도 마시고 때때로 깊은 사색에 빠지는 것도 따지고 보면 결국은 모두가 나의 그 부족함을 조금이나마 채워 보려는 몸부림일 것이다.

그래도 내가 미완성을 좋아하는 것은, 그 미완의 자리에 내가 원하는 것으로 그려 넣을 수 있기 때문이다. 미완성에는 꿈과 희망이 있고 완성에는 포만과 게으름이 있다. 미완성에는 겸양이 보이고, 완성에는 자만이 보인다. 미완성에는 창업의 기쁨을 기대할 수 있고 완성에는 수성의 고난이 따른다.

오랫동안 버림받아 온 변두리의 목초지라든지, 남극의 얼음 땅이 새삼스레 세상 사람들의 이목의 대상이 되는 건 바로 그 곳이 미완의 땅으로 개척의 여지가 두루 많기 때문이다.

불그스름하게 밝아 오는 동녘 하늘을 보면 희망이 샘솟는다. 자라나는 새싹들과 어울리면 내 마음도 함께 젊어진다. 곡식을 거둘 때의 만족보다 씨앗을 뿌릴 때의 꿈이 더 크다.

우리는 아무리 바둑을 잘 둔다[10] 하더라도 9단(입신)에서 멈출 뿐 10단을 허용하지 않는다. 그것은 10단을 완성으로 보고 그 완성에 신비로움을 두어 더 발전의 기회를 주기 위함이다.

집을 지어도 99칸까지만 지었는데 그것 역시 마찬가지 원리다. 100칸을 이상으로 두고 그 한 칸의 여백을 꿈으로 채우기 위해 남겨 두었던 것이다.

다 올라가 정복한 산에 우뚝 서면 내려가는 길밖에 보이지 않지만, 산허리에 서 있으면 아직도 올라가야 할 길이 있다.

이웅수 지음 <꼴값인생> (1991), 서울 보성출판사

어휘

가득하다: 꽉 차 있다; to be full of ¶병에 물이 가득 차 있다. ¶여름밤에 달빛이 가득하였다.

감명: 감격하여 마음에 깊이 새김; deep impression. 감명을 주다 to impress (a person) ¶자신을 희생하는 모습은 사람들에게 깊은 감명을 준다.

감상적: 어떠한 일에 지나치게 슬퍼하거나 쉽게 감동하는 것; to be sentimental. 감상 sentimentality ¶그 학생은 감상적인 문학 소녀이다.

개척: 쓰지 않는 땅을 일구어 논밭을 만드는 것; 새로운 영역, 진로 등을 열어 나가는 것; cultivation; reclamation; exploitation; pioneering. 개척하다 to develop, cultivate; to pioneer ¶그 땅은 큰 돌이 많아 개척하기가 힘들 것이다. ¶이 분야의 연구는 아직 개척할 여지가 남아 있다.

거리: 공간적으로 떨어진 길이; 추상적인 사물 사이에 느껴지는 차이; distance ¶먼 거리를 가깝게 보기 위해서는 망원경이 필요하다. ¶그 결과는 내 기대와는 거리가 멀었다.

결국: 마지막에 이르러; after all, in the end ¶그 문제는 결국 돈이 문제였다.

겸양: 자기를 내세우거나 자랑하지 않고 겸손한 태도로 사양하는 것; humility and yielding ¶겸양의 미덕 the virtue of modesty ¶바쁠 때일수록 겸양의 미덕을 발휘해야(to exhibit) 한다.

고난: 괴롭고 힘든 일; distress, suffering, affliction ¶그는 고난의 길을 걸어갈 각오가 되어 있었다.

곡식: grain ¶가을 들판에서는 온갖 곡식이 한창 익어가고 있었다.

곧잘: 자주; often; fairly well ¶어린 아이들은 작은 일로도 곧잘 싸운다.

관심: 어떤 것에 끌리는 마음; interest, attention, concern ¶관심을 가지다 to be concerned (about), be interested in ¶나는 정치에는 별 관심이 없다.

남극: South Pole

눈썹: eyebrows

다빈치: da Vinci

다투다: 의견이나 이해의 대립으로 서로 따지며 싸우다; to quarrel; to compete. 다툼 quarrel; wrangle ¶서로 다투지 말고 사이좋게 지내거라. ¶선거를 앞두고 정치인들이 세력을 다투고 있다.

단: 바둑, 장기, 태권도, 유도, 검도 따위의 실력에 따라서 매기는 등급; class; rank; *tan* ¶그는 태권도가 3단이다.

당시: 일이 있었던 바로 그때; at that time, at the moment ¶한국 전쟁 당시 그는 열 살이었다.

대다수: 거의 모두 다; 대부분; majority ¶그 나라 국민의 대다수가 농사를 짓는다.

대상: 어떤 일의 상대 또는 목표나 목적이 되는 것; object, subject, target ¶20대 여성을 대상으로 설문(questionnaire) 조사를 하였다.

대접: hospitality, good treatment. 대접하다 to treat, entertain ¶그는 손님 대접이 극진했다(cordial).

더러: 어쩌다 드물게; occasionally, once in a while; somewhat, partially ¶친구와 같이 살다 보면 더러 싸울 때도 있다.

동녘: 동쪽; east ¶동녘 하늘이 밝아 온다.

두루: 빠짐없이 골고루; in many ways ¶그는 여러 가지 조건을 두루 갖춘 신랑감이다.

똑똑하다: 영리하다; 빈틈이 없다; to be clever, wise, intelligent, smart ¶그는 똑똑한 사람이니까 그런 바보 같은 짓은 하지 않을 것이다.

말하자면: 알기 쉽게 다른 말로 바꾼다면; so to speak, as it were ¶내 친구는 말하자면 걸어 다니는 백과 사전이다.

맥락: 사물 따위가 서로 이어져 있는 관계나 연관; context, thread of connection, chain of reasoning, logical connection, coherence ¶그의 이야기는 앞뒤 맥락을 모르면 이해하기 어렵다.

메우다: 구멍이나 빈 곳을 채우다; to fill up ¶결혼 식장을 가득 메운 축하객들은 신랑이 들어오자 모두 일어서서 박수를 쳤다.

모나리자: Mona Lisa

목초지: 나무와 풀이 자라는 곳; uncultivated field with bushes and grass, meadow. 목초 trees and grass; ~지 place, ground, site

몸부림: 온 몸을 흔들고 부딪는 것; 어떤 일을 이루거나 저항하기 위해 여러 방법으로 힘들게 애쓰는 것; writhe, struggle. 몸부림치다 to struggle ¶그는 고통을 참느라고 몸부림쳤다.

미완: 미완성; unfinished

미완성 교향곡: Unfinished Symphony

미학: 아름다움의 근본을 연구하는 학문; aesthetics

바늘: needle, pin

바라다: 어떤 일이 이루어지기를 간절하게 기다리다; to wish, desire. 바람 one's dearest wish ¶우리의 바람은 그가 무사히 돌아오는 것이다.

바로: 다른 것이 아니라 곧; exactly ¶내가 말한 사람이 바로 저 사람이다.

버림받다: to be abandoned; to be left behind. 버리다 to throw [fling, cast] away; 받다 to receive; to suffer ¶그는 자기 애인에게서 버림받은 것이라고 생각한다.

변두리: 어떤 지역의 가장자리가 되는 곳; outskirts, suburb

봉오리: 봉오리 꽃, 꽃봉오리; 망울만 맺히고 아직 피지 않은 꽃; flower in bud, bud; button ¶봉오리가 피다 to have buds

부족하다: to be insufficient, be short (of), lack ¶천 원이 부족하다 ¶음식이 부족하다 ¶여러 가지로 부족한 저를 우리 모임의 대표(representative)로 뽑아 주셔서 감사합니다.

불그스름하다: to be reddish ¶낮잠에서 깬 아기의 볼이 불그스름하다.

비하다: 비교하거나 견주다; to be compared to/with ¶그는 나이에 비해 키가 큰 편이다.

뿌리다: 곳곳에 흩어지도록 던지거나 떨어지게 하다; to sow; to scatter ¶마당에 물을 뿌렸다. ¶밭에 씨를 뿌렸다.

사색: 어떤 것에 대하여 깊이 생각함; speculation; meditation, contemplation. 사색하다 to meditate ¶가을은 사색하기에 좋은 계절이다.

사연: 일의 앞뒤 사정과 까닭; origin and circumstances of a matter/case, (full) story ¶그 여자가 혼자 사는 데는 사연이 있다.

산허리: mountainside. 허리 waist

상상: 실제로 경험하지 않은 것에 대하여 마음속으로 그려 봄; imagination. 상상하다 to imagine ¶내가 상을 받으리라고는 상상도 못했다.

새삼스럽다: 이미 알고 있는 사실에 대하여 새롭게 느껴지다; to feel anew. 새삼스레, 새삼스럽게 anew, afresh ¶몇 년 만에 보는 고향 산천이 새삼스럽다.

샘솟다: 힘, 용기 혹은 눈물 따위가 줄기차게 솟아나다; to spring, spout, spurt, well up. 샘 spring, fountain; 솟다 to gush, spring ¶나는 자꾸 샘솟는 눈물을 닦으며 천천히 걸었다.

소유자: 어떤 것을 자기의 것으로 가지고 있는 사람; possessor. 소유 possession; 소유하다 to possess; ~자 person ¶저 가게들은 모두 같은 소유자의 것이다.

수: 헝겊에 색실로 그림이나 글자 따위를 바늘로 떠서 놓는 일; embroidery ¶수(를) 놓다 to embroider

수성: 이룬 사업을 지켜 잃지 않는 것; protection of what has been achieved.

수성하다 to protect what has been achieved ¶김 사장이 지금까지 사업을 수성해 온 데는 남다른 노력이 있었다.

슈베르트: Franz Schubert

신비롭다: 일이나 현상 따위가 신기하고 묘한 느낌이 있다; to be mysterious, mystical. 신비로움 mystery ¶우주는 참으로 신비롭다.

신입 사원: new employee 신입 newly entering, incoming; 사원 employee ¶금년에는 대기업들이 신입 사원의 채용을 크게 줄였다.

실수: 조심하지 아니하여 잘못하는 것; mistake, error, blunder. 실수하다 to make a mistake ¶실수로 거울을 깨뜨렸다.

심사: 자세하게 조사하여 등급 따위를 결정함; judging; examination, screening. 심사하다 to judge, examine, screen; 심사 위원 judge, examiner ¶그 회사는 복잡한 심사를 거쳐 신입 사원을 채용하였다.

씨앗: seed(s)

안목: 사물을 보고 분별하는 능력; appreciative eye, sense of discrimination, appreciation, judgment, eye (for) ¶그 친구는 물건을 고르는 안목이 뛰어나다.

어울리다: 함께 사귀어 잘 지내다, 잘 조화되어 자연스럽게 보이다; to join, mingle with; to match well ¶그는 성격이 좋아서 어떤 사람들과도 잘 어울린다. ¶너는 밝은 색깔의 옷이 잘 어울린다.

여명: 날이 밝아 오는 빛, 날이 밝아오는 무렵; dawn, daybreak

여백: 빈 자리; blank, space ¶동양화는 여백의 미가 중요하다.

오래도록: 시간이 많이 지나도록; for a long time ¶일본에서 공부하는 형한테서 오래도록 소식이 없어서 걱정이다.

완벽: 결함이 없이 완전함; perfection, completeness. 완벽하다 to be perfect, flawless, impeccable ¶그는 바흐(Bach)의 곡을 완벽하게 연주했다.

완성: 어떤 일이나 대상물을 완전히 다 이루는 것; perfection; completion. 완성하다 to complete ¶그는 삼 년간의 노력 끝에 연구를 완성하였다.

완숙: 열매 따위가 완전히 무르익음; 재주나 기술 따위가 아주 능숙함; 음식 따위를 완전히 삶음; full ripeness, maturity. 완숙하다 to come to full maturity ¶완숙한 계란 hard-boiled egg ¶그의 판소리는 완숙의 경지(state)에 이르렀다.

우뚝: 두드러지게 높이 솟아 있는 모양; high; aloft. 우뚝하다 to be high ¶백두산이 구름 위로 우뚝 솟아 있다.

이론: theory ¶이론과 실제는 반드시 일치하지는 않는다.

이목: 남들의 주위나 관심; (*lit.*, eye and ear) public attention ¶그의 큰 키는 어디를 가더라도 남의 이목을 끌었다.

이상: 최고의 완전함을 가진 사물의 모습이나 상태; ideal ¶그는 나의 이상적인 남성이다.

입신: 기술이나 기예 따위가 매우 뛰어나 신과 같은 정도의 경지에 도달함; divinity

자만: 스스로 자랑하여 뽐내는 것; conceit, vanity, pride. 자만하다 to be proud (of), pride oneself (on) ¶한 번 우승했다고 자만해서는 안된다.

작품: 예술 창작 활동으로 얻어지는 제작물; work, product ¶예술 작품, 문학 작품 ¶그 소설은 문학사에 길이 남을 훌륭한 작품이다.

장래성: 앞으로 성공하거나 크게 잘될 수 있는 가능성; prospect; potential. 장래 future; ~성 nature, disposition ¶이 사업은 희망이 없어요. 장래성이라곤 없죠.

재능: 어떤 일을 잘할 수 있는 재주와 능력; ability, capability, capacity, gift, talent ¶그는 재능이 많은 젊은이다.

점수: points, grade ¶그는 수학 점수가 형편없다(terrible).

정복: conquest, subjugation, mastery, defeat. 정복하다 to conquer ¶인간이 과연 우주를 정복할 수 있을까?

정연하다: 가지런하게 정돈되어 있다; to be orderly, regular, systematic, well-regulated ¶그의 이론은 논리가 정연하다.

지망생: aspirant; applicant. 지망 wish, desire, aspiration, application; 지망하다 to apply (to), wish, aspire (to); ~생 student (of) ¶그는 가수 지망생이다.

창업: 사업을 처음으로 이루어 시작함; inauguration of an enterprise. 창업하다 to start (a new enterprise) ¶그 회사는 창업 50주년을 기념했다.

초상화: 사람의 얼굴을 그린 그림; portrait painting. 초상 portrait, portraiture; ~화 picture

추구: 목적을 이룰 때까지 뒤쫓아 구함; pursuit, chase. 추구하다 to pursue, seek after, chase ¶기업은 영리(profit) 추구를 목적으로 한다.

칸: 건물이나 기차, 책장 같은 것을 일정한 크기로 나누어 벽으로 둘러막은 공간; partition, room, chamber ¶기차의 앞 몇 칸에만 사람들이 좀 있을 뿐 나머지 칸들은 텅텅 비어 있었다.

콩쿨: (French *concours*) contest, competition

포만: 꽉 차서 가득한 상태; satiety, satiation ¶나는 포만감을 느낄 때까지 밥을 많이 먹었다.

한낮: 낮의 한가운데. 낮 열두 시를 전후한 때; high noon, midday. 한~ peak, extreme ¶한밤, 한겨울, 한바탕, 한가운데 ¶한국의 한여름 한낮의 더위는 견디기 힘들다.

해석: 문장이나 사물 따위로 표현된 내용을 이해하고 설명함; interpretation, translation, explanation; 해석하다 to interpret, translate ¶이 영어 문장은 한국어로 해석하기가 어렵다. ¶사랑하기 때문에 헤어지자는 그의 말을 어떻게 해석해야 할지 모르겠다.

허용: 허락하여 너그럽게 받아들임; permission, allowance. 허용하다 to permit, allow ¶이 도서관에서는 휴대 전화의 사용이 허용되지 않는다.

현실: 현재 실제로 존재하는 것; reality ¶어렸을 때부터 가졌던 꿈이 현실로 다가오고 있다.

활짝: 꽃잎 따위가 한껏 핀 모양; 문 따위가 한껏 시원스럽게 열린 모양; very widely; full-blown ¶봄에는 여러 가지 꽃들이 활짝 핀다. ¶앞뒤 문을 활짝 여니 바람이 시원하다.

효율적: to be efficient. 효율 efficiency; utility factor; ~적 -ic, -ical, -like ¶컴퓨터를 사용하여 일을 효율적으로 처리할 수 있게 되었다.

후하다: 인심이 좋거나 정이 두텁다; to be generous, kindhearted ¶시골은 도시보다 인심이 후하다.

흠: 깨어지거나 상한 자리; 사람의 말이나 행동에 나타나는 결점; scar; fault, flaw, defect ¶이 금강석(diamond)에는 흠이 있다. ¶술을 많이 마시는 것이 그 사람의 가장 큰 흠이다.

희망: 앞일에 대하여 어떤 기대를 가지고 바람; hope, wish, desire, aspiration, expectation ¶이 영화는 젊은이들에게 희망을 주는 내용을 담고 있다.

관용 표현

1. 이를테면 so to speak; in other words; in short; for instance

This idiomatic expression has developed from 이르다 'tell' + ~ㄹ테면 'if one is supposed to'. Its meanings are various, as indicated above. Which meaning is appropriate in a given situation depends on context. In the sense 'for instance', it is similar to 예를 들면 or 예컨대, as in 이를테면 (or 예를 들면/예컨대) 미국, 영국, 일본 등이 선진국에 속한다 'For instance, the United States, England, Japan, etc., belong to advanced nations'. In the sense of 'so to speak, as it were', it is equivalent in meaning and use to 말하자면, as in 인생이란 이를테면 (or 말하자면) 아침 이슬이나 같은 것이다 'Our life is, so to speak, a morning's dew'.

2. 똑(똑) 소리가 나다 be very smart

Literally meaning 'have a knocking or snapping sound,' this pattern is used to refer to a person who is exceptionally smart or intelligent. This metaphorical meaning may have developed because of the homophony between 똑똑 in the adjective 똑똑하다 'bright, smart' and the symbolic sound of knocking or snapping, 똑똑.

3. 바늘로 찔러도 피 한 방울 안 난다 do(es) not shed a drop of blood even if pierced with a needle

This proverb refers to a person who is perfectly organized in speech and behavior and does not make any mistakes. It has a sarcastic connotation.

4. ~(으)리라는 that (something, someone) will probably do/be

~(으)리라, which indicates prediction or conjecture, usually occurs in a quotative construction, as in 내일 비가 오리라고 생각해요 'I think it will probably rain tomorrow'. ~(으)리라는 is a contraction of ~(으)리라고 하는 'that (something/someone) will probably do/be'.

5. ~기/게 마련이다 be bound to; be certain to

마련이다 'be bound, inevitable, sure' takes a preceding clause with the suffix ~기 or ~게. Examples are 생명 있는 것은 죽게 (or 죽기) 마련이다 'Every living thing is bound to die' and 인생이란 빈 손으로 왔던 것처럼 빈 손으로 돌아가기 (or 돌아가게) 마련이다 'Human beings are bound to pass away empty-handed, as they were born empty-handed'.

6. ~에 비하여 compared to, compared with

This pattern is used to compare two events, as in 서양 문화가 물질에 중점을 두는 데에 비하여 동양 문화는 정신적인 면을 강조한다 'Compared to Western culture, which focuses on the material, Asian culture emphasizes the spiritual'.

7. ~(으)로나마 although it is with/by; even if it is with/by

This is a composite particle consisting of the instrumental particle ~(으)로 'with/by' and the particle ~(이)나마 'although it is'. ~나마 is used with a nominal whose referent is an alternative to a first choice that is not available, as in 택시를 잡을 수가 없으니까 지하철로나마 가야겠어 'As I cannot catch a taxi, I have to go by subway (as an alternative)'.

8. 기대에 못 미치다 not to reach one's expectations

기대 'expectation, anticipation' and 미치다 'reach, get to, meet, be up to' are combined in 기대에 미치다 to mean 'be up to one's expectations'. 기대에 못 미치다 means 'be unable to reach one's expectations', as in 용호는 항상 아버지의 기대에 못 미쳐서 괴로워했다 'Yongho was always distressed because he could not meet his father's expectations', and 선생님 기대에 미치지 못하여 죄송합니다 'I am very sorry for not being able to meet your expectations'.

9. 아등바등 by struggling; strenuously

This adverb is used to describe being barely able to make ends meet, as in 한국 전쟁 때 우리는 어떻게 해서든지 살아남으려고 아등바등 애를 썼어요 'We struggled really hard to survive by any means during the Korean War'.

10. 바둑을 두다 play *paduk*

The verbs 두다 'put, place', and 놓다 'put (down)' as well as many other verbs, make compounds with certain nouns. For instance, 바둑 '(game of) *paduk*' and 장기 'Korean chess' take 두다 for the meaning 'to play', while 수 'embroidery', 주사 'injection', and 주판 'abacus' take 놓다 as in 수를 놓다 'embroider,' 주사를 놓다 'inject', and 주판을 놓다 'use the abacus'.

연습 문제

1. 다음의 글이 본문의 내용과 맞으면 T, 틀리면 F로 답하세요.

(1) __ 예술의 세계에서는 완성된 작품만이 그 가치를 인정받는다.
(2) __ 미완성에는 발전의 가능성이 있다.
(3) __ 바둑에서 9단이 최고의 경지이다.
(4) __ 첫사랑은 미완성이라서 더 아름답다.
(5) __ 예로부터, 부잣집에서는 100칸짜리 집을 지어 살았다.
(6) __ 미완성에는 꿈과 희망이 있기 때문에 미완성을 목표로 살아야 한다.
(7) __ 다빈치의 모나리자 초상화는 배경이 그려져 있지 않기 때문에 미완성이다.
(8) __ 완벽한 사람보다는 부족한 사람이 더 훌륭한 사람이다.
(9) __ 남극이나 변두리 땅이 사람들의 관심을 끄는 것은 그곳이 신비하기 때문이다.
(10) __ 신입 사원을 채용할 때 심사 위원들은 지원자의 현재 재능보다는 장래성을 더 높이 평가한다.

2. 이 글에는 완성과 미완성을 비유한 표현들이 나와 있습니다. 아래 표 왼쪽에 제시된 표현들을 보기처럼 "완성"과 "미완성"으로 나누어 각각 오른 쪽 표에 써 넣으세요.

	완성	미완성
(보기) 활짝 핀 꽃/봉오리 꽃	활짝 핀 꽃	봉오리 꽃
꿈과 희망/포만과 게으름 수성의 고뇌/창업의 기쁨 씨앗의 파종/곡식의 수확 바둑 9단/바둑 10단 겸양/자만 한낮/여명 보름달/반달 99칸 집/100칸 집		

3. 왼쪽의 명사와 가장 잘 어울리는 동사를 오른쪽에서 찾아 연결하세요.

(1) 이론이	마시다
(2) 바늘로	받다
(3) 거리가	거두다
(4) 대접을	찌르다
(5) 술을	정연하다
(6) 사색에	잠기다
(7) 씨앗을	두다
(8) 바둑을	멀다
(9) 곡식을	뿌리다

4. 이 과에는 "미(未)~"라는 접두사(prefix)가 많이 나옵니다. 이 접두사가 사용된 아래 단어들을 이용하여 보기와 같이 문장을 만들어 보세요.

미완성: 그 건물은 아직도 미완성인 채로 남아 있다.

미개척(undeveloped):

미정복지(unconquered area):

미성년(minor):

미정(undecided):

5. 이 과에는 "적(的)~"이라는 접미사(suffix)가 나옵니다. 이 접미사를 사용된 아래 단어들을 이용하여 보기와 같이 문장을 만들어 보세요.

감상적: 가을 단풍을 보고 있으면 누구나 감상적이 된다.

미학적(aesthetic):

인간적(humanly):

효율적(efficient):

예술적(artistic):

세계적(worldwide):

이론적(theoretically):

현실적(realistic):

이상적(idealistic):

6. 보기에서 알맞은 단어를 골라 다음 대화를 완성하세요.

더러	두루	곧잘	바로	우뚝	기껏
우선	아예	당시	결국	활짝	정작

영희: 주디 씨, 힘들지요? 이제 조금만 더 올라가면 돼요. 저기 (　　) 솟은 봉우리가 정상이예요.

주디: 어휴, 숨 차! 저는 이제 그만 걷겠어요. 너무 힘들어요. 저는 여기서 기다릴 테니 혼자 올라갔나 오세요.

영희: 안 돼요. (　　) 여기까지 힘들게 와 놓고서 정상을 (　　) 코 앞에 두고 포기하다니요. 도중에 포기하려면 (　　) 시작을 하지 않는 게 낫지요. 자, 조금만 더 힘을 내세요.

주디: 그럼, (　　) 저 바위 위에 앉아 쉬면서 땀이나 좀 닦읍시다.

영희: 좋아요. 너무 앞만 보고 걷다 보면, 경치를 구경 못 할 때가 많지요. 아름다운 자연을 여유있게 (　　) 살피면서 즐겨야 되는데 . . . . 저기 (　　) 핀 꽃들을 좀 보세요.

주디: 정말 예쁘네요. 그런데, 영희 씨는 조금도 힘들지 않나 봐요. 매주 일요일마다 등산을 하시지요?

영희: 그런 편이에요. 그래도, 날씨가 나쁘거나 할 일이 밀려 있을 때면 (　　) 빠지기도 해요.

주디: 저는 너무 게을러서 문제예요. 주말에는 꼭 운동을 해야지 결심하고서도 (　　) 주말이 되면 꼼짝하기가 싫어요. (　　) 하루 종일 잠만 자게 돼요.

영희: 이제 주말마다 저랑 등산하시지요.

주디: 감사합니다.

7. 아래 문장을 보기와 같이 바꾸어 쓰세요.

보기 1: 심사 위원들이 가수 지망생을 뽑는다.
심사 위원들이 문학 작품을 심사한다.
⇒ 심사위원들이 가수 지망생을 뽑거나 문학 작품을 심사한다.

(1) 많은 예술 작품들이 사람들의 사랑을 받는다.
많은 예술 작품들이 사람들에게 감동을 준다.

⇒ ____

(2) 내가 좋아하는 미완성은 감상적이다.
내가 좋아하는 미완성은 미학적이다.

⇒______________________________

보기 2:	여백을 꿈으로 채운다.
	여백을 남겨 둔다.
⇒	여백을 꿈으로 채우도록 남겨 둔다.

(1) 공항에 늦지 않는다.
30분 일찍 집을 나섰다.

⇒______________________________

(2) 환자가 병에서 회복한다.
의사는 환자에게 적절한 약을 투약한다.

⇒______________________________

보기 3:	완성을 달성한다.
	포만과 게으름만이 생긴다.
⇒	완성을 달성하면 포만과 게으름만이 생긴다.

(1) 산을 다 올라가 꼭대기에 우뚝 선다.
내려가는 길밖에 보이지 않는다.

⇒______________________________

(2) 자라나는 새싹들과 어울린다.
내 마음도 함께 젊어진다.

⇒______________________________

8. 본문을 읽고 다음 물음에 답하세요.

(1) "모나리자"는 왜 미완성으로 볼 수가 있습니까?

(2) 콩쿨 대회 심사 위원들은 어떤 사람에게 더 관심을 두고 있으며 그 이유는 무엇입니까?

(3) 첫사랑의 사연이 가슴 속에 오래 남아 있는 이유는 무엇입니까?

(4) "미완의 땅"은 어떤 땅들입니까? 이 땅들이 왜 이목의 대상이 됩니까?

(5) 등산에 있어서 완성과 미완성은 어떻게 표현되어 있습니까?

(6) 과거에 한국에서 집을 99칸까지만 지은 이유는 무엇입니까?

(7) 예술 세계에서 미완성이 더 대접받는 예를 본문에서 찾아 설명해 보세요.

(8) 한국의 일상 생활이나 문화에서 "미완성"을 추구한 예를 본문에서 찾아 설명해 보세요.

9. 다음 표현을 사용하여 보기와 같이 짧은 글을 지어 보세요.

(1) ~기/게 마련이다
(보기) 첫사랑의 사연은 오래도록 가슴 속에 남아 있기 마련이다.

____

(2) 따지고 보면
(보기) 내가 남을 도와주는 것도 따지고 보면 내가 기쁘기 때문이다.

____

더 생각해 봅시다

1. 여러분은 "완성과 미완성"이라는 주제에 대해 어떻게 생각합니까? 저자의 의견에 동의하는 편입니까, 아니면 다른 생각을 갖고 있습니까? 각자의 의견을 말해 보세요.

2. 서양의 일상 생활이나 문화에서 "미완성"을 추구한 예가 있습니까? 친구들과 의견을 나누어 보세요.

3. 주위에 똑(똑) 소리가 나는 사람이 있습니까? 그 사람의 장점과 단점에 대해서 친구들과 얘기해 보세요.

4. 주위에 바늘로 찔러(봐)도 피 한 방울 안 나는 사람이 있습니까? 그 사람에 대해서 왜 그렇게 생각하십니까? 예를 들어서 설명해 보세요.

제6과 아마존 정글 생존법

(Surviving the Amazon jungle)

그림을 보면서 함께 생각해 봅시다.

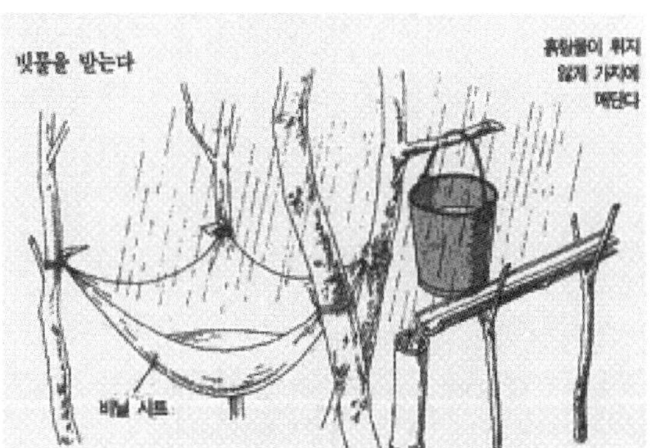

3~4명이 한 그룹이 되어 다음 질문들에 대해 토의해 보세요.

1. 여러분은 「로빈슨 크루소」를 읽거나 들어 본 적이 있을 것입니다. 로빈슨 크루소는 28년간 무인도에서 살아남기 위해 어떻게 생활했습니까? 친구들과 이야기를 나누어 봅시다.

2. "호랑이 굴에 들어가도 정신만 차리면 산다"라는 한국 속담이 있습니다. 여러분이 아무런 준비 없이 아마존에 혼자 남게 된다면 로빈슨 크루소가 했던 것처럼 많은 일들을 해야 합니다. 다음 일들 중에서 어느 일이 더 중요합니까? 그룹별로 토의한 다음, 먼저 해야 할 순서대로 번호를 붙여 보세요.

(1) ___ 동서남북, 방위를 알아야 한다.
(2) ___ 먹을 물을 구해야 한다.

(3) ___ 열사병(heatstroke)과 말라리아(malaria) 등 풍토병에 걸리지 않도록 조심해야 한다.

(4) ___ 낮에는 연기로 밤에는 불빛으로 구조 신호(SOS call)를 보내야 한다.

(5) ___ "먹어야 산다." 무엇보다 먹는 일이 중요하다. 먹을 것을 찾아야 한다.

(6) ___ 아마존 지역이지만 밤에는 기온이 많이 내려간다. 잠잘 곳을 마련해야 한다.

(7) ___ 독사(poisonous snake)와 독버섯(poisonous mushroom)을 피해야 한다.

아마존 정글 생존법

로빈슨 크루소 따라잡기[1]

아직까지 사람의 발길이 닿지 않은 곳이 많은 아마존. 사람들은 태초의 모습을 간직한 그 곳에 가고 싶어한다. 그런데 만약 어느 날 지구의 반대편인 아마존으로 별다른 준비 없이 떨어진다면 어떨까.[2] 기본적인 과학 지식을 기초로 아마존 정글의 생존법을 터득해 보자.

1. 방위 알기

아마존으로 떨어진 사람이 가장 먼저 해결해야 할 것이 방위 문제다. 방위를 알아 볼 수 있는 가장 좋은 방법은 나무 막대기를 세워 그림자를 보는 것이다. 나무 막대기를 세워 놓고 그림자의 길이가 같아지는 두 곳을 연결해 동서 방향을 정하고 이 방향에 수직인 축을 남북 방향으로 잡는다. 이때 주의할 것은 아마존은 남반구라는 사실. 북반구와는 달리 그림자가 남쪽에 생긴다. 물론 반대편이 북쪽이다. 그리고 남쪽을 바라보고 있을 때 오른쪽이 서쪽이고 왼쪽이 동쪽이다.

밤에는 어떨까. 북반구에서 북쪽을 가리키는 북극성과 같은 별을 찾아야 할 텐데, 남반구 밤하늘의 나침반 역할은 남십자성이 대신한다. 남십자성을 발견한 후에는 남십자성의 긴 쪽을 5배 연장하면 하늘의 남극에 닿을 수 있다. 남극 방향을 바라보고 섰을 때 반대편이 북쪽이고 오른쪽이 서쪽, 왼쪽이 동쪽이다.

2. 식수 얻기

아마존 지역에서 물을 구하는 것은 어려운 일이 아니다. 우선 풍부한 수량을 자랑하는 아마존강 지류가 많고 수시로 비가 오기 때문이다. 아마존은 태양으로부터 강한 빛을 받아 수증기 증발이 활발하므로 구름이 잘 생긴다. 이때의 구름은 물론 비를 포함한 구름이다. 우리 나라와 비교하면 한여름의 소나기 구름 같은 것이 수시로 만들어지고 비를 뿌린다고 생각하면 된다.

3. 이빨 있는 물고기 피라니아

이제부터는 식량 거리를 마련해야 한다. 숲 속의 과일 같은 열매를 따먹거나 물고기 등을 사냥해야 한다. 물고기를 얻는 방법 중에 재미있는 것이 있다. 큰 돌을 이용해 물 위로 조금 나와 있는 돌 위를 내려치는 것이다. 그러면 큰 돌의 충격량이 물 속까지 전해져 물고기들을 순간적으로 기절시킨다. 그 후 돌을 들어 보면 그 아래 작은 물고기들이 기절해 떠오르는 것을 볼 수 있다.

다양한 생물이 존재하는 아마존에는 이름난[3] 물고기가 있다. 식인 물고기로 알려진 피라니아가 그것이다. 피라니아는 원주민의 말로 "이빨이 있는 물고기"란 뜻인데 실제로 삼각형의 예리한 이빨이 있다. 피라니아만 피한다면 물고기를 잡아 한 끼 정도는 충분히 때울[4] 수 있지 않을까.

물고기는 돌의 열 전도를 이용해 익혀 먹을 수 있다. 자갈을 불에 구워 파 놓은 땅에 넣은 다음 고기 등을 나뭇잎으로 싸서 올려놓고 달궈진 돌을 올려 놓으면 고기가 익는다.

4. 독사와 독버섯은 피하는 것이 상책

여행을 할 때의 복병은 응급 상황이다. 그 중 독이 있는 동물에게 물리거나 독버섯과 같은 식물을 먹어서 생기는 상황이 제일 위중하다. 동물의 독 중 가장 먼저 떠오르는[5] 것은 독사다. 독사는 대개 삼각형의 납작한 머리 모양과 두 개의 이빨을 가지고 있다. 독사에 물리면 두 개의 이빨 자국을 통해 뱀의 독이 인체로 들어온다. 뱀의 독은 단백질 성분으로 이뤄진 효소로 대개 냄새와 맛이 없다. 뱀의 입장에서 독액은 먹이를 마취시키거나 죽일 뿐 아니라 소화액의 역할도 한다. 하지만 사람에게 뱀의 독은 치명적일 수 있다.

우선 독사에 물렸을 때는 물린 자리의 윗부분을 꼭 조여 매서 독을 포함한 혈액이 심장 쪽으로 흐르지 않도록 해 독의 흡수를 지연시켜야 한다. 빨리 병원으로 옮기는 것이 제일 좋은 방법이나 아마존 밀림에서 그럴 수 없으므로 뱀에 물린 자리를 날카로운 칼이나 면도칼로 열십자 모양(길이 0.5～1cm, 깊이 0.5cm 정도)으로 절개해 입으로 뱀 독을 빨아내는 것이 좋다. 이때 입 안에 상처가 있으면 안된다.

독버섯의 성분이 위험한 것은 독사의 경우와는 다르다. 색이 고운 버섯에 많이 들어 있는 무스카린(muscarine), 아마니틴(amanitine), 지로미트린(gyromitrine) 같은 독 성분이 위험한 것은 간에서 해독 작용을 못하기 때문이다. 독버섯의 성분들은 시간이 지나면 간 세포를 파괴해 간 기능을 제대로 수행할 수 없게 만든다. 또 한 가지 주의해야 할 점은 화려하지 않은 버섯 중에도 독버섯이 있으므로 확실한 경우가 아니라면 버섯은 함부로 먹지 말아야 한다.

5. 일교차가 큰 아마존에서 자는 법

항상 여름 날씨를 유지하는 아마존이지만 외부에서 밤을 지새우기는 쉽지 않다. 특히 아마존은 연교차보다 일교차가 큰 지역이어서 더운 낮만 생각하고 적당히 자려고 한다면 건강을 해칠 수 있다. 땅에서 잠을 자게 된다면 우선 바닥에 나뭇가지를 나란히 놓고 그 위에 낙엽이나 풀을 깔아 두는 것이 좋다. 땅의 찬 기운과 습기가 직접 닿지 않게 하기 위함이다. 침낭이 있다면 다행이지만 그렇지 못하다면 나뭇잎이라도 덮고 자야 한다.

6. 낮에는 연기로 밤에는 불빛으로

아마존과 같은 곳에서 조난됐다면 구조 신호를 보내기가 쉽지 않다. 주변이 온통 나무로 뒤덮인 밀림이므로 신호가 외부로 전달되기가 어렵기 때문이다. 따라서 구조 신호를 보내려면 나무가 적은 평지를 골라야 한다. 풀숲이라면 주변의 풀을 제거해 SOS신호를 보낼 장소를 만들어야 한다. 대개 낮에는 연기로, 밤에는 불빛을 이용해 구조 신호를 보낸다. 이때 주의해야 할 것은 낮에는 연기가 많이 나야 한다는 점이다. 그러기 위해서는 건조되지 않은 풀을 사용해야 한다. 따라서 불을 피울 때 밑 부분에는 건조된 풀과 나뭇가지를 놓고 윗 부분에는 건조되지 않은 풀을 올려 놓는다. 불을 피운 후 젖은 옷 같은 것으로 연기가 빠져 나가지 못하게 했다가 갑자기 걷어치운다. 이렇게 1분간 연기를 내보내고, 1분간 가린 상태를 반복하면 구조 신호가 된다. 물론 밤에는 불빛이 멀리 나가도록 하는 것이 중요하므로 건조된 풀과 나뭇가지를 사용해야 한다.

<과학동아> 1998년 8월호, 2000년 7월호에서 발췌, 글 장경애기자

어휘

가리다: 보이지 않게 막다; to conceal, shield, cover, screen

간직하다: 물건 따위를 잘 간수하여 두다; 생각이나 기억 따위를 마음속에 깊이 새겨 두다; to keep, save, hold ¶나는 어머니께서 물려주신 반지를 소중히 간직하고 있다.

거리: 내용이 될 만한 재료; material, stuff, substance, makings; cause, source, origin; subject ¶국거리, 반찬거리, 걱정거리, 일거리 ¶그런 바보 같은 행동은 웃음거리밖에 되지 않는다.

건조하다: 습기가 아주 적다; 재미가 없다; to be dry ¶겨울에는 공기가 건조하여 화재가 일어나기 쉽다. ¶현대 도시인의 생활은 참 무미건조하다(dry and tasteless).

걷어치우다: 덮인 것을 거두어 치우다; 하던 일을 중도에서 그만두다; to clear away, remove; to stop, quit, wind up ¶날이 어두워지자 그들은 텐트를 걷어치우고 집으로 향했다. ¶그는 하던 사업을 걷어치우고 고향으로 돌아가 농사를 지으며 남은 인생을 보냈다.

곱다: 색깔이 밝고 산뜻하여 보기 좋다, 아름답다; to be beautiful, fine, soft ¶이 옷은 색깔이 참 곱다.

구조 신호: SOS call, distress call, Mayday. 구조 rescue, aid, help; 신호 signal

굽다: 불에 익히거나 타게 하다; to roast, broil ¶고기를 굽다 ¶숯을 굽다

그림자: shadow, silhouette ¶옛날에는 스승의 그림자도 밟지 않았다.

기운: 살아서 활동하게 하는 힘; 몸으로 느끼는 감각; strength, energy, vigor ¶우리 형은 기운이 아주 세다. ¶4월이 되니 봄 기운이 완연하다.

기절: 한때 정신을 잃음; faint, swoon. 기절하다 to faint, be stunned ¶동생의 교통 사고 소식을 듣고 어머니는 기절하셨다.

깔다: 바닥에 평평하게 펴놓다; to spread, lay, put down ¶돗자리(mat)를 깔고 앉았다. ¶그는 요(quilted mattress)를 깔고 그 위에 누웠다.

끼: 끼니; 날마다 일정한 시간에 먹는 밥; meal ¶저는 하루에 두 끼만 먹어요.

나란히: 줄지어 있는 모양이 가지런하게; in a regular line, side by side. 나란하다 to be even, equal; to be in a line ¶아이들이 나란히 줄을 지어 걷고 있다.

나뭇가지: branches of a tree. 나무 tree; 가지 branch

나침반: compass

낙엽: 나무에서 잎이 떨어지는 것; 떨어진 잎; falling (of leaves), fallen leaves ¶낙엽이 지다 (of a tree) to shed leaves

날카롭다: 끝이 뾰족하거나 날이 서 있다; to be pointed, sharp, keen ¶끝이 날카로운 물건은 아이들 손이 닿지 않는 곳에 두어야 한다.

남반구: Southern Hemisphere

남십자성: Southern Cross. 남 south(ern); 십자 cross; ~성 star

납작하다: 판판하고 얇으면서 약간 넓다; to be flat, level, even ¶동양인은 서양인에 비해 코가 납작하다.

단백질: protein, albumin

달구다: 쇠나 돌 따위를 불에 대어 뜨겁게 하다; to make hot, heat ¶쇠(iron)를 불에 달구었다.

닿다: 사물이 서로 붙다; to touch; to arrive ¶이 약은 어린이 손이 닿지 않는 데에 두어야 한다.

덮다: 드러나거나 보이지 않도록 넓은 천 따위를 얹어서 씌우다; to cover (with), put (a thing) on, veil ¶추우니까 이불을 잘 덮고 자라. ¶그는 읽던 책을 잠시 덮고 텔레비전을 보았다.

독: 건강이나 생명을 해치는 성분; poison, toxic substance ¶이 식물에는 독이 있으니 만지지 마세요.

독버섯: 독이 있는 버섯; poisonous mushroom. 버섯 mushroom ¶독버섯은 먹으면 안된다.

독사: 이빨에 독을 가진 뱀; venomous snake, viper

독액: 독이 들어있는 액체; venom, poisonous liquid. 액 liquid

뒤덮이다: 빈 데가 없이 온통 덮이다; to be covered, veiled. 뒤덮다 to cover ¶꼭대기가 눈으로 뒤덮인 산에 올라갔다.

때우다: 어떤 일을 보충하거나 대충 해결하다; 간단한 음식으로 끼니를 대신하다; to make shift, substitute ¶사과 한 개로 점심을 때웠다.

떠오르다: 솟아서 위로 오르다; to rise, float ¶해가 떠오르는 장면을 보면 가슴이 뛴다. ¶물 위로 물고기가 떠올랐다.

마취: 약물 따위를 이용하여 얼마 동안 의식이나 감각을 잃게 함; anesthesia, narcotism. 마취하다, 마취시키다 to anesthetize ¶의사는 환자를 마취시킨 후 수술을 시작했다.

막대기: 가늘고 기다란 토막; stick, staff, cane

매다: 풀리지 않게 잡아 동여 묶다; to tie up, fasten ¶자동차를 탈 때는 반드시 안전띠(seat belt)를 매야 한다. ¶그는 운동을 시작하기 전에 신발 끈을 단단히 맸다.

먹이: 동물의 먹을 거리; feed, food (for animals) ¶말한테 건초를 먹이로 주었어요. I fed the horse with hay.

면도칼: 잔털이나 수염을 깎을 때 쓰는 칼; razor. 면도 shaving; 면도하다 to shave; 칼 knife, sword, blade

무인도: 사람이 살지 않는 섬; uninhabited island

물리다: to be bitten. 물다 to bite ¶사나운 개한테 팔을 물렸다.

밀림: 큰 나무들이 빽빽하게 들어선 깊은 숲; jungle, thick forest ¶밀림 속에 수많은 야생(wild) 동물과 식물이 살고 있다.

방위: 어떠한 방향의 위치; direction, compass point ¶지도에는 방위가 표시되어 있다.

별다르다: 유난히 다르다; to be special ¶그에게서 별다른 기색을 찾아 볼 수 없었다.

복병: 숨어 있다가 갑자기 나타나 적을 치는 군사; 뜻밖에 나타난 경쟁 상대나 장애; ambush, ambuscade ¶복병을 만나다 to fall into an ambush ¶그들은 여기저기 복병을 배치해서(lay ambush) 결국 전쟁에서 승리했다.

북극성: North Star, polar star. 북극(의) arctic, polar, pole

북반구: Northern Hemisphere

불빛: 타는 불의 밝은 빛; light, rays of light. 불 fire, light; 빛 ray, light, beam ¶어둠이 짙게 깔린 마을은 불빛 하나 보이지 않았다.

빨아내다: 속에 있는 것을 빨아서 밖으로 나오게 하다; to absorb, suck out; to siphon ¶독사에게 물렸을 때는 빨리 독을 빨아내야 한다.

뿌리다: 빗방울, 눈송이 따위가 날려서 떨어지다; 골고루 흩어지도록 던지다; to drive, blow [sweep] into; to sprinkle, spray ¶비가 뿌리고 있다. ¶좋은 씨를 뿌려야 좋은 열매를 맺을 수 있다.

사냥: 산이나 들의 짐승을 잡는 일; hunting, shooting ¶사냥을 해서 식량을 구해야 한다.

삼각형: triangle

상책: 가장 좋은 방책; best policy, best plan ¶위험한 길은 처음부터 피해 가는 것이 상책이다.

상처: 몸을 다쳐서 부상을 입은 자리; injury, wound, cut, bruise; scratch ¶교통 사고로 그는 온몸에 상처를 입었다.

상황: 일이 되어 가는 형편; state of affairs, conditions, situation, circumstances ¶우리는 어떤 상황에서도 사람을 죽여서는 안 된다.

생물: 생명이 있는 것; living thing, creature ¶바다 속에는 다양한 생물이 살고 있다.

생존법: 끝까지 살아 남는 방법; way to survive. 생존 survival; 생존하다 to survive; 법 method ¶모든 생물은 각자 생존법을 알고 있다.

성분: 물체를 이루는 기본 요소; constituent, ingredient ¶모든 약은 성분 표시를 하게 되어 있다.

세포: cell

소화액: 음식물을 소화시키는 액체; digestive fluid. 소화 digestion; 소화하다 to digest; 액 liquid, fluid

수량: 물의 분량; quantity of water ¶장마철이 되어 강의 수량이 불어났다.

수시: 그때그때, 언제든지, 적당한 때마다, 자주; from time to time, occasionally ¶저 회사는 수시 채용을 하니까 아무 때나 원서를 내 봐라. ¶그는 어려운 일이 생기면 수시로 나에게 도움을 청한다.

수증기: water vapor, steam ¶물이 수증기로 증발했다.

수직: 위 아래로 반듯한 상태; perpendicularity, verticality ¶수직선과 수평선 vertical and horizontal lines ¶수직으로 교차하는 두 직선 two lines crossing at right angles ¶막대기를 수직으로 세웠다.

수행: 생각하거나 계획한 대로 일을 해냄; performance, execution. 수행하다 to perform ¶그는 임무를 완벽하게 수행했다.

순간: 잠깐 동안; moment, instant, second ¶사람은 매순간 최선을 다하면서 살아야 한다. ¶그것은 순간적으로 벌어진 일이었다.

습기: 축축한 기운; moisture, humidity, dampness, wetness ¶장마철에는 습기가 많다.

식량: 양식; provisions, food ¶식량 문제를 해결해야 한다.

식수: 마실 수 있는 물; drinking water, potable water

식인 물고기: 사람 고기를 먹는 물고기; cannibal fish. 식인 cannibalism ¶식인종, 식인 상어 ¶식인 물고기를 조심해야 한다.

연교차: 기온이나 습도 따위의 1년 동안에 변하는 폭; annual range. 연/년 year

연기: smoke, fumes ¶연기에 숨이 막힌다.

연장하다: 길게 늘이다: to extend, prolong ¶그 백화점은 세일 기간을 연장했다.

열십자: 한자 십(十)자의 형상; cross

예리하다: 날카롭고 정확하다; to be sharp, keen ¶칼 끝이 예리하니 조심하세요. ¶학생들은 선생님께 예리한 질문을 많이 하였다.

온통: 완전히; 아주; all, wholly, entirely, everywhere, all over ¶영수는 벽에 온통 수미의 사진을 붙여 놓았다.

원주민: 본디부터 살고 있는 사람들; native, aborigines, aboriginal ¶인디언은 백인들이 들어오기 전부터 아메리카 대륙의 원주민이다.

위중하다: 병세가 무겁고 위태롭다; to be dangerously ill ¶환자가 위중한 상태이다.

유지: 어떤 상태를 그대로 이어감; maintenance, preservation. 유지하다 to maintain, keep up, preserve ¶건강을 계속해서 유지하려면 규칙적인 식사와 적당한 운동이 필요하다.

응급: 급한 대로 우선 처리함; emergency ¶응급 치료로 살아난 사람이 많다.

이빨: tooth

익히다: 익게 하다; to cook; to mature. 익다 to ripen, mature; to get (grow, become) ripe ¶여름에는 음식을 잘 익혀 먹어야 배탈이 나지 않는다. ¶사과 나무에는 잘 익은 사과들이 주렁주렁 달려 있다.

인체: 사람의 몸; human body, flesh ¶이 식물은 인체에 해롭지 않다.

일교차: 기온이나 습도 따위가 하루 동안에 변하는 폭; daily (temperature,

humidity) range. 일 day ¶봄 가을에는 일교차가 커서 감기에 걸리지 않게 건강 관리를 잘 해야 한다.

입장: 처지; 당면하고 있는 상황; situation, standpoint ¶남을 이해하려면 그의 입장이 되어 생각할 줄 알아야 한다.

자갈: 강, 바다의 바닥에서 오래 닳은 반들반들한 작은 돌; gravel, pebbles ¶물이 맑아서 바닥 자갈까지 훤히 들여다보였다. ¶버스가 시골 자갈길을 달렸다.

전달: 전하여 이르게 함; transmission. 전달하다 to transmit, communicate, convey ¶내 진심이 모든 사람에게 제대로 전달되기를 바란다.

전도: conduction, transmission ¶열 전도 thermal conduction ¶구리(copper)는 열 전도율이 높다.

전하다: 이곳에서 저곳으로 옮기다; to inform; to hand down; to introduce; to transmit. 전해지다 to be informed, handed down, introduced ¶불교는 중국으로부터 한국으로 전해졌다.

절개: 째어서 엶; incision. 절개하다 to incise ¶의사는 환자의 상처 부위를 절개했다.

정글: 밀림; jungle ¶우리는 정글 탐험(exploration)을 하기로 했다.

제거: 없애 버림; exclusion, removal, elimination. 제거하다 to get rid of ¶이 약은 독소 제거에 효과가 좋다.

제대로: 마음먹은 대로; well; enough; properly ¶술에 취해 몸을 제대로 움직이지 못했다.

조난: 항해나 등산 따위를 하는 도중에 재난을 만남; disaster, accident, shipwreck. 조난하다 to meet with disaster ¶태풍으로 배가 조난하였다. ¶밤 사이에 눈이 많이 내려 등산객 세 명이 조난을 당했다.

조이다: 느슨하거나 헐거운 것을 단단하게 하다; to tighten (up) ¶마라톤 선수들이 출발 전에 운동화 끈을 조였다.

주변: 둘레; circumference ¶그의 주변에는 항상 친구가 많았다.

주의: 마음에 새겨 두고 조심함; attention, heed, care. 주의하다 to pay attention (to), take notice of, take care of ¶감기에 걸리지 않도록 주의해라.

증발: 어떤 물질이 액체 상태에서 기체 상태로 변하는 현상; evaporation, vaporization. 증발하다 to evaporate ¶바닷물은 증발하여 구름이 되고, 구름은 다시 비가 되어 땅에 내린다.

지류: 큰 강이나 내로 흘러 들어가는 물줄기; tributary

지새우다: 한숨도 자지 않고 밤을 지내다; to see the night out, stay up all night ¶아들에 대한 걱정 때문에 그는 며칠 밤을 지새웠다.

지역: 토지의 구역, 땅의 경계; region, area ¶이곳은 산림 지역이다.

지연: 더디게 끌거나 끌리어 나감; delay, postponement. 지연하다 to delay ¶비가 많이 내려 비행기 출발 시간이 지연되었다.

축: axis ¶악의 축 axis of evil

충격량: 세게 치는 힘의 크기; impulse. 충격 impact; shock; ~량 volume, quantity, amount

치명적: 생명을 잃을 정도의; 돌이킬 수 없을 만큼 나쁜 영향을 주는; to be fatal, mortal, lethal ¶그는 교통 사고로 뇌(brain)에 치명적인 손상(injury)을 입었다. ¶이번의 뇌물(bribe) 사건은 정치가로서의 그의 명예에 치명적이었다.

침낭: sleeping bag

태초: 하늘과 땅이 생겨난 맨 처음; beginning of the world ¶그 땅은 태초의 모습을 간직하고 있다.

터득: 이치를 깨달아 알아냄; understanding, grasp, mastery. 터득하다 to understand, grasp ¶이 세상에 진리를 터득한 사람은 몇 명이나 될까?

파괴: 때려 부수거나 깨뜨려 헐어 버림; destruction, demolition. 파괴하다 to break (down), destroy ¶그 지진(earthquake)은 한 마을을 완전히 파괴했다.

평지: 판판한 땅; flatland, level ground ¶이곳은 나무가 적은 평지이다.

풀숲: 풀이 무성한 숲; bush, thicket ¶그 풀숲에는 많은 뱀들이 살고 있었다.

함부로: 생각함이 없이 마구; thoughtlessly, carelessly, roughly ¶저 사람에게는 함부로 말을 해서는 안 된다.

해독 작용: detoxifying process. 해독 detoxification; 해독하다 to detoxify; 작용 operation, process ¶이 약은 간의 해독 작용에 도움을 준다.

해치다: 해롭게 하다; to injure; to do (a person) harm ¶흡연(smoking)은 건강을 해친다.

혈액: 피; blood

화려하다: 빛나고 아름답다; to be splendid, magnificent, brilliant ¶체조 선수들은 우리에게 화려한 연기(performance)를 보여 주었다.

효소: ferment; enzyme

흡수: 빨아들임; absorption, engrossment. 흡수하다 to absorb ¶몸에 병이 있으면 영양분을 제대로 흡수하지 못한다.

관용 표현

1. 따라잡기 catching up with

따라잡기 is a noun form of 따라잡다 'to catch up with, overtake', which is synonymous with 따라붙다. 따라 is formed from 따르어 (따르 'follow' + ~어 'and'), while 잡다 means 'to catch', and 붙다 means 'to stick to'. Thus, 한국은 반도체 분야에서 미국을 따라잡았어요 means 'Korea has overtaken America in the field of semiconductors'.

2. ~다면/라면 어떨까? what if . . . ?

With the literal meaning 'how would it be if it is the case that', this pattern is used to present a hypothetical case. 어떨까 is a contraction of 어떠할까. ~다면 occurs after a verb or an adjective, while ~라면 occurs after a copula stem, as in 갑작이 지구가 선다면 어떨까? 'What if the earth were to stop all of a sudden?'

3. 이름난 famous

This expression has developed from 이름이 나다 'become famous; become renowned', where 이름 is 'name' and 나다 means 'to appear'. 이름난 means not only 'famous' or 'well-known', but also 'notorious', as in 이름난 학자 'famous scholar', 이름난 생선 'well-known fish', 이름난 도박장 'well-known gambling place', and 이름난 도둑 'notorious thief'.

4. 끼니를 때우다 substitute (something) for a regular meal

끼니 means 'regular meal', as in 끼니 때마다 맥주를 마셔요 '(I) drink beer at each meal', 끼니를 거르지 마세요 'Don't skip meals', 그 사람들은 끼니 걱정은 없어요 'They have enough to live on', and 우리는 겨우 끼니를 이어가요 'We barely manage to get by'. After a counter, 끼니 is reduced to 끼, as in 한 끼 'one meal' and 저는 하루에 두 끼만 먹어요 'I eat two meals a day'. 때우다 'to solder, patch' metaphorically means to substitute when it is used with a word for meals, as in 도넛으로 점심을 때웠어요 '(I) substituted doughnuts for a regular lunch', 요즘 끼니는 어떻게 때우니?

'How do you manage your meals?' and 오늘 한 끼는 빵으로 때웠어요 'I substituted a loaf of bread for one meal today'.

5. 떠오르다 come to mind

Consisting of 뜨다 'to float' and 오르다 'to rise', 떠오르다 (derived from 뜨어 오르다) means 'to float up, rise', as in 달이 떠올랐어요 'The moon has risen' and 나무 토막이 물 위에 떠올라요 'A block of wood is floating up out of the water'. Its extended meanings are 'come [flash, shoot] across the mind', 'occur to (a person)', and 'to burst on (a person)', as in 동물의 독 중 가장 먼저 떠오르는 것은 독사다 'Among animal poisons, the first thing that comes to my mind is venomous snakes'.

연습 문제

1. 다음의 글이 본문의 내용과 맞으면 T, 틀리면 F로 답하세요.

(1) __ 아마존은 북반구와는 달리 그림자가 북쪽에 생긴다.
(2) __ 아마존 지역에서 밤 하늘의 방향을 알려 주는 별은 남십자성이다.
(3) __ 아마존 지역에서 물을 구하기는 어렵다.
(4) __ 아마존 지역에서 물고기를 잡을 때는 원시적인 방법을 많이 쓴다.
(5) __ 피라니아는 사람 고기를 먹는 물고기로 날카로운 이빨이 있다.
(6) __ 뱀의 입장에서 독액은 마취제나 소화액으로 유용한 역할을 한다.
(7) __ 독사에게 물렸을 때 물린 자리의 아랫 부분을 꼭 조여 매 독이 든 혈액이 심장으로 흐르지 않게 해야 한다.
(8) __ 색이 화려하지 않은 버섯은 독이 없으므로 안심하고 먹어도 된다.
(9) __ 아마존은 계절에 따른 온도 차이보다 밤낮의 온도 차이가 더 크다.
(10) __ 구조 신호로 불을 피울 때 연기를 많이 나게 하기 위해서 건조된 풀을 사용해야 한다.

2. 본문을 읽고 아래의 물음에 답하세요.

(1) 아마존 지역에 비가 많이 오는 이유는 무엇입니까?

(2) 큰 돌을 이용하여 물고기를 잡는 방법은 어떤 것을 말합니까?

(3) 독버섯 성분이 신체에 미치는 나쁜 영향은 무엇입니까?

(4) 아마존에서 잠을 잘 때 땅의 찬 기운을 피하는 방법은 어떤 것이 있습니까?

(5) 아마존에서 조난 당했을 때 구조 신호를 보내는 방법은 어떤 것이 있습니까?

3. 다음 문장들은 이 글에서 어느 문단에 나오는 내용입니까? 문단 번호를 쓰세요.

(1) __ 밤에는 땅에서 찬 기운이 올라오므로 낙엽이나 풀을 까는 것이 좋다.
(2) __ 아마존에서는 열매를 따먹거나 낚시를 통해 식량을 얻을 수 있다.
(3) __ 구조 신호가 외부로 잘 전달되기 위해서는 주변의 풀을 제거해야 한다.
(4) __ 그림자나 남십자성을 관찰한다.
(5) __ 무스카린에 있는 독 성분은 간 기능을 방해하므로 주의해야 한다.
(6) __ 아마존강은 수량이 풍부하고 소나기 구름이 자주 형성된다.

4. 왼쪽의 명사와 가장 잘 어울리는 동사를 오른쪽에서 찾아 연결하세요.

(1) 발길이	터득하다
(2) 색깔이	닿다
(3) 밤을	때우다
(4) 비를	지새우다
(5) 병세가	당하다
(6) 생존법을	곱다
(7) 조난을	뿌리다
(8) 끼니를	위중하다

5. 다음은 아마존에서 방위를 아는 방법에 대한 본문의 내용입니다. 알맞은 방위를 보기에서 찾아 괄호 안에 써 넣으세요.

동쪽	서쪽	남쪽	북쪽	동서	남북

방위를 알아볼 수 있는 가장 좋은 방법은 나무 막대기를 세워 그림자를 보는 것이다. 그림자의 길이가 같아지는 두 곳을 연결해 (　　) 방향을 정하고, 이 방향에 수직인 축을 (　　) 방향으로 잡는다. 아마존은 남반구라 그림자가 (　　)에 생긴다. 물론 반대편이 (　　)이다. 남쪽을 바라보고 있을 때, 오른쪽이 (　　)이고 왼쪽이 (　　)이다.

6. 다음 대화의 괄호 안에 알맞은 단어를 보기에서 골라 써 넣으세요.

개발	구조	해독	터득	조난	포함
위중	마비	증발	지연	절개	예상

리포터: 박사님은 지난 1년간 아마존에서 생활하시면서 밀림에서의 생존법을 (　　)하셨다죠?

김박사: 네, 아마존은 아직 (　　)되지 않은 지역으로 (　　)하지 못한 어려움이 많이 있었습니다.

리포터: 아마존의 날씨는 어떻습니까?

김박사: 대체로 덥지만 일교차가 큰 지역이라 밤에는 춥습니다. 그리고 태양으로부터 강한 빛을 받아 수증기 (　　)이/가 활발해서 비를 (　　)한 구름이 잘 생깁니다. 우리 나라의 소나기 구름 같은 것이 자주 생기고 비도 자주 옵니다.

리포터: 밀림 지역을 여행할 때 어떤 복병으로 고생하시지는 않으셨는지요?

김박사: 독사에게 물리거나 독버섯을 먹어서 생기는 상황이 제일 (　　)하지요. 특히 독사에게 물렸을 경우 그 독은 인체에 치명적일 수도 있습니다. 예전에 제가 독사에게 물렸을 때, 응급 처치로 물린 자리 위쪽을 꽉 매고 혈액이 흐르지 않게 하여 독의 흡수를 (　　)시켰습니다. 그리고 그 물린 자리를 면도칼로 열십자 모양으로 (　　)해 입으로 독을 빨아냈습니다.

리포터: 큰일날 뻔 하셨군요. 아마존에 독버섯이 많다고 들었는데요.
김박사: 네, 많이 있어요. 화려한 색의 버섯에 많이 있는 독 성분은 간에서 (　　) 작용을 방해합니다. 시간이 지나면 간 기능을 (　　) 시키기도 합니다.
리포터: 마지막으로, 아마존에서 사고를 당하거나 길을 잃는 등의 (　　) 을/를 당했을 때 어떻게 해야 합니까?
김박사: 낮에는 연기를 피우고 밤에는 불빛을 보내는 등 (　　) 신호를 보내서 자기의 위치를 알려야 합니다.
리포터: 김 박사님, 바쁘신 중에도 시간 내셔서 인터뷰에 응해 주신 데에 감사 드립니다.

7. 다음 표현을 사용하여 보기와 같이 짧은 글을 지어 보세요.

(1) ~다면 어떨까?

보기 : 아마존으로 별다른 준비 없이 떨어진다면 어떨까?

a. ______________________________

____

b. ______________________________

____

(2) 확실한 경우가 아니라면

보기 : 확실한 경우가 아니라면 버섯은 함부로 먹지 말아야 한다.

a. ______________________________

____

b. ______________________________

____

8. 다음은 어느 한국 신문에 실린 해외 기사입니다. 남극을 탐험하는 두 여성에 대한 글입니다. 읽고 물음에 답하세요.

> [해외 토픽] 여자 탐험가 2명 64일 만에 남극 정복
>
> 미국의 앤 뱅크로프트(45)와 노르웨이의 리브 아네센(47) 등 여성 탐험가 2명이 스키와 돛단배를 이용한 64일간의 탐험 끝에 지난 1월 17일 남극점에 도착.
> 뱅크로프트와 아네센은 당초 성탄절날 도착을 목표로 했으나 악천후(foul weather)로 물자를 공급 받지 못해 초콜릿으로 끼니를 때우는 악전 고투(desperate fight) 끝에 이날 오전 1시 남극점을 통과했으며 24시간 휴식을 취한 뒤 다시 1300 km를 행군해 내달 22일 보트가 있는 뉴질랜드 남동부에 도착할 예정이라고.

(1) 이 두 탐험가의 이름과 국적, 나이를 설명해 보세요.

(2) 이들이 남극을 탐험하면서 이용하는 이동 수단은 무엇입니까?

(3) 이들이 탐험을 떠난 날은 몇 월 며칠입니까?

(4) 이들은 탐험을 시작한 지 며칠 만에 뉴질랜드에 도착하게 될까요?

더 생각해 봅시다

1. 어느 날 무인도에 혼자서 뚝 떨어진다면 당신은 생존할 수 있겠습니까? 생존하기 위해서는 어떻게 해야 하는지 토론해 보세요.

(예) 바닷물을 증류해서 식수를 만들기, 물렌즈를 이용해 불 피우기, 맨손으로 사냥을 해서 식량을 얻기, 뗏목 만들어 탈출하기 등

2. 영화 캐스트 어웨이(*Cast Away*)를 본 적이 있습니까? 이 영화에서 톰 행크스는 비행기 사고로 무인도에 혼자 남게 됩니다. 4년 동안에 걸친 무인도에서의 생존과 뗏목을 이용한 탈출이 영화 속에 그려져 있습니다. 가능하다면 이 영화나 비슷한 영화를 본 후, 각자의 느낌을 말해 보세요.

제7과 토속적 향취 물씬한 제주도

(Cheju Island, which is perfumed with local customs)

그림을 보면서 함께 생각해 봅시다.

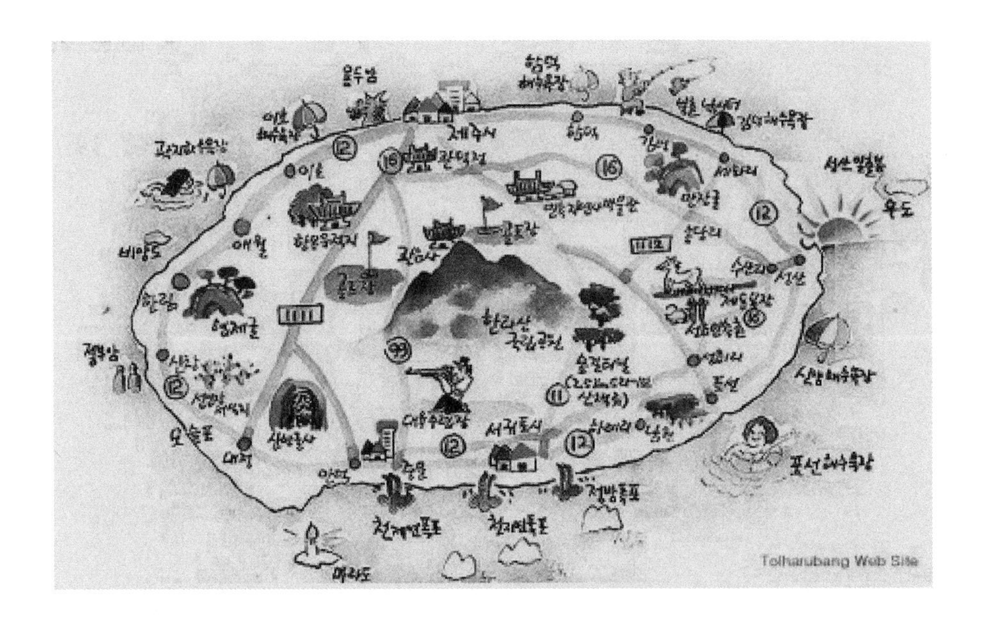

1. 위의 그림은 제주도를 그린 것입니다. 제주도는 한반도 어느 쪽 끝에 있는 섬입니까? 한국 지도에서 찾아 보세요.

2. 다음은 제주도의 여러 가지 독특한 것들에 대한 설명과 사진입니다. 설명을 잘 읽고 사진에 제목을 붙여 보세요.

만장굴: 세계에서 가장 긴 용암 동굴.
초가집: 지붕을 띠(마른 풀잎)로 만든 집으로, 담은 주로 돌로 쌓았음.
애기구덕: 대나무로 만든 이동식 아기 침대. 요즘은 별로 사용하지 않으나 옛날에는 많이 사용했음.
돌하르방: 용암석을 깎아 만든 사람 모양의 돌 조각. 옛날에는 제주도의 여러 지역을 지키는 수호신 역할을 했다고 함.

(1) ____________________

(2) ____________________

(3) ____________________

(4) ____________________

3. 고유의 독특한 문화를 보존하고 있는 섬에 가 본 적이 있습니까? 서로의 경험을 같이 얘기해 봅시다.

토속적 향취 물씬한 제주도

계속해서 바람이 강하게 불어댄다.[1] 들판을 노랗게 채색시킨 유채밭과 제법 키가 자란 보리밭이 바람에 넘실댄다. 용암 분출로 생겼다는 구멍이 숭숭 뚫린 현무암으로 쌓은 야트막한 밭담은 엉성하게 쌓은 듯 보이지만 세찬 바람에도 끄떡없다. 밭담 밑으로 수십 명의 부녀자들이 줄지어 앉아 어른 주먹보다 큰 양파를 수확하고 있다. 마을로 들어서니 새로 개량한 몇몇의 집들을 제외하곤 돌과 흙으로 벽을 쌓고 띠(마른 풀잎)를 두껍게 덮은 초가집들이 눈에 띈다.

"이게 말린 고구마예요. 이렇게 갈아서 전을 부쳐 먹을 때 쓰는 건데 늙은이들이 심심해서 하는 일이지요." 초가집 마당에 앉아 맷돌을 돌리던 할머니가 말해 준다.

북제주군 조천읍 북촌리는 삼다도, 즉 돌, 바람, 여자가 많다는 제주도의 모습을 상징적으로 보여 주는 곳이며 또한 제주도의 전통 생활 양식이 남아 있는 곳이기도 하다. 비단 북촌리뿐만 아니라[2] 북제주군 일대에는 이런 옛 풍정이 산재해 있다.

한라산을 기점으로 제주의 북쪽을 차지하고 있는 북제주군은 그 한가운데에 1955년 읍에서 시로 승격된 제주시가 있어 동서로 나뉘어 있다. 시와 군을 합쳐 34만여 명의 인구가 사는 북제주는 50%가 임야로서 제주 축산의 중추 역할을 하고 있다. 또한 도서 지역을 중심으로 형성된 풍부한 어장은 북제주를 풍요롭게 하기에 충분하다. 게다가 양파, 마늘, 당근 같은 농작물도 성해서 상부상조와[3] 절약 정신이 몸에 밴[4] 북제주민들은 그들의 삶을 근면하고 충실하게 살아가고 있다. 남제주군과 서귀포시가 관광 제주를 이룩한 곳이라면 북제주군과 제주시는 제주의 관문이자[5] 제주의 뿌리가 있는 곳으로서 전통을 이어 가는 곳이라고 할 수 있다.

신화에 의하면 태초에 "고을라", "양을라", "부을라" 라고 하는 세 신인이 세 혈에서 용출하였다고 전한다. 이들은 벽랑국에서 오곡의 씨앗을 갖고 온 세 공주와 결혼해 농목 생활을 하며 살았고 이들의 후손들은 날로 번창하여 이 터전을 "모라" 또는 "탐라"라고 칭하였다고 한다. 지금도 제주도에는 고, 양, 부 씨 성을 가진 사람이 많고 제주도 주민들이 성지로 받드는 삼성혈은 제주시에 위치하고 있다. 제주시 중심부에 있는 삼성혈에서는 세 성씨의 후예들이 일 년에 세 차례씩 제를 올린다고 한다.

제주시는 국제 공항과 부두가 있어 제주의 관문 역할을 맡고 있다. 제주시에서 일주 도로를 따라 동쪽으로 가면 제일 먼저 조천읍에 도달한다. 조천읍을 지나 계속 동쪽으로 일주 도로를 따라 가면 구좌읍에 이른다. 이곳에는 제주도의 지층을 형성하고 있는 용암으로 형성된 동굴이 있다. 만장굴이라고 명명된 이 용암 동굴은 총 길이가 13,422 km로서 세계 최장의 용암 동굴로 공인되고 있다. 석회 동굴과는 또 다른 멋을 지닌 이 만장굴은 돌거북, 돌기둥 등 용암이 굳어지며 생긴 태고의 모습을 간직하고 있다. 현재는 입구에서 1 km 지점에 있는 높이 7 m의 돌기둥까지 공개되고 있다.

제주도는 지질학적 고찰에 의하면 제 3기에 와서 지반의 변동에 의해 화산 활동이 일어난 것으로 알려졌다. 이 화산의 분출로 제주의 전 지역은 용암석으로 뒤덮여 있는데 잔 구멍이 많이 뚫린 까만 색 용암석으로 조각된 돌하르방은 제주도의 대표적인 상징물이다.

돌하르방은 아직 조각된 연대는 밝혀지지 않았다고 한다. 고고학자들에 따르면 이 돌하르방은 이스트 아일랜드, 오끼나와, 피지 및 발리에서 발견된 조각상들과 비슷하다고 한다. 이 신비의 조각상은 현재 제주도에 45기가 남아 있다. 마을 입구에 세워져 마을의 수호신적 기능을 했던 돌하르방은 또한 복을 가져다 주고 액을 몰아내는 기능까지 했다고 한다. 크기는 1백30센티미터에서 1백80센티미터까지 여러 크기이며 형태도 조금씩 다르다.

시 하나에 4읍 3면으로 이루어진 북제주는 오지라고까지 할 수는 없지만 한라산 기슭까지 여기저기 자리잡은 부락들이 있어 옛 제주인의 생활을 간간이 볼 수 있는 곳이다. 물론 이것은 성읍 민속촌처럼 관광을 위해 꾸며 놓은 것이 아닌 실제로 지금까지 살아오는 제주의 참모습이라 할 수 있다.

북제주군 애월읍 납읍리도 그런 마을 가운데 하나이다. 전기와 수도는 이미 들어오고 있지만 새로 개량된 집들을 제외하곤 대부분 초가를 이루고 있다. 제주의 초가는 외벽의 문은 나무로 되어 있고 그 외벽은 돌과 흙으로 뚝처럼 튼튼히 쌓아 둘렀다. 지붕은 마른 풀잎을 여러 층으로 두껍게 쌓아 덮은 후 굵은 띠줄로 바둑판 모양으로 얽어매어 강한 바람과 추위를 견딜 수 있도록 지었다. 마침 이 동네에서 이제는 거의 사용을 안하는 애기구덕을 보았다. 애기구덕이란 아기를 누이는 요람으로 대나무로 짠 바구니처럼 생겼다. 날이 더우면 애기구덕 중간에 줄로 그물처럼 얽어 그 위에 보릿짚을 살풋 깔아 바람이 시원히 드나들게[6] 꾸미고 하늬바람이 불어오면 그물을 걷어내고 짚을 가득 채워 푹신한 잠자리로 바꾼다.

몇 해 전까지만 해도 들녘에 나가는 어머니들이 아기를 잠재운 애기구덕을 짊어진 모습을 흔히 볼 수 있었다. 제주를 길러 온 이 애기구덕이 어느 날 자취를 감춘[7] 것은 철제 요람이 나돌면서부터라고 한다.

"지금은 대나무로 만든 애기구덕은 볼 수가 없어요. 철로 만든 신식 요람이 있으니까 모두 없애버린 거예요. 그러나 제주 사람이면 모두가 이 애기구덕의 추억이 있답니다." 아기를 구덕에 누이고 발끝으로 흔들며 바느질을 하던 부영순 씨의 말이다.

납읍리는 북제주군의 주요 생산 작물인 양파, 마늘, 당근 등을 재배하는 마을이다. 에메랄드빛 바다를 배경으로 밭에 모여 일을 하는 아낙네들을 쉽게 볼 수 있다. 제주에 여자가 많다는 말은 이렇게 부지런히 일하는 아낙의 모습을 흔히 볼 수 있기 때문에 생긴 말이라고 한다. 실제로는 인구 비율에서 여자가 조금 많을 뿐 큰 차이는 없다.

우리 나라 관광의 대명사로 자리잡은[8] 제주도. 이 제주도의 선민들은 척박한 땅을 일구는 개척 정신과 효를 중시하는 미풍 양속을[9] 바탕으로 근면하게 살아 오늘의 제주를 이룩한 것이다. 특히 북제주는 지금까지도 그들의 소중한 전통 문화와 뿌리를 지키며 사는 곳으로 제주인의 고향과도 같은 곳이다.

<한국화보> 1992년 7월 권병린기자

어휘

간간이: 이따금; 시간적인 사이를 두고서 가끔씩; at times, now and then, occasionally ¶일기 예보(weather forecast)에 따르면 내일은 간간이 비가 올 것이라고 한다.

간직하다: 물건 따위를 어떤 장소에 잘 두다; 생각이나 기억 따위를 마음 속에 깊이 새겨 두다; to keep; to have a thing in one's custody, put asidc; to kccp a secret ¶나는 아버지가 주신 선물을 잘 간직하고 있다.

감귤류: a class of citrus fruit. 감귤 tangerine; ~류 class, kind

개량: 나쁜 점을 좋게 고침; improvement, betterment, reform. 개량하다 to improve ¶부엌의 개량으로 주부들의 가사(household) 노동 시간이 많이 줄어들었다.

게다가: 그런데다가, 그것에 더하여, 그뿐 아니라; besides, moreover, what is more, in addition ¶그는 직장을 잃었고 게다가 병까지 걸렸다. ¶이 컴퓨터는 최신 모델이에요. 게다가 값도 싸요.

고고학자: archeologist. 고고학 archeology

고찰: 어떤 것을 깊이 생각하고 연구함; investigation, examination. 고찰하다 to investigate, examine ¶이 연구는 한국 문학에 대한 새로운 고찰을 목적으로 한다.

공개: 여러 사람에게 개방함; open to the public. 공개하다 to open to the public; 공개되다 to be opened to the public ¶청와대(Blue House)가 일반인들에게 공개된 것은 그리 오래된 일이 아니다.

공인: 공적으로 시인하거나 인정함; public approval; authorization. 공인하다 to approve officially; 공인되다 to be approved officially ¶이 학원은 공인된 교육 기관이 아니다.

관문: 경계에 세운 문; gateway, boundary gate ¶이번 시험으로 대학 입시의 어려운 관문을 모두 통과했다.

구덕: basket for carrying a baby in Cheju Island

근면: 부지런히 일하며 힘씀; hard work; diligence. 근면하다 to be diligent ¶근면은 성공의 어머니.

기: 비석, 탑 등을 세는 단위; counter for tombstones, towers, etc.

기슭: 비탈의 끝 자리; edge; the foot ¶산기슭에 핀 꽃이 아주 아름답다.

기점: 시작하는 점; starting point ¶학교를 기점으로 하여 마라톤이 시작되었다.

끄떡없다: 어떠한 이상도 생기지 않다; to be all right; to be safe and sound ¶이 집은 아주 단단하게 지어서 태풍(typhoon)이 와도 끄떡없다.

나돌다: 바깥이나 주변에서 맴돌다; 말, 소문이 돌다; to wander about, get around; to be rumored ¶밤에 밖에 나돌아 다니는 것은 위험하다.

넘실대다: 흔들려 날리듯이 움직이다; to surge, roll, swell ¶멀리 바다가 넘실대고 있었다.

농목: 농업과 목축업; agriculture and livestock farming ¶한국은 옛부터 농목을 기본으로 살아 왔다.

누이다: 눕히다, 눕게 하다; to lay down ¶나는 아기를 침대에 누였다.

다듬다: 고른 상태가 되게 하다; to put (things) in order; to trim; to make even ¶아버지가 정원의 나무를 보기 좋게 다듬고 계셨다.

도달: 목적한 곳에 이르러 닿는 것; arrival; attainment. 도달하다 to arrive, reach ¶차가 막혀서 한밤중이 되서야 목적지에 도달하였다.

두루: 빠짐없이 골고루; without exception, thoroughly; all over ¶그의 이름이 온 세계에 두루 알려졌다. ¶그는 집 안팎을 두루 둘러보았다.

두르다: 끈 따위로 감다; (가장자리를 빙 둘러 무엇을) 짓든가 설치하다; to put around, encircle, surround ¶어머니는 앞치마를 두르고 계셨다. ¶운동장에 벽을 둘렀다.

돌하르방: "돌로 만든 할아버지"라는 뜻으로, 제주도에서 마을을 보호한다고 믿는 돌로 만든 수호신; stone grandfather guardian

들녘: 들이 있는 쪽이나 지역; flat country, plain. 들 field, plain; 녘 around, about; the area [direction] of ¶새벽녘, 해뜰 녘, 북녘, 동녘 ¶가을 들녘에는 누런 벼가 익어 가고 있었다.

뚝: 둑; 큰 물이 넘쳐 흐르지 못하게 가장자리로 막아 쌓은 언덕; bank ¶이번 홍수 때 뚝이 무너져서 피해가 컸다.

뚫리다: 막힌 것이 통하게 되다; to be pierced; to be opened up. 뚫다 to make a hole ¶그 터널이 완전히 뚫리기까지는 아직 1년 쯤 더 남았다.

띠: 풀의 일종; (a kind of) reed ¶띠로 이은 지붕 thatched roof

띠줄: 허리 등에 둘러매는 끈; sash. 띠 belt, sash; 줄 string, cord ¶이 상자를 맬 띠줄을 하나 구해 오너라.

맷돌: 곡식을 가는 데 쓰는 돌로 만든 기구; millstone ¶맷돌로 직접 콩(bean)을 갈아 두부를 만들면 더욱 맛이 좋다.

명명하다: 이름을 지어 붙이다; to name. 명명되다 to be named ¶그 배는 퀸이라고 명명되었다.

몰아내다: 밖으로 쫓거나 나가게 하다; to drive out, turn out ¶대청소를 하려고 아이들을 집 밖으로 몰아냈다.

물씬하다: 냄새가 많이 풍기다; to smell nice and strong ¶들에 핀 꽃들이 봄 냄새를 물씬하게 풍기고 있다.

바구니: 대, 플라스틱 따위로 만든 그릇; wicker basket ¶식탁 위에는 빵과 사과가 들어 있는 바구니가 놓여 있었다.

바느질: needlework, sewing. 바늘 needle, pin; ~질 (the act of) doing ¶양치질 rinsing the mouth, 톱질 sawing, 낚시질 fishing ¶그 여자는 평생 바느질을 해서 두 아들을 대학 교육까지 시켰다.

바둑판: *paduk* board

밭담: 밭 가에 둘러 있는 돌담; dike around a field. 밭 dry field, farm; 담 wall, fence ¶제주도에 가면 밭담을 흔히 볼 수 있다.

배경: 뒤쪽의 경치; 뒤에서 돌보아 주는 힘; background; backing, support ¶여기는 배경이 좋아 사진 찍는 사람들이 많다. ¶요즈음 세상에 배경 좋고 돈이 있으면 안 되는 일이 있겠어요?

번창: 잘 되고 성함; prosperity. 번창하다 to prosper, flourish, do a good business ¶사장님 회사의 번창을 기원합니다.

벽랑국: the country of *Pyŏngnang* (name of a mythical country)

변동: 변하여 움직임; change. 변동하다 to change; 변동되다 to be changed ¶작년 한해는 물가 변동이 무척 심했다.

보리밭: barley field

부두: 배를 대는 부분; wharf, pier ¶파도가 높아서 그런지 고기잡이 배들이 모두 부두에 매여 있다.

부락: 시골의 집이 많이 모여 있는 큰 마을; village ¶이 부락 사람들은 밭농사를 주로 많이 한다.

부치다: 기름을 칠한 프라이팬에 빈대떡이나 전 등의 음식을 익혀서 만들다; 지지다; to griddle, cook on a griddle, fry ¶추석이 되면 집집마다 빈대떡(greenbean pancake) 부치느라 바쁘다.

분출: 액체나 기체 상태의 물질이 솟구쳐서 뿜어 나옴; spouting, eruption. 분출하다 to gush, spout ¶로켓은 화염(flame)을 분출하며 하늘로 솟구쳐(soar) 올랐다.

산재: 여기 저기 흩어져 있음; lying scattered. 산재하다 to be scattered about ¶시골엔 아직 초가집들이 산재해 있다. ¶한국의 귀한 문화재가 해외에도 산재해 있다.

살풋: 소리 없이 가만히; gently ¶호수 위에 살풋 내려 앉은 나뭇잎이 잔잔한(murmuring) 물결을 만들었다.

삼다도: 바람, 여자, 돌의 세 가지가 많은 섬이라는 뜻으로, 제주도를 이르는 말; an island of three plentiful things (i.e., Cheju Island)

삼성혈: 제주도 동문 밖의 땅에 난 세 개의 큰 구멍인데 이 곳에서 고, 부, 양의 세 성씨의 조상이 났다고 함; Caves of Three Surnames

상징: 추상적인 개념이나 사물을 구체적인 사물로 나타냄; symbol, emblem. 상징하다 to symbolize ¶비둘기는 평화의 상징이다.

석회: lime

선민: 일찍 온 사람들; earlier people ¶그 마을의 선민들이 열심히 일했던 결과로 지금의 후손들이 잘 살고 있다.

성읍 민속촌: Sŏngŭp Folk Village. 성읍 Sŏngŭp (place name in Cheju); 민속촌 folk village

성지: 성스러운 땅; sacred ground; the Holy Land

성하다: 나무나 풀이 싱싱하게 우거지다; to be thick, luxuriant ¶우리 고향 뒷산에는 밤나무(chestnut tree)가 성하다.

소라: turban shell

손톱: fingernail

수호신: 국가, 민족, 개인 등을 지키고 보호하여 주는 신; guardian deity. 수호 protection; 수호하다 to protect; ~신 god ¶그 민족은 옛날부터 호랑이를 수호신으로 섬기고(serve) 있다.

수확: 익은 농작물을 거두어 들임; harvesting, harvest. 수확하다 to harvest ¶올해는 작년에 비해 수확이 두 배로 늘었다.

숭숭: 잘게; 송송; 구멍이 뚫린 모양을 나타냄; perforated; minced ¶종이 문에 구멍이 숭숭 뚫려 있다.

승격: 자격이 오름; promotion in status. 승격하다 to rise in status; 승격되다 to be raised in status ¶그 전문 대학(junior college)은 2년 전에 대학교로 승격되었다.

시조: 맨 처음이 되는 조상; founder (of a family, a dynasty, etc.); father, progenitor ¶조선의 시조는 이성계이다.

신인: 신과 같은 사람; man of god, godly person; prophet

심심하다: 할 일이 없어 지루하고 재미없다; 맛이 조금 싱겁다; to be bored, feel weary; to taste flat ¶방학이면 친구들과 만날 일이 없어서 심심하다. ¶국이 심심해서 소금을 더 넣어야겠어요.

씨앗: 씨; seed

아낙(네): 성인 여자들을 두루 이르는 말; woman ¶아낙네들이 여러 가지 물건을 펼쳐 놓고 팔고 있다.

애기구덕: 제주도에서 아기를 재울 때 쓰는 바구니; crib

액: calamity, misfortune; mishap; disaster ¶액을 막다 to ward off ill fortune

야트막하다: 얕은 듯 하다; to be somewhat low. 얕다 to be low ¶우리 집 뒤에는 야트막한 산이 있어 산책하기에 좋다.

어장: 고기잡이를 하는 곳, 풍부한 수산 자원이 있고 어업을 할 수 있는 장소; fishing ground, fishery, fishing banks

얽다: 끈이나 줄로 이리저리 걸어서 묶거나 고정시키다; to bind, weave. 얽어매다 to bind up, tie up ¶우리는 트럭에 짐을 싣고 밧줄로 얽어서 떨어지지 않게 했다.

엉성하다: 빽빽하지 못하고 느슨하다; (일한 솜씨나 정성이) 모자란다는 인상을 주다; to be loose; to be unsatisfactory ¶그는 이 일이 처음이라 솜씨(skill)가 엉성하였다.

오곡: 다섯 가지 곡식; 쌀, 보리, 콩, 조, 기장; five grains (i.e., rice, barley, beans, foxtail millet, millet) ¶대보름날(January 15th of the lunar calendar)에는 오곡으로 지은 밥을 먹는 풍습(customs)이 있다.

오지: 바다, 도시에서 멀리 떨어진 대륙 내부의 땅; hinterlands, back regions ¶그는 오지에서 태어났지만 서울에서 학교를 다녔다.

외벽: 바깥쪽의 벽; outer wall. 외~ out(side), outer; 벽 wall

요람: 아이를 담아 재우는 물건; cradle ¶아기가 요람에서 잠을 자고 있다.

용암: 화산의 분화구에서 나오는 마그마, 또는 그것이 굳어진 암석; lava

용출: 솟아남; gush, eruption. 용출하다 to gush out, erupt ¶원유의 연간 용출량 annual yield of crude oil

우뚝: 두드러지거나 높이 솟은 모양을 나타냄; high, aloft ¶뉴욕에는 우뚝 솟은(towered) 빌딩들이 많다.

유채: rape ¶유채 꽃 rape flowers

일구다: 논밭을 만들려고 땅을 파서 일으키다; to clear (land), bring under cultivation ¶나는 가끔 시골에 내려가 논밭을 일구며 살고 싶다.

일대: 일정한 범위의 어느 지역 전부; whole place [area] ¶남부 지방 일대에 비가 많이 내렸다.

일주: 일정한 경로를 한 바퀴 도는 것; round. 일주 도로 beltway, loop ¶나는 세계 일주 여행을 하는 것이 꿈이다.

임야: 나무가 무성한 들; forests and fields ¶그 지방은 임야 지대로 논 농사는 불가능하다.

전: 생선이나 고기, 채소 따위를 얇게 썰거나 다져 양념을 한 뒤, 밀가루를 묻혀 기름에 지진 음식; breaded food; fried food ¶고기 전, 생선 전 ¶전을 부치다 [지지다] to grill, prepare a grilled dish

전복: abalone, ear shell

절약: 함부로 쓰지 아니하고 꼭 필요한 데에만 써서 아낌; economy, frugality, thrift. 절약하다 to save, economize ¶시간 절약, 경비 절약, 에너지 절약 ¶요즈음 아이들은 절약 정신이 약하다.

제: 제사; ancestor-memorial service ¶제를 올리다 to perform a religious service (memorial)

제법: 어떤 수준에 꽤 가깝게; quite, fairly, considerably ¶그는 한국에 온 지 반 년밖에 안 되었는데 한국어를 제법 한다.

조각: 재료를 새기거나 깎아서 입체 형상을 만듦; sculpture, engraving, carving. 조각하다 to sculpt; 조각상 carved figure (statue)

줄짓다: 줄을 이루다; 어떤 일이 끊이지 아니하고 잇따라 계속되다; to be in a row, stand in a line. 줄 line, cord; 짓다 to make, form ¶줄지어 달리는 자동차의 행렬(procession, queue)이 끝이 없다.

중추: 중심이 되는 중요한 부분이나 자리; center, pivot ¶자동차 산업은 한국의 중추 산업으로 성장하고 있다.

지반: 땅의 표면; 일을 이루는 기초나 근거가 될 만한 바탕; ground, base, foundation ¶이 지역은 지반이 단단하여 땅을 파기가 힘들다.

지점: 땅 위의 일정한 점; spot, point, place

지질학: geology

지층: 서로 다른 시기에 생겼거나 형태나 성분이 달라서 생긴 땅의 층; (geological) stratum, layer

진귀하다: 드물고 귀중하다; to be rare and precious, valuable, priceless ¶박물관에는 진귀한 보물들이 많다.

짊어지다: 물건을 등에 얹다; to carry on the back ¶여행객들이 배낭(backpack)을 짊어지고 관광지를 둘러보고 있다.

차지하다: 갖다, 소유하다; to occupy; to have ¶큰 것은 오빠가 차지하고 나는 작은 것을 가졌다.

참모습: 거짓이나 꾸밈이 없는 모습; true picture. 참 true, genuine; 모습 appearance, features, looks ¶사람의 참모습을 알기는 참으로 어렵다.

채색: 색을 칠하는 것; coloring. 채색하다, 채색시키다 to color, paint ¶바닷물이 너무 맑아 파란 물감(dye)으로 채색시킨 듯하다.

채취: 베거나 캐거나 하여 얻어 냄; picking, gathering, extraction. 채취하다 to pick, collect; 채취되다 to be picked ¶이 지역의 가까운 바다에서는 조개 채취가 금지되어 있다.

척박하다: 땅이 거칠고 메마름; to be barren ¶이 마을 사람들은 척박한 땅을 일구어서 비옥하게 만들었다.

초가(집): grass-roofed house, (straw-)thatched cottage

축산: 가축과 그에 따른 생산; stock breeding ¶덴마크는 축산업으로 유명하다.

충실하다: to be faithful, devoted, loyal ¶성공하려면 모든 일에 충실해야 한다.

칭하다: 부르다; to call, name, entitle ¶이 마을은 모래로 덮여 모래내라 칭했다고 한다.

태고: 아주 오랜 옛날; ancient times ¶어느 나라에나 태고로부터 전해 내려오는 전설이 있다.

터전: 자리를 잡은 곳; (residential) site, lot; grounds ¶서울은 많은 사람들의 생활 터전이다.

토속: 그 지방 특유의 풍속; local customs ¶관광객에게는 토속 상품이 인기가 있다.

폭신하다: to be soft, downy, spongy ¶이 소파는 폭신해서 참 편하다.

풍요롭다: 흠뻑 많고 넉넉하다; to be rich, affluent; to be fertile, productive, abundant ¶현대 사회는 물질적으로는 풍요로워졌지만 정신적으로는 황폐해졌다(become desolate).

풍정: 멋스러운 경치나 모양에서 느껴지는 정서; elegance, refinement, tasteful appearance ¶수원 민속촌(folk village)에 가면 한국 민족 고유의(characteristic) 풍정을 볼 수 있다.

하늬바람: 서쪽에서 불어오는 바람; west wind ¶해가 질 때쯤에는 하늬바람이 분다.

해녀: 바다 속에서 해산물을 따는 것을 직업으로 하는 여자; woman diver

향취: 냄새; scent, fragrance ¶농촌의 향취는 도시보다 신선하여 좋다.

현무암: 화산암의 하나로 단단하고 검은 돌; basalt ¶제주도는 화산섬으로 현무암이 많다.

혈: 구멍; hole, aperture; cave

형성: 어떤 형상을 이룸; formation, making. 형성하다 to form, shape; 형성되다 to be formed ¶부모는 자녀의 인격 형성에 큰 영향을 미친다.

효: 부모를 잘 섬기는 일; filial piety, obedience to parents

후예: 후손; descendants

희귀하다: 드물고 매우 귀하다; to be rare, uncommon ¶이 섬에는 희귀한 식물들이 많이 자라고 있다.

관용 표현

1. ~대다 do a lot, keep doing

The form ~대다 functions either (a) as an auxiliary verb occurring after a main verb and the connective suffix 어/아, as in 울어대다 'cry a lot', 먹어대다 'stuff oneself with food', 놀려대다 'keep teasing', 우겨대다 'keep insisting', and 졸라대다 'keep nagging', or (b) as a suffix occurring after an onomatopoeic or mimetic adverb, as in 넘실대다 'keep surging' and 비틀대다 'stagger', in which it can be replaced with the suffix ~거리다, as in 넘실거리다 and 비틀거리다.

2. 비단 . . . 아니라 not merely/simply/only . . . but also

비단 'merely, simply' usually occurs in a negative clause to indicate 'not only . . . but also', as in 운동은 비단 건강에만 좋을 뿐 아니라 생활에 활기도 준다 'Exercises are not only good for health, but also give vigor to life' and 할아버지께서는 비단 농사 일뿐 아니라 과수원 일도 직접 하셨어요 'My grandfather not only did farming, but also took care of the orchard all by himself'.

3. 상부 상조 mutual help; cooperation

This Sino-Korean compound consists of two words with similar meanings: 상부 'mutual cooperation' and 상조 'mutual assistance'; 상 literally means 'mutual' or 'each other'. It occurs in expressions like 어려울 때일수록 상부 상조가 필요하다 'It is essential to help each other in adversity'. The verb form is 상부 상조하다 'help each other', synonymous with 서로 돕다.

4. 몸에 배다 become accustomed to

This phrase literally means '(something) soaks [permeates] one's body', from which idiomatic meanings such as 'become accustomed to', 'get used to', and 'become natural at' have developed. Similar expressions are 몸에 젖다 and 익숙해 지다. Example sentences are 처음에는 청소하고 빨래하는 일이 몸에 배지 않아서 힘들었어요 'At first I had a hard time because I was not accustomed to doing cleaning and washing', and 그 학생은 겸손한 태도와 공손한 말투가 몸에 배어 있어요 'That student is accustomed to modest behavior and polite speech'.

5. ~(이)자 both; and at the same time; as well as

~(이)자 consists of the copula 이 'be' and the suffix ~자 'and, as soon as, at the same time'. Its meaning is the same as that of ~(인) 동시에, as in 제주시는 제주의 관문이자 [관문인 동시에] 제주의 뿌리가 있는 곳이다 'Cheju City is both the gateway to Cheju and (at the same time) the place with the roots of Cheju', and 그 분은 제 직장 상사이자 [상사인 동시에] 학교 선배세요 'He is my school senior as well as my boss'.

6. 드나들다 go/come in and out

This word has formed from 들다 'go/come in' + 나다 'go/come out' + 들다. It means 'come in and go out', 'enter and leave', and 'go/come in and out'. It is equivalent to 출입하다, as in 나는 그곳을 자유롭게 드나들고 [출입하고] 있어요 'I have free access to the place', and 이곳은 군인들은 드나들지 [출입하지] 못하게 되어 있어요 'This place is off limits to the soldiers'.

7. 자취를 감추다 disappear

This expression literally means 'conceal one's tracks' in that 자취 means 'trace, track, whereabouts' and 감추다 'hide, cover up, conceal'. The word 자취 is also used in other idiomatic expressions as in 자취를 남기다 'leave traces behind' and 그 사람의 자취를 찾을 수 없다 'I can find no trace of him', while 감추다 can be used in expressions like 몸을 감추다 'hide oneself', 행방을 감추다 'go into hiding', and 감정을 감추다 'conceal one's feelings'.

8. 자리잡다 take one's place; occupy a position; establish oneself

The usual meaning of this word is 'take one's place' or 'occupy a position', as in 서울 시청은 서울의 중앙에 자리잡고 있다 'Seoul city hall stands in the center of the city of Seoul'. Its metaphorical meaning is 'establish oneself', as in 제주도는 한국 관광의 대명사로 자리잡았다 'Cheju Island occupies a preeminent position in Korea's tourism'.

9. 미풍 양속 established social morals and manners; social norms

This idiomatic expression is composed of two related words, 미풍 'beautiful customs' and 양속 'good customs and manners', which usually occur together in that order, as in 어려운 일이 있을 때 이웃간에 서로 돕는 것은 한국의 미풍 양속이에요 'It is (one of) Korea's established social norms to help each other in times of difficulty'.

연습 문제

1. 다음의 글이 본문의 내용과 맞으면 T, 틀리면 F로 답하세요.

(1) __ 제주를 삼다도라고 한 것은 화산석, 물고기, 바람이 많기 때문이다.
(2) __ 북제주는 임야가 많아서 제주 축산업의 중심지이며 어장이 풍부하고, 남제주보다 현대화되었다.
(3) __ 구멍이 숭숭 뚫린 현무암은 제주도와 같이 바람이 강한 지역에서는 담을 쌓는 재료로는 쓰이지 않는다.
(4) __ 남제주와 서귀포시는 제주 관광 산업의 중심지이다.
(5) __ 제주도의 삼성 신화에 나오는 성씨는 구, 양, 부이다.
(6) __ 제주의 만장굴은 길이가 13,422 km로 세계에서 가장 긴 굴이다.
(7) __ 제주는 지질학적으로 화산 분출에 의해 생긴 화산섬이다.
(8) __ 제주의 상징물로서 유명한 돌하르방은 원래 마을 입구에 세워져 마을을 지키는 역할을 했다.

(9) __ 애기구덕이란 아기를 누이는 대나무 요람으로 제주도에만 있으며, 지금도 널리 쓰이고 있다.
(10) __ 제주도에는 여성 인구가 남성 인구보다 훨씬 더 많다.

2. 왼쪽의 단어와 가장 잘 어울리는 단어를 오른쪽에서 찾아 연결하세요.

(1) 눈에	가다
(2) 전통을	계승하다
(3) 담을	배다
(4) 자취를	걸리다
(5) 손이	띄다
(6) 몸에	쌓다
(7) 화산이	분출하다
(8) 시간이	감추다
(9) 전을	부치다

3. 다음 a, b 두 문장의 괄호 안에 공통적으로 들어갈 표현을 보기에서 골라 써 넣으세요.

제법	숭숭	살포	비단	두루	간간이	애당초

(1) a. 장미꽃 위에 나비 한 마리가 (   ) 내려 앉았다.
b. 애기구덕 중간에 줄로 그물처럼 얽어 그 위에 보릿짚을 (   ) 깔았다.
(2) a. 사방이 쥐 죽은 듯 조용하고 (   ) 바람 소리만 들려 왔다.
b. 북제주에서는 제주도의 전통 생활 양식을 (   ) 볼 수 있다.
(3) a. 창에 여기저기 (   ) 구멍이 나 있어서 옆 방에서 말하는 소리가 다 들렸다.
b. 지층 위에 있던 화산석은 구멍이 (   ) 많이 뚫려 있다.
(4) a. 작년 제 생일에 심은 나무가 이제 (   ) 자랐다.
b. 다섯 살 짜리 아이가 영어를 (   ) 잘 해요.
(5) a. 그의 행동을 불쾌하게 여긴 사람은 (   ) 나 한 사람뿐만은 아닐 것이다.
b. 테러 사건 이후로 경제난을 겪는 회사는 (   ) 한두 회사가 아니다.

4. 다음 대화의 괄호 안에 가장 알맞은 단어를 보기에서 골라, 문맥에 맞게 형태를 고쳐 써 넣으세요.

쌓다	끄떡없다	분출하다	넘실대다	몰아내다
뚫리다	공인되다	풍요롭다	형성되다	엉성하다

영희: 주디 씨, 지난 주에 제주도 다녀 오셨지요? 좋았어요? 저는 아직 한 번도 못 가 봤는데 . . .

주디: 네, 정말 좋았어요. 바람에 (   ) 바다와 보리밭이 지금도 눈에 선해요.

영희: 뭐가 특히 좋았어요?

주디: 다 좋았어요. 돌로 쌓은 야트막한 밭담이 제일 인상적이었는데 (   ) 보이지만 아주 튼튼하다고 해요. 돌에는 구멍이 숭숭 많이 (   ) 있었는데, 그 구멍들은 용암이 (   ) 때 생겼대요.

영희: 네, 저도 책에서 읽었는데, 현무암으로 (   ) 돌담은 바람이 아무리 세게 불어도 (   )고 해요. 참, 한라산 꼭대기도 올라 가셨겠지요?

주디: 그럼요. 등산 길에 본 유채꽃 밭이 정말 아름다웠어요. 한라산 북쪽의 북제주의 여러 마을도 가 보았지요. 북제주는 임야가 많아 축산이 발달되고, 도서 지역으로 어장이 (   ) 데다가, 양파, 마늘, 당근 같은 농작물도 성해, 북제주 전체가 아주 (   ) 보였어요.

영희: 돌하르방 사셨어요?

주디: 네, 아주 조그만 것으로 하나 샀어요. 돌하르방이 복을 가져다 주고 액을 (   ) 기능을 한다지요?

영희: 옛날에는 그렇게들 생각했나 봐요. 주디 씨, 앞으로는 좋은 일만 생기겠네요.

주디: 그랬으면 좋겠어요. 이 사진 좀 보세요. 만장굴 앞에서 찍은 거예요. 길이가 13,422 km나 되어서 세계 최장의 용암 동굴로 (   ) 있어요.

영희: 주디 씨가 제주도에 대해서 저보다 훨씬 더 많이 아시네요. 제주도 관광 가이드 하셔도 되겠어요.

주디: 뭘요. 제주 관광 안내 사이트 알려 드릴께요. www.chejuinfo.net예요.

5. "~ 것은 ~면서부터이다"를 사용하여 a, b 두 문장을 보기와 같이 한 문장으로 만드세요.

보기:	a. 애기구덕이 어느 날 자취를 감추었다. b. 철제 요람이 나돌았다. ⇒ 애기 구덕이 어느 날 자취를 감춘 것은 철제 요람이 나돌면서부터이다.

a. 영수가 한국어를 배우기 시작했다.
b. 1988년에 한국에서 올림픽이 시작했다.

⇒ ______________________________

____

a. 집안 경제 사정이 많이 좋아졌다.
b. 내가 대학을 졸업하고 직업을 가졌다.

⇒ ______________________________

____

6. 다음 글을 읽고 물음에 답하세요.

> 제주도는 한국 14도의 하나로 한국에서 제일 큰 섬이며 한반도 서남 끝의 도시 목포로부터 남방으로 100마일 떨어진 곳에 자리하고 있다. 이 섬은 동서 73 km, 남북 41 km의 길고 둥근 모양을 하고 있으며, 제주시와 북제주군, 남제주군의 2군으로 구성되어 있는데, 중앙에는 한라산이 있고 그 산꼭대기에 백록담이 있다. 특산물인 감귤류 이외에도 희귀한 식물이 많고 소나 말 따위의 목축과 어업이 성하며 해녀들에 의해 전복이나 소라 따위가 채취되기도 한다.

(1) 위 글에는 제주도의 지리적인 정보가 담겨 있습니다. 다음 중 위 글의 내용과 다른 것을 고르세요.

a. 제주도는 한국에서 제일 큰 섬이다.
b. 제주도는 한반도의 서남쪽 끝에 위치해 있다.
c. 제주도의 특산물로는 감귤이 있고, 목축과 어업이 발달했다.
d. 제주도의 중앙부에 한라산이 있고, 한라산 정상에 백록담이 있다.

(2) 제주도의 해녀는 어떤 사람들입니까?
a. 해수욕장에서 인명을 구조하는 여성들이다.
b. 해양 스포츠를 즐기는 젊고 건강한 독신 여성들이다.
c. 제주도 해안의 경비와 순찰을 맡은 여성 군인들이다.
d. 바다 속에 잠수하여 해산물을 채취하는 여성들이다.

7. 본문을 다시 읽고, 괄호 안에 알맞은 말을 써 넣으세요.

(1) 제주도의 옛이름은 ( )이다.

(2) 제주도의 삼성 신화에 나오는 세 성씨는 ( ), ( ), ( )이다.

(3) 제주도에 가면 노란 꽃밭이 많은데 이것은 ( )밭이다.

(4) 제주도에 있는 유명한 용암 동굴의 이름은 ( )이다.

(5) 제주도의 대표적인 상징물로서, 잔 구멍이 많이 뚫린 까만색 용암석으로 조각한 것을 ( ) 이라고 한다.

8. 본문을 다시 읽고, 다음을 간단하게 설명해 보세요.

(1) 왜 제주도를 삼다도라고 하였습니까?

(2) 왜 북제주가 제주 축산의 중추적인 역할을 하게 되었습니까?

(3) "애기구덕"이란 무엇인가요?

(4) "돌하르방"은 어떤 기능을 했습니까?

(5) 제주도의 삼성혈을 주민들이 성지로 받드는 이유를 이야기해 보세요.

(6) 제주도 특산물인 애기구덕이 더 이상 사용되지 않게 된 이유는 무엇입니까?

(7) 제주도는 바람이 많고 강한 곳입니다. 전통 가옥인 초가집들이 강한 바다 바람을 이겨내도록 하는 건축 방법을 설명해 보세요.

9. 다음을 설명하고 여러분의 나라나 사회에서 예를 찾아 보세요.

   (1) 미풍 양속
   (2) 상부 상조

더 생각해 봅시다

1. 여러분이 제주도로 여행을 간다면 어느 곳을 어떤 순서로 가 볼 것인지 계획을 세워 보세요.

2. 여러분이 최근에 여행하였던 곳에 대해서 서로 이야기해 보세요.

3. 제주도에는 제주의 유래(origin)를 말해 주는 삼성 신화가 있습니다. 여러분의 집안, 고향, 나라에 전해 오는 독특한 신화에 대해 서로 이야기해 보세요.

제8과 여성은 아직도 "직장의 꽃"인가

(Are women still "flowers of the workplace"?)

그림을 보면서 함께 생각해 봅시다.

1. 한국 대통령 직속 여성 특별위원회가 1998년에 만든 <성 차별 없는 미디어, 평등 사회를 앞당긴다> 중 여성 차별에 관한 질문지를 소개합니다. 여러분이 최근에 본 광고를 하나 정한 후, 다음 질문지에 따라 점수를 계산해 보세요.

광고의 여성 차별 질문지*

여성 비하(abasement)	예	아니오
1. 여성을 남성보다 가치가 낮은 존재로 비하하는가?	( )	( )
2. 여성을 유아(baby)로, 비정상적으로 그리는가?	( )	( )
3. 능력과 자신감에서, 그리고 지적으로나 감정적으로 남자 중심으로 그리는가?	( )	( )
고정적(fixed) 역할		
4. 여성에게 가장 중요한 일은 남편과 아이를 시중들고 돌보는 일이라는 메시지를 전달하는가?	( )	( )
5. 여성을 빨래, 청소 등에 지나치게 집착하는 것으로 그리는가?	( )	( )
6. 가정 일이 여자만 하는 일로 보여지는가?	( )	( )
여성의 상품화		
7. 여성은 외모가 아름다워야 한다고 지나치게 강조하는가?	( )	( )
8. 여성을 뚱뚱하다거나 예쁘지 않다고 비웃는가?	( )	( )
9. 여성을 너무 노출시키거나 성적 대상으로 묘사하는가?	( )	( )

* 질문지 측정 방법: “예” 라고 대답하면 1점, “아니다” 라고 대답하면 2점으로 계산하여 총점이 낮을수록 성 차별이 높음.

2. 한국 사회는 유교 문화의 영향을 오랫동안 받은 결과 전반적으로 여성을 차별하는 관습이 자리잡아 왔습니다. 다행히 1990년대 이후로 잘못된 관습을 시정하기 위한 여성 해방 운동이 활발합니다. 아래의 도표에는 한국어에 나타난 다양한 여성 차별 표현이 소개되어 있습니다. 표를 보고, 여러분이 살고 있는 사회의 상황과 어떠한 차이가 있는지 알아보세요.

<www.1004.net/lee/add/kuk_view.asp?numdiv=32>

가사(housekeeping) 책임	"오빠 밥도 안 챙겨 주니?" "여자는 집에서 밥하고 애나 봐."
외부 활동 제한	"여자가 벌면 얼마나 버냐?" "다 큰 처녀애가 어딜 밤늦게 돌아다녀?"
결혼 지상주의 (marriage-first principle)	"여자가 똑똑하면 팔자가 세." "시집가서 애나 쑥쑥 나면 그만이지."
남성 지배	"남편 뒷바라지(care)나 잘해." "여자는 남자 잘 만나면 팔자(destiny) 펴(smooth out, improve)."
여성 비하	"집안에 항상 아들이 있어야지." "여자는 키워 봐야 소용없어." (엄마가 딸에게) "네 오빠는 남자잖아."
여성 속성	"여자는 속이 좁잖아." "내숭떨지(pretend to be graceful) 마라." "얌전한 척 한다."
여성 품행	"조금만 더 여자다울 수 없니?" "여자가 무슨 담배야!"
여성 침묵 언행	"계집애가 입만 살아 가지고." "암탉이 울면 집안이 망한다."
여성 용모	"못 생긴 게." "몸매 죽여 준다." "잘 빠졌는데(slender and well-balanced)." "못 생긴 게 공부라도 잘해야지."
여성 소유화	"넌 내 거야." "쟤 내 거야." "넌 어떤 걸 원하냐?"(소개 미팅)
여성 시중 강요	"미스 김, 커피 한 잔." "커피는 여자가 만들어야지." "여자가 따라야 술맛이 좋다."
악담(abuse), 욕설(abusive language), 동물 비유	색녀(lecherous woman), 걸레(*lit.*, floorcloth; debris), 암캐(*lit.*, bitch), 불여우 (*lit.*, red fox; vixen), 영계(*lit.*, spring chicken; young girl)

3. 한국에서는 미스코리아 대회를 반대하는 여성 해방 주의자들의 "앤티미스코리아" 운동이 활발합니다. 여러분들은 이러한 운동을 어떻게 생각하십니까?

여성은 아직도 "직장의 꽃"인가

정 호 용

"취직을 하고 싶으면 무조건 예쁘게 보여라."

최근 취업을 위한 면접 상황에서 신체적 매력도와 의복이 지원자의 평가에 어떤 영향을 미치는가를 다룬 한 석사 학위 논문은 이런 권고로 끝을 맺고 있다. 여기서 "무조건 예쁘게 보여야 할" 피면접 주체가 여성임은 물론이다. 면접 상황을 가정하고 외모며[1] 옷차림새를 그럴듯하게 차린 여자와 그렇지 않은 여자로 나누어 이런저런 조사를 해 봤더니 역시 우리 사회를 지배하는 통념을 넘어서지는 못하더라는 것이 이 논문의 결론이다. 다시 말해 "매력적인 외모의 지원자가 수수한 외모를 지닌 지원자보다 고용될 확률이 높다"는 것을 실증적으로 확인했다는 것이다.

얼마 전에는 전교조, 참교육시민모임 등의 몇몇 단체가 고졸 여사원 모집 과정에서 직무 수행과는 관련이 없는 용모, 신체 조건을 채용 조건으로 명시한 은행 등 44개 기업체 대표들을 남녀 고용 평등법, 헌법 위반 등의 이유로 집단 고발한 일이 있다. 그때 그 기업체들이 내세운 여사원 채용 조건은 대개 용모 단정, 키 160 cm 이상, 체중 50 kg 이하 등 타고난 생김새나 신체 조건에 관련되는 것이었다고 기억한다. 한마디로 직무 수행을 위한 능력은 그 여부를 불문에 부치고[2] 여사원이 되고 싶으면 무조건 예쁘고 날씬해야 된다는 것이었다. 중요한 것은 그런 채용 조건을 명시하지 않고도 다른 대부분의 기업들이 은밀하게 그것을 관행으로 해 왔고 또 지금도 하고 있다는 사실이다.

여성 해방이니 뭐니 하는[3] 거창한 운동의 차원이 아니더라도 여성들의 취업과 관련한 이런 관행에는 중대한 반성이 따라야 할 것이라고 생각한다. 얼굴의 생김새며 몸매는 본인의 의지로 결정되지 않는다. 따라서 거기엔 후천적인 노력과 선택이 작용해서 "다른 모양으로 바뀔 수 있는 여지"가 애당초 존재하지 않는다. 그런데 누구라도 타고난 생김생김이 사회가 정해 놓은 "미"의 기준에 들지 못할 바에 는[4] 그 결점을 극복하고 보완할 다른 가치,

예컨대 일을 해낼 수 있는 능력이나 실력을 찾아 나설 것은 뻔한 이치다.

교육은 그 같은 가치 추구를 돕고 이끌 사회적 제도로 마련된 것이다. 그러나 가령 예쁜 얼굴과 날씬한 몸매를 운명으로 타고나지 못한 어느 여성이 일껏 학교에서 실력을 닦아 취직을 하려 하나 생김새만 당락의 고려에 넣을 뿐[5] 실력 따위는 애당초 아랑곳도 않는[6] 형편과 맞부닥쳐야 한다면 교육이란 건 아예 없느니만도 못한[7] 존재가 돼 버릴 것이다.

그러다 보면[8] 교육은 파행이 불가피해진다. 사회에 나가 이런저런 직업을 잡고 일할 때 필요한 능력과 가치를 함양시키기보다는 특히 여성 교육의 경우는 외모를 가꾸고 모양내는 일이나 돕는 미용 학교 내지 차밍 스쿨 노릇밖엔 할 게 없다. 일자리를 얻기 위해 쌍꺼풀 수술을 하고 얼굴 뜯어고치기를 밥 먹듯 한다는데[9] 그걸 막을 명분이 있을 것인가.

또 하나 생각할 것은 여사원을 채용하면서 내거는 조건 속엔 오랜 가부장 문화가 빚어낸 남녀 불평등 구조의 후진성이 도사리고 있다는 것이다. 생긴 것을 두고[10] 내려지는 해석이나 평가는 남녀가 달라도 너무[11] 다르다. 여자의 입이 크면 "야하고 천박스럽다"고 흉을 보다가도[12] 남자가 그러면 "시원스럽게도 뚫렸다"고 칭찬하는 것이 현실이다. 키가 작달막한 여자에게는 "오종종하다"고 하고 남자에게는 "다부지다"느니 "작은 고추가 맵다"[13]느니[14] 말을 붙인다. 여자가 뚱뚱하면 "미련하다"하고 남자가 옆으로 퍼진 모습을 보이면 "듬직하다" 한다. 이것이 전근대적인 우리의 남녀 불평등 구조를 그대로 반영하는 정서요, 관념인 것이다.

여성 취업자가 예쁘고 날씬해야 한다는 것은 남성의 성적 대상으로서 매력을 충분히 가지고 있어야 한다는 것과 동의어다. 서양이나 가까운 일본만 해도[15] 여자들의 취직 문제를 놓고 그런 행태는 보이지 않는다. 그들 나라에선 적어도 "외모"를 "능력"에 우선시키는 짓은 않는다. 여비서나 여행원, 스튜어디스들 가운데 못생긴 여자들이 얼마나 많은가.

여자들을 기껏 가르쳐 보아야 타고난 "반반함"이 없어 사장시켜야 하는 처지라면 낭비도 이만저만한[16] 낭비가 아니다. 다행히 몇몇 재벌급 대기업이 근래 여성 인력의 중요성에 눈을 돌려 신입 사원 채용시 일정 비율을 여성에게 안배하는 식의 인력 채용 정책을 쓰기 시작했다는 이야기가 들린다. 이렇듯 기계적인 안배 채용이 어느 의미에선 남녀 평등이란 대의를 거스르는 것이 될 지는 알 수 없으나 단단히 막았던 물꼬를 튼다는[17] 것만으로도 정말 잘 하는 일이 아닐 수 없다. 그러나 정작 중요한 것은 그것이 여자들의 "반반함"을 취해 고객들에게 보일 꽃송이를 늘리는 차원의 정책에 그치는 것이라면 역시 아무런 소용이 없다는 것이다.

<뉴스위크 한국어판> 1994년 9월 1일

어휘

가령: 예를 들면, 예컨대, 이를테면; if, supposing that; even if ¶가령 너에게 그런 행운이 온다면 너는 어떻게 하겠니?

가부장: patriarch ¶가부장 문화와 가부장 사회

가정: 사실이 아니거나 또는 사실인지 아닌지 분명하지 않은 것을 임시로 인정함; supposition, assumption, hypothesis. 가정하다 to suppose ¶남북 통일이 되었다고 가정해 보자.

거스르다: 자연스러운 흐름에 반대되는 방향으로 가다; to go against, act contrary to ¶부모의 말을 거스르다 to disobey one's parents ¶시대를 거스르다 to go against the current of the times

거창하다: 엄청나게 크다; to be on a large scale ¶그는 항상 거창하게 일을 벌린다.

결점: 완전하지 못한 점, 단점, 약점; weak point, fault, defect ¶이 집의 결점은 좁다는 것이다.

고객: 상점이나 음식점 따위에 오는 손님; customer, client ¶요즈음 백화점에 고객이 많이 늘었다.

고발: 경찰이나 수사 기관에 범죄 사실이나 범인을 알리는 것; indictment, complaint, denunciation. 고발하다 to charge, indict; to report a person to the authorities ¶그는 도둑을 경찰에 고발했다.

고용: 대가를 주고 사람에게 일을 시키는 것; employment, hire. 고용하다 to employ, hire ¶고용주 employer, 고용인 employee, 고용 계약 contract of employment, 고용 기간 period of employment ¶이 회사는 장애인(the handicapped)을 많이 고용하고 있다.

고졸: 고등학교 졸업(생); high school graduate ¶그 사람은 고졸이지만 대학 졸업자 이상의 능력을 가지고 있다.

관념: 생각; 견해; notion, idea; sense; spirit ¶위생 관념 sanitary thought

관행: 오래전부터 해 오는 대로 함; traditional practice, custom, routine ¶국제적 관행, 사회적 관행, 일반적 관행

권고: 어떤 행위를 취하도록 권하는 말; advice, counsel. 권고하다 to advise, recommend ¶그는 의사의 권고로 담배를 끊었다.

그럴듯하다: 제법 그렇다고 여길 만하다; to be specious, plausible, very likely ¶그의 설명은 그럴듯하게 들렸으므로 모두가 그것을 믿었다.

그치다: (어떤 상태에) 머무르거나 멈추다; to stop. ~에 그치다 to stop at; to be only ¶우리 팀은 결승전(finals)에서 1점 차로 져서 준우승(second place in a game)에 그쳤다.

극복: 악조건이나 고생 따위를 이겨 냄; conquest, subjugation. 극복하다 to conquer, overcome ¶가난 극복을 위해 온 국민이 힘썼다.

기껏: 힘들여서 일부러; to the utmost of one's ability, with all one's might, as hard as possible ¶기껏 세차(car wash)를 해 놓았더니 비가 와서 소용이 없게 되었다.

기업체: 기업을 경영하는 조직체; business organization, enterprise. 기업 business; ~체 body; organization ¶내 친구 아버지는 큰 기업체 사장이에요.

기준: 기본이 되는 표준; standard, criterion, basis ¶판단 기준, 평가 기준 ¶가스 배출량(exhaust)이 기준을 초과했다(exceed).

내걸다: 밖이나 앞쪽에 걸다; 목표, 주제, 조건 따위를 앞세우거나 내세우다; to hang out (a sign), fly (a flag); to hold up; to advocate ¶백화점은 큰 세일 간판(signboard)을 내걸었다.

내세우다: 의견을 주장하거나 지지하다; to advocate; to attach

넘어서다: (일정한 상태나 한계나 수준을) 넘어서 지나다; to go [pass] over ¶저 언덕을 넘어서면 우리 마을이 보인다. ¶우리 축구팀은 예상을 넘어서서 4대 1로 이겼다.

노릇: 역할; 직업, 직책을 낮잡아 이르는 말; role, function, job, work, duty.

노릇(을) 하다 to take on the function [part] of ¶부모 노릇 하기가 이렇게 힘든 줄 몰랐다.

다부지다: 사람의 생김새가 튼튼하고 강하다; 일하는 태도나 솜씨가 굳세고 자신감 있다; to be strong and firm, sturdy; to be determined ¶민수는 키는 작아도 아주 다부지다. ¶그는 모든 일을 다부지게 잘한다.

단정: 흐트러진 데 없이 얌전하고 깔끔함; decency; neatness. 단정하다 to be decent, tidy, neat ¶그는 항상 옷을 단정하게 입고 다닌다.

당락: 당선과 낙선; success or defeat in an election ¶내일이면 이번 선거(election)의 당락이 결정된다.

대의: 사람으로서 마땅히 지키고 행하여야 하는 것; moral law, justice, great moral cause ¶대의를 위하여 for the great cause of ¶그 여자는 민주주의라는 대의를 위해서 일생을 바쳤다.

도사리다: 일정한 곳에 자리 잡고 들어박혀 있다; to hide oneself; to coil up; to lurk in one's mind ¶뱀이 몸을 도사리고 있다. A snake coils up. ¶세계 곳곳에는 평화와 안정을 위협하는(threaten) 요인들(factors)이 도사리고 있다.

동의어: 어형은 다르나 뜻이 같은 말; synonym

듬직하다: (모습이나 성격이) 믿음직하다; to be dignified, imposing, commanding; to be trustworthy ¶그에게는 듬직한 아들이 하나 있다.

뜯어고치다: 근본적으로 새롭게 고치다; to tear apart and mend, reconstruct, rebuild, rectify ¶여성을 비하하는 후진적인 사고 방식은 뜯어고쳐야 한다.

맞부닥치다: 서로 마주 부딪치다; to hit against, run into, strike. 맞~ facing, directly opposing; 부닥치다 to face, confront; to run up against, collide ¶그는 지금 많은 어려운 문제에 맞부닥쳐 있다.

매력도: 사람의 마음을 사로잡아 끄는 정도; degree of attractiveness. 매력 charm; ~도 degree ¶하와이는 관광지로서 매력도가 아주 높은 곳이다.

명분: 사람이 꼭 지켜야 할 도리; 겉으로 내세우는 이유; moral obligation; moral justification ¶명분이 서지 않는 unjustifiable ¶명분을 세우다 to justify (oneself, one's conduct) ¶전쟁을 일으킬 명분이 없었다.

명시: 분명하게 보여줌; clear statement, elucidation. 명시하다 to indicate clearly, specify clearly ¶계약서(contract)에 조건을 명시했다.

몸매: 몸의 맵시; one's figure [shape] ¶몸매가 예쁘다 ¶그는 균형 잡힌(well-balanced) 몸매를 만들기 위해 매일 수영을 한다.

미련하다: 어리석고 둔하다; to be foolish, slow, and sluggish ¶쉬지 않고 일만 하는 것은 정말로 미련한 짓이다.

미용: 얼굴이나 머리 등을 곱게 매만짐; cosmetic treatment; hair styling ¶미용실, 미용사, 피부 미용 ¶미용을 위해 다이어트를 하고 있다.

반반하다: 울퉁불퉁한 데가 없이 고르고 반듯하다; 생김생김이 얌전하고 예쁘장하다; to be attractive, handsome; to be smooth, even; to be decent ¶수지는 얼굴도 반반하고 성격도 좋아서 친구가 많다.

반성: 자기의 잘못을 깊이 생각하고 뉘우치는 것; reflection, introspection; contemplation. 반성하다 to search one's conscience; to reflect on one's past conduct ¶그는 자기의 행동을 깊이 반성하고 있다.

반영: reflection. 반영하다 to reflect, be reflected ¶국민의 여론(public opinion)이 국회(Congress)에 반영되어야 한다.

보완: 모자라거나 덜된 것을 보태서 완전하게 함; repletion; supplement. 보완하다 to complement, supplement ¶그는 문제점 보완을 위하여 최선을 다하였다.

불가피하다: 피할 수가 없다; to be inevitable ¶사장님은 불가피한 사정으로 회의에 참석하실 수 없습니다.

빚다: 어떤 결과나 현상을 만들다; to bring about, give rise to; to breed. 빚어내다 to bring about, cause ¶그의 사업 실패는 지나친 욕심이 빚은 [빚어낸] 결과이다.

뻔하다: 어떤 일의 결과가 뚜렷하다; to be transparent, clear, obvious ¶열심히 일하지 않으면 부자가 될 수 없다는 것은 뻔한 사실이다.

사장: 필요한 곳에 쓰지 않고 썩혀 둠; hoarding; keeping (a thing) idle. 사장하다 to hoard (up); to keep in storage ¶그는 재능을 사장시키고 있다.

생김새: 생긴 모양새; features, looks, appearance ¶그는 생김새로 봐서는 거짓말을 할 사람 같지 않다.

생김생김: 생김새; looks, features ¶그 여학생은 옷차림도 깨끗하고 생김생김도 단정해 보였다.

석사 학위: master's degree ¶석사 학위 논문 master's thesis

수수하다: 옷차림이나 성질, 태도 같은 것이 화려하지 않고 평범하다; to be ordinary (looking); to be of average appearance; to be plain and simple ¶그녀는 항상 수수하게 옷을 입고 다닌다.

수행: 생각하거나 계획한 대로 일을 해냄; accomplishment, execution,

performance. 수행하다 to achieve, accomplish ¶소방관(firefighter)들은 훌륭하게 임무를 수행했다.

실증: 경험적 사실의 관찰, 실험에 바탕을 둔 증명; proof. 실증하다 to prove, verify; 실증적 positive, empirical; 실증적으로 empirically ¶실증을 잡다 [들다] to hold [give] proof of

쌍꺼풀: double eyelid. 쌍 pair, double; 꺼풀 skin; outer layer ¶쌍꺼풀 수술 surgery for double eyelids

안배: 알맞게 잘 배치하거나 처리함; arrangement, disposition, distribution, assignment. 안배하다 to arrange, distribute, assign, set in order ¶등산을 하거나 마라톤을 할 때에는 체력 안배를 잘 하여야 한다.

애당초: 애초, 처음, 당초; beginning, start, outset ¶그는 애당초부터 장사에는 관심이 없었다.

야하다: 상스럽다; 속되고 천박하다; to be gaudy or flashy; to be vulgar ¶이 수영복은 너무 야하지 않니?

여부: 그러함과 그렇지 아니함; yes or no; whether or not ¶성공 여부는 네 자신의 노력에 달려 있다.

여지: 어떤 일을 하거나 어떤 일이 일어날 가능성이나 희망; 여유; room; margin ¶그에게는 선택의 여지가 없었다.

오종종하다: to be compact; to be meager, seedy, petty ¶그는 눈과 입이 작아서 오종종한 모습이었다.

옷차림새: 옷을 입은 모양새; one's manner of dressing. 옷 clothes, clothing; 차림새 outfit, setup ¶사람들의 옷차림새만 보아도 그들의 교양(culture, refinement)을 알 수 있다.

외모: 겉으로의 모습, 겉모양; outward appearances ¶10대 청소년들은 외모에 관심이 많다.

용모: 사람의 얼굴 모양; 인물; one's looks or features ¶그는 용모가 깔끔하고 단정한 사람이다.

우선: 딴 것에 앞서 특별하게 대우함; preference, priority. 우선하다 to be prior (to); 우선시키다 to give something priority ¶모든 일에 무엇보다도 건강을 우선시켜야 한다.

운명: 이미 정하여져 있는 목숨이나 처지; (one's) fate, destiny ¶사람이 늙어서 죽는 것은 피할 수 없는 운명이다.

위반: (법률, 명령, 약속 따위를) 지키지 않고 어김; violation, breach. 위반하다 to violate (a regulation), break (one's promise or a contract)

¶교통 (법규) 위반, 법률 위반, 주차(parking) 위반 ¶그것은 분명히 헌법(Constitution) 위반이다.

은밀하다: 숨어 있어서 나타나지 아니하다; to be secret, covert. 은밀하게 (= 은밀히) secretly, covertly ¶새로운 계획이 은밀히 진행되고 있다.

의지: 어떠한 일을 이루고자 하는 마음; will, intention ¶그는 의지가 약한 것이 단점이다.

이런저런: 이러하고 저러한; this and that, one thing and/or another, something or other ¶우리는 바닷가에 모여 앉아서 이런저런 이야기를 나누었다.

이치: 정당한 도리; reason; principle ¶자식을 사랑하는 것은 자연의 이치다.

인력: 인적 자원; human resources ¶사회 여러 분야에서 여성 인력을 필요로 하고 있다.

일껏: 모처럼 애써서; with much trouble, at great pains ¶그는 일껏 번 돈을 병원비로 다 쓰지 않으면 안 되었다.

작달막하다: 키가 몸에 비하여 자그마하다; short and thick, dumpy, stocky, stumpy ¶그 사람은 작달막한 키에 어깨가 다부지고 눈이 부리부리하였다(big and bright).

작용: 어떠한 현상을 일으키거나 영향을 미침; action, operation, process. 작용하다 to act (on), work (on); to function (as); to affect ¶버뮤다 삼각지(delta)에는 초자연적인(supernatural) 힘이 작용한다고 한다.

전교조: 전국 교직원 노동조합; National Teachers' Association

전근대적: premodern. 전~ pre-; 근대 modern ¶전근대적 사고 방식을 버려야 한다.

정서: 사람의 마음에 일어나는 여러 가지 감정; 감정을 불러일으키는 기분이나 분위기; emotions, sentiments ¶그는 무엇보다도 자녀들의 정서를 기르는 데 힘썼다.

정작: 정말, 꼭, 사실상; really, actually, practically ¶정작 할 말은 꺼내지도 못한 채 돌아왔다. ¶정작 벌을 받아야 할 사람은 형이 아니고 나다.

정책: 정치적 목적을 실현하기 위한 방법; policy ¶경제 정책 ¶이번 장관(minister)의 정책은 국민들의 환영을 받고 있다.

주체: 행동의 주가 되는 것; the subject; the main body ¶주체 세력 the main group ¶주체를 확립하다 to establish one's identity ¶가정 경제는 중요한 경제 활동의 주체 가운데 하나이다.

지원자: 어떤 일이나 조직에 들어가기를 바라는 사람; applicant, candidate; volunteer. 지원 application; 지원하다 to apply; ~자 person ¶이번 공개 채용에 지원자들이 구름같이 몰려들었다.

직무: 직장에서 맡아서 하는 일; one's duty, office, function, job ¶직무를 수행하다 to perform one's duty ¶직무를 게을리하다 to neglect one's duty

집단: 여럿이 모여 이룬 모임; group, mass, body ¶집단적으로 collectively, 집단 생활 group life

차원: 공간의 넓이의 정도; 생각이나 행동의 수준; dimension; order; level ¶2차원, 3차원 ¶한 차원 높은 수준 ¶나의 생각과 그의 생각은 차원이 다르다.

참교육시민모임: Assembly of Citizens for True Education. 참 true; 교육 education; 시민 citizen; 모임 meeting

채용: 사람을 골라서 씀; employment, appointment. 채용하다 to employ, appoint ¶올해 신입 사원 채용 조건으로 외국어 능력이 강조되고 있다.

처지: 자기가 처해 있는 경우 또는 환경; situation, circumstances ¶그와 나는 처지가 같아 쉽게 친해졌다.

천박스럽다: 격이 떨어지거나 천하다; 순수하지 아니하다; to be shallow, superficial ¶천박한 말씨, 천박한 옷차림 ¶자신의 이익만 위해서 싸우는 정치가들의 모습은 정말로 천박스럽다.

체중: 몸무게; weight ¶체중이 늘다 [줄다] to gain [lose] weight

추구: 목적을 이룰 때까지 뒤쫓아 구함; pursuit, chase. 추구하다 to pursue ¶행복의 추구, 이윤(profit)의 추구 ¶그는 지위와 권력을 추구하는 데 일생을 보냈다.

취업: 일을 시작, 직업을 얻음; work, employment. 취업하다 to commence working ¶취업률, 취업 연령, 해외 취업 ¶금년도 대학 졸업자들의 취업률이 좋다.

타고나다: 선천적으로 지니고 태어나다; to be born with, have the gift of ¶그녀의 착한 성격은 타고난 것이다.

통념: 일반 사회에 널리 통하는 개념, 전체에 통하는 일반적 관념; common idea, generally accepted idea ¶여자는 약하다는 통념을 깨고 그녀는 강한 정신력을 보여 주었다.

파행: 균형이 잡히지 않음; 비정상적으로 되어가는 것; cripple, crippling, limping ¶국회가 여당(government party)과 야당(opposition party)의 대립으로 파행이 시작되었다.

퍼지다: 점점 굵거나 넓적하게 벌어지다; 몸이나 몸의 어떤 부분이 살이 쪄서 가로 벌어지다; to spread out; to widen, broaden ¶언니는 아이를 낳고 나서 몸이 많이 퍼졌다.

피~: "당함"의 뜻을 주는 접두사 ¶피보험자 insured person, 피보호자 a ward; protégé(e), 피점령국 occupied country

한마디: 간단한 말, 짧은 이야기나 짧게 말하는 의견; a (single) word ¶한마디로 in a word ¶그는 하고 싶은 말을 한마디도 못하고 그 여자와 헤어졌다.

함양: 능력이나 품성을 기르고 닦음; fostering; cultivation. 함양하다, 함양시키다 to foster, cultivate ¶독서는 학생들의 지식과 정서 함양에 크게 도움이 된다.

해방: 여러 가지 속박을 해제하는 일; release, liberation, emancipation. 해방하다 to liberate, release, free ¶여성 해방 운동 movement for the emancipation of woman, feminism ¶노예를 해방하다 to set slaves free

행태: 행동하는 모양; behavior, action ¶일부 정치인들의 비도덕적인 행태에 국민들은 분노(indignation)를 느꼈다.

확률: 일정한 조건 아래에서 어떤 일이 일어날 가능성의 정도; probability ¶이 경기에선 우리 팀이 이길 확률이 크다.

후진성: 일정한 수준을 기준으로 할 때 그보다 뒤떨어진 상태; underdeveloped or backward. 후진 backward; not progressing; ~성 nature ¶그 기업은 기술의 후진성으로 세계 시장에서 경쟁에 실패했다.

후천적: 생후에 얻어진 상태; (something) acquired during the course of one's life; not innate. 후천 second nature; acquired; ~적 -ic, -ical, -like ¶성격은 후천적으로 형성되기도(be formed) 한다.

흉: 상처나 부스럼이 났다가 나은 자리; 비난이나 비웃음을 살 만한 일이나 행동; scar; fault, flaw ¶흉(을) 보다 to speak ill of, speak against ¶이마에 흉이 있다 to have a scar on the forehead ¶흉잡다 to find fault with ¶흉 없는 사람 없다. Nobody is perfect. ¶사람들은 남의 흉보기를 좋아한다.

관용 표현

1. ~(이)며 and

This pattern is used to enumerate two or more things or events, as in 우리는 그 집에서 사과며 포도며 기타 여러가지 과일을 먹었어요 'We ate apples, grapes, and many other fruits in that house' and 이번 장마로 논이며 밭이며 집이며 모두가 물에 잠겼어요 'Because of the recent flood, everything—including rice fields, dry fields, and houses—was under water'.

2. 불문에 부치다 disregard; ignore; pass over; let go unchallenged

Literally, this phrase means 'commit (a matter) to no questioning'. 불문 means 'no questioning, no asking', ~에 'to', and 부치다 'commit, put, hand over to'. The pattern is used when someone intentionally disregards or passes over a matter without looking into it or asking about its validity, as in 과거의 일은 불문에 부치겠으니 앞으로는 성실하게 살도록 해요 'I will ignore what has happened in the past; therefore, be sure to live sincerely from now on'. 불문 is used as a verb in the form 불문하다 'not ask, disregard', as in 남녀 노소를 불문하고 모두 기뻐했어요 'Everybody was happy, regardless of age or sex'.

3. X(이)니 Y(이)니 하는 such as X and Y

This pattern is used to enumerate things or events that are members of a certain category, as in 연말이면 동창회니 결혼식이니 하는 모임이 많아요 'At the end of the year, there are a lot of gatherings, such as alumni meetings and weddings', where 동창회 and 결혼식 are examples of 모임. Frequently, the slot of Y(이)니 is filled with 뭐니, in which case the meaning is 'X and whatnot', as in 여성 해방이니 뭐니 하는 거창한 운동 'large-scale movements such as women's liberation and whatnot'.

4. 바에(는) as long as; if one is to do

The basic meanings of 바 are 'way, means, thing, circumstance, that', etc., as in 어찌 할 바를 모르고 'without knowing what to do', 위에 말한 바와 같

이 'as mentioned above', and 너의 알 바가 아니야 'It is nothing you would know anything about'. A dependent noun, 바 must be preceded by a verbal clause with a modifier suffix such as the non-past 는, past 은/ㄴ, or prospective or future 을/ㄹ. 바에(는) functions as if it is a conjunctive suffix, with the meaning such as 'as long as' or 'if one is to do', as illustrated below:

미의 기준에 들지 못할 바에는 실력을 길러야 해.
'As long as [if] you are unable to meet the beauty standard, you should build your capability.'
이왕 온 바에 그분을 만나 보고 가겠어요.
'As long as I am here, I might as well see him before I leave.'
항복할 바에는 차라리 죽겠어요.
'I would rather die if I am to surrender.'

5. ~을/ㄹ 뿐 only do/be, and

The conjunctive pattern ~을/ㄹ 뿐 is a contraction of ~을/ㄹ 뿐이고 'only do/be, and', as in 갖고 있는 돈은 이것 뿐(이고) 더 없어 'This is all the money I have, and nothing more' and 이번 취직 시험에서는 생김새만 고려할 뿐(이고) 실력 따위는 고려하지 않았어요 'In the employment test, only applicants' appearances were taken into account, and things like their abilities were not considered'.

6. 아랑곳(도) 않다 think nothing of; do not care about

The noun 아랑곳 'concern, interest, meddling' appears in idiomatic constructions such as 아랑곳하다 'be concerned about, take an interest in' and 아랑곳(도) 않다, 아랑곳(도) 하지 않다, 아랑곳(도) 없다 'do not care about, have no interest in, be no concern of', as illustrated below:

저 애는 무엇에나 아랑곳해요.
'He meddles in everything.'
그것은 네가 아랑곳할 바 아니야.
'That is none of your business.'
용호는 남의 기분 따위는 아랑곳(도) 않고 [아랑곳(도) 하지 않고; 아랑곳(도) 없이] 자기 하고 싶은 대로 해요.
'Yongho doesn't care about others' feelings and does whatever he likes to do.'

7. ~느니만(도) 못하다 be worse than doing/being

This is equivalent to ~는 것보다(도) 못하다. Thus, 그런 악한 부모는 없느니만(도) 못해요 'Such evil parents are worse than none' is equivalent in meaning to, and can be replaced by 그런 악한 부모는 없는 것보다(도) 못해요.

8. 그러다 보면 if things go this way; if one continues to do so

This idiomatic pattern is a contraction of 그렇게 하다가 보면, whose literal meaning is 'if we look while doing so'. ~다 보면 (*lit.*, 'if one looks while doing') functions as an idiomatic suffix, meaning 'if one continues to do/be', as in 열심히 공부하다 보면 성공할 때가 있을 거야 'If I continue to study hard, I am sure some day I will be successful'.

9. 밥 먹듯(이) 하다 as easily and as frequently as having a meal

With its literal meaning 'do (something) as if one is having a meal', this idiomatic expression is used to refer metaphorically to an action taken frequently and easily in daily life. For example, 그 사람은 거짓말을 밥 먹듯(이) 해요 means 'He tells lies as easily and frequently (as he eats meals)'.

10. ~를/을 두고 about; with; regarding

This pattern is similar in meaning to ~를/을 가지고 and ~를/을 놓고. 생긴 것을 두고 내려지는 해석 'interpretations drawn regarding what one appears to be; interpretations made about one's appearance' is basically the same in meaning as 생긴 것을 가지고 내려지는 해석 and 생긴 것을 놓고 내려지는 해석.

11. Adjective/verb어도/아도 너무 adjective/verb extremely; too much

This pattern is used to express the extremity or excessiveness of a state, property, event, or action. Literally, it means 'although it is/does . . . , it is/does still too much so'. The adjectives or verbs on either side of ~어도/아도 너무 must be the same, as in 이 방은 넓어도 너무 넓어요 'This room is extremely spacious', 두 형제가 달라도 너무 달라요 'The two brothers are totally different', 저 사람은 먹어도 너무 먹어요 'That person eats excessively', and 저 애는 울어도 너무 울어요 'That child is crying too long'.

12. ~다가도 but then; but nevertheless; even when

This compound suffix consists of the suffix ~다가 'while doing/being' and the particle ~도 'even'. Examples are 내 동생은 혼자 잘 놀다가도 손님이 오시기만 하면 울어요 'My younger sibling ordinarily plays nicely by himself, but just let a visitor appear, and he starts to cry' and 밥을 먹다가도 그날 생각만 하면 밥맛이 없어져요 'If I think of that day while at the table, I lose all my appetite'.

13. 작은 고추가 맵다 A small red pepper is hot.

This proverb is used to indicate that a small person is solid, strong, smart, or studies hard or handles things perfectly in daily life.

14. ~느니 . . . ~느니 talking about . . . and/or . . .

This suffix is used to quote a sequence of states, properties, actions, or events that can be real, potential, or hypothetical. Examples are 농부들은 비가 안 와서 죽겠다느니 미치겠다느니 야단들이에요 'Farmers are in a horrible fix, saying that they die or go crazy' and 이혼을 하느니 마느니 그 집에서는 밤낮 싸워요 'They are always quarreling and talking about getting a divorce'.

15. ~만 해도 if only we talk about; (talking) only about; even

This pattern is somewhat equivalent to ~만 말해도 'if only we talk about' and ~만 (말)하더라도 'even though we talk only about'. Thus, 일본만 해도 means 'if only we talk about Japan, (talking) only about Japan', and 어제만 해도 비가 많이 왔는데 오늘은 날씨가 참 좋아요 means 'Even yesterday it rained so much, but the weather today is really good'.

16. 이만저만하다 be (not) just so-so

This and other patterns containing the adverb 이만저만 (*lit.,* 'this extent or that') are used only in negative constructions to indicate an extreme degree, quantity, or quality, as in the examples 그 여자는 이만저만한 미인이 아니에요 'She is a girl of unsurpassed beauty', 그것은 이만저만한 낭비가 아니다 'It is not an ordinary amount of waste', and 금강산의 경치는 이만저만하지 않아요 'The scenery of Mt. Kumgang is lovely beyond description'.

17. 물꼬를 트다 open up an irrigation gate; open

The metaphorical expression 'open (트다) a sluice-gate (물꼬)' indicates opening or clearing the way. This is a pattern frequently used to describe a situation in which a new relationship is established between two separated nations, as in 남북 정상 회담은 남북 관계에 물꼬를 트는 역할을 했다 'The North-South summit meeting took the role of opening relations between North and South Korea'.

연습 문제

1. 다음의 글이 본문의 내용과 맞으면 T, 틀리면 F로 답하세요.

(1) __ 한국 사회에서는 여성 취업자는 일반적으로 매력적인 외모를 지녀야 했다.
(2) __ 한국 사회에서는 남성 취업자는 일반적으로 매력적인 외모를 지녀야 했다.
(3) __ 어느 기업체도 신입 사원을 채용할 때 용모나 신체 조건을 채용 조건으로 분명하게 내세워 밝히지는 않는다.
(4) __ 여성 해방 운동으로 인해 여성들이 취업을 위해 외모를 가꾸고 모양내는 일은 사라졌다.
(5) __ 매력적인 용모는 열심히 노력한다고 해서 크게 달라지지 않는다.
(6) __ 실제로 매력적인 용모를 지닌 사람이 능력이나 실력을 갖추기 위해 더 열심히 노력한다.
(7) __ 채용 조건의 남녀 불평등이 많은 여성들로 하여금 성형 외과(plastic surgery)를 찾게 만든다.

(8) __ 일본이나 서양에서는 여비서나 스튜어디스를 채용할 때 외모는 전혀 고려하지 않는다.

(9) __ 신입 사원 채용시 일정한 비율로 여성을 채용하도록 하는 정책은 오히려 남녀 차별 정책이라고 할 수도 있다.

(10) __ 신입 사원 채용시 여성에게 일정 비율을 안배하는 정책은 여사원들의 예쁜 외모를 통해 고객들의 기분을 좋게 하려는 정책이 될 수도 있다.

2. 왼쪽의 명사구와 가장 잘 어울리는 동사를 오른쪽에서 찾아 연결하세요.

(1) 영향을	높다
(2) 물꼬를	닦다
(3) 불문에	미치다
(4) 외모가	수행하다
(5) 확률이	않다
(6) 실력을	돌리다
(7) 눈을	트다
(8) 흉을	부치다
(9) 아랑곳(도)	보다
(10) 직무를	수수하다

3. 괄호 안에 알맞은 단어를 보기에서 골라 써 넣으세요.

일껏	아예	정작	일약	절대	애당초	무조건

(1) 일을 끝내지 못할 것이라면 ( ) 시작을 하지 말았어야지.

(2) 그가 여러 가지로 우리에게 충고를 했지만 ( ) 충고를 받아야 할 사람은 그 자신이다.

(3) 상한 음식을 먹는 것보다는 ( ) 굶는 것이 낫다.

(4) 조안 K. 롤링은「해리 포터」로 하루 아침에 ( ) 백만장자가 되었다.

(5) 그는 ( ) 만든 도자기를 다 깨 버리고 다시 만들기 시작했다.

4. 다음 밑줄 친 부분의 뜻과 가장 가까운 것을 고르세요.

(1) 그는 우리 백화점의 중요한 <u>고객</u>이다.

a. 직원 b. 일꾼 c. 손님 d. 인물

(2) <u>그 사업의 성공 여부</u>가 아직 확실하지 않다.
a. 그 사업이 성공할지 실패할지
b. 그 사업의 성공을 위한 자금이 충분한지 아닌지
c. 그 사업의 성공을 위한 계획이 세워졌는지 아닌지
d. 그 사업의 성공을 위한 인력이 확보되었는지 아닌지

(3) 민주화 과정에서 어느 정도의 희생은 <u>불가피하다</u>.
a. 이해가 안된다
b. 피할 수 없다
c. 문제가 안 된다
d. 불필요하다

(4) 언어가 그 사회와 문화를 <u>반영한다</u>는 주장이 있다.
a. 지배한다
b. 나타낸다
c. 발전시킨다
d. 오염시킨다

(5) 그 사건은 <u>이만저만한 충격이 아니었다</u>.
a. 별로 큰 충격이 아니었다
b. 여러 가지 면에서 충격이었다
c. 여러 사람들에게 충격이었다
d. 말할 수 없을 정도로 대단한 충격이었다

5. 다음 단어들은 접미사(suffix) "～적(的)"을 한자어 다음에 붙여서 이루어진 것들로, 그러한 성질, 경향, 상태에 있음을 나타냅니다. 다음 단어를 넣어 문장을 만들어 보세요.

(1) 신체적(身體的)
(2) 매력적(魅力的)
(3) 실증적(實證的)
(4) 후천적(後天的)
(5) 사회적(社會的)
(6) 성적(性的)
(7) 근대적(近代的)

6. 다음 어휘들은 접미사 "～성(性)"을 한자어 다음에 붙여 그 명사가 암시하는 성질이나 경향을 나타내는 단어들입니다. 다음 단어를 넣어 문장을 만들어 보세요.

(1) 후진성(後進性)
(2) 중요성(重要性)
(3) 인간성(人間性)
(4) 장래성(將來性)

7. 다음 보기에 주어진 단어들은 사람을 묘사하는 데 많이 쓰입니다. 이 중에서 적당한 단어를 골라 아래 대화의 문맥에 맞게 형태를 고쳐 써 넣으세요. (여러 가지 다른 답이 나올 수 있으니, 친구들의 답과 비교해 보세요.)

외모	화려하다/수수하다/야하다	듬직하다/믿음직하다
키	크다/큼직하다/훤칠하다	시원스럽다/부담스럽다
몸매	작다/작달막하다	다부지다/오종종하다/꾀죄죄하다
옷차림새	날씬하다/뚱뚱하다	귀엽다/초라하다
눈/코/입	예쁘다/멋있다/밉다	매력적이다/천박하다

영수: 메리야, 어제 만난 네 여동생 참 ( )더라. 나 좀 소개시켜 줘.
메리: 그래? 내 동생은 키가 ( )서 고민인데.
영수: 나는 키가 ( ) 여자가 귀엽던데. 키가 너무 큰 여자는 부담스러워. 네 동생은 옷차림도 ( )서 좋아. 외모가 너무( )면 천박해서 싫어.
메리: 내가 키가 작아서 그런지, 나는 키가 큰 남자가 ( )서 좋던데. 남자가 너무 ( )면 싫어. 그리고 옷차림도 ( ) 남자가 좋아.
영수: 내 예상과는 다르네. 나는 네가 ( ) 남자를 좋아할 줄 알았어. 너는 항상 얌전하잖니?
메리: 그러게 말이야. 사람들은 자기와 반대되는 형을 좋아하나 봐. 그나저나 요새 자꾸 살이 쪄서 걱정이야. 옷이 맞는 게 없어.
영수: 뭘? 내가 보기에는 너만큼 ( )한 여자도 드문데. 나야말로 ( )서 걱정이다.
메리: 그래, 생김새야 타고난 것이니 어쩔 수 없고 앞으로 우리 둘 다 운동이나 열심히 해서 ( )지자.
영수: 그나저나, 네 동생은 언제 소개시켜 줄 꺼야?
메리: 기다려 봐. 그냥은 안 돼.
영수: 알았어. 오늘 점심 내가 살게.

8. 다음 글을 읽고 물음에 답하세요.

> 여성(女性) 취업자가 예쁘고 날씬해야 한다는 것은 남성(男性)의 성적(性的) 대상으로서 매력을 충분히 가지고 있어야 한다는 것과 ①동의어(同義語)다.
> 서양(西洋)이나 가까운 일본(日本)만 해도 여자(女子)들의 취직(就業) 문제를 놓고 ②그런 행태는 보이지 않는다. 그들 나라에선 ③적어도 "외모"를 "능력"에 우선시키는 짓은 않는다. 여비서나 여행원, 스튜어디스들 가운데 못생긴 여자(女子)들이 얼마나 많은가.

(1) 위 ①에서 말하는 동의어(同義語)란 무엇을 의미합니까? 위 글에서 찾아 아래 밑줄 친 곳에 써 넣으세요.

여성 취업자가 "______________________________"는

주장은 곧 "______________________________"는

주장과 같다.

(2) 위 ②그런 행태란 구체적으로 어떤 행태를 말하는지 써 보세요.

(3) 위 ③적어도 "외모"를 "능력"에 우선시키는 짓은 않는다는 내용에 맞는 것을 고르세요.
  a. 외모를 고려하는 일은 없다.
  b. 능력보다 외모에 더 비중을 둔다.
  c. 외모보다 능력에 더 비중을 둔다.
  d. 외모와 능력을 똑같은 비중으로 고려한다.

(4) 다음 중 "짓"이 맞게 쓰인 경우를 고르세요.
  a. 그는 최근 다른 사람을 돕는 짓을 자주 한다.
  b. 그는 이번 학기에 학교에 결석하는 짓을 자주 한다.
  c. 그는 요새 도서관에서 열심히 공부하는 짓을 자주 한다.
  d. 그는 언제나 남을 칭찬하는 짓을 자주 한다.

9. 다음 표현들의 의미를 다른 표현으로 바꾸어 써 보세요.

(1) 생김새만 당락의 고려에 넣을 뿐이다.
(2) 얼굴을 뜯어 고치기를 밥먹듯 한다.

(3) 직무수행을 위한 능력은 그 여부를 불문에 부친다.

(4) 실력 따위는 애당초 아랑곳도 않는 형편과 맞부닥쳐야 한다면 교육이란 것은 아예 없느니만도 못한 존재가 돼 버릴 것이다.

10. 다음 표현을 사용하여 보기와 같은 짧은 글을 써 보고 영어로 번역하세요.

(1) ~만 해도

(보기) 초등학교 학생만 해도 그런 거짓말은 믿지 않을 것이다.

____

(2) ~느니만도 못하다.

(보기) 별로 볼 것이 없는 데는 안 가느니만도 못하다.

____

(3) ~느니 ~뭐니 하다.

(보기) 시간이 없다느니 뭐니 하지 말고 빨리 일을 시작하세요.

____

11. 본문을 읽고 "외모에 의한 성 차별"을 고발한 단체와 고발당한 업체를 쓰고 여사원 채용 조건과 위반한 법률을 써 넣으세요.

고발한 단체	고발당한 업체	여사원 채용 조건	위반한 법률

12. 한국 사회에서는 외모에 대해서 남녀의 성(性)에 따라 이중적인 해석을 내리는 경우가 있습니다. 외모에 대한 남녀 성 차별의 예를 본문에서 찾아서 아래 도표에 써 넣으세요.

신체 특징	남자	여자
입이 크다		
키가 작다		
뚱뚱하다		

13. 이 글을 읽고, 여성 채용 조건의 모순이라고 생각되는 점을 말해 보세요.

14. 이 글에 나타난 필자의 주장을 요약해 보세요.

더 생각해 봅시다

1. 만약 여러분이 직장에서 여성을 채용한다면 어떤 정책을 취할 것인지 설명해 보세요.

2. 여러분이 여자라면 여자의 입장에서, 남자라면 남자의 입장에서 성별에 의한 고용 차별을 없애려는 정책을 어떻게 생각하는지 설명해 보고, 친구들과 의견을 나누어 보세요.

제9과 남북 정상 회담
(Summit conference between North and South Korea)

💡그림을 보면서 함께 생각해 봅시다.

다음은 2000년 6월 13일 평양에서 찍은 사진입니다. 사진을 보고 아래의 질문들에 답해 보세요.

1. 2000년 6월 13일은 한국민들에게 역사적으로 매우 중요한 날입니다. 그 날 평양에서는 무슨 일이 있었는지 알아보세요.

2. 오른쪽 사진에 있는 두 사람은 누구일까요?

3. 아래 한국 지도에서 평양과 서울을 표시해 보세요. 그리고 남한과 북한의 경계선도 그려 넣으세요.

4. 남한과 북한에 떨어져 살고 있는 이산 가족들(dispersed families)에 대한 이야기를 들어 본 적이 있습니까? 서로 이야기를 나누어 봅시다.

5. 남한과 북한은 정치 제도와 경제 제도가 다릅니다. 어떻게 다른지 말해 보세요.

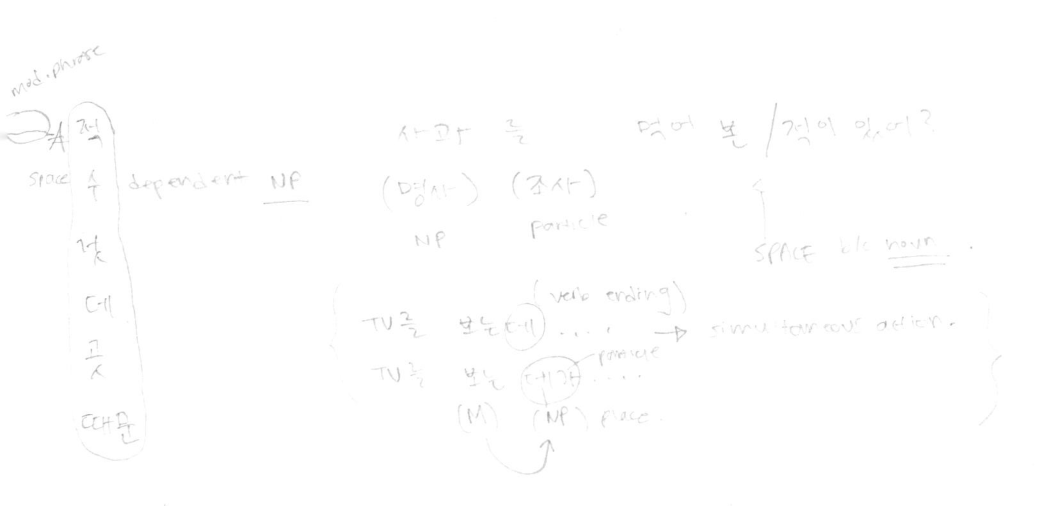

남북 정상 회담

1. 말끔해진 평양

50여년 만의 첫 남북 정상 회담을 앞두고[1] 평양 거리와 건물들이 말끔히 새로 단장하여 남쪽 손님을 맞을 준비를 끝냈다고 현지 주재인들이 전했다. 중국 인민일보 평양 특파원과 국제 기구 주재원 등에 따르면 북한측은 5월말부터 평양의 주요 도로에 대한 보수 공사와 주택 도색 작업을 대대적으로 실시해 화창한 초여름의 날씨 속에 도시 전체가 더욱 밝아지고 깨끗해졌다.

노동당 중앙위원회 청사를 비롯해서[2] 인민 대학습당, 그리고 정상 회담 기간 중 한국 기자들이 묵을 평양 고려호텔 등이 늘어서 있는 창광거리는 울퉁불퉁한 일부 도로를 보수한 것은 물론, 훼손이 심한 일부 구간은 새로 포장 공사를 했다고 전했다. 이 밖에도 역사박물관과 평양 학생소년 궁전 등이 있는 승리거리와 주석궁으로 이어지는 모란봉거리 등도 노면 보수 공사를 거쳤다. 모란봉거리는 김대중 대통령이 김일성 종합대학을 방문할 경우 경유하는 도로이다.

또 한국 정상 회담 대표단과 취재단 등이 지나갈 주요 도로변의 건물들은 새로 페인트칠을 해 푸른 숲과 조화를 이루었으며, 건물 위의 간판이나 선전 그림들도 새로 도색을 해 거리가 이전보다 훨씬 산뜻해졌다고 현지인들은 전했다. 고려호텔은 6월 3일부터 영업을 중지한 채 전면 보수 작업을 실시한 것으로 전해졌다. 김대중 대통령이 묵을 영빈관 백화원도 철저한 보수 공사와 안전 점검을 하고 있는 것으로 알려졌다.[3]

최근 평양의 주요 거리에는 교통 경찰과 치안 경비 요원들이 증강 배치됐으며, 평양에 상주하지 않는 외국인들은 일정 기간 평양 진입이 금지된 것으로 알려졌다. 또 정상 회담 기간에 평양 바깥의 북한 주민은 누구를 막론하고[4] 평양 출입을 할 수 없는 것으로 전해졌다.

북한 주민들은 분단 후 처음 이루어지는 남북 정상 회담에 대해 "잘 될 겁니다" "잘 돼야지요"라며 환영과 기대를 표시하고 있다고 현지 주재원들은 전했다.

<조선일보> 2000년 6월 11일 지해범 기자

2. 서울 프레스센터 표정

13일 오전 10시 28분께[5] 김대중 대통령 일행이 평양 순안공항에 첫 발을 내딛자 서울 소공동 롯데호텔 2층에 설치된 프레스센터는 일반 국민들과 마찬가지로 감동과 환호로 물결쳤다. 1천여 명에 이르는 내외 기자들뿐만 아니라 취재 지원에 나선 민간 도우미들과 롯데호텔 직원들까지 프레스센터에 설치된 2대의 대형 멀티스크린에 시선을 집중했다.

"김 대통령 일행이 탑승한 특별기가 순안공항에 잘 내릴 수 있을까" 등 일말의 우려 섞인 소리가 나왔던 서울공항 출발 뒤의 표정과는 달리[6] 실제로 김 대통령이 무사히 도착, 파격적으로 김정일 국방 위원장이 영접 장소에 등장하자 프레스센터는 순간 환호의 도가니로[7] 바뀌었다. 이어 김 대통령이 특별기의 트랩에서 내리는 장면과 김 위원장과 악수하는 장면에서는 내외 기자를 막론하고 박수를 쳤고, 또 어떤 이의 눈가에는 눈물이 고여 어느 정도의 감동인지를 실감케 했다.

특히 10시 28분께 순안공항에 조용하게 집결해 있던 환영 인파가 갑자기 분홍색 수술을 흔들며 환호성을 터트리자 기자들 사이에서는 "김정일 국방 위원장이 직접 공항에 나온 것 아니냐"는 관측이 여기저기서 튀어 나왔다. 김정일 위원장이 대형 멀티스크린에 나오자 내외 기자들은 믿기지 않는다는 듯 "정말 파격적이다" "어느 누구도 예상치 못했다"며 김 위원장의 파격 영접에 놀라는 눈치였다.[8] 한 외신 기자는 "13-15일 남북 정상 회담이 정말 한국민들의 기대대로 잘 될 것 같다"며 "김정일 국방 위원장이 공항에서 직접 김 대통령을 맞이한 것 자체가 그런 전망을 입증한다"고 평가했다.

<조선일보> 2000년 6월 13일 권경복기자

3. 남북 공동 선언문

남북 공동 선언 <전문>

조국의 평화적 통일을 염원하는 온 겨레의 숭고한 뜻에 따라 대한민국 김대중 대통령과 조선 민주주의 인민공화국 김정일 국방 위원장은 2000년 6월 13일부터 6월 15일까지 평양에서 역사적인 상봉을 하였으며 정상 회담을 가졌다.

남북 정상들은 분단 역사상 처음으로 열린 이번 상봉과 회담이 서로 이해를 증진시키고 남북 관계를 발전시키며 평화 통일을 실현하는 데 중대한 의의를 갖는다고 평가하고 다음과 같이 선언한다.

1. 남과 북은 나라의 통일 문제를 그 주인인 우리 민족끼리 서로 힘을 합쳐 자주적으로 해결해 나가기로 하였다.
2. 남과 북은 나라의 통일을 위한 남측의 연합제와 북측의 낮은 단계의 연방제 안이 서로 공통성이 있다고 인정하고 앞으로 이 방향에서 통일을 지향시켜 나가기로 하였다.
3. 남과 북은 올해 8·15에 즈음하여[9] 흩어진 가족·친척 방문단을 교환하며 비전향 장기수 문제를 해결하는 등 인도적 문제를 조속히 풀어 나가기로 하였다.
4. 남과 북은 경제 협력을 통하여 민족 경제를 균형적으로 발전시키고, 사회·문화·체육·보건·환경 제반 분야의 협력과 교류를 활성화하여 서로의 신뢰를 다져 나가기로 하였다.
5. 남과 북은 이상과 같은 합의 사항을 조속히 실천에 옮기기 위하여 빠른 시일 안에 당국간의 대화를 개최하기로 하였다.

김대중 대통령은 김정일 국방 위원장이 서울을 방문하도록 정중히 초청하였으며 김정일 국방 위원장은 적절한 시기에 서울을 방문하기로 하였다.

2000년 6월 15일
대한민국 대통령 김대중
조선 민주주의 인민공화국 김정일 국방 위원장

☞남측의 "연합제"와 북측의 "낮은 단계의 연방제"란?

한국의 남북 통일 방안에 관한 용어로서, 남측이 제의한 "연합제"란 "1민족 2정부 2체제"를 의미한다. 즉, 남한과 북한이 각각 독립된 정부를 유지하면서 서로 협력·협의하는 남북 연합이다. 한편, 북한이 80년에 제의한 "고려 연방제"는 상당한 권한을 행사하는 중앙 정부를 전제로 하고 있는데, 이는 91년에 "느슨한 형태의 연방제"로 개념이 바뀌었다. 즉, 본격적인 연방으로 가기 전에 지역 정부에 더 권한을 부여하는 느슨한 연방을 먼저 거칠 수 있다는 것이다. 위 남북 공동 선언문 2항에서 언급한 "낮은 단계의 연방제"란 곧 이 "느슨한 형태의 연방제"를 의미한다.

어휘

간판: signboard, sign, billboard, hoarding ¶상점의 간판들이 화려했다.

개최: 모임이나 회의 따위를 여는 것; holding (a meeting). 개최하다 to hold, open ¶체육 대회를 다음 주 토요일에 개최한다.

거치다: to pass through, go by way of

겨레: 같은 핏줄을 이어받은 민족; offspring of the same ancestor; brethren; race; people; nation ¶우리는 모두 같은 겨레이다.

경비: 도난, 재난, 침략 따위의 사고가 나지 않도록 미리 살피고 지키는 일; defense, guard, guarding, policing ¶우리 아파트는 연말이 되자 경비를 더욱 강화했다.

경유하다: 거쳐 지나가다; to go by way of, pass through ¶이 비행기는 앵커리지를 경유해 파리로 간다.

고이다: 괴다; 물 따위의 액체나 가스, 냄새 따위가 우묵한 곳에 모이다; to gather, collect, stagnate ¶그의 눈에 눈물이 고였다.

공동 선언문: joint statement. 공동 cooperation, union, joint; 선언 declaration, proclamation, announcement, statement; 선언하다 to declare, proclaim; ~문 sentence, letters

공통성: 둘 또는 그 이상의 여럿 사이에 두루 통하는 성질이나 상태; commonness; similarities. 공통 commonness; ~성 nature ¶특수성, 인간성, 도덕성 ¶그들 두 사람은 공통성이 많다.

관측: 어떤 사정이나 형편 따위를 잘 살펴 봄; observation, thought, opinion. 관측하다 to observe ¶언론의 관측에 의하면 이번 한미 정상 회담은 성공적이다.

교류: interchange; exchange. 교류하다 to interchange ¶한국과 미국간의 문화 교류

구간: 어떤 지점과 다른 지점과의 사이; section; block (of railroad track); service area; interval ¶일부 구간은 도로 공사 중이다.

국방: 외국의 침략에 대비하여 국토를 방위하는 일; national defense, defense of a country ¶국방을 강화해야 한다.

국방 위원장: National Defense Commission Chairman

국제 기구: 어떤 국제적인 목적이나 활동을 위한 조직체; international organization ¶뉴욕에는 국제 기구가 많다.

궁전: (royal) palace ¶그는 궁전 같은 집에서 살고 있다.

김일성 종합대학: Kim Il Sung University

내외: 안과 밖; 부부; inside and outside the country, at home and abroad, domestic and foreign; husband and wife ¶내외 기자들이 다 모였다. ¶아들 내외가 이번 주말에 중국으로 떠나요.

노동당: Labor Party

노면: 길바닥; road surface ¶눈이 와서 노면이 미끄럽다.

눈가: 눈의 가장자리; eye rims ¶나이가 들어 눈가에 주름이 많이 생겼다.

느슨하다: loose, slack; easygoing ¶느슨한 밧줄 slack rope

늘어서다: 줄을 지어 벌여 서다; to be in a row, stand in a row, form a line ¶길 양 옆으로 나무들이 늘어서 있다.

다지다: 굳고 튼튼하게 하다; to strengthen, confirm, solidify, consolidate ¶아파트를 짓기 위해 그들은 땅을 깊이 파서 다지는 작업을 했다. ¶우선 남북간의 신뢰를 다지는 일이 중요하다.

단장: 손질하여 꾸미는 일; decoration, ornament, painting. 단장하다 to decorate, make up ¶언니가 예쁘게 단장을 하고 외출했다.

당국: 어떤 일을 직접 맡아 하는 기관; (relevant) authorities, authorities (concerned), persons in charge ¶정부 당국, 학교 당국, 경찰 당국 ¶건물을 짓기 위해서는 당국의 허가를 받아야 한다.

대대적: 일의 규모나 범위가 아주 큰; extensive, on a large scale. 대대적으로 on a grand [large] scale, extensively ¶그 기업은 이번 신제품을 대대적으로 광고하고 있다.

대표단: delegation. 대표 representation; ~단 group ¶미국의 한국학 교수 대표단이 한국을 방문 중이다.

대형: 큰 모양이나 형태; large [full] size, oversized ¶선수들은 대형 태극기를 앞세우고 입장했다.

도로변: 길가; roadside. ~변 side

도색: 빛깔이 나게 칠하는 것; coloring, painting. 도색하다 to paint, color ¶우리 집은 지난 토요일에 도색 작업을 했다.

도우미: 돕는 사람이란 뜻으로 안내원을 말함; helper, guide; clerk at an information desk ¶국제 전시회에서 많은 도우미들이 일했다.

말끔하다: 티없이 깨끗하다; to be clean, clear, neat and tidy ¶그의 방은 항상 말끔하게 정리되어 있다.

모란봉거리: Moranbong (Peony Peak) Street

무사하다: 아무 일 없다, 아무 탈 없이 편안하다; to be safe, secure, peaceful ¶그들은 긴 여행을 마치고 무사히 집으로 돌아왔다.

묵다: 일정한 곳에서 잠시 머무르다; to stay at, lodge in, put up at ¶우리는 여행하는 동안 친척 집에 묵었다.

물결치다: to move in waves, undulate; to surge. 물결 waves; ~치다 to do, perform ¶파도가 멋있게 물결치고 있다.

민간: 일반 사람; private, nongovernmental, civil(ian) ¶이 구역은 민간인의 출입이 금지되어 있다.

배치: 일정한 자리에 알맞게 나누어 둠; arrangement, disposition. 배치되다 to be arranged, distributed, set in place ¶교통 경찰이 곳곳에 배치되었다.

보건: 건강을 잘 지키는 일; health, preservation of health ¶국민 보건 national health ¶세계 보건 기구 World Health Organization

보수: 낡은 것을 수리함; mending, repair. 보수하다 to mend, repair, fix ¶그 다리는 보수 공사 중이다.

분단: 끊어서 나눔; dividing into sections, division, partition ¶한반도 분단은 많은 이산 가족을 만들었다.

분야: 여러 갈래로 나누어진 범위나 부분; field, sphere, realm, branch; one's specialty ¶이번 회의에는 여러 분야의 전문가들이 모였다.

비전향: not converted. 전향 conversion, changing direction; 비~ non-, un-, anti-

산뜻하다: 깨끗하고 시원하다; to be clean; to be neat and tidy; to be bright, splendid ¶비가 온 후 공기가 더 산뜻해졌다.

상봉: 서로 만남; meeting (each other). 상봉하다 to meet each other ¶그 삼 형제는 10년 만에 상봉했다.

상주하다: 늘 일정하게 살다; to reside (at, in); to be permanently stationed at ¶일본에 상주하는 한국인들

섞이다: 두 가지 이상의 것이 한데 합쳐지다; to be blended, mixed ¶기름과 물은 잘 섞이지 않는다.

선언: declaration, proclamation. 선언하다 to declare, make a declaration of ¶그 나라는 최근 독립을 선언했다.

선전: propaganda, publicity, advertisement. 선전하다 to propagate, publicize, advertise ¶그 백화점은 대대적으로 바겐 세일을 선전했다.

설치: establishment, installation. 설치하다 to establish, set up, install; 설치되다 to be established, installed ¶건물 전체에 에어컨을 설치했다. ¶강당에는 대형 스크린이 설치되었다.

수술: pompon

숭고하다: to be lofty, sublime, grand, noble ¶조상들의 숭고한 정신을 본받아야 한다.

승리거리: Victory Street

시기: (알맞은) 때; opportunity, chance, time, (proper) moment ¶시기를 기다리다, 시기를 잡다 [놓치다], 시기가 좋다 [나쁘다] ¶지금은 사업 얘기를 꺼낼 적절한 시기가 아니다.

시일: 때와 날을 함께 이르는 말; time, days ¶빠른 시일 안에 답장해 주세요.

신뢰: 믿고 의지함; confidence, trust, reliance, dependence. 신뢰하다 to trust (in), rely on, depend on ¶두 친구는 서로에 대해 신뢰가 깊다.

실시: 실제로 시행함; practical application, enforcement, execution. 실시하다 to enforce, put (a law) into effect, give effect to ¶정부는 새로운 법을 다음달부터 실시한다.

실천: 실제로 해냄; practice. 실천하다 to practice ¶말보다 실천으로 옮기는 것이 중요하다.

실현: 실제로 나타남; realization, attainment, actualization. 실현하다 to realize, attain, make (a dream) come true ¶피아니스트로서의 그 여자의 꿈이 실현되었다.

안: 생각한 계획이나 의견; suggestion, proposal, proposition ¶좋은 안이 있으면 말해 주세요.

연방제: confederation system, federal system, federalism

연합제: commonwealth unification formula

역사박물관: history museum. 역사 history; 박물관 museum

염원: 간절히 생각하고 바람; one's heart's desire, wish, prayer. 염원하다 to desire, wish, pray ¶세계 평화가 언제까지나 계속되기를 염원한다.

영빈관: reception hall, guesthouse

영접: 손님을 맞아서 대접함; welcome, reception, meeting. 영접하다 to welcome, receive ¶우리는 귀한 손님들을 영접하기 위해 집안을 새로 단장했다.

요원: 필요한 사람; (necessary) personnel ¶우리 아파트는 경비 요원이 많다.

용어: term, wording, terminology

우려: 근심이나 걱정; worry, anxiety, apprehension, concern. 우려하다 to fear, worry (about), be anxious about ¶요즈음 우리 나라 정치에 대하여 우려하는 사람이 많다.

울퉁불퉁하다: 물체의 거죽이나 면이 고르지 않게 나오거나 들어가다; to be uneven, bumpy, rugged, jagged ¶울퉁불퉁한 땅

위원회: committee, commission, board, committee meeting ¶교육 위원회

의의: 어떤 사실이나 행위 따위가 갖는 중요성이나 가치; meaning, significance ¶올림픽은 참가하는 데 의의가 있다.

이상: 위치나 차례로 보아 어느 기준보다 위; 이제까지 앞에서 말한 내용; above ¶그의 월급은 내 월급의 2배 이상이다. ¶이상과 같이 여러분들은 건강에 특별히 주의하여야 합니다.

인도적: 사람으로서 마땅히 지켜야 할 도리의; humane, humanitarian ¶국제 난민(refugees) 문제는 인도적으로 해결해야 한다.

인민: 나라를 이루고 있는 일반 사람들; people, citizens, public, subjects ¶인민의 자유와 권리가 보호되어야 한다. (North Korea prefers this term to South Korea's 국민.)

인민 대학습당: People's (Great) Study Hall. 대~ grand, great; 학습 studying, learning; ~당 room, hall

인민일보: People's Daily (Chinese government-run newspaper)

인파: 많이 모인 사람들의 움직임이 물결 같아 보이는 상태; surging crowd of people ¶축구장에 수많은 인파가 모였다.

일말: 조금, 약간; a spray (of), a touch (of), a tinge (of) ¶일말의 불안을 떨칠(shake) 수 없었다.

일행: 길을 같이 가는 여러 사람; party, troupe, company ¶관광단 일행이 도착했다.

입증: 어떤 증거를 가지고 증명함; proof, demonstration. 입증하다 to give proof ¶유죄를 입증하다 to prove (a person) guilty ¶무죄를 입증하다 to establish one's innocence ¶외국의 많은 학자들이 한글의 우수성(superiority)을 입증하고 있다.

자주적: 제 힘으로 해나가는; voluntary, independent. 자주 independence, autonomy ¶결혼은 자주적인 두 사람이 만나 협력해 나가는 것이다.

자체: itself ¶그 여자는 아름다움 그 자체였다.

장기수: 오랜 기간에 걸쳐 징역살이를 하는 사람; long-term prisoner. 장기 long term; ~수 prisoner ¶죄수 prisoner, convict, 사형수 criminal under sentence of death ¶그 사람은 장기수로 복역(serving) 중이에요.

적절하다: 꼭 알맞다; to be suitable, fit, appropriate, proper, adequate ¶적절한 말이 생각나지 않았다.

전망: 미리 내다봄; view, prospect, outlook. 전망하다 to have a view, observe, look out on ¶금년도 우리나라 경제 전망은 밝다.

전면: 어떤 범위의 전체; whole [entire] surface; entirety; entirely ¶그 계획은 전면 취소되었다.

전문: 어떤 글의 전체; whole sentence, full text ¶편지의 전문을 읽어 주세요.

전제: premise, proposition, presupposition

점검: 낱낱이 검사함; check, inspection, examination. 점검하다 to check, inspect ¶우리 아파트는 한 달에 한 번씩 안전 점검을 실시한다.

정상 회담: summit conference. 정상 peak, top, summit; 회담 talk, conference, meeting; 회담하다 to have a conference with ¶유럽 정상 회담이 지난주에 열렸다.

정중하다: to be polite, courteous, respectful. 정중히 politely, courteously ¶그는 여행을 떠나기 전에 부모님께 정중히 인사를 드렸다.

제반: 모든, 여러 가지; all, every, various ¶그 나라는 제반 분야에 걸쳐 발전하고 있다.

조국: 조상 때부터 대대로 살던 나라; one's homeland, fatherland; one's native country ¶조국을 지키다, 조국을 위해 싸우다

조선 민주주의 인민공화국: Democratic People's Republic of Korea

조속하다: 이르고도 빠르다; to be immediate, prompt. 조속히 immediate(ly), prompt(ly), as soon as possible ¶그 문제는 조속히 해결해야 한다.

주석궁: presidential palace (in North Korea)

주재원: 어떤 임무를 띠고 파견되어 일정한 곳에 머물러 있는 사람; resident reporter. 주재 stay, residence ¶현지 주재원들이 뉴스를 보내 왔다.

증강: reinforcement, augmentation, increase, buildup. 증강하다 to reinforce, increase, augment ¶경비 요원들을 증강 배치했다.

증진: 점점 더 늘어 가고 나아감; promotion, increase. 증진하다, 증진시키다 to promote, increase ¶서로의 이해를 증진시키다

지향: 일정한 방향이나 목표로 향함; intention, inclination, aim. 지향하다 to intend, incline, aim ¶우리는 평화적인 통일을 지향해 나아가야 한다.

직원: 일정한 직장에 근무하는 사람; staff, personnel, faculty ¶그는 이 회사의 직원이다.

진입: 들어감; entry, penetration. 진입하다 to enter, go [penetrate] into ¶외국인들은 진입이 금지되었다.

집결: 한군데로 모임; assembly, concentration. 집결하다 to assemble, concentrate, gather ¶수많은 관중들이 운동장에 집결했다.

철저하다: 빈틈이나 부족함이 없다; to be thorough, exhaustive ¶그 사고는 철저한 조사가 필요하다.

청사: government office building

체육: 몸을 튼튼하게 발달시키려고 하는 교육; physical training, physical education; gymnastics

체제: system; governmental structure

초청: invitation, call. 초청하다 to invite, call ¶집에 손님을 초청했다.

취재: 작품이나 기사에 필요한 자료를 조사하여 얻음; collection of data or materials, news gathering; coverage. 취재하다 to gather news ¶그는 취재를 위해 전쟁터로 떠났다.

치안: 잘 다스려 편하게 함; public peace (and order); security ¶대도시의 치안을 유지하는 것은 쉽지 않다.

탑승: 비행기, 배 따위에 타는 것; embarkation, boarding, riding. 탑승하다 to get into, board ¶그는 비행기에 탑승했다.

터뜨리다: 터지게 하다; to explode, burst, let loose ¶웃음[울음]을 터뜨리다 ¶적군은 다이너마이트를 터뜨렸다.

튀어 나오다: 불쑥 나오다; to rush out, run out, pop out ¶어둠 속에서 고양이가 튀어 나왔다.

특별기: special plane. 특별 being special, exceptional; ~기 machine, plane ¶비행기, 전투기, 세탁기, 자판기 vending machine

특파원: 특별한 임무를 위하여 파견된 사람; 뉴스의 취재와 보도를 위하여 외국에 파견되어 있는 기자; mission; delegate, (special) correspondent. 특파 dispatch; special assignment; 특파하다 to dispatch specially; ~원 member, employee ¶그는 AP (서울) 특파원이다.

파격적: 일정한 격식을 깨뜨리는; exceptional, unprecedented, unconventional, special. 파격 exception to the rule ¶그의 이번 승진은 파격적이다.

평양 학생소년 궁전: Pyŏngyang Palace for Young Students. 학생 student; 소년 boys, youth; 궁전 palace

포장: 길바닥에 돌과 모래 따위를 깔고 그 위에 시멘트나 아스팔트 따위로 덮어 길을 단단하게 다져 꾸미는 일; paving, pavement ¶포장하다 to pave ¶도로 포장 공사를 하는 중이다.

표정: 감정이나 정서 따위가 겉으로 드러난 모습; (facial) expression, look ¶그는 행복한 표정을 지었다.

풀다: 모르거나 복잡한 문제 따위를 알아내거나 해결하다; to solve, work out, answer, explain ¶내 동생은 지금 어려운 수학 문제를 풀고 있다.

합의 사항: 서로 의견의 일치를 본 내용; matters agreed upon. 합의 (mutual) agreement, mutual consent; 합의하다 to agree, consent; 사항 matter, item, facts, articles ¶합의 사항을 조속히 실천에 옮겨야 한다.

합치다: 합하다; to put together, combine, unite ¶우리 둘이 힘을 합치면 어려운 문제도 해결할 수 있다.

행사하다: to excercise, use, employ ¶권리를 행사하다 to excercise one's rights ¶무력을 행사하다 to resort to firearms ¶투표권을 행사하다 to cast one's vote

현지: 어떤 일이 벌어진 바로 그곳; spot, field, actual place, (actual) locale ¶지금은 현지 시간으로 오전 10시이다.

화창하다: 날씨나 바람이 온화하고 맑다; to be balmy; to be bright, sunny ¶화창한 봄 날씨

환영: 오는 사람을 기쁜 마음으로 반갑게 맞음; welcome, ovation, reception. 환영하다 to welcome ¶네가 방문한다면 나는 언제나 대환영이다.

환호: 기뻐서 부르짖음; cheer, ovation, acclamation, hurrah. 환호하다 to cheer ¶그는 시민들의 뜨거운 환호 속에 서울에 도착했다.

환호성: 기뻐서 부르짖는 소리; shout of joy; cheer. ~성 shout ¶형의 대학 합격 소식에 가족들이 환호성을 터뜨렸다.

활성화하다: 활발하게 하다; to activate. 활성 being active; ~화하다 -ize ¶두 나라는 협력과 교류를 활성화했다.

회관: 모임, 회의, 공연 등을 하기 위해 지은 건물; hall, assembly hall, clubhouse ¶기독교 청년 회관, 여성 회관, 문화 회관

훼손: 체면이나 명예를 손상함; 망쳐서 못쓰게 만드는 것; damage; defamation of character. 훼손하다 to defame, damage ¶명예 훼손, 자연 훼손

흩어지다: 한데 모였던 것이 따로따로 떨어지거나 사방으로 퍼지다; to disperse, scatter, be scattered ¶흩어져 있는 쓰레기를 주웠다.

관용 표현

1. ~을/를 앞두고 with (something) ahead

앞두다 'have ahead' is a contraction of 앞에 두다 'place in front'. ~을/를 앞두고 thus means 'with (something) ahead', as in 2주일 앞두고 'with two weeks ahead', 20마일 앞두고 'with twenty miles ahead to cover', and 남북 정상 회담을 앞두고 북한은 남쪽 손님을 맞을 준비를 끝냈다 'With the North-South summit meeting ahead, North Korea completed preparations to greet the visitors from South Korea'.

2. ~을/를 비롯해서 including

비롯하다 'begin, start, arise from' is usually used in ~을/를 비롯해서 or ~을/를 비롯하여 'including, as well as, headed by', as in 시장을 비롯해서/비롯하여 모든 시 직원이 식에 참석했어요 'All the City Hall employees, including [headed by] the major, attended the ceremony'.

3. ~것으로 알려지다/전해지다 it is reported that . . .

알려지다 'be informed, reported, known' (the passive of 알리다 'inform') and 전해지다 'be reported' (the passive of 전하다 'report') usually take ~것으로 to mean, 'it is known/reported that'. Thus, 'it was reported that there will be a typhoon next week' is rendered 내주일에 태풍이 올 것으로 알려졌다/전해졌다.

4. ~을/를 막론하고 regardless of

막론하다 'go without question' is used only in the construction ~을/를 막론하고 'regardless of, irrespective of, no matter who/what/when/whether' as in 누구를 막론하고 'regardless of who they are', 내 외 기자를 막론하고 'irrespective of domestic or foreign reporters', 남녀를 막론하고 'regardless of sex; no matter whether it is a man or a woman', and 결과의 여하를 막론하고 'no matter what the consequences may be'.

5. ~께 about; around; toward (a time)

This suffix is attached to a noun of time to indicate an approximate time, as in 보름께 'toward the middle of the month' and 13일 오전10시 28분께 'about 10:28 A.M. on the thirteenth'. It can also be used to approximate place, as in 우리집께 'around my home; in the neighborhood of my home' and 시장께 'near the market'.

6. ~과는/와는 달리 unlike

The adverb 달리 'differently, in a different way' derives from the adjective 다르다 'be different'. To indicate the item from which someone or something is different, both 다르다 and 달리 require the particle 과/와 'from, with', followed by 는 if stronger contrast is intended: 용호와(는) 달리 민우는 아주 부지런해요 'Minu is very diligent, unlike Yongho'. This pattern is synonymous with ~과는/와는 다르게.

7. ~의 도가니 scene of; state of

The noun 도가니 'melting pot, crucible' is metaphorically used to indicate a state of excitement or admiration, as in 환호의 도가니 'scene of hearty cheers; state of hearty acclamation', 열광의 도가니 'scene of wild enthusiasm', 공포의 도가니 'state of extreme horror', 한국팀이 축구 시합에서 이기자 한국은 온 나라가 환호의 도가니였다 'As soon as the Korean team won in the soccer match, all Korea was in a state of hearty cheers', and 운동장은 흥분의 도가니가 되었다 'The playground turned into a scene of wild excitement'.

8. 눈치 sense; indication

눈치 literally means 'eye measure', from which various contemporary meanings such as 'sense', 'frame of mind', 'perception', 'indication', 'hint', and 'facial expression' have derived. Examples of phrases with 눈치 include 눈치가 빠르다 'to be quick-witted', 눈치가 없다 'to have no sense', 눈치 채다 'to get a hint of', 눈치를 보다 'to try to read someone's mind', and 민호는 미아를 좋아하는 눈치를 보였어요 'Minho showed a hint of his liking Mia'.

9. ~에 즈음하여 at the time of; on the occasion of

즈음 is a temporal noun meaning 'time, occasion', as in 이즈음 'now, these days', 그즈음 'at that time, on that occasion', and 미아가 태어날 즈음에 나는 대학생이었어요 'At the time Mia was born, I was a college student'. Its verbal form, 즈음하다 'to confront, face', is used only in the form ~에 즈음하여, which means 'at the time of', 'in case of', or 'on the occasion of'. This pattern sounds relatively formal. Examples are 위험에 즈음하여 'in case of danger', 이별에 즈음하여 'at the time of our parting', 어려운 때에 즈음하여 'in time of need', and 8 · 15에 즈음하여 'on (the occasion of) August 15'.

연습 문제

1. 다음의 글이 본문의 내용과 맞으면 T, 틀리면 F로 답하세요.

(1) ___ 남북 정상 회담은 이북 평양에서 열렸다.

(2) ___ 한국 취재단은 6월 3일부터 고려호텔에 묵었다.

(3) ___ 남북 정상 회담 동안 김 대통령을 환영하기 위해 시골에서 많은 사람들이 평양으로 몰렸다.
(4) ___ 김 위원장이 김 대통령을 공항에서 직접 영접한 것은 놀라운 일이다.
(5) ___ 남북 정상 회담에 대해 북한 주민들은 불안해했다.
(6) ___ 서울의 외신 기자들은 김 위원장의 공항 영접을 예상하고 있었다.
(7) ___ 한국민은 남북 정상 회담에 큰 기대를 걸고 있었다.
(8) ___ 남북 정상들은 한국의 통일 문제를 이웃 국가들과 함께 논의하여 해결하기로 했다.
(9) ___ 남북한에 흩어져 살고 있는 가족들은 곧 서로 만날 수 있을 것이다.
(10) ___ 김정일 국방 위원장의 서울 방문 일자가 확실히 정해진 것은 아니다.

2. 왼쪽의 형용사와 가장 잘 어울리는 명사를 오른쪽에서 찾아 연결하세요.

(1) 화창한	공사
(2) 파격적(인)	문제
(3) 일말의	시일
(4) 숭고한	날씨
(5) 대대적(인)	도로
(6) 조속한	뜻
(7) 울퉁불퉁한	대우
(8) 인도적(인)	우려

3. 다음 a, b 두 문장의 괄호 안에 공통적으로 들어갈 표현을 보기에서 골라 그 번호를 쓰세요.

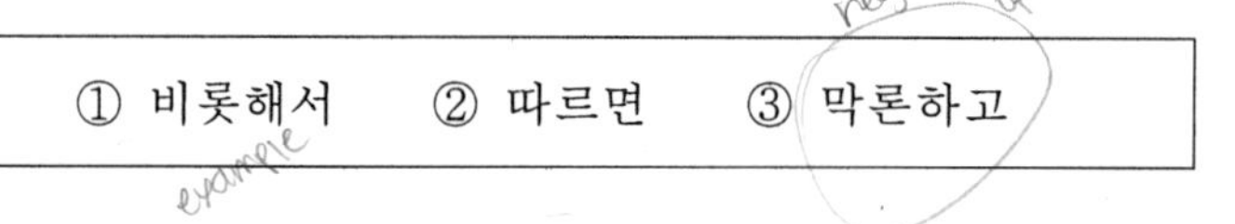
① 비롯해서 ② 따르면 ③ 막론하고

(1) a. 중국 인민일보 평양 특파원에 ( ) 평양이 더욱 밝아지고 깨끗해졌다.
b. 일기예보에 ( ) 내일은 바람이 불고 비가 많이 온다.
(2) a. 정상 회담 기간에 평양 바깥의 북한 주민들은 누구를 ( ) 평양 출입을 할 수 없다.

b. 김 대통령과 김 위원장이 악수하는 장면에서는 내외 기자를 ( ) 박수를 쳤다.
(3) a. 창광거리에는 노동당 중앙위원회 청사를 ( ) 인민 대학습당, 평양 고려호텔 등이 있다.
b. 졸업식에는 총장을 ( ) 많은 교수들과 학생들이 참석했다.

4. 다음 대화의 괄호 안에 알맞은 단어를 보기에서 골라 써 넣으세요.

환호	인파	증강	훼손	일말	눈치
집중	배치	집결	경유	우려	실현

영희: 주디 씨, 어제 잠실축구장에서 축구 경기 잘 보셨지요? 어제 오후에는 온 국민의 시선이 텔레비전에 ( )되어 있었어요.

주디: 네, 정말 아슬아슬했지요. 연장전에서 한국이 일본에 이기자 축구장은 순간 ( )와/과 흥분의 도가니로 바뀌었지요. 일본인 관중들은 실망하는 ( )(이)였지만요.

영희: 전반전에는 한국이 지지 않을까 하는 ( )의 불안감도 있었지요. 축구장에 사람이 많았지요?

주디: 네, 너무 많은 ( )이/가 몰려서 교통 경찰이 집중 ( )됐어요. 축구장 앞 도로 일부 구간이 ( )되어 포장 공사까지 하고 있어서 교통이 더 복잡했지요.

영희: 그런데, 잠실 축구장에 가려면 어떻게 가지요? 저는 한번도 안 가봤어요.

주디: 지하철 2호선을 타고 종합운동장에서 내리면 돼요. 축구장을 ( ) 하는 버스도 많아요.

영희: 한국인의 축구열은 대단하지요?

주디: 그럼요. 월드컵 4강 진출 후 축구팬이 더 늘었어요. 이제는 '월드컵 축구 우승'의 꿈을 ( )해야지요.

5. 한국어에 "사람"을 나타내는 여러 가지 한자가 있습니다. 그중에서 "가(家)"는 어떤 일을 전문적으로 하는 사람을 뜻하고, "원(員)"은 어떤 일에 관계되는 사람을, "인(人)"은 단순히 사람을 의미합니다. 다음 주어진 단어에 "가", "원", "인" 중에서 가장 적당한 것을 써 넣으세요.

(1) 미술( ) (2) 회사( ) (3) 도시( ) (4) 주재( )
(5) 현지( ) (6) 은행( ) (7) 자연( ) (8) 소설( )
(9) 한국( ) (10) 비평( ) (11) 전문( ) (12) 원시( )

6. 다음 글을 읽고 물음에 답하세요.

노동당 중앙위원회 청사를 비롯해서 인민 대학습당, 그리고 정상 회담 기간 중 한국 기자들이 묵을 평양 고려호텔 등이 늘어서 있는 창광거리는 울퉁불퉁한 일부 도로를 보수한 것은 물론, 훼손이 심한 일부 구간은 새로 포장 공사를 했다고 전했다. 이 밖에도 역사박물관과 평양 학생소년 궁전 등이 있는 승리거리와 주석궁으로 이어지는 모란봉거리 등도 노면 보수 공사를 거쳤다. 모란봉거리는 김대중 대통령이 김일성 종합대학을 방문할 경우 경유하는 도로이다.

(1) 위 글에서 언급된 거리 이름을 쓰고, 그 거리나 주변에 있는 건물 이름을 전부 쓰세요.

길 이름	건물 이름
① 창광거리	노동당 중앙위원회 청사, 인민 대학습당, 고려호텔
② 승리거리	역사 박물관, 평양 학생소년 궁전
③ 모란봉거리	김일성 종합대학

(2) 위 글로 보아서 아직 확실히 알 수 없는 것은?

a. 평양의 주요 도로에 대한 대대적인 보수 공사가 있었다.
b. 김대중 대통령은 김일성 종합대학을 방문할 예정이다.
c. 김일성 종합대학을 가려면 모란봉거리를 지나가야 한다.
d. 남북 정상 회담 기간중 한국 기자들은 평양 고려호텔에 묵을 예정이다.

7. 아래 문장을 보기와 같이 바꾸어 쓰세요.

(1) ~다고 전하다/말하다/알리다

보기: 지난 일 년 사이에 물가가 많이 올랐다.
⇒현지 주민들은 일 년 사이에 물가가 많이 올랐다고 전했다.

a. 평양은 남쪽 손님을 맞을 준비를 끝냈다.
⇒ 평양은 남쪽 손님을 맞을 준비를 끝냈다고
평양 특파원이 전했다.

b. 월드컵 축구 기간 동안 관광객이 많이 몰려 왔다.

⇒ 현지 주민들은 월드컵 축구 기간 동안 관광객이 많이 몰려왔다고

전했다.

c. 1주일 동안 계속 소나기가 퍼부었다.

⇒ 현지 주민들은 1주일 동안 계속 소나기가 퍼부었다고

전했다.

(2) ~ㄹ/을 것으로 전해지다/예상되다/알려지다

보기:	내일은 비가 많이 올 것이다. ⇒내일은 비가 많이 올 것으로 예상된다.

a. 고려호텔은 최근 보수 작업을 실시했다.

⇒ 고려호텔은 최근 보수 작업을 실시할 것으로 전해졌다.

b. 마이클이 테니스 경기에서 이겼다.

⇒ 마이클이 테니스 경기에서 이겼을 것으로 알려졌다.

c. 비행기가 비행 도중에 기계 고장을 일으켰다.

⇒ 비행기가 비행 도중에 기계 고장을 일으켰을 것으로 전해졌다.

d. 남북 정상 회담이 성공할 것이다.

⇒ 남북 정상 회담이 성공할 것으로 예상되었다.

(3) ~자

보기:	① 집에 도착했다. ② 전화 벨이 울렸다. ⇒집에 도착하자 전화 벨이 울렸다.

a. ① 김정일 국방 위원장이 공항 영접 장소에 등장했다.
② 프레스센터는 순간 환호의 도가니로 바뀌었다.

⇒ 김정일 국방 위원장이 공항 영접 장소에 등장하자

프레스센터는 순간 환호의 도가니로 바뀌었다.

b. ① 숙제를 끝마쳤다.
② 날아갈 것 같은 기분이었다.
⇒

c. ① 친구가 병원에 입원했다는 소식을 들었다.
② 하루 종일 마음이 불안했다.
⇒

8. "1. 말끔해진 평양"을 읽고 다음 질문에 답하세요.

(1) 본문에서 언급된 중국의 주요한 신문은 무엇입니까?

(2) 노동당 중앙위원회 청사는 어느 거리에 있습니까?

(3) 김 대통령이 묵을 평양의 영빈관 이름은 무엇입니까?

9. "2. 서울 프레스센터 표정"을 읽고 다음 질문에 답하세요.

(1) 김 대통령이 비행기를 내린 공항 이름은 무엇입니까?

(2) 서울의 프레스센터는 어디에 설치되었습니까?

(3) "어떤 이의 눈가에는 눈물이 고여" 있다고 했는데, 왜 눈물이 났을까요?

10. "3. 남북 공동 선언문"을 읽고, 다음 질문에 답하세요.

(1) 남북 공동 선언문은 몇 개 항으로 이루어져 있습니까?

(2) "남북 공동 선언문 전문"의 2째 문단에서 "분단 역사상 처음으로 열린" 남북 정상 상봉이라고 했습니다. 그렇다면, 이 공동 선언문이 작성된 때는 남한과 북한이 분단된 지 몇 년쯤 되었을까요?

(3) 남북 공동 선언문 3째 항에서 말하는 "비전향 장기수"는 구체적으로 어떤 사람들일까요?

(4) 8 · 15란 무슨 뜻입니까?

11. 다음은 "남북 공동 선언문 전문"을 요약한 글입니다. 괄호 안에 적당한 단어를 써 넣으세요.

> 5개 항으로 이루어져 있는 "남북 공동 선언문"은 (1) 통일 문제를 우리끼리 (   )적으로 해결하고 (2) 남측의 (   )와/과 북측의 (   ) 안에 공통점이 있다고 인정, 이 방향에서 통일을 지향하며 (3) 8·15를 즈음하여 (   ) 가족 상봉과 (   ) 장기수 문제를 (   )적으로 해결하고 (4) (   ) 협력뿐만 아니라 문화 체육 등 모든 분야에 걸쳐 협력하고 교류하며 (5) 이상과 같은 합의 사항을 (   )하기 위해 빠른 시일 안에 대화를 갖는다는 내용으로 꾸며져 있다. 그리고 김정일 국방 위원장이 적절한 시기에 서울을 방문하는 것으로 되어 있다.

더 생각해 봅시다

1. 남북 공동 선언문 2째 항에서 말하는 남측의 "연합제"와 북측의 "낮은 단계의 연방제"를 비교해 보고, 이 두 통일 방안에 대한 여러분의 의견을 말해 보세요.

2. 현재 남한과 북한의 관계는 어떻다고 생각하는지 의견을 말해 보세요. 특히 남북 공동 선언문의 내용이 잘 지켜지고 있다고 보는지요?

3. 현재 북한과 미국과의 관계는 어떤지요?

4. 한국의 통일이 언제쯤 이루어지리라고 생각합니까? 왜 그렇게 생각합니까? 서로 의견을 나누어 보세요.

제10과 세계화된 국제 공인 스포츠 태권도

(*T'aekwŏndo*, the world's sport)

그림을 보면서 함께 생각해 봅시다.

위 사진은 한국의 전통 스포츠로서 2000년 시드니 올림픽 정식 종목으로 채택된 운동의 사진입니다. 사진을 보고 다음의 질문들에 대해 함께 생각해 봅시다.

1. 위 사진 속의 사람들이 하고 있는 운동의 이름은 무엇입니까?

2. 영희, 철수, 영수, Nancy가 태권도에 대하여 이야기를 나누고 있습니다. 이중 한 사람은 태권도에 대해 잘못 알고 있군요. 누가 태권도에 대해 잘못 알고 있나요?

영희:	태권도는 올림픽 정식 종목이에요.
철수:	태권도는 중국에서 시작된 운동이지요.
영수:	태권도를 하면 몸과 정신이 건강해집니다.
Nancy:	태권도는 손과 발을 주로 사용하는 전신 운동이에요.

3. 다음은 태권도의 세 가지 구성 요소의 설명입니다. 설명을 잘 읽어 보고 해당하는 그림과 선으로 연결해 보세요.

격파: 단단한 물체인 송판(pine board), 기와, 벽돌(brick) 등을 깨뜨려 보이는 기술.	겨루기: 공격과 방어를 함으로써 상대방과 직접 대결하는 기술.	품새: 공격과 방어의 기술을 일정한 틀에 맞추어 익히는 기술 체계.

4. 태권도를 배워 본 적이 있습니까? 배워 본 적이 있으면 실제로 시범을 해 보이면서 기본 동작을 설명해 보세요.

세계화된 국제 공인 스포츠 태권도

우렁찬 기합 소리와 함께 내려친[1] 주먹에 20장의 기와가 맥없이 깨져 버린다. 그런가 하면[2] 공중으로 몸을 날려 3미터 높이에 있는 송판을 발로 차 부순다. 우리 나라에서 창시돼 세계화된 태권도는 그 시범에서도 기와 힘이 느껴졌다.

태권도는 손과 발을 주로 사용하는 전신 운동으로, 신체를 강건하게 하고 심신 수련을 통하여 인격을 도야하며, 기술 단련으로 자신의 신체를 방어하는 호신의 무술이다.

1961년 대한 태권도 협회가 창립된 이래 60년대 중반 월남전에 한국이 참전하면서부터 태권도는 해외 보급의 전기를 맞게 되었다. 당시 태권도를 의무적으로 익혀야 했던 한국군의 태권도 수련과 시범 장면은 무술이 낯선 외국인들에게 커다란 반향을 불러일으켰다. 현지에서 제대한 파월 용사 출신[3] 태권도 사범들이 아시아 각국으로 초청되어 태권도를 가르치기 시작하면서 국내 태권도계[4]에 해외 진출 붐이 조성됐다.

이후 태권도는 60년대 후반부터 정부의 지원을 등에 업고[5] 사범들이 미주와 유럽, 아프리카 오지를 파고들었고 70년대 중반부터는 냉전 체제로 국교가 없었던 동유럽에까지 그 범위를 넓혔다.

1995년 현재의 통계에 의하면 세계 태권도 연맹(WTF) 산하에는 1백44개국에 약 4천만 명의 수련생들이 가입되어 있다. 아시아 지역은 46개국 1천5백여만 명, 유럽 지역 38개국 8백60여만 명, 범미주 지역 34개국 1천3백여만 명, 아프리카 지역 26개국 2백50여만 명 등 태권도는 이제 세계적인 스포츠로 자리잡게 되었다.

태권도가 2000년 시드니올림픽의 정식 종목으로 채택됨으로써 태권도의 국제적인 위상은 한 단계 높아졌다. 또한 태권도는 어느 나라에서나 "차렷, 경례, 좌향좌, 우향우, 준비, 시작, 갈려"등 한국어로 지도하고 경기를 진행하기 때문에 올림픽에서 한국어로 진행하는 경기를 볼 수 있게 되었다.

태권도의 수련은 기본 동작으로부터 품새 · 겨루기 · 단련 · 호신술 등으로 구별한다. 기본 동작은 태권도 기술의 근간을 이루는 손과 발을 이용한 역학적 요소를 지닌 기술로, 주먹과 손날을 이용한 막기 · 지르기 · 찌르기 · 치기와 발을 이용한 차기 기술이 있다. 품새는 혼자서 상대를 가상하여 공격과 방어의 동작을 합리적이고 효과적으로 숙달시켜 민첩성 · 근력 · 유연성 및 중심의 이동, 그리고 호흡 조절 등을 발전시키는 것이다. 겨루기는 품새를 응용하여 실전에 임하는 공격과 방어의 기술을 전개하는 것이다.

태권도 경기는 체급별로[6] 나뉘며 사방 8미터의 정사각형의 경기장에서 3분 3회전으로 진행되는데 경기자의 안전을 위하여 도복 위로 몸통 · 팔 · 다리 등에 보호대를 착용한다.

태권도 수련 상태는 급과 단으로 정한다. 태극 1장을 수련하면 8급, 고려 품새를 마치면 초단 자격이 주어진다. 유단자는 모두 검은색 띠를 두르지만 급 단계에서는 흰색, 노란색, 파란색, 빨간색 등을 가려 찬다.

단의 심사는 세계 태권도의 총본산이라 할 수 있는 국기원에서 진행된다. 외국에 있는 등 불가피한 경우[7] 4단까지는 예외가 인정되나 5단부터는 국기원에서만 자격을 심사 받을 수 있다.

태권도를 배우기에 적합한 연령은 4-5살이라고 한다. 그 이유는 태권도가 예방적 차원의 운동이어서 아동의 본태성 고혈압, 소아 당뇨 등을 예방하고 치료에 도움이 되기 때문이라고 한다.

서울대학교 의과대학 정형외과 성상철 교수팀이 발표한 “태권도가 골밀도에 미치는 영향 분석”이라는 논문에는 태권도가 성장기 학생의 뼈를 고르게 하고 노년기의 골밀도 저하를 예방한다는 연구가 나와 있다. 고교 교사인 김석련 씨도 태권도가 IQ에 영향을 미쳐 성적을 향상시켜 준다는 연구 논문을 발표했다.

국내에서 유단자를 가장 많이 배출했다는 한강체육관의 이호열 관장은 “굳이 이런 이유가 아니더라도 태권도는 예의와 자세, 용모 등 정신 수양도 겸하고 있다”며 “바른 생각과 동작의 계속적인 반복 연습으로 좋은 품성을 형성해 간다”고 말했다. 또한 어린이에게 자신감을 갖게 하고 정직성, 존경심, 이해심, 통솔력, 협동심 등을 길러주는 매우 유익한 운동이 바로 태권도라고 말했다.

<한국화보> 1995년 1월 참조

어휘

가리다: 여럿 가운데서 하나를 구별하여 고르다; to choose, select, pick out; to sort ¶음식을 가리지 않고 골고루 먹어야 건강에 좋다.

가상: 현실이 아닌 생각; imagination, supposition. 가상하다 to imagine, suppose ¶화재를 가상하고 훈련을 한다.

갈려: 자기 위치로 가라는 구령; Break! 갈리다 to be split, divided

강건하다: 몸이나 힘이 튼튼하고 굳세다; to be strong, robust, hardy, healthy ¶강건한 청년, 강건한 몸

겨루기: 서로 이기고 지는 것을 다툼; pitting, rivaling, competeing, struggling. 겨루다 to compete with, match with ¶그와의 힘 겨루기에서 내가 이겼다.

겸하다: 두 가지 이상의 기능을 함께 가지다; to combine; to possess both; to serve both as ¶이 침대는 소파를 겸하고 있다.

경례: 존경의 뜻을 나타내기 위해 머리를 숙이거나, 허리를 굽히거나, 손을 올려서 하는 인사; salutation, salute, obeisance, courtesy, bow ¶국기에 대한 경례!

골밀도: density of marrow. 골 (bone) marrow, medulla; 밀도 density ¶나이가 들면 골밀도 검사를 해야 한다.

구별: 서로 다른 것끼리 갈라 놓음; distinction, discrimination, difference; classification. 구별하다 to distinguish, make a distinction ¶우는 소리만 듣고 새를 구별할 수 있어요?

국교: 나라와 나라가 사귀는 관계; diplomatic relations; intercourse between nations ¶한국은 최근 그 나라와 국교를 맺었다.

국기원: World T'aekwŏndo Headquarters

굳이: 꼭, 고집을 부려 구태여; strongly, firmly, decisively, strictly, exactly ¶굳이 떠나야 한다면, 내일 아침에 떠나세요.

근간: 사물의 바탕이나 중심; root and trunk; foundation, basis, root, origin, essence ¶농업은 그 나라의 근간이다. ¶기본 동작은 태권도 기술의 근간을 이룬다.

근력: 근육의 힘; muscular strength [power], physical strength ¶자전거는 근력을 키우는 데 좋다.

급: *kŭp*; class, grade, rate ¶3천 톤(ton)급의 배, 장관급 인물 ¶급이 오르다 to be moved up to a higher grade

기: 활동의 힘; vigor, energy, vitality, strength, spirits ¶그는 오랫동안 아파서 기가 허약해졌다.

기르다: 육체나 정신을 단련하여 더 강하게 만들다; to train, build (up), develop, cultivate ¶체력을 길러야 정신력도 강해진다.

기와: (roofing) tile ¶지붕의 기와를 바꿨다.

기합: 어떤 특별한 힘을 내기 위한 정신과 힘의 집중; 집중을 위해 내는 소리; (단체 생활에서) 잘못에 대하여 몸을 아프게 하는 벌; concentration of spirit; yell, shout; disciplinary punishment ¶도장 안에서는 태권도를 배우는 아이들의 기합 소리가 우렁차게 들려 왔다. ¶군대에서는 한 사람이 잘못해도 단체로 기합을 받는 경우가 많다.

낯설다: 사물이 눈에 익지 않다; to be unknown, strange, unfamiliar. 낯 face; 설다 to be unfamiliar ¶그는 처음 보는 사람인데도 전혀 낯설지 않았다.

냉전: Cold War

노년기: 늙은 시기; senescence, old age. 노년 old age; ~기 time, age ¶소년기, 청년기, 성장기 ¶세월이 흘러 두 남녀는 어느새 노년기에 접어들게(enter, approach) 되었다.

단: *tan*; grade, rank, class ¶태권도의 수련 상태는 급과 단으로 정한다.

단련: 힘써 몸과 마음을 굳세게 기름; training, discipline, drilling. 단련하다 to train, discipline, drill ¶태권도를 배우면 정신 단련과 체력 단련을 모두 할 수 있다.

당뇨: glycosuria, glucosuria. 당뇨병 diabetes

대한 태권도 협회: Korea T'aekwŏndo Association

도복: 유도나 태권도 따위를 할 때 입는 옷; suit for (*t'aekwŏndo*) practice

도야: 마음과 몸을 잘 갈고 닦아서 훌륭한 인격을 만들도록 힘씀; cultivation, molding, training, education. 도야하다 to cultivate, train ¶인격을 도야하다

두르다: 팔을 돌려 감다; 치마 따위를 입다; to put around, encircle; to wear about (one) ¶그는 아들의 어깨 위에 팔을 두르고 걸었다.

띠: 옷 위로 가슴이나 허리를 둘러매는 끈; belt, sash ¶검은색 띠를 두르다.

막기: 상대편의 타격을 직접 막는 일; defense, protection. 막다 to defend, check ¶그는 다친 몸으로 적의 공격을 막기가 쉽지 않았다.

맥없다: 아무 기운도 없다; to be weak, feel tired, be in low spirits. 맥 spirit, vigor; 맥없이 weakly, spiritlessly ¶그는 맥없이 앉아 있었다.

무술: 무도에 관한 기술; martial arts ¶무술 시범을 하다

미치다: (일정한 곳에) 가 닿거나 이르다; (힘이나 기운이) 영향을 주다; to reach; to influence ¶그는 내 손이 미치지 않는 곳에 서 있었다. ¶가정 환경은 사람의 성격 형성에 큰 영향을 미친다.

민첩성: 재빠르고 날쌘 성질; agility, quickness, promptness. 민첩 agility, quickness; 민첩하다 to be quick, prompt; ~성 nature ¶이 일은 민첩성을 필요로 한다.

반향: 소리가 어떤 물체에 부딪쳐 같은 소리로 되돌아오는 현상; 어떤 일에 영향을 받아 일어나는 일; echo; repercussions; influence, reflection, response, reaction ¶어린 소녀의 울음 소리가 내 머릿속에서 자꾸만 반향을 일으켰다. ¶그 사건은 사회적으로 큰 반향을 불러일으켰다.

방어: 남이 쳐들어오는 것을 막음; defense, safeguard, protection. 방어하다 to defend, protect ¶자신의 신체를 방어하다

배출: 인재가 계속하여 나옴; coming forward in succession. 배출하다 to come forward in succession, appear one after another; to produce a large number of (scholars) ¶그 대학은 훌륭한 졸업생들을 배출했다.

범미주: Pan-America(n) ¶범미주 회의 Pan-American Conference

보급: 널리 펴서 고르게 미치게 함; diffusion, spread, propagation, extension, popularization. 보급하다 to spread, diffuse, propagate, popularize ¶태권도가 해외에 널리 보급되었다.

보호대: protector. 보호 protection; 보호하다 to protect; ~대 band ¶보호대를 착용하다

본태성 고혈압: congenital hypertension [high blood pressure]

불가피하다: 피할 수가 없다; to be inescapable, inevitable ¶불가피한 사정이 있어서 어제 회의에 못 갔다.

불러일으키다: 어떤 마음, 행동, 상태를 일어나게 하다; to rouse up, stir up, excite ¶그 정책은 여론을 불러일으켰다.

사범: 유도나 검도, 바둑 따위의 기술을 가르치는 사람; teacher, master, preceptor, instructor, coach ¶태권도 사범

산하: 어떤 조직체나 세력의 아래; subsidiary, affiliated, under (the influence of) ¶우리 회사는 삼성그룹 산하(의) 회사이다.

성장기: 자라는 시기; period of growth, growth spurt. 성장 growth; 성장하다 to grow; ~기 time; stage ¶소년기, 노년기, 제5기 ¶성장기 어린이에게는 영양이 중요하다.

세계화되다: to become global. 세계화 globalization

소아: 어린 아이; infant, small child, young child

손날: 손바닥을 폈을 때, 새끼손가락(little finger) 끝에서 손목(wrist)에 이르는 부분. 손 hand; 날 edge, blade ¶면도날 razor blade

송판: 소나무 널빤지; pine board

수련: 인격, 기술, 학문 따위를 닦아서 단련함; training, practice, culture, discipline, drill. 수련하다 to practice, train ¶그는 밤낮으로 수련하여 5단이 되었다.

수련생: 기술, 학문 따위를 닦아서 단련하는 사람; trainee. 수련 training; 수련하다 to train; ~생 student ¶수련 기간, 수련원

수양: 몸과 마음을 갈고 닦음; moral culture, cultivation of the mind. 수양하다 to improve oneself [one's mind] ¶정신 수양, 인격 수양

숙달: 익숙하게 통달함; proficiency, mastery, skill. 숙달하다 to attain proficiency ¶외국어 숙달은 오랜 시간을 필요로 한다.

시범: 모범을 보임; demonstration, showing of an example, modeling for others ¶우리는 선생님의 시범을 보고 태권도 동작을 익혔다.

신체: 몸; body ¶건강한 신체에 건강한 정신이 깃든다.

실전: 실제의 싸움이나 운동 경기; fighting, warfare, battle; active service ¶그 축구 선수는 기술은 좋으나 실전 경험이 부족하다.

심사: 자세하게 조사하여 결정함; examination, inspection, investigation, judgment, screening. 심사하다 to judge, examine, investigate, screen ¶이 학교의 학생들은 엄격한 심사를 거쳐 입학하였다.

심신: 마음과 몸; mind and body ¶현대인들은 대부분 심신이 지쳐 있다.

역학적: dynamic. 역학 dynamics ¶손과 발을 이용한 역학적 기술

연령: 나이; age ¶이 모임에 가입하는 데는 연령 제한이 없다.

영향: 어떤 사물의 효과나 작용이 다른 것에 미치는 일; influence, effect, impact ¶흡연은 건강에 나쁜 영향을 미친다.

예방: 앞으로 일어 날 수 있는 일을 미리 손을 써서 막는 일; prevention, protection, precaution. 예방하다 to prevent ¶병은 치료보다 예방이 중요하다.

예외: 정상적인 일에서 벗어나는 일; exception ¶이 원칙에는 예외가 없다.

오지: 해안이나 도시에서 멀리 떨어진 대륙 내부의 땅; interior, hinterland, up-country, back country ¶아프리카의 오지를 여행했다.

요소: 반드시 있어야 할 중요한 조건; element, constituent, factor, requisite ¶구성 요소, 위험 요소 ¶승리의 제일 중요한 요소는 협동이다.

용사: 용감한 군사; brave man; hero ¶제2차 세계 대전의 용사

우렁차다: 소리의 울림이 크고 힘차다; to be resounding, roaring ¶우렁찬 목소리

우향우: Right face!

월남전: Vietnam War ¶그는 월남전에 참전했다.

위상: 위치와 상태; place, situation, position, rank ¶한국은 88올림픽 개최로 국제적인 위상이 한 단계 높아졌다.

유단자: 초단 이상의 실력을 가진 사람; holder of a rank, black belt holder (in judo, *paduk,* etc.) 유단 ranking; ~자 person ¶그는 태권도 유단자이다.

유연성: 부드럽고 연한 성질; suppleness, flexibility, pliability, softness. 유연하다 to be soft, pliable ¶유연성을 키우기 위해서는 꾸준하게 운동을 해야 한다.

유익하다: 이롭거나 도움이 되다; be helpful, useful, profitable, beneficial ¶선생님이 여러 가지 유익한 말씀을 해 주셨다.

응용: 어떤 이론이나 지식을 다른 분야의 일에 적용시켜 이용함; (practical) application. 응용하다 to apply, put to practical use ¶과학을 일상 생활에 응용하다.

의무적: 마땅히 해야 하는; obligatory, compulsory; perfunctory. 의무 duty, obligation ¶그 과목은 의무적으로 수강해야 한다.

이래: 지나간 어떤 때부터 지금까지; since, from ¶대학에 입학한 이래 그 친구를 만나지 못했다.

익히다: 익숙하게 하다; to make oneself familiar with, habituate oneself to, inure oneself to ¶그는 여러 가지 기술을 익혔다.

인격: 사람으로서의 품격; character, personality, individuality ¶그는 훌륭한 인격을 갖추었다.

인정: 확실히 그렇다고 여김; recognition, acknowledgment. 인정하다 to admit, recognize, accept; 인정되다 to be admitted, acknowledged ¶그 도둑은 자기 잘못을 인정하지 않았다.

임하다: 어떠한 일을 대하다; to meet, face, confront ¶그는 죽음에 임하여 기독교인이 되었다. ¶우리는 끝까지 인내와 성의를 가지고 협상(negotiation)에 임하였다.

자격: 일정한 신분이나 지위; 어떤 일을 하는 데 필요한 조건이나 능력; qualification, competence ¶그는 지도자로서 자격이 충분하다.

자세: 몸을 가지는 모양; posture, pose, physical position [stance]; attitude ¶올바른 자세, 편한 자세 ¶그는 항상 자세가 바르다. ¶능력도 중요하지만, 어떠한 자세로 일을 하느냐가 더 중요하다.

자신감: 어떤 일에 대하여 뜻한 대로 이루어 낼 수 있다고 스스로의 능력을 믿는 굳센 마음; confidence. 자신 self-confidence, self-assurance; ~감 feeling, sense ¶책임감, 의무감, 행복감, 만족감 ¶무슨 일을 하든지 자신감을 갖는 것이 중요하다.

저하: 낮아짐; decline, drop ¶수준의 저하, 품질의 저하 ¶태권도는 골밀도 저하를 예방하는 데 도움이 된다.

전개: 진전시켜 펴 나감; unfolding, development. 전개하다 to develop, spread out ¶이 사건이 어떻게 전개될지 궁금하다.

전기: 전환을 이루는 기회; turning point ¶그 사건이 내 인생의 한 전기가 되었다.

전신: 온 몸; whole body ¶전신 운동 ¶수영은 전신에 골고루 운동이 된다.

정사각형: perfect square

정형외과: orthopedics

제대: 현역 군인에서 나오는 것; discharge from military service. 제대하다 to be discharged from service ¶우리 형은 지난달에 제대하였다.

조성: 무엇을 만들어서 이룸; development, creation. 조성하다 to make up, build up, create ¶금년 봄에는 오랜만에 건축 붐이 조성되었다.

좌향좌: Left face!

주먹: 손가락을 모두 오므려 쥔 손; fist ¶주먹을 쥐다 [펴다, 휘두르다]

지르기: 팔다리나 막대기를 내뻗어 치기; 소리를 크게 내기; kicking, striking, hitting, punching; yelling, screaming. 지르다 to kick, strike, hit; to yell, scream, cry aloud ¶주먹으로 한 대(blow) 지르다 ¶소리를 지르다, 고함(shout)을 지르다.

지원: 지지하여 도움; support, backup, aid. 지원하다 to support, aid ¶우리 학교는 국가의 지원으로 운영되고 있다.

진행: 앞으로 향하여 나아감; 일을 처리하여 나감; advance, progress, progression. 진행하다 to advance, make progress, move onward ¶새로운 사업의 진행에는 언제나 위험이 따른다.

찌르기: 날카로운 끝을 속으로 들이밀기; piercing, pricking, stabbing. 찌르다 to pierce, prick, stab, thrust ¶나는 실수로 손가락을 바늘로 찔렀다.

차기: kicking (at), giving (a person) a kick. 차다 to kick ¶그는 화가 나서 발로 문을 세차게 찼다.

차다: 물건을 몸의 한 부분에 달아매거나 끼워서 지니다; to attach, fasten to, wear ¶시계를 차다, 허리에 칼을 차다, 기저귀(diaper)를 찬 아이

차렷: Attention!

착용: 입거나 신거나 쓰거나 차거나 함; putting on, wearing. 착용하다 to put on, wear ¶오토바이를 운전할 때는 헬멧을 착용해야 한다.

참전: 전쟁에 참가함; participation in a war, entry into a war. 참전하다 to participate in the war ¶월남전 참전 용사 ¶그 나라는 미국 편으로 참전했다.

창립: 기관이나 단체 따위를 새로 만들어 세움; foundation, establishment. 창립하다 to establish, found, organize; 창립되다 to be established, founded ¶이 학교는 1900년에 창립되었다.

창시: 어떤 사상이나 학설 따위를 처음으로 시작하거나 내세움; origination, creation. 창시하다 to originate, create, found; 창시되다 to be created, founded ¶한글은 세종대왕에 의해 창시되었다.

채택: 골라서 뽑아 씀; choice, option, selection. 채택하다 to select, adopt, choose; 채택되다 to be selected, adopted, chosen ¶이번 일의 해결을 위해서는 새로운 방법이 채택되어야 하겠다.

체급: 경기자의 체중에 따라서 매겨진 등급; weight ¶태권도 경기는 체급별로 나뉜다.

체제: 사회 질서와 조직; structure; system; organization ¶경제 체제, 냉전(Cold War) 체제 ¶자본주의 사회에는 여러 가지 정치 체제가 있다.

초단: 첫 번째 단계; lowest grade [of the senior class], first grade ¶그는 태권도가 초단이다.

총본산: 전체를 관장하는 곳; headquarters. 총 all, whole, total, overall; 본산 origin, center ¶태권도의 총본산은 국기원이다.

치기: 세게 부딪치거나 때리기; striking, hitting, beating, knocking. 치다 to hit, strike

치료: 병이나 상처 따위를 낫게 함; (medical) treatment, remedy. 치료하다 to treat, cure ¶그는 병원에 입원하여 치료를 받고 있다.

태극: (중국 철학에서) 우주 만물의 근원이 되는 실체; T'aegŭk, the great absolute (in Chinese philosophy), source of the dual principle of yin and yang. 태극기 national flag of Korea; 태극선 fan with T'aegŭk symbol, yin-yang fan

통솔력: 다스리는 힘; leadership, ability to command. 통솔 command, leadership; 통솔하다 to command, lead; ~력 ability, power ¶이해력, 판단력, 지도력 ¶지도자는 통솔력이 있어야 한다.

튀어나오다: to jump out, spring out, rush

파고들다: 깊숙이 안으로 들어가다; 깊이 캐어 알아내다; to dig into (a problem); to investigate. 파다 to dig; 들다 to enter ¶그가 한 말이 마음 속에 파고들었다. ¶우리 상품이 외국 시장에 파고들었다.

파월: 월남전(Vietnam War)으로 군인을 보냄; dispatch of forces to the Vietnam War ¶그는 파월 장병이다.

품새: *p'umsae,* form

품성: 품격과 성질; character, nature ¶그는 품성이 훌륭한 남자다.

향상: 실력, 수준, 기술 따위가 나아짐; enhancement, rise, improvement, progress. 향상하다 to progress, improve; 향상시키다 to raise, elevate, improve ¶그는 성적을 향상시키려고 열심히 공부했다.

협동심: 힘과 마음을 하나로 합하고자 하는 마음; cooperation. 협동 cooperation, collaboration; 협동하다 to cooperate, collaborate; ~심 mind, heart, sense ¶협동심을 길러주다 ¶공포심, 애국심, 자만심, 존경심, 이해심

형성: 어떤 모양으로 이루는 것; formation. 형성하다 to form ¶인격을 형성하다

호신: 자신의 몸을 보호함; self-protection, self-defense. 호신하다 to protect oneself, defend oneself ¶호신술 art of self-defense ¶그녀는 자신의 호신을 위하여 태권도를 배웠다.

호흡: 숨; breath, breathing, respiration. 호흡하다 to breathe ¶운동을 할 때에는 호흡 조절이 중요하다.

관용 표현

1. 내려치다 strike down

내려치다 (or 내리치다) consists of two verbs, 내리다 'to take down', and 치다 'hit, strike', but 내려 or 내리 functions as a prefix with the meaning 'downward'. 내려- or 내리- occurs in words like 내려가다 'to go down', 내려놓다 'to put down', 내려누르다 'to press down', 내려서다 'to step down', 내려앉다 'to take a lower seat', 내리긋다 'to draw a vertical line', 내리깎다 'to knock the price down', 내리뜨다 'to lower one's eyes', 내리밀다 'to push down', and 내리퍼붓다 'to pour down'.

2. 그런가 하면 not only that; at the same time

그런가 하면 (or 그러는가 하면) consists of 그러하다 'to be/do so' and ~ㄴ가/는가 하면, which basically means 'if/when (one) thinks', but also has an extended meaning of 'not only' or 'at the same time'. The suffix ~ㄴ가/는가 하면 occurs, for example, in 비가 오는가 하면 볕이 나고 볕이 나는가 하면 비가 와요 'When I think it rains, it shines; when I think it shines, it rains' and 거기에는 지저귀는 새들이 있는가 하면 달리는 다람쥐도 있었어요 'There were not only chirping birds but also running squirrels'. 그런가 하면 contains both the basic meaning 'if/when one thinks so' and the extended meaning 'not only that; at the same time'. In this lesson, the extended meaning applies.

3. 출신 person of

출신 literally means 'a body (-신) coming out (출-) from'. This word is preceded by a word indicating a source, such as the place one was born, the school one graduated from, the profession one had, or some social group one used to be affiliated with, for example, a political party. It is used in constructions like 우리 아버지는 군인 출신이세요 'My father is a former military man', 우리 누나는 컬럼비아대학 출신 의사예요 'My older sister is a medical doctor who is a graduate of Columbia University', and 제주도 출신 국회의원이 찾아왔어요 'A member of the National Assembly who is a native of Cheju-do came to visit us'. It is also used as 출신지 'one's native place, hometown' and 출신(학)교 'alma mater'.

4. ~계 circles; a world

The Sino-Korean ~계, literally meaning 'limit, boundary, demarcation', as in 세계 'world' and 경계 'boundary', functions as a suffix variously meaning 'a circle, a world, a domain, a kingdom'. It appears in words like 영문학계 'learned circles of English literature', 사교계 'fashionable society', 동물계 'the animal kingdom', and 국내 태권도계 'domestic circles of *T'aekwŏndo*'.

5. 등에 업고 backed by

등에 업다 means 'to carry an animate object on one's back' (as in 애기를 등에 업다 'to carry a baby on one's back'), as against 등에 지다 'to carry an inanimate object on one's back' (as in 짐을 등에 지다 'to carry a pack on one's back'). When it is used in 등에 업고, it also has the extended meaning 'backed by' or 'with (the support of)', as in 정부의 지원을 등에 업고 'with governmental support' and 당을 등에 업고 'with the support of one's political party'.

6. ~별로 classified by

The Sino-Korean 별 has several related meanings, including 'distinction', 'separation', 'being special', and 'being extraordinary', as in 별것 'rare article', 별거 'separation', 별다르다 'to be exceptional', 특별한 'special', and 구별하다 'to distinguish'. As a suffix, it means '(classified) by', as in 연령별 'age bracket', 도별 인구 'population by provinces', 능력별 채용 'employment by ability', and 직업별 전화 번호부 'classified telephone directory'. The adverbial form of ~별 is ~별로, as in 우리는 손님을 연령별로 따로 따로 초대했다 'We invited the guests separately by age brackets' and 태권도 경기는 체급별로 나뉜다 '*T'aekwŏndo* competitions are divided by weight class'.

7. 불가피한 경우(에는) when it is unavoidable

불가피하다 means 'to be unavoidable, inevitable,' as in 불가피하게 'unavoidably, inevitably', 불가피한 사정으로 'owing to unavoidable circumstance', and 이라크와의 전쟁은 불가피했다 'A war with Iraq was unavoidable'. 경우 means 'occasion, time, situation, case, circumstances'.

불가피한 경우(에는) means 'in an unavoidable case, in an inevitable situation, on an unavoidable occasion', and so on, as in 불가피한 경우에는 오지 않아도 돼요 'You don't need to come in case you will be in an unavoidable situation'.

연습 문제

1. 다음의 글이 본문의 내용과 맞으면 T, 틀리면 F로 답하세요.

(1) __ 태권도는 한국에서 시작되었다.
(2) __ 태권도는 송판을 가지고 하는 무술이다.
(3) __ 태권도가 해외에 널리 알려진 것은 월남전 이후이다.
(4) __ 태권도는 미주나 유럽에 앞서 아시아에 먼저 보급되었다.
(5) __ 국제 경기에서 태권도 진행은 영어로 한다.
(6) __ 태권도의 기본 동작은 주로 손과 발을 사용해서 이루어진다.
(7) __ 태권도에서 검은 띠를 두른 사람이 빨간 띠를 두른 사람보다 더 상급자다.
(8) __ 태권도 5단자가 4단자보다 상급자다.
(9) __ 태권도는 10대 이후에 배우는 것이 좋다.
(10) __ 태권도가 뼈를 튼튼하게 하는 데 도움이 된다는 연구가 있다.

2. 왼쪽의 단어들은 태권도에서 사용되는 용어들입니다. 오른쪽에서 영어 뜻을 찾아 연결하세요.

(1) 차렷!	Right face!
(2) 경례!	Left face!
(3) 좌향좌!	Break!
(4) 우향우!	Ready!
(5) 준비!	Bow!
(6) 시작!	Attention!
(7) 갈려!	Go!

3. 한국어에는 명사에 붙어 "~하는 마음"을 나타내는 한자어인 "심(心)"과 "~한 느낌"을 나타내는 "감(感)"이 자주 쓰입니다. 아래 주어진 명사에 "심"이나 "감"중에서 적당한 것을 써 넣으세요.

(1) 공포(　　) (2) 만족(　　) (3) 불안(　　) (4) 인내(　　)
(5) 행복(　　) (6) 존경(　　) (7) 이해(　　) (8) 불안(　　)
(9) 애국(　　) (10) 안정(　　) (11) 자신(　　) (12) 협동(　　)

4. 다음 a, b 두 문장의 괄호 안에 공통적으로 들어갈 표현을 보기에서 골라 그 번호를 쓰세요.

① 맥없이 ② 굳이 ③ 당시

(1) a. (　　) 영어가 아니더라도 외국어를 해 두면 도움이 된다.
b. (　　) 해외 여행을 가고 싶으면 중국으로 가거라.
(2) a. 우렁찬 기합 소리와 함께 내려친 주먹에 20장의 기와가 (　　) 깨져 버렸다.
b. 그는 아들이 교통 사고로 병원에 입원했다는 소식을 듣고 (　　) 주저 앉았다.
(3) a. 월남전 (　　) 모든 파월 한국 군인들은 태권도를 익혔다.
b. 대학 졸업 (　　) 그는 태권도 사범이었다.

5. 다음은 태권도와 태권도 경기에 대한 설명입니다. 본문의 내용을 참고로 하여 괄호 안에 알맞은 단어를 써 넣으세요.

태권도는 한국 전통 무술 경기로서 (　　)와/과 (　　)을/를 주로 사용하는 전신 운동이다. 태권도는 공격과 방어의 기술을 숙달시켜 자신의 신체를 방어하는 (　　)의 무술이다. 또한, 태권도는 예의와 자세, 용모 등 정신 수양도 겸하고 있어 (　　)을/를 도야하는 무술이기도 하다. 태권도 수련 상태는 (　　)와/과 단으로 정하는데, 유단자는 (　　)색 띠를 두른다. 태권도 경기는 (　　)미터의 정사각형 경기장에서 (　　)분 (　　)회전으로 이루어진다.

6. 다음 대화의 괄호 안에 알맞은 단어를 보기에서 골라 써 넣으세요.

위상 시범 사범 출신 기합 종목 수양 예방 배출 호신

주디: 민수 씨, 요새도 태권도 계속하세요?
민수: 그럼요. 우리 체육관에 태권도 (　　)이/가 새로 오셨는데 파월 용사 (　　)(이)에요. 유단자를 많이 (　　)하신 분이에요.

주디: 저도 한번 가보고 싶군요.
민수: 이번 토요일에 오세요. (   ) 경기가 있거든요.
주디: 그러지요. 요즈음 미국에서도 태권도 열기가 대단한가 봐요.
민수: 그래요. 태권도가 2000년 시드니올림픽에서 정식 (   )(으)로 채택되면서 국제적인 (   )이/가 한층 더 높아진 것 같아요.
주디: 저도 배우고 싶어요. 힘찬 (   ) 소리만 들어도 힘이 솟아요.
민수: 좋아요. 같이 합시다. 공격과 방어 기술을 배우니까 (   )에도 좋고, 또 심신 훈련을 통해서 정신 (   )에도 좋아요.
주디: 골밀도 저하를 (   )한다는 연구도 있어요.

7. 보기와 같이 두 문장을 한 문장으로 바꾸어 쓰세요.

> a. 태권도는 한국에서 창시되어 세계화되었다.
> b. 태권도는 그 시범에서도 기와 힘이 느껴진다.
> ⇒ 한국에서 창시되어 세계화된 태권도는 그 시범에서도 기와 힘이 느껴진다.

(1) a. 한국군은 그 당시 태권도를 의무적으로 익혀야 했다.
b. 한국군의 태권도 수련과 시범 장면은 외국인들에게 인상적이었다.
⇒ ______________________________

____

(2) a. 태권도 단의 심사는 국기원에서 진행된다.
b. 국기원은 세계 태권도의 총본산이라 할 수 있다.
⇒ ______________________________

____

(3) a. 세계 태권도 연맹은 그 본부를 서울에 두었다.
b. 세계 태권도 연맹 산하에는 1백44개국이 가입되어 있다.
⇒ ______________________________

____

(4) a. 한국인은 날마다 김치를 먹는다.
b. 김치는 맵지만 맛이 있다.
⇒ ______________________________

____

(5) a. 마이클은 태권도가 3단이다.
b. 마이클은 대학에서 한국학을 전공하고 있다.

⇒ ______________________________

____

8. 주어진 표현이 잘못 사용된 문장을 고르세요.

(1) 등에 업고
a. 태권도는 60년대 후반부터 정부의 지원을 등에 업고 발전했다.
b. 김민수 씨는 재벌인 아버지의 후원을 등에 업고 사업을 시작했다.
c. 그 나라는 유엔군의 도움을 등에 업고 전쟁에서 승리했다.
d. 우리 부모님은 자식들의 성공을 등에 업고 많은 희생을 하셨다.

(2) 불가피한 경우
a. 태권도 4단까지는 불가피한 경우 외국에서도 심사 받을 수 있다.
b. 불가피한 경우가 아니면 밤 10시 이후에는 전화하지 마세요.
c. 불가피한 경우 나는 매일 아침 8시에 조깅을 해요.
d. 불가피한 경우에는 수신자 부담(collect call)으로 전화하세요.

9. 다음 대화를 완성시키세요.

피터: 민지 씨, 태권도가 언제부터 해외에 보급되기 시작했지요?

민지: ______________________________

피터: 태권도가 동유럽에 도입된 것은 언제예요?

민지: ______________________________

피터: 태권도가 올림픽 정식 종목으로 채택된 것은 언제부터예요?

민지: ______________________________

피터: 태권도 경기는 몇 분간 몇 회전 진행되나요?

민지: ______________________________

피터: 태권도에서 검은 띠를 두른 사람들은 누구예요?

민지: ______________________________

피터: 태권도의 단 심사는 어디에서 하나요?

민지: ______________________________

피터: 태권도는 4-5살 때 시작하는 것이 좋다고 하는데, 왜 그래요?

민지: ____

피터: 올림픽에서 태권도 진행은 한국어로 하는데, 간단한 것 세 가지만 가르쳐 주세요.

민지: ____

10. "태권도가 사람의 신체 건강과 인격 형성에 미치는 영향"이라는 제목으로 20줄 내외로 짧은 글을 써 보세요.

____

____

____

____

____

____

____

____

____

____

____

____

____

____

____

____

____

____

____

____

더 생각해 봅시다

1. 태권도가 세계인 모두가 더 즐길 수 있는 무술이 되려면 어떤 점이 개선되어야 할까요?

2. 올림픽 정식 종목 중 대부분은 서양에서 발달된 것들인데, 동양 전통 경기로는 1964년 동경 올림픽에서 일본의 유도가 정식 종목으로 채택되었고, 2000년 시드니 올림픽에서 한국의 태권도가 채택되었습니다. 유도와 태권도를 비교해서 얘기해 보세요. 중국의 우슈나 일본의 가라테 등에 대해서도 알아보고 비교해 보세요.

제11과 세계 속의 한인 사회
(Korean society around the world)

그림을 보면서 함께 생각해 봅시다.

1. 한반도 밖에서 한국 사람들이 많이 살고 있는 나라를 알아 보고 다음 지도에 표시하세요. 그 나라들에는 대략 한국인이 몇 명이나 살고 있는지도 조사해 보세요.

2. 지금 여러분이 살고 있는 도시에는 한국인들이 많습니까? 그들은 대개 무슨 일을 하고 있습니까? 세 가지만 골라서 적어 보세요.

3. 다음은 해외에 살고 있는 한인들에 대한 설명입니다. 본문의 큰 제목들만을 읽고 다음에서 본문의 내용이 <u>아닐</u> 것으로 짐작되는 것을 골라 보세요.

(1) 한인들은 교육열이 높아서 미국 하와이에 사는 교포들은 대부분 전문직(professional job)에 종사하고 있다.
(2) 일본에 살고 있는 한국 사람들은 생계를 위해 흩어져 살고 있기 때문에 한국인들끼리 따로 모여 사는 곳이 없다.
(3) 독일에서 한국인을 알리는 데 공헌을 한 사람들은 태권도를 포함한 많은 체육인들이다.
(4) 브라질에 사는 한인들은 "한국 정부가 공식 후원한 첫 이민"이라는 자부심을 가지고 살고 있다.

4. 현재 5백만이 넘는 한국인들이 한반도 이외의 수많은 나라에 살고 있습니다. 다음 글들에서는 미국 하와이주, 일본, 독일, 브라질에 있는 한국인 사회에 대해서 간단히 살펴 보고 있습니다. 이들 이외의 지역에 살고 있는 한국인에 대해서 알고 있는 것이 있으면 이야기해 보세요.

세계 속의 한인 사회

1. 하와이

한인 최다 종사 업종:
마켓-식당-부동산업 순[1]

하와이에 사는 한인들이 가장 많이 종사하는 업종은 로컬마켓인 것으로 나타났다.[2] 한국일보가 하와이에서는 올해 처음으로 제작, 배포한 "98년 하와이 한인 업소 전화부"에 따르면 하와이에서 한인들이 가장 많이 종사하는 업체는 리커스토어를 포함한 로컬마켓으로 그 수가 1백1곳에 이르는 것으로 나타났다.

두 번째로 많은 업소는 식당으로, 리스팅에 집계된 것만으로도 62개 업체에 이른다. 유형별로 보면 한식당이 37곳으로 가장 많아 "이국 땅에 살아도 입맛은 변하지 않는다"는 사실을 입증해 주었고, 그 다음으로 로컬 및 서양식당 10개, 일식당 9개, 중식당 6개의 순이다. 한인들이 많이 종사하는 세 번째 업종은 40개 업체가 리스팅된[3] 부동산업. 본국이나 타주에서 이주해 온 한인들의 집 장만에서부터 사업장 리스까지 "삶의 공간" 마련이 먹는 문제 다음으로 중요한 모양이다.

네 번째는 하와이의 풍부한 관광 자원 덕택으로 35개의 업체가 리스팅된 여행사가 차지했으며, 자동차 바디샵 및 정비 업체도 35개로 "사람 한 명에 차 한 대"라는 말을 실감케 해주었다. 그 외에 20여[4] 업체가 넘는 업종으로는 미용실 33개, 학교 및 학원 32개, 변호사 사무실 32개, 가게 27개, 양장점 25개, 병원 및 의원 21개의 순으로 나타났다.

한편 단체와 교회의 숫자도 일반 사업체와 비교해 볼 때 밀리지 않는 "세"를 과시하고 있는 것으로 나타나는 등 한인 상호간의 커뮤니케이션도 상당히 활발한 것으로 확인됐다. 또한 한인이 있는 곳에 빠질 수 없는 것이 교회라는 사실을 말해 주듯 오아후에 있는 교회 수가 66개나 되는 것으로 나타났다.

한인 업소 분포(98년 1월 현재)	
업종	업체수
로컬 마켓	101
단체	69
교회	66
식당	62
부동산	40
여행사	35
자동차 정비	35
미용실	33
학교/학원	32
변호사 사무실	32
카페	27
양장점/의류	25
병원	21
자료: 한국일보 98년 하와이 한인 업소 전화부	

<한국일보> 1998년 3월 21일 김용우기자

2. 일본

생계 찾아 모여들던 마음의 고향:
오사카 조선 시장

"조선 시장은 일본에 사는 동포 모두의 '마음의 고향'입니다. 다른 지역에 사는 한국인도 그 아버지나 할아버지는 '오사카 조선 시장'에서 출발했지요."

오사카시 이쿠노구 "조선 시장"의 홍여표 씨(69, 주식회사 덕산물산 대표)는 자신이 45년 자리잡고 살아온 "시장"을 이렇게 정의한다. 일본의 행정 수도는 도쿄이지만 재일 한국인에게 수도는 오사카다. 한인의 정착 역사가 가장 깊고 인구도 가장 많다.

도심에서 전철을 타고 쯔루하시역에 내리면 그 일대가 모두 시장거리다. 흙길 시장통을 따라 고추장이며, 된장, 나물이나 젓갈을 팔던 그 거리는 30-40년 전만 해도 설이나 추석 등 한국 명절 때마다 일본 각지에서 사람들이 몰려와 북새통을 이루던 곳이었다.

지금은 바닥에 보도 블럭을 깔아 깨끗하고 한국 전통 문양 장식 가로등이 줄지어 있어 한국인 거리임을 알리고 있지만 한국 사람은 그렇게 많지 않다. 한인들이 각지로 퍼져 나가 자리잡아 굳이 "조선 시장"에 오지 않아도 한국 물건을 구할 수 있기 때문이다. 그래도 오사카, 고베, 나라 일대 불고기점들은 모두 여기서 재료를 사가고, 김치도 "쯔루하시 김치"라고 하면 전국적으로 알아준다.

"도쿠야마 쇼텐"(덕산 상점) 홍여표 씨 가족이 조선 시장에 진출한 것은 50여 년 전. 홍 씨 부부는 시장에서 빵을 만들어 팔다가 1955년 조선 시장에 "덕산 상점"을 내고 시루떡, 송편, 찰떡을 만들어 팔며 돈을 모았다. 40여년이 지난 지금 "덕산"은 떡국, 냉면을 자체 상표로 제조해 일본 전국에 내보내고, 한국에 덕산식품 공장을 설립해 운영하며, 라면, 소주, 막걸리 등 한국 식품의 일본 유통을 담당하는 주식 회사로 발전했다.

"조선 시장 140여개 점포 중 7할 정도는 한국인 소유입니다. 모두 40-50년 역사를 가진 가게들이지요." 그리고 그중 상당수는 겉으로 보이는 대로의 그냥 가게가 아니라 "기업"이라고 홍 씨는 귀띔했다.[5] 한국인들의 발길이 뜸해진[6] 조선 시장은 90년대 들어 젊은 세대 주도의 활성화 운동으로 새롭게 변모하고 있다. 세대 교체로 시장을 이어받은 2세와 3세들은 코리아타운 추진위원회를 결성, 시장 이름을 코리아 타운으로 고치고, 오사카시로부터 재정 지원을 얻어 시장을 새로 단장하고, 자매 결연을 맺은 부산 자갈치 시장 후원으로 매년 한국인 축제를 열고 있다. 재일 한국인의 "마음의 고향"을 대대로 지키기 위해서이다.

<한국일보> 1999년 6월 15일

3. 독일

한때 도장 45개 운영, 체육계 산 증인
태권도 대부 김광일 씨

독일 사회에 한국 사람의 존재를 알린 것은 태권도이다. 지금이야 한국 기업들이 많이 진출해 있어 한국을 알지만 10년 전만 해도 태권도는 독일내 소수 민족 중의 소수 민족인 한인을 알리는 유일한 자랑이었다.

현재 독일내 태권도 인구는 30만 명. 전국 각지에 70여 개의 도장이 있다. 잡지 가판대나 서점에는 태권도 잡지도 팔리고 있어 눈길을 끈다. 스투트가르트에서 태권도장을 운영하는 박수남 관장이 발행하는 잡지다.

독일 태권도계의 대부인 김광일 씨(63)는 "태권도를 아는 독일인은 한국을 싫어하는 사람이 없다"고 말한다. 스투트가르트의 박수남 관장, 뮌헨의 고의민 전 한국 대표팀 감독 등 많은 후배를 배출한 김 씨는 독일에서 처음으로 태권도 개인 도장을 낸 뒤 75년 현역에서 손을 뗄[7] 때는 태권도 도장을 45개나 소유했던 독일 태권도 전파의 산 증인이다. 그는 태권도로 쌓은 독일 체육계 고위 인사와의 두터운 친분으로 80년 독일 바덴바덴에서 올림픽을 서울로 유치하는 데 크게 기여했다.

태권도 외에도 많은 체육인이 한국과 한국인을 알리는 데 앞장서 왔다. 본에 거주하는 한호산 씨는 64년부터 독일 유도 대표팀 총감독을 역임, 종목을 불문하고 독일에서 최장수 감독으로 유명하다. 유럽에서 일본 유도가 발을 못 붙이고[8] 한국 유도가 강세를 띠는 것도 한 감독의 영향이 컸다. 쾰른의 박대희 독일 국가 배구 대표팀 감독도 독일에 코리아를 알린 체육인이다.

<한국일보> 1999년 6월 29일

4. 브라질

"대접 받고 사는 이민자" 자부심

LA에서 주 3회 왕복하는 대한항공편으로 12시간 걸리는 브라질은 생각만큼 가까운 나라는 아니다. 우선[9] 남반구에 위치해 있어 절기가 반대이고 LA와 4-6시간 시차가 난다. 브라질 한인들은 "한국 정부가 공식 후원한 첫 이민"이라는 자부심을 갖고 산다.

62년 12월 18일 부산항을 떠나 이듬해 2월 12일 17가구 92명이 산도스항에 도착함으로써 시작된 브라질 한인 사회는 36년 만에 5만 명 규모로 성장했다. 브라질 한인의 92%는 상파울루에 거주하고 있으며 근간이 되는 산업은 의류 도매업이다. 상파울루 한인들 사이에 "남대문 시장", "동대문 시장"으로 불리우는 봉헤찌로(Bom Retiro)와 브라스(Brass) 등 양대 의류 도매 상가 전체 업소 중 80%가 한인 소유다. 또 시외버스 터미널을 12년 전 개축한 패션센터내 250개의 도·소매 업체도 대부분 한인 소유다.

브라질 여성 의류의 26%를 한인 업체가 공급하고 있다고 한다. 한인들이 이같이 의류 업계를 장악하기까지는 이민 초기 밤새워 재봉틀을 밟고 보따리 장사로 신발이 닳도록 누빈 피와 땀이 기초가 돼 있다.

적지 않은 한인들이 브라질인이나 일본인들과의 결혼을 통해 브라질 사회에 동화되고 있다. 황금옥 씨(66)는 네델란드 국적의 배를 타고 지난 63년 2월 12일 산토스항에 도착했던 "브라질 이민 1호" 17가구 92명의 일원이다. 두 살 위인 남편과 이불 장사, 보석상을 하다 재산도 모았지만 남편이 죽은 후 사업을 인계받은 아들이 사기를 당해 날리고 무역업으로 재기를 노리고 있다. 브라질 한인 2세 "1호"인 큰 딸 엘로이자(Heloisa)는 자라면서 어울릴 한인 친구를 찾지 못한 채 일본 아이들과 친하게 지냈다. 결국 아버지의 반대를 무릅쓰고 일본계 2세인 실비오 히라이(37)와 결혼, 5살짜리 아들과 2살짜리 딸을 두고 있다.

상파울루대학 외국어과를 졸업한 엘로이자는 포루투칼어와 영어, 일어와 한국어 등 4개 국어를 한다. 한국어는 유창한 편은 못되지만 일본어 실력은 남편보다 오히려 뛰어나다. 엘로이자의 두 자녀는 일본계 1세인 친할머니와는 일어로, 외할머니 황 씨와는 한국말로, 부모와는 포루투칼어로 의사소통을 한다. 한국에 친척이 없는 황 씨와 딸 엘로이자는 아직 한국을 방문한 적이 없다.

두 모녀에게 아쉬움이 있다면 서로 포루투칼어와 한국말을 완벽하게 하지 못하는 탓으로 모녀간에 속마음을 털어 놓고[10] 상의하며 위로 받고 싶었던 때 제대로 커뮤니케이션할 수 없었던 점이라고 한다. 그 같은 기억은 지금도 이들 모녀에게 이민 생활의 아픔으로 남아 있다.

<한국일보> 1999년 6월 22일

어휘

가로등: 길거리를 밝히는 등; streetlight. 가로 street, road; 등 lamp, light ¶길가 가로등에 불이 켜졌다.

가판대: 거리 판매를 하는 물건을 놓기 위하여 설치한 대, newsstand; kiosk. 가판 (for) sale on the street. ~대 stand, table ¶가판 신문, 가판 상인 ¶계산대, 수술대

각지: each place, various places, various parts of the country ¶각지에서 사람들이 모여들었다.

감독: superintendent, supervisor, director; supervision. 감독하다 to supervise ¶그는 아파트 건설 현장 감독으로 일하고 있다. ¶그는 최근 한국의 축구 국가 대표팀 감독으로 초청되었다.

강세: 강한 세력; strong tone; bullish tendency ¶독일에서는 한국 유도가 강세를 띠었다. ¶이번 주에는 컴퓨터 관련 주식이 강세를 보였다.

개축: 고쳐 다시 세우거나 쌓음; rebuilding, reconstruction, remodeling. 개축하다 to rebuild, reconstruct ¶옛 빌딩을 헐고 빌딩을 개축하였다.

거주: 일정한 곳에 머물러 삶; dwelling, residence. 거주하다 to reside, live, dwell ¶모든 국민은 거주와 이전(moving)의 자유를 제한 받지 않는다.

결성: 단체를 짜 만듦; formation, organization. 결성하다 to organize, form ¶정당(political party)을 결성하다, 조합(union)을 결성하다

고위: 높은 지위나 위치; high rank ¶그는 정부의 고위 인사이다.

공간: 빈곳이나 빈자리; room, space ¶주차 공간 확보가 큰 문제이다.

공식: formality; formula; formal ¶다음달에 한국 대통령의 미국 공식 방문이 있다. ¶나는 수학 공식 외우는 것을 싫어했다.

과시: 자랑하여 보임; display, showing off. 과시하다 to make a display of, show off ¶그는 재산과 권력을 과시했다.

관장: 도서관, 박물관, 전시관 같이 '관' 자가 붙은 기관의 최고 책임자; director, superintendent ¶도서관장, 체육관장 ¶그는 태권도 관장이다.

교체: 대신하여 바꿈; shift, change, replacement. 교체하다 to replace, change

국적: nationality, citizenship ¶국적 불명의(unknown) 비행기, 국적을 바꾸다 ¶마이클은 금년에 한국 국적을 취득했다(acquire).

규모: scale, scope ¶그가 계획하고 있는 사업의 규모는 엄청나다.

근간: basis, foundation

기업: 영리를 목적으로 생산, 판매, 서비스 따위의 사업을 행하는 조직체; enterprise, company ¶그는 큰 기업을 경영한다.

끌다: 잡아당기다; to pull, draw; to attract, catch [a person's] attention ¶그의 최근 연구가 학자들의 관심을 끌었다.

나물: edible grasses or leaves ¶나는 어제 어머니와 산에 올라가서 나물을 캤다(dig up).

날리다: 날게 하다; 재물 따위를 헛되이 잃거나 없애다; to fly, let fly; to lose all, waste, throw away ¶어린이들이 연을 날리고 있다. ¶그는 도박(gambling)으로 큰 돈을 날렸다.

남반구: Southern Hemisphere. 남 south; 반구 hemisphere ¶북반구 ¶뉴질랜드는 남반구에 위치해 있다.

내다: 가게나 살림 따위를 차리다; to set up, make, arrange for ¶가게를 내다, 살림을 내다 ¶우리는 학교 앞에 책방을 하나 내려고 한다.

노리다: 어떤 일에 기회를 잡으려고 잔뜩 엿보다; to aim at, have an eye on, watch for a chance ¶한국 팀은 이번 축구 대회의 우승을 노리고 있다.

누비다: 천 사이에 솜을 넣어 바느질하다; 이리저리 뚫고 다니다; to quilt; to thread one's way through ¶이불을 누비다 ¶한국의 기업인들이 세계를 누비며 활동하고 있다.

눈길: 주의나 관심; glance, look. 눈 eye; 길 road, line ¶손길, 발길 ¶화려한 옷은 사람들의 눈길을 끈다.

닳다: 오래 쓰여서 물건의 길이, 두께, 크기 따위가 줄다; to wear out, be worn, be rubbed off ¶많이 걸어 다니다 보니 구두가 다 닳았다.

담당: 어떤 일이나 책임을 맡음; charge. 담당하다 to take charge of ¶저는 중학교 1학년 영어를 담당하고 있습니다.

당하다: 일을 만나거나 겪다; to encounter, experience, receive ¶슬픔을 당하다, 위험을 당하다 ¶그는 최근 사기를 당했다. He has been swindled recently.

대대로: 여러 대를 이어서 계속하여; generation after generation ¶그의 집안은 대대로 의사이다.

대부: godfather ¶그는 태권도계의 대부이다.

대접: treatment, reception, welcome, entertainment. 대접하다 to treat ¶어머니는 손님들을 대접하시느라고 바쁘시다. ¶인간이 제대로 대접받는 사회가 되어야 한다.

덕택: 베풀어준 은혜나 도움; indebtedness, favor, help, support. 덕택으로 thanks to; by favor of ¶저는 여러분 덕택으로 잘 지내고 있습니다.

도·소매업: wholesale and retail. ~업 line of business

도매업: wholesale business; wholesale trade. 도매 wholesale

도심: 도시의 중심 지역; downtown, heart of a city ¶도심을 벗어나니 공기가 맑고 조용해서 좋았다.

도장: training hall, exercise hall, gym, gymnasium

동포: 같은 나라 또는 같은 민족의 사람; compatriots ¶재미 동포, 재일 동포

동화: 성질 따위가 서로 같아짐; assimilation, adaptation. 동화하다 to assimilate, adapt ¶그들은 쉽사리 미국 문화에 동화하지 않았다.

된장: fermented soybean paste

두텁다: 서로 맺고 있는 관계가 굳고 깊다; to be thick, deep, warm; to be affectionate, cordial ¶두터운 담요, 두터운 벽, 두터운 우정

띠다: to carry, wear, tie [a belt]

리스: 임대, 대여; lease

마련: procurement; preparation. 마련하다 to get

막걸리: *makŏlli*; unstrained Korean rice wine

몰려오다: 여럿이 뭉쳐 한쪽으로 밀려오다; to come in crowds, throng, storm (a place). 몰리다 to be driven; 오다 to come ¶백화점 세일에 수많은 사람들이 몰려왔다.

무렵: around the time when ¶저녁 무렵에야 집에 도착했다. ¶매년 이 무렵에는 홍수(flood)가 난다.

무릅쓰다: 어렵고 괴로운 것을 참고 견디다; to risk, run a risk, defy a danger, venture, dare ¶그는 집안의 반대를 무릅쓰고 그 여자와 결혼했다. ¶위험[고생, 반대, 폭풍우, 치욕]을 무릅쓰다

무역업: trade business. 무역 foreign trade; ~업 line of business

문양: 무늬; pattern, figure, design ¶꽃 문양이 있는 카펫이 아름답다.

밀리다: 세력이 약해지거나 뒤쳐지게 되다; to be pushed, relegated to ¶우리 학교 야구 팀은 어느 팀에도 밀리지 않는다.

배포: 두루 나누어 줌; distribution. 배포하다 to distribute ¶이 책은 전국적으로 배포됐다.

변모: 모양이나 모습이 달라짐; transfiguration, change in (one's) appearance. 변모하다 to be transfigured, change one's appearance ¶나는 그 마을의 변모한 모습에 많이 놀랐다.

보도: 사람이 다니는 길; sidewalk; pavement ¶횡단 보도(crosswalk)를 건널 때는 항상 좌우를 살펴야 한다.

보따리: 보자기에 물건을 싸서 꾸린 뭉치; bundle, package, parcel ¶책 보따리, 이야기 보따리, 보따리 장사 ¶보따리를 싸다 [풀다] ¶물에 빠진 사람 살려 놓으니까 보따리 내놓으라고 한다.

보석상: jeweler, gem dealer, jeweler's store. 보석 jewel; ~상 merchant, business, store

본국: one's own country; one's home country ¶시합에서 진 선수들이 기운 없이 본국으로 돌아갔다.

부동산업: real estate business, realty (industry). 부동산 real estate; ~업 line of business

북새통: 야단스럽게 부산을 떨며 법석이는 상태; confusion, commotion. 북새 hustle, bustle, disturbance; 통 consequence, result; bustle ¶북새통에 in the confusion ¶북새통에 잠을 잘 수가 없었다.

분포: 흩어져 퍼져 있음; distribution. 분포하다 to be distributed ¶이 표는 대한민국의 인구 분포를 나타내고 있다.

불문하다: 묻지 않다, 가리지 않다; not to ask; to ignore, disregard. 불문하고 rcgardlcss of ¶그는 종목을 불문하고 모든 운동을 잘 한다.

사기: 꾀로 남을 속임; fraud, swindle, cheat. 사기하다, 사기(를) 치다 to swindle, commit a fraud; 사기를 당하다 to be swindled ¶그는 사기를 칠 사람이 아니다. ¶그는 친구로부터 사기를 당했다.

상의: 어떤 일을 서로 의논함; consultation, talk, conference. 상의하다 to consult ¶우리는 대학 진학에 대해 선생님과 상의했다.

상표: 한 상품을 다른 것과 구별하기 위해 이름처럼 붙인 표시; trademark, brand ¶물건에 상표를 붙였다.

상호간: 서로의 사이: to be mutual, reciprocal. 상호 reciprocity, mutuality; ~간 between, among

생계: 살아나갈 방도; living, livelihood ¶그는 보따리 장사를 하면서 겨우 가족들의 생계를 유지하고 있었다.

설립: 기관, 학교, 조직체 같은 것을 만들어 세움; foundation, establishment. 설립하다 to establish, found ¶그는 부산에 연구소를 설립했다.

세: 세력이나 세도; 기운이나 힘; influence, power, strength ¶세가 꺾이다

소수 민족: 한 나라를 이루는 여러 민족들 가운데 그 수가 적은 민족; minority race, minority. 소수 small number; 민족 race, ethnic group ¶중국에는 여러 소수 민족들이 살고 있다.

소유: 가지고 있음; possession, ownership. 소유하다 to have, own, possess ¶이 물건은 나의 소유인 동시에 우리 가정의 소유이다.

소통: 막힘이 없이 서로 통함; mutual understanding, communication. 소통하다 to communicate ¶외국에 나가면 의사 소통의 어려움을 느낀다.

수용소: 많은 사람을 집단적으로 한 곳에 가두거나 넣어 두는 곳; concentration camp, repatriate reception center. 수용 accommodation; picking up; 수용하다 to accomodate to, intern; ~소 place

시루떡: steamed rice cake. 시루 steamer; 떡 rice cake

시외버스: 시내에서 그 도시 바깥까지 운행하는 버스; cross-country bus

시장통: bustling market. 시장 market; 통 bustle

시차: 세계 각 지역의 시간 차이; time difference ¶서울과 런던과는 9시간의 시차가 있다.

아쉬움: 아쉬운 마음; regret; attachment. 아쉽다 to miss, feel the lack of ¶그는 아쉬움을 남기고 정든 고향을 떠났다.

앞장서다: 맨 앞에 서다; to stand at the head, in the lead. 앞장 the lead, the head; 서다 stand ¶그는 교육 개혁에 앞장섰다. ¶그 여자는 항상 유행에 앞장선다.

양장점: 여자의 양장 옷을 짓고 파는 집; Western dressmaking shop, couture house. 양장 Western-style clothing; ~점 shop ¶한복점 Korean dressmaking shop

알아주다: 뛰어나다고 인정해 주다; 다른 사람의 (어려운) 사정이나 형편을 이해하다; to think highly of; to appreciate, recognize ¶우리 언니는 친구들 사이에서 꽤 알아주는 미인이다. ¶내 어려운 사정을 알아주는 사람은 아무도 없다.

어울리다: 서로 한데 섞이어 고르게 되거나 자연스럽게 보이다; to befit, be

suitable for, match well; to make friends with ¶나는 어두운 색보다 밝은 색의 옷이 더 잘 어울린다. ¶그는 성격이 좋아서 아무하고나 잘 어울려 지낸다.

업소: 사업을 벌이고 있는 곳; place of doing business [for example restaurant, bar, store, or shop] ¶서울에는 여러 종류의 업소가 있다.

업종: 직업이나 영업의 종류; type of industry, category of business ¶음식 장사는 계절에 민감한 업종이다.

업체: 사업이나 기업의 주체; (business) enterprise; business organization ¶관광 업체, 무역 업체, 전자 제품 업체 ¶이 지역에는 수많은 업체가 들어서 있다.

역임하다: to assume (an official position), serve as ¶그는 여러 관직 (government post)을 역임했다.

왕복: 갔다가 돌아옴; round trip, going and returning. 왕복하다 to go and return ¶런던까지 왕복 비행기 표가 얼마입니까?

운영: 조직이나 기구, 사업체 따위를 운용하고 경영함; operation, (business) management, administration. 운영하다 to operate, manage ¶우리 아버지는 조그만 의류 사업을 운영하고 계세요.

위로: 따뜻한 말이나 행동으로 괴로움을 덜어 주거나 슬픔을 달래 줌; solace, consolation. 위로하다 to console, comfort ¶뭐라고 위로의 말을 해야 할지 모르겠습니다. ¶슬픔에 잠겨 있는 사람을 위로했다.

유도: judo

유창하다: to be fluent in ¶그는 영어가 유창하다.

유치: 설비 등을 갖추어 두고 권하여 오게 함; attraction, lure, invitation. 유치하다 to attract ¶그 도시는 해외 관광객을 유치하기 위해 여러 가지 행사를 했다.

유통: 상품이나 돈 따위가 통용, 교환되는 일; circulation, distribution; currency. 유통하다 to circulate ¶우리 동네에 농산물 유통 센터가 있어서 편리해요.

유형: 비슷한 부류나 비슷한 부류의 형태; type, pattern ¶생물을 크게 동물, 식물의 두 유형으로 나눌 수 있다.

의류: clothing, clothes ¶저의 가게에서는 어린이용 의류만 팝니다.

의사: 마음먹은 생각; mind, idea, intention, intent, purpose ¶이번 일은 서로 간에 의사 전달이 잘못되어 일어난 것이다.

의원: 전문의가 맡아보는 병원보다 작은 의료 기관; doctor's office

이국: 딴 나라; foreign country; strange land ¶그들은 조국을 떠나 먼 이국땅에서 살고 있다.

이듬해: 바로 그 다음 해; the next year, the following year

이르다: to reach, arrive at

이민: 다른 나라로 옮겨 사는 일, 또는 그런 사람; emigration, immigration; emigrant, immigrant ¶매년 많은 사람들이 미국으로 이민을 떠난다.

이어받다: to inherit, succeed to

이주: 본래 살던 곳에서 다른 곳으로 사는 곳을 옮김; move (to), removal. 이주하다 to move, migrate ¶여러 민족의 이주가 문화의 교류를 가능하게 하였다.

인계: 일이나 물건을 넘겨주거나 넘겨받음; transfer, takeover. 인계하다 to hand over to one's successor; 인계받다 to take over ¶아버지에게 사업을 인계받았다.

인사: 사회적 지위가 높거나 사회적 활동이 많은 사람; men of society ¶이번 회의에는 국제적 인사들이 많이 참가한다.

일대: 어느 지역의 전부; whole place ¶북부 지방 일대가 눈으로 덮였다.

일원: 어떤 단체를 이루고 있는 한 사람; member (of a society) ¶그는 우리 학교 테니스 클럽의 일원이다.

입맛: 입에서 느끼는 맛의 감각; appetite, one's taste. 입 mouth; 맛 taste, savor ¶오늘은 입맛이 없다.

입증: 어떤 증거 따위를 내세워 증명함; proof, demonstration, establishment. 입증하다 to give proof of, establish a fact ¶그 상품은 한국 기술의 우수성을 입증했다.

자매 결연: 자매의 관계를 맺는 일; establishment of a sisterhood. 자매 sisters; 결연 forming a relationship, partnership ¶도시 학교와 시골 학교가 자매 결연을 맺었다.

자부심: 자기 자신 또는 자기와 관련되어 있는 것에 대하여 스스로 그 가치나 능력을 믿고 당당히 여기는 마음; self-confidence, self-esteem. 자부하다 to be self-confident. ~심 feeling, sense ¶그는 자신이 교육자라는 데 대해서 자부심을 가지고 있다.

장만: 미리 계획하고 준비하여 얻는 것; getting, getting ready; 장만하다 to get, get ready ¶집 장만을 위해 우리는 오래 전부터 돈을 모으고 있다.

장악: 무엇을 (손에) 쥐고 마음대로 할 수 있게 됨; hold, grasp; seizure, command. 장악하다 to have a hold on, completely grasp (the situation), have at one's command ¶그 독재자(dictator)는 20년간 정권을 장악했다.

재기: 다시 일어남; comeback, recovery. 재기하다 to come back, recover ¶그 운동 선수는 다리를 다쳤지만 재기에 성공하였다.

재일: residing in Japan ¶재일 교포 Korean residents of Japan ¶재미 교포 Korean residents of America

재봉틀: 바느질하는 기계; sewing machine. 재봉 sewing; 틀 machine, device ¶이 인형은 재봉틀은 전혀 안 쓰고 전부 손으로 만들었어요.

전철: 전기의 힘으로 운행하는 차량; electric railroad, electric train ¶서울에는 많은 사람들이 전철로 출퇴근을 한다.

전파: 전하여 널리 퍼뜨림; propagation, spreading, circulation, diffusion, dissemination. 전파하다 to propagate, transmit, spread abroad ¶선교사들(missionaries)이 세계 곳곳에서 기독교를 전파하고 있다.

전화(번호)부: 전화 번호를 모아 놓은 책; telephone directory. ~부 book ¶출석부, 출근부 attendance book

절기: 계절; 한해를 스물넷으로 나눈 하나; seasons; 24 divisions of the year (in the lunar calendar), subdivisions of the seasons ¶호주는 남반구에 위치해 있어 한국과 절기가 반대이다.

점포: 자그마한 규모로 물건을 파는 집; store, shop ¶점포를 내다 [열다, 닫다] ¶그는 큰 길에 점포를 냈다.

젓갈: 젓으로 담근 음식; salted seafood ¶어머니는 매년 젓갈을 담그신다 (pickle).

정: feeling, emotion, love, heart ¶부부의 정, 그리운 정 ¶정이 많다, 정을 주다, 정이 들다

정비 업체: 기계를 고치는 사업체; maintenance shop, mechanic's shop. 정비 maintenance, service, tuning up; 업체 business enterprise ¶그는 자동차 정비 업체에서 일하고 있다.

정의: 사물의 본질적인 뜻을 나타냄; definition. 정의하다 to define ¶정의를 내리다 to form a definition ¶신사의 정의는 예의를 아는 사람이라고 할 수 있다.

정착: 일정한 곳에 머물러 삶; settlement. 정착하다 to settle down ¶그는 미국에 정착하기를 원한다.

제작: 책이나 신문, 기계, 기구, 미술품 따위를 만드는 것; production, manufacture, making. 제작하다 to manufacture, produce ¶그는 영화 제작에 참여하였다.

존재: existence, being; subsistence ¶모든 사람은 다 중요한 존재이다. ¶나는 신의 존재를 믿는다.

종목: 여러 가지 종류에 따라 나눈 항목; item; line; event ¶한국 선수단은 여러 종목에서 금메달을 차지했다.

종사: 어떤 일을 직업으로 삼아서 함; attending to (one's work), following a profession. 종사하다 to attend to, engage in ¶무슨 일에 종사하고 계세요? ¶그들은 주로 농업에 종사하고 있다.

주도: 주동적인 처지가 되어 이끌거나 지도함; leading, initiative. 주도하다 to lead ¶그는 학교의 모든 일에 수도적인 역할을 하고 있다.

주식 회사: 주식의 발행을 통하여 여러 사람으로부터 자본을 조달받는 회사; company, corporation ¶그는 컴퓨터 관련 주식 회사의 직원이다.

증인: 어떤 사실을 증명하는 사람; witness ¶산 증인 living witness ¶증인을 소환하다 to call a witness ¶그는 한국 축구의 산 증인이다.

진출: 어떤 방면으로 나아감; advance, entry, penetration. 진출하다 to advance ¶우리 회사가 해외 시장에 진출하였다.

집계: 모아서 셈함; totaling, total. 집계하다 to add up, total ¶투표 결과를 집계해 본 결과 찬성표는 120표였다.

찰떡: 찹쌀로 만든 떡; rice cake made of glutinous rice

최다: 가장 많음; being most numerous

장수: 오래도록 삶; long life 장수하다 to live long, enjoy longevity ¶우리 할아버지는 90세까지 장수를 하셨어요.

추진: 밀어 나가게 함; propulsion, drive. 추진하다 to push forward, promote further ¶우리는 그 계획을 추진했다.

친분: 아주 가깝고 두터운 정분; acquaintanceship, familiarity, (closeness of) friendship, intimacy ¶우리 아버지는 그분과 친분이 두텁다.

타주: 다른 주; another state ¶타주 사람들이 이 지역으로 많이 이주하였다.

탓: 주로 부정적인 현상이 생겨난 까닭이나 원인; fault, blame, responsibility ¶내 탓으로 일이 잘못 되었다. ¶자기의 잘못을 남의 탓으로 돌리지 말아라.

할: 10분의 1을 일컫는 말; ten percent ¶10분의 5는 5할이다. ¶그는 수입의 1할을 남을 위해서 쓴다.

행정: 정치나 사무를 행함; administration ¶그는 행정 계통에서 일하고 있다.

현역: 현재 종사하고 있는 일; active service (on full pay) ¶그는 현역 시절 이름을 날리던 선수였다.

확인: 확실히 인정함; confirmation, affirmation, certification. 확인하다 to confirm, check ¶비행기를 내릴 때는 잃은 물건이 없나 잘 확인하여야 합니다.

후배: 같은 학교를 자기보다 나중에 졸업한 사람; one's junior ¶대학에서 나는 그보다 2년 후배였다.

후원: 뒤에서 도와 줌; support, backing, patronage. 후원하다 to support, back ¶많은 친구가 그를 후원했다.

흩어지다: 한데 모였던 것이 따로따로 떨어지거나 사방으로 퍼지다; to scatter, become scattered, disperse ¶낙엽이 바람에 흩어졌다.

관용 표현

1. ~(의) 순 in the order of

The Sino-Korean 순 means 'order, turn, sequence', as in 순서 'order', 번호순 'numerical order', and 가나다순 'alphabetical order'. It is also used in constructions like ~(의) 순이다 'be in the order of' and ~(의) 순으로 'in the order of'. When 의 'of' is omitted, 순 is suffixed to the preceding noun in writing. Observe examples like 식당의 수는 서양 식당, 일식당, 중식당의 순이다 'The numbers of restaurants are in the order of Western, Japanese, and Chinese restaurants', 날짜순으로 'in sequence of date', 크기순으로 'according to size', 연령순으로 'according to seniority', and 키순으로 서세요 'Please stand in order of height'.

2. ~으로 나타나다 be revealed as

나타나다 'appear, come out' is used to mean 'be revealed or disclosed' as a result of a survey or investigation. In this sense, it is synonymous with 밝혀지다. The revealed or disclosed fact is expressed by ~으로 'as the fact that ~', as in 미국의 한인 인구가 2백만을 넘는 것으로 나타났다/밝혀졌다 'It has come out that Korean residents in the United States number more than two million' and 한국 사람들이 많이 종사하는 업종으로는 식료품 가게, 음식점, 부동산업, 여행사, 미용실 등으로 나타났다/밝혀졌다 'Business types in which many Koreans are engaged are revealed as grocery stores, restaurants, real estate businesses, travel agents, beauty salons, etc.'

3. 리스팅되다 be listed

In addition to the loanword 리스트 'list', 리스팅 is used usually by Korean Americans as the verbal noun 'listing'. 리스트 is usually used only as a noun. 'To list something' and 'to be listed' in a catalogue, directory, or advertisement are expressed by 리스팅하다 and 리스팅되다, respectively.

4. ~여 -odd; or more

The Sino-Korean suffix ~여 is attached to a numeral to indicate 'and more, -odd, more than, over, in excess of', as in 2,000여 명의 학생 'two thousand-odd students', 이십여 년 전에 'twenty some years ago', and 30여 업체 'thirty or more businesses'.

5. 귀띔(을) 하다 tip (someone) off

귀띔 (from 귀뜨임) literally means 'opening [waking up] of ears', so the literal meaning of 귀띔(을) 하다 is 'to open [wake up] (somebody's) ears'. From such literal meanings have derived meanings such as 'to tell (a person) in confidence', 'to give (a person) a tip', 'to give (a person) a hint', and 'tip off (a person on a matter)', as in 너에게 귀띔해 줄 일이 있어 'I have something for your ears alone' and 저는 그 회사의 주식을 사라는 귀띔을 받았어요 'I got a tip to buy shares in the company'.

6. 발길이 뜸하다 visit infrequently

발길(literally, 'feet's way') means 'coming and going; steps; kick', as in 발길을 돌리자 'Let's go back' (*lit.,* 'Let's turn our steps'), while 뜸하다 or its full form, 뜨음하다, means 'to be infrequent; to be in a lull' and 뜸해지다 'to become infrequent, light; to abate, slacken off', as in 폭풍이 뜨음해진 사이에 급히 돌아 왔어요 'We ran home during a lull in the storm'. The opposite of 발길이 뜸하다 is 발길이 잦다 'to visit frequently, have frequent contact with'.

7. ~에서 손(을) 떼다 break with

This pattern, literally meaning 'to detach one's hands from', is used to denote variously 'to quit (a task)', 'to stop doing (a thing or a business)', 'to finish with', 'to break (one's connection) with', 'to wash one's hands of', and 'to be through with', as in 나는 정치에서 손을 뗀 지 오래 되었어요 'It's been a long time since I quit politics'. The opposite of ~에서 손(을) 떼다 is ~에 손(을) 대다 'to touch, begin, start'.

8. 발(을) 붙이다 make headway; enter

발(을) 붙이다, literally 'to attach one's feet (to)', means 'to enter, join, make headway', as in 일본 유도는 유럽에서 발을 못 붙이었다 'Japanese judo was unable to make headway in Europe' and 운동장은 발붙일 틈 없이 사람들로 가득차 있었다 'The playground was filled with so many people that there was no space to step in'.

9. 우선 to begin with

우선 is an adverb usually placed at the beginning of a sentence. Its meanings are 'first, to begin with, first of all, in the first place', as in 우선 점심부터 먹고 일을 시작합시다 'Let's have our lunch first of all, and then begin our work' and 우선 돈부터 마련해야 해요 'First we must raise funds'.

10. (마음을) 털어 놓다 open one's heart; speak frankly

털어 놓다, literally 'shake and put down (something)', means both 'to empty out, shake out, throw out (things)', as in 나는 호주머니를 털어 놓았다 'I emptied my pocket', and 'to open one's heart, unbosom oneself, speak frankly', as in 미아는 용호에게 뭐든지 다 털어 놓는다 'Mia keeps nothing from Yongho' and 털어 놓고 말하면 그것은 내 잘못이었어 'To be quite frank with you, it was my fault'.

연습 문제

1. 다음의 글이 본문의 내용과 맞으면 T, 틀리면 F로 답하세요.

(1) __ 하와이에 사는 한인들이 많이 종사하는 업종 중 집이나 사무실 마련에 관련된 업종이 식생활에 관련된 업종보다 더 많다.

(2) __ 교회나 단체는 한인 상호간의 대화의 기회를 마련해 준다.

(3) __ 하와이의 한인 업소 분포를 보면 단체와 교회의 수는 일반 사업체보다 훨씬 적은 편이다.
(4) __ 일본의 조선 시장은 일본의 행정 수도에 위치해 있다.
(5) __ 일본의 조선 시장에서는 젊은 세대들 주도로 과거 전통을 그대로 지키기 위한 운동이 활발히 추진되고 있다.
(6) __ 일본에서 한국 물건은 조선 시장에 가지 않아도 다른 곳에서 쉽게 구할 수 있다.
(7) __ 80년대 후반 독일 사회에서 한인의 존재는 태권도에 의해 알려졌다.
(8) __ 유럽에서는 한국 유도가 정착되지 못하고 일본 유도가 강하다.
(9) __ 브라질의 많은 한인들은 국제 결혼 등을 통해 브라질 사회에 정착해 가고 있다.

2. 한국어는 신체 부위를 이용한 표현들이 많습니다. 다음 (A)의 괄호 안에 적절한 단어를 (B)에서 찾아 써 넣으세요. 그리고 (A)의 밑줄 친 부분의 의미에 맞도록 (B)와 (C)를 연결하세요.

A

(1) 김 씨는 조선 시장이 그냥 가게들이 아니라 기업이라고 ( )했다.
(2) 조선 시장은 나중에는 한국인들의 ( )이 뜸했다.
(3) 그는 현역에서 ( )을 뗐다.
(4) 일본 유도가 유럽에 ( )을 못 붙였다.
(5) 그 가게는 물건이 많이 팔리고 있어 ( )을 끌었다.

B	C
발길	정착하지 못했다
손	방문이 줄었다
눈길	조용히 말했다
귀띔	물러났다, 그만두었다
발	관심을 끌었다

3. 다음 문장의 괄호 안에 들어갈 적절한 표현을 보기에서 골라 번호를 쓰세요.

① 탓에	② 덕택으로

(1) 나쁜 날씨 ( ) 여행 계획이 취소되었다.
(2) 하와이는 풍부한 관광 자원 ( ) 해마다 관광객이 아주 많아요.

(3) 선생님 ( ) 한국어를 잘 하게 되었어요.
(4) 그는 한국어를 완벽하게 구사하지 못하는 ( ) 한국인 아내와 속마음을 털어놓고 대화할 수 없었다.

4. 다음 대화의 괄호 안에 알맞은 단어를 보기에서 골라 써 넣으세요.

변모	자리	장악	배출	후원	생계
발행	존재	종사	기여	인계	자부

민수: 요즈음 한인들이 세계 각지에서 ( )를 잡고 그들의 한인 사회를 만들어 간다지요?
주디: 네, 저도 한인 사회에 대하여 신문에 보도된 글을 읽은 적이 있어요.
민수: 이곳 하와이의 경우 한인들이 가장 많이 ( )하는 업종은 로컬 마켓이며, 그 다음이 식당, 부동산업 순이라고 하더군요.
주디: 그래요? 저는 일본의 오사카 조선 시장에 관한 글을 읽었어요. 한국 이민 1세대들 대부분이 ( )를 위해 이곳에서 출발했다고 해요. 그래서 그들은 조선 시장을 우리 동포의 '마음의 고향'이라고 한대요.
민수: 네. 그렇대요. 그런데 조선 시장은 젊은 이민 세대들이 ( )받아 새롭게 ( )되고 있답니다.
주디: 독일의 경우 태권도를 통해 한인의 ( )을/를 알렸다고 해요. 70여 개나 되는 태권도장이 있고 박수광 관장이 ( )하는 잡지도 많이 팔리고 있대요. 또 독일 태권도계의 대부인 김광일 씨는 많은 후배를 ( )했다고 해요.
민수: 독일에서 태권도가 한인 사회를 알리는 데 큰 ( )을/를 했군요.
주디: 브라질에도 한국인 이민자들이 많다지요?
민수: 그럼요. 브라질의 한인들은 한국 정부가 공식 ( )한 이민이라는 ( )심을 갖고 산다고 해요. 의류 도매업이 이민자의 주된 사업인데 브라질 여성 의류의 26%나 차지하고 있대요.
주디: 브라질의 의류업계를 ( )하기까지는 수많은 노력이 필요했겠군요.
민수: 그럼요. 세계 각지에서 열심히 살고 있는 한국인들이 자랑스럽게 느껴져요.

5. "이르다"는 여러 가지 의미를 가지고 있습니다. 다음 밑줄 친 "이르다"와 같은 의미로 쓰인 것을 고르세요.

두 번째로 많은 업소는 식당으로 리스팅에 집계된 것만으로 62개 업체에 이른다.

a. 그는 아버지께 이르지 않겠다고 약속했다.
b. 지금에 이르기까지 아무런 소식이 없었다.
c. 예정보다 10분 이르게 도착하였다.
d. 어디서부터 시작하고 어떻게 해야 하는지 일러주시오.

6. 아래의 문장을 보기와 같이 바꾸어 쓰세요.

LA에서 브라질은 생각보다 가깝지 않은 나라이다. ⇒ LA에서 브라질은 생각만큼 가까운 나라가 아니다.

(1) 한국과 미국은 생각보다 멀지 않은 나라이다.

⇒ ______________________________

(2) 그의 시험 결과는 예상보다 좋지 않은 점수였다.

⇒ ______________________________

(3) 그는 생각보다 유능하지 않은 사람이었다.

⇒ ______________________________

(4) 이번 숙제는 예전보다 어렵지 않은 과제이다.

⇒ ______________________________

(5) 문학은 철학보다 어렵지 않은 과목이다.

⇒ ______________________________

7. 다음 밑줄 친 부분의 뜻과 가장 가까운 것을 고르세요.

(1) 브라질 한인들이 의류업계를 장악하기까지는 신발이 닳도록 누빈 피와 땀이 기초가 돼 있다.
a. 협동 b. 주도 c. 절약 d. 노력

(2) 그는 사기를 당해 재산을 날리고 무역업으로 재개를 했다.
a. 다시 일어났다 b. 다시 실패했다
c. 크게 성공했다 d. 빚을 다 갚았다

(3) 그 거리는 사람들이 몰려와 북새통을 이루던 곳이다.

a. 더러워진 b. 야단법석이던

c. 발전되었던 d. 화려했던

(4) 교회의 숫자도 일반 사업체와 비교해 볼 때 밀리지 않은 "세"를 과시하고 있는 것으로 나타났다.

a. 월등히 높은 b. 월등히 낮은

c. 조금 높거나 비슷한 d. 조금 낮거나 비슷한

8. 본문 "1. 하와이"를 읽고 다음 질문에 답하세요. 다음은 하와이에 사는 한인들이 종사하는 업종에 관한 설명입니다. 가장 많이 종사하는 업종부터 순서대로 번호를 쓰세요.

a. ( ) 주류를 파는 가게를 포함한 로컬 마켓
b. ( ) 낯선 외국에서도 한국 음식을 맛볼 수 있는 곳
c. ( ) 삶의 공간 마련 및 사업장 임대에 관련된 업종
d. ( ) 여행사와 자동차 정비 업체

9. 본문 "2. 일본"을 읽고 다음 질문에 답하세요.

(1) 다음은 30-40년 전 일본의 조선 시장의 모습과 90년대의 조선 시장의 모습을 비교한 표입니다. 괄호 안에 적당한 글을 써 넣으세요.

	30-40년 전	90년대
시장 이름	조선 시장	( )
시장 주도 세대	이민 1세대	( )
시장의 모습	한국 전통 음식들을 파느라 ( )을 이룸	단순한 시장이 아닌 ( )으로 변모

(2) 일본의 행정 수도는 도쿄이지만 재일 한국인에게 있어서 수도는 왜 오사카입니까?

10. 본문 "3. 독일"을 읽고 다음 질문에 답하세요.

(1) 독일 사회에서 한국인의 존재는 스포츠를 통해 많이 알려졌는데 본문에서는 어떤 스포츠들을 언급했습니까? (3가지)

(2) 독일에서의 태권도가 88년 서울 올림픽 유치에 어떻게 기여했나요?

11. 본문 '4. 브라질'을 읽고 다음 질문에 답하세요.

(1) 브라질 한인 사회에서 기초가 되고 있는 사업은 어떤 업종입니까?

(2) 브라질 한인 2세인 에로이자와 그녀의 어머니에게 이민 생활의 아픔으로 남아있는 것은 무엇입니까?

12. 아래 주어진 표현을 사용하여 보기와 같이 짧은 글을 써 보세요.

(1) ~을/를 무릅쓰고

보기: 엘로이자는 아버지의 반대를 무릅쓰고 일본계 2세와 결혼했다.

a. ______________________________

____

b. ______________________________

____

(2) ~ㄴ/은 채

보기: 엘로이자는 자라면서 어울릴 한인 친구를 찾지 못한 채 일본 아이들과 친하게 지냈다.

a. ______________________________

____

b. ______________________________

____

더 생각해 봅시다

1. 이민 1세와 이민 2세, 3세는 각기 다른 문제로 어려움을 겪는 경우가 많이 있습니다. 여러분 자신의 경험이나 부모님, 주위 사람들의 경험을 이야기 해 보세요.

2. 이민 사회에서 자신의 존재를 확립하기 위해 어떠한 노력을 해야 할까요? 토론해 보세요.

3. 다음 글은 2002. 12. 6일자 "한국일보" 미주판에 실린 칼럼입니다. 읽어 보시고 어떤 내용인지 서로 말해 보세요.

세계 속의 한국인들

크리스 포오먼

나는 자라면서 한국에 대하여 들어 본 기억이 없다. 고등학교 다닐 적에 역사 시간에 한국 전쟁에 참가한 많은 미국 사람들이 한국 땅에서 희생되었다는 것, 전쟁으로 인하여 한국이 양단되었다는 정도가 전부이었다. 내가 미국 중부 지역의 작은 도시에서 자랐기 때문이라고 할 수도 있겠지만 실제로 그때에는 대부분의 미국 사람들이 한국을 전혀 몰랐다.

지금은 어떤가. 한국을 모르는 미국 사람이 없을 정도이다. 한국의 존재가 미국에서 짧은 세월에 이처럼 널리 알려진 것을 보면 참으로 놀랍다. 샤핑 센터에 가도 한국말을 쉽게 들을 수 있고 고향 길거리에서도 한국에서 만든 차를 쉽게 볼 수 있다. 이 칼럼을 쓰면서 사용한 프린터도 한국산 삼성 프린터이다. 최근 유럽 여행 때 벨기에 호텔에서 한국말을 하고 있는 여행자들을 보았고 외딴 아프리카 우간다 공항에서도 한국 사람을 만났다.

세계 어느 곳에 가거나 한국 사람들이 살고 있다. 러시아 동부 사할린 지역 전문가인 동료의 관심 분야는 그곳에 살고 있는 한인들이다. 내가 아는 선교사는 중국 연변 지역에 살고 있는 조선족과 북한 피난민들을 돕기 위해 해마다 중국에 간다. 내가 아는 한인 친구는 오랫동안 독일에서 공부하고 지금은 미국에서 살고 있다. 그녀는 독일어를 영어보다 훨씬 잘하여 나의 독일어 연습 대상이 되기도 한다.

지난주 미스터 정과 이야기하면서 전혀 생각지 못했던 사실을 알게 되었다. 쿠바이다. 공산주의 국가인 카스트로 땅에서 한국 사람이 살고 있다는 말을 듣고 놀랐다. 캐나다 여권을 가진 미스터 정은 몇 년 전에 관광객으로 쿠바를 방문하였다. 미스터 정은 호텔에서 아시아 현지인을 만나 이야기하는 도중에 그의 조상이 한국인이라는 것을 알게 되었고 쿠바에 한인 커뮤니티가 있다는 놀라운 사실을 알게 되었다. 다음 이야기는 미스터 정이 들려준 쿠바에 사는 한

크리스 포오먼 칼럼

그게 이렇습니다

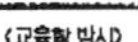

(교육학 박사)

나는 자라면서 한국에 대하여 들어본 기억이 없다. 고등학교 다닐 적에 역사 시간에 한국전쟁에 참가한 많은 미국사람들이 한국 땅에서 희생되었다는 것, 전쟁으로 인하여 한국이 양단 되었다는 정도가 전부이었다. 내가 미국 중부지역의 작은 도시에서 자랐기 때문이라고 할 수도 있겠지만 실제로 그때에는 대부분의 미국사람들이 한국을 전혀 몰랐다.

지금은 어떤가. 한국을 모르는 미국 사람이 없을 정도이다. 한국의 존재가 미국에서 짧은 세월에 이처럼 널리 알려진 것을 보면 참으로 놀랍다. 쇼핑센터에 가도 한국말을 쉽게 들을 수 있고 고향 길거리에서도 한국에서 만든 차를 쉽게 볼 수 있다. 이 칼럼을 쓰면서 사용한 프린터도 한국산 삼성 프린터이다. 최근 유럽여행 때 벨기에 호텔에서 한국말을 하고 있는 여행자들을 보았고 멀리 아프리카 우간다 공항에서도 한국사람을 만났다.

세계 어느 곳에 가거나 한국사람들이 살고 있다. 러시아동부 사할린지역 전문가인 동료의 관심분야는 그곳에 살고 있는 한인들이다. 내가 아는 선교사는 중국 연변지역에 살고있는 조선족과 북한 피난민들을 돕기 위해 해마다 중국에 간다. 내가 아는 한인 친구는 오랫동안 독일에서 공부하고 지금은 미국에서 살고 있다. 그녀는 독일어를 영어보다 훨씬 잘하여 나의 독일어 연습대상이 되기도 한다.

지난주 미스터 정과 이야기하면서 전혀 생각지 못한 곳에서 한국인들이 살고 있다는 사실을 알게되었다. 쿠바이다. 공산주의국가인 카스트로 밑에서 한국사람이 살고 있다는 말을 듣고 놀랐다. 캐나다 여권을 가진 미스터 정은 몇 년 전에 관광객으로 쿠바를 방문하였다. 미스터 정은 호텔에서 아시안 현지인을 만나 이야기하는 도중에 그의 조상이 한국인이라는 것을 알게되었고 쿠바에 한인 커뮤니티가 있다는 놀라운 사실을 알게되었다. 다음 이야기는 미스터 정이 들려준 쿠바에 사는 한국인들의 이야기이다.

1921년에 300 여명의 한국 사람들이 멕시코 동부에 자리잡고 살았다. 남자들, 여자들, 아이들을 포함한 이 그룹은 하와이 사탕수수 밭을 떠나 캘리포니아 농장을 경유하여 멕시코 시골에서 보금자리를 꾸미기 위해 멕시코로 간 사람들이다. 1920년경의 쿠바는 멕시코 보다 더 잘살았기에 멕시코로 갔던 절반 정도의 한국인들이 성공을 꿈꾸며 다시 쿠바로 이동하였다. 쿠바에 정착한 이들은 짧은 기간에 사업가들로 성공하였다. 그러나 1959년 카스트로 혁명 말기에 절반정도가 미국으로 도피하였고 나머지 절반은 쿠바에 남게 되었다.

자신이 한국사람이라고 말하는 50 여명이 현재 쿠바에 살고 있다고 한다. 이들 대부분은 라틴사람으로 변모하여 그곳 말을 하며 그곳 옷을 입고 살고 있다. 이들 중에 80살 이상의 나이든 사람들 중에는 서툴지만 한국말을 하는 사람이 있다. 하지만 대부분 이민 4세와 5세인 그들은 한국말을 하지 못한다고 한다. 미스터 정은 쿠바에 살고 있는 한인들의 특이한 문화를 보존하기 위하여 하바나에 한인센터를 세운 이야기를 들려주었다.

쿠바에서 개인이름으로 건물을 세내기란 불가능에 가까운 일이다. 건물을 얻기 위하여 정부에 탄원을 하였지만 몇 번씩 퇴짜를 받기도 하였는데 쿠바에 있는 한국 영사관의 도움을 얻어 50여명의 한국계 쿠바 사람들은 공식적으로 소수민족으로 인정받아 조그마한 사무실을 가질 수 있게 되었다. 만약에 독자들 중에 쿠바에 가는 사람이 있다면 여러분의 먼 사촌들을 잊지 말고 찾아보고 용기를 주라고 권하고 싶다.

쿠바에 살고 있는 한인들이 아직도 김치를 먹느냐는 나의 질문에 미스터 정은 한국계 쿠바 사람들이 김치를 아주 잘 만든다고 대답하였다. 그들은 밥하고 김치를 먹는 게 아니고 콩하고 김치를 먹는다고 하였다. 그의 이야기를 들으면서, "음식은 언어보다 더 강한 끈이구나"라는 결론을 내렸다. 미국이민 연륜이 깊어 가면서 한인 후손들이 한국말을 잊어버린 후에도 한국음식을 맛있게 먹을 것이라고 나는 장담한다.

세계 속의 한국인들

국인들의 이야기이다.

1921년에 300여명의 한국 사람들이 멕시코 동부에 자리잡고 살았다. 남자들, 여자들, 아이들을 포함한 이 그룹은 하와이 사탕수수밭을 떠나 캘리포니아 농장을 경유하여 멕시코 시골에서 보금자리를 꾸미기 위해 멕시코로 간 사람들이다. 1920년경의 쿠바는 멕시코보다 더 잘살았기에 멕시코로 갔던 절반 정도의 한국인들이 성공을 꿈꾸며 다시 쿠바로 이동하였다. 쿠바에 정착한 이들은 짧은 시간에 사업가들로 성공하였다. 그러나 1959년 카스트로 혁명 말기에 절반 정도가 미국으로 도피하였고 나머지 절반은 쿠바에 남게 되었다.

자신이 한국 사람이라고 말하는 50여 명이 현재 쿠바에 살고 있다 한다. 이들 대부분은 라틴 사람으로 변모하여 그곳 말을 하며 그곳 옷을 입고 살고 있다. 이들 중에 80살 이상의 나이든 사람들 중에는 서툴지만 한국말을 하는 사람이 있다. 하지만 대부분 이민 4세와 5세인 그들은 한국말을 하지 못한다고 한다. 미스터 정은 쿠바에 살고 있는 한인들의 특이한 문화를 보존하기 위하여 하바나에 한인센터를 세운 이야기를 들려주었다.

쿠바에서 개인 이름으로 건물을 세내기란 불가능에 가까운 일이다. 건물을 얻기 위하여 정부에 탄원을 하였지만 몇 번씩 퇴짜를 맞기도 하였는데 쿠바에 있는 한국 영사관의 도움을 얻어 50여 명의 한국계 쿠바 사람들은 공식적으로 소수 민족으로 인정받아 조그마한 사무실을 가질 수 있게 되었다. 만약에 독자들 중에 쿠바에 가는 사람이 있다면 여러분의 먼 사촌들을 잊지 말고 찾아보고 용기를 주라고 권하고 싶다.

쿠바에 살고 있는 한인들이 아직도 김치를 먹느냐는 나의 질문에 미스터 정은 한국계 쿠바 사람들이 김치를 아주 잘 만든다고 대답하였다. 그들은 밥하고 김치를 먹는게 아니고 콩하고 김치를 먹는다고 하였다. 그의 이야기를 들으면서, "음식은 언어보다 더 강한 끈이구나" 라는 결론을 내렸다. 미국 이민 연륜이 깊어 가면서 한인 후손들이 한국말을 잊어버린 후에도 한국 음식을 맛있게 먹을 것이라고 나는 장담한다.

제12과 조화의 원칙이 담긴 민족 문화의 주춧돌

(The foundation of national culture, with its harmonious principles)

💡그림을 보고 함께 생각해 봅시다.

世宗御製訓民
國之語音이
나랏말ᄊᆞ미
異乎中國ᄒᆞ야

1. 한글의 음절은 "초성 + 중성 + 종성"으로 구성되어 있습니다. 아래 글자 "감"에서 어떤 부분이 각각 초성, 중성, 종성일까요?

감

초성 →

중성 →

종성 →

2. 다음은 현재 쓰이고 있는 한글의 기본 자음과 모음입니다. 괄호 안에 알맞은 자음과 모음을 써 넣으세요.

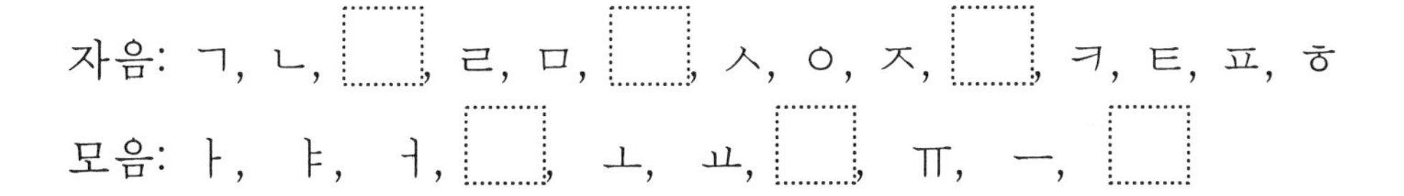

3. 한글 각 자음은 그 글자를 발음할 때 입과 혀가 어떤 모양을 하고 있는지 그 모양을 본뜬 것입니다. 다음 그림에 나타난 입과 혀 모양을 잘 보세요. 한글 자음의 어느 글자와 모양이 비슷합니까? 그 글자를 쓰세요.

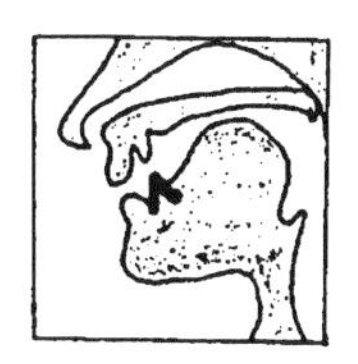 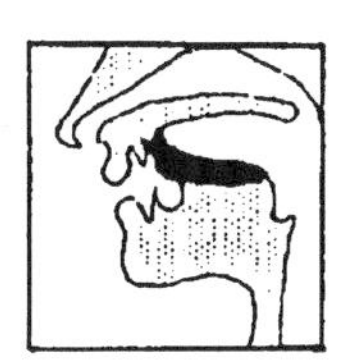 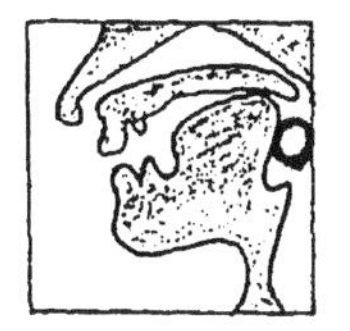 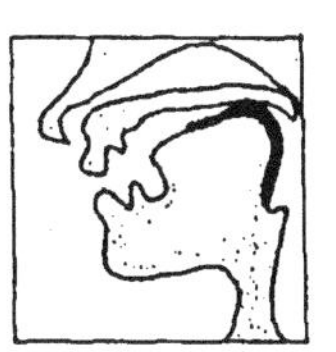

4. 낸시와 레이첼, 존, 탐은 한국어 초급반 학생들입니다. 그들은 인터넷에 들어가 한글에 대해 알아본 후 이야기를 나누고 있습니다. 그들이 인터넷에서 뽑아낸 자료를 참고하면서, 대화를 잘 읽어 보세요.

낸시: 한글은 세종대왕이 백성들이 중국말을 몰라도 자유롭게 글로 뜻을 전달하도록 만들어 발표한 것이야.

존: 처음에는 세종대왕이 "훈민정음"이라고 불렀대. "훈민정음"이란 "백성을 가르치는 바른 소리"라는 뜻이야.

레이첼: 그런데 너희들 혹시 ㄱ, ㄴ, ㄷ 같은 기본 자음들이 무엇을 본떠 만들어진 줄 아니? 그 소리를 내는 음성 기관, 즉 입이나 혀의 모양을 본뜬 거야.

탐: 한글은 자음과 모음이 합쳐져 음절을 이루는데, 모든 음절은 한자처럼 각각 뜻을 지니고 있어.

존: 아니야. 한글 각 자음과 모음은 소리만 나타내지 뜻을 나타내지는 않아. 그러니까 모든 음절이 다 뜻을 지니고 있는 것은 아니야.

낸시: 그런데, 세종대왕이 만든 한글 자음과 모음은 전부 지금도 그대로 사용되고 있지?

자음 – 첫소리 (초성)

	옛글	이젯글	이름	Letters Name	Sound Value
기본자음 (Basic Consonants)	ㄱ	ㄱ	기역	kiyŏk	g, k
	ㄴ	ㄴ	니은	niŭn	n
	ㄷ	ㄷ	디귿	tikŭt	d, t
	ㄹ	ㄹ	리을	riŭl	r, l
	ㅁ	ㅁ	미음	miŭm	m
	ㅂ	ㅂ	비읍	piŭp	b, p
	ㅅ	ㅅ	시옷	shiot	s, sh
	ㅇ	ㅇ	이응	iŭng	Ø, -ng
	ㅈ	ㅈ	지읒	chiŭt	ch, j
	ㅊ	ㅊ	치읓	ch'iŭt	ch'
	ㅋ	ㅋ	키읔	k'iŭk	k'
	ㅌ	ㅌ	티읕	t'iŭt	t'
	ㅍ	ㅍ	피읖	p'iŭp	p'
	ㅎ	ㅎ	히읗	hiŭt	h
	ㅿ		반 시옷		
	ㆁ		옛 이응		
	ㆆ		된 이응		
겹자음 (Double Consonants)		ㄲ	쌍기역	ssang-kiyŏk	kk
		ㄸ	쌍디귿	ssang-tikŭt	tt
		ㅃ	쌍비읍	ssang-piŭp	pp
		ㅆ	쌍시옷	ssang-shiot	ss
		ㅉ	쌍지읒	ssang-chiŭt	jj

모음 – 가운뎃 소리 (중성)

	옛글	이젯글	이름	Letters Name	Sound Value
기본모음 (Single Vowels)		ㅏ	아		a
		ㅑ	야		ya
		ㅓ	어		ŏ
		ㅕ	여		yŏ
		ㅗ	오		o
		ㅛ	요		yo
		ㅜ	우		u
		ㅠ	유		yu
		ㅡ	으		ŭ
		ㅣ	이		i
	ㆍ		아래아		
이중모음 (Combined Vowels)		ㅐ	애		ɛ
		ㅒ	얘		yɛ
		ㅔ	에		e
		ㅖ	예		ye
		ㅘ	와		wa(o+a)
		ㅙ	왜		wɛ(o+ă)
		ㅚ	외		ö,we
		ㅝ	워		wo(u+o)
		ㅞ	웨		we(u+e)
		ㅟ	위		ü,wi(u+i)
		ㅢ	의		ŭi

(http://geston.pe.kr/hangul)

(1) 한글에 대해 잘못 알고 있는 사람은 누구입니까?

(2) 대화의 맨 끝에 나오는 낸시의 질문에 여러분이 답해 보세요.

조화의 원칙이 담긴 민족 문화의 주춧돌

이 기 문

1

한글은 일찍이 인류가 만든 문자 중에서 가장 뛰어난 존재다. 세계 문자의 역사를 넓고 깊게 살필수록 한글의 특이성은 더욱 뚜렷이 부각된다.

문자는 그 기원이 단출할 뿐 아니라 그 전승도 한결같이 단조롭다. 인류의 모든 문자는 하나의 기원으로 거슬러 올라간다는 단원설이 오랫동안 큰 인기를 끌어 왔을 정도다. 단원설은 지나친 주장이라 하더라도, 세계의 곳곳에서 사용되었거나 사용되고 있는 문자의 과거를 더듬어 보면 대개는 수메르의 쐐기 문자, 이집트의 신성 문자, 중국의 한자로 거슬러 올라간다.[1] 쉽게 말해 문자는 아득한 옛날부터 이웃에서 이웃으로 전파되었고, 그 과정에서 조금씩 변형하면서 오늘에 이른 것이다.

그런데 한글은 다르다. 한글은 이웃 나라의 문자를 조금 고치거나 본떠서 만든 것이 아니다. 완전히 새로 만든 것이다. 이것은 예삿일이 아니다. 일찍이 인류 문자의 역사에 없던 일이 일어난 것이다. 한글 창제는 세계 문자사에 대한 하나의 반역이었다.

2

이상을 가진 완벽주의자 세종의 작품

세종의 새 문자 창제가 처음 세상에 알려진 것은 세종 25년(1443) 섣달이었다. 이 문자의 명칭은 “훈민정음”이었고, 약칭은 “정음”이었다. 그 무렵에 이미 속칭인 “언문”이 쓰였다. “한글”이란 이름은 19세기 말에 지어진 일이 있으나, 널리 보급되기는 주시경 선생이 쓰기 시작한 뒤의 일이다. “한글”은 본래 “한(韓)나라의 글”이란 뜻이었는데, 나중에 “한”은 “큰”, “유일한”의 뜻이라는 해석이 덧붙게 되었다.

훈민정음, 즉 백성을 가르치는 올바른 소리라는 명칭에 이 문자를 만든 세종의 깊은 뜻이 담겨 있다. 그때 우리 나라에서는 표의 문자인 한문으로 글을 쓰고 있었다. 입으로는 우리말을 하면서 글로는 한문을 써야 하는 고통은 이만저만이[2] 아니었다. 그러니 글은 소수 상류 계층의 독점물이 되어 있었다. 온 백성이 글을 읽고 쓸 수 있게 하려면 우리말을 그대로 적을 수 있는 문자가 있어야 함을 세종은 절실히 느꼈던 것이다. 이러한 세종의 생각이 「훈민정음」 첫머리에 잘 나타나 있다.

그런데 세종은 모든 일에 있어서 올바른 것, 가장 좋은 것을 추구하는 이상주의자요 완벽주의자였다. 모든 것은 우주(자연과 인간)를 꿰뚫고 있는 이치에 맞아야 한다는 것이 그의 사상이었다. "훈민정음"이란 명칭에는 이런 세종의 깊은 뜻이 담겨 있는 것이다.

한글은 세종이 친히 만들었다. 혼자 만들었다. 그 당시의 모든 기록이 한결같이 "친제"를 말하고 있다. 이와 어긋나는 어떤 조그만 단서도 발견되지 않는다. 「훈민정음」 원본을 보지 못한 시대에는 집현전 학자들이 창제를 도왔다고 쓴 글이 더러 있었다. 이것이 오늘날까지 이어지고 있으나, 아무 근거도 없는 뜬말이다.

집현전의 젊은 학자 몇이 한글과 인연을 맺은 것은 세종이 한글을 창제한 이듬해(세종 26년, 1444) 봄에 이 문자와 관련된 사업을 계획하면서 그들을 참여케 한 것이 처음이었다. 최만리를 비롯한 집현전의 원로 학자들이 반대 상소를 올린 것도 이때였다.

3

우리말 발음 기관의 모양을 본뜬 글자

언제부터인지는 자세히 알 수 없지만, 세종은 한글 창제를 위한 구상을 했던 것으로 추측된다. 이런저런 탐색 끝에 세종은 말의 소리를 나타내는 문자(표음 문자)를 만들기로 마음을 굳히게 되었다.

당시 우리나라 선비들은 어려서부터 운학을 배웠다. 그것은 중국 한자의 발음에 관한 학문으로, 이것을 모르고는 한시를 지을 수 없었다. 세종은 이 학문을 우리말에 적용하였고 음절을 조각(초성, 중성, 종성)으로 나누는 새로운 이론을 세웠다. 이 이론의 기초 위에서 세종은 우리말을 면밀히 고찰하여 소리 체계를 수립하였다. 한글이 훌륭한 문자 체계가 된 것은 이 소리 체계의 바탕이 있었기 때문이었다.

4

하늘과 땅, 사람의 진정한 조화 추구

세종은 한걸음 더 나아가 우리말의 소리를 낼 때의 발음 기관 모양을 면밀히 관찰하여, 그것을 본떠서 글자를 만드는 원칙을 세웠다. 이것은 문자가 우주의 이치에 합치해야 한다는 세종의 기본 사상에서 볼 때 지극히 당연한 일이었으나, 인류 문자의 역사에서 볼 때는 일찍이 없었던, 그야말로 획기적인 발상이었다.

초성의 경우에는 발음 기관의 모양이 분명하여 그것을 본뜨기가 수월하였다.

ㄱ : 혀뿌리가 목구멍을 닫은 모양
ㄴ : 혀가 윗잇몸에 붙은 모양
ㅁ : 입 모양
ㅅ : 이 모양
ㅇ : 목구멍 모양

중성의 경우에는 자연의 모양을 본떴다. 발음 기관의 모양을 직접 본뜨기가 어려운 탓도 있었지만, 중성은 우주의 질서와 밀접한 관계가 있다는 생각에서 우러난 것이다.

· : 하늘 모양
ㅡ : 땅 모양
ㅣ : 사람 모양

더욱 놀라운 것은 이들 기본자 이외의 초성과 중성 글자를 만든 솜씨다. 초성에서는 소리의 세찬 정도에 따라 획을 더하였고, 중성에서는 입의 오므림과 벌림에 따라 글자를 만들었다.

ㅋ : "ㄱ"에 획을 더함
ㄷ : "ㄴ"에 획을 더함
ㅌ : "ㄷ"에 다시 획을 더함
ㅂ : "ㅁ"에 획을 더함
ㅍ : "ㅂ"에 다시 획을 더함
ㅈ : "ㅅ"에 획을 더함
ㅊ : "ㅈ"에 다시 획을 더함
ㆆ : "ㅇ"에 획을 더함
ㅎ : "ㆆ"에 다시 획을 더함
ㅗ : "·"와 같은데 입을 오므림
ㅏ : "·"와 같은데 입을 벌림
ㅜ : "ㅡ"와 같은데 입을 오므림
ㅓ : "ㅡ"와 같은데 입을 벌림
ㅛ : "ㅗ"와 같은데 'ㅣ'에서 일어남
ㅑ : "ㅏ"와 같은데 'ㅣ'에서 일어남
ㅠ : "ㅜ"와 같은데 'ㅣ'에서 일어남
ㅕ : "ㅓ"와 같은데 'ㅣ'에서 일어남

기본 글자들을 만든 솜씨는 말할 것도 없지만 이차적인 글자들을 만든 솜씨 또한 참으로 놀랍다고 아니할 수 없다.[3] 중성 글자들에 대해서만 간단히 살펴보면, "ㅗ, ㅏ, ㅛ, ㅑ"에서 "·"가 위와 밖에 놓임은 "하늘에서 생겨나서 양이 되기 때문"이며 "ㅜ, ㅓ, ㅠ, ㅕ"에서 "·"가 아래와 안에 놓임은 "땅에서 생겨나서 음이 되기 때문"이라 하였으니, 우리말의 모음 조화의 체계를 글자의 구조에 반영한 것이다.

하늘과 땅 그리고 사람 사이의 진정한 조화가 세종이 추구한 이상이었다. 한글 창제를 비롯한 세종의 모든 사업은 그 이상의 실현을 위한 것이다.

한글은 서양 학자들에게 수수께끼 같은 존재였다. 한글이 서양에 알려진 것은 18세기 말과 19세기 초경의 일인데, 문자학을 연구하는 학자들은 한글이 어느 문자의 계통에 속하는 것인가를 밝히면 그만이라고[4] 생각하였다. 그들은 독창적인 문자가 있을 수 있다는 사실을 도무지 이해할 수 없었던 것이다.

한글의 독창성을 주장한 것은 겨우 우리나라의 몇몇 학자들뿐이었다. 1940년에 햇빛을 본 「훈민정음」 원본의 내용은 이들의 주장에 더욱 큰 힘을 실어 주었다.[5] 개인적인 경험을 말하면 필자가 1960년 처음 미국에 갔을 때만 해도 한글의 독창성을 강조하면 편협한 국수주의자로 낙인 찍히기[6] 일쑤였다.

두 번째 미국에 머물 때(1965-1967)는 형편이 많이 좋아졌다. 시카고대학의 저명한 언어학자 맥콜리(J. D. McCawley) 교수가 미국 언어학회의 잡지에 실은 한 서평에서 한글의 과학성과 독창성을 인정한 것이 미국 언어학계에 돌풍을 일으켰기 때문이다.

5

민족 문화 창달과 근대화의 일등 공신

세계에 유래가 없는 문자이건만,[7] 한글의 역사는 기구하였다. 공적으로나 사적으로나 우리 사회의 상층부가 오랫동안 한문을 씀으로써 한글은 그 밑에 짓눌려 온 것이다. 세종의 의도는 우리 사회의 문자 생활에서 한문과 한글이 각기 제 몫을 차지하게 하려는 것이었는데, 한글의 몫이 제대로 확보되지 못했던 것이다.

그럼에도 불구하고[8] 한글의 중요성은 결코 과소평가할 수 없는 것이었다. 한글이 적게 쓰인 것은 사실이지만, 한글만 쓰일 곳이 있었고 그 사명을 다했다. 무엇보다 우리말로 쓴 문학 작품에서 한글은 절대적이었다.

좀더 넓은 안목으로 본다면, 한글은 우리 나라 근대화의 주역이었다. 한글 창제의 실제적 목적이 "어리석은 백성"의 개화 즉 근대화에 있었는데, 이것이 20세기에 와서야 달성된 것이다.

한글은 우리 민족의 가장 소중한 문화 유산인 동시에 앞으로 천년만년 이어 갈 우리 문화의 주춧돌이다. 이제 한글의 기구한 역사는 한낱 옛이야기가 된 듯도 하지만, 높은 창의성을 가지고 끊임없이 갈고 닦고[9] 고쳐 나가지 않는다면 끝내 곰팡이가 피고 녹슬고 말 것이다. 옥도 갈아야만 빛이 남을 잊어서는 안될 것이다.

<문화와 나> 1997년 9월 10일

어휘

각기: 각각 저마다; each, individually, respectively ¶각기 자기 할 일을 하면 된다.

간주하다: 그렇다고 여기다; to regard as, consider. 간주되다 to be regarded, considered ¶이번 면접에 참석하지 않으면 불합격으로 간주된다.

개화: 사람의 지혜가 열리고 사상과 풍속이 진보함; enlightenment, civilization. 개화하다 to civilize ¶개화된 나라에서 사는 것은 행운입니다.

걸음: step, pace ¶걸음이 가볍다 [무겁다] ¶바닥이 미끄러우니 한걸음 내디딜(step forward) 때마다 조심해야 한다.

계통: 일정한 체계에 따라 서로 관련되어 있는 부분들의 통일적 조직; genealogy; descent; family tree ¶영어는 인도 유럽어 계통이다. ¶그는 컴퓨터 계통의 일을 하고 있다.

고찰: 서로 비교하여 살피어 봄; investigation, examination, consideration. 고찰하다 to investigate, examine ¶그 책에서는 언어의 기원을 여러 각도에서 고찰했다.

곰팡이: mold, mildew, must ¶곰팡이가 피다 to gather mold ¶장마철에는 여러 물건에 곰팡이가 핀다.

공신: 국가에 공로가 있는 신하; meritorious public officer; meritorious subject ¶일등 공신 first-class meritorious subject ¶그는 우리 나라 경제를 다시 살린 일등 공신이다.

공적: 공공에 관계있는 것; being public, official ¶공적인 일과 사적인 일을 혼동해서는 안된다.

과소평가: 실제보다 지나치게 낮게 평가하는 것; underestimation, underrating. 과소 being too small; 평가 valuation; 과소평가하다 to underestimate ¶자신의 능력을 과대평가(overestimation)하는 것도 나쁘지만 과소평가하는 것도 좋지 않다.

과제: 처리하거나 해결해야 할 문제; task, assignment ¶그는 언제나 주어진 과제를 완벽하게 해낸다. ¶통일은 꼭 이루어야 할 민족의 과제이다.

관찰: 사물을 주의하여 살펴봄; observation, survey. 관찰하다 to observe, look at, watch ¶그 의사는 환자의 상태를 자세히 관찰했다.

구상: 어떤 일을 이루기 위해 미리 이리저리 생각하는 것; plan, design, conception, idea. 구상하다 to map out, work over one's ideas, formulate a plan ¶그 소설가는 작품 구상을 위하여 절에 들어갔다.

국수주의자: 자기 나라의 역사, 전통, 정치, 문화만을 가장 뛰어난 것으로 믿고, 다른 나라나 민족을 배척하는 태도를 가진 사람; ultranationalist; extreme patriot. 국수주의 (ultra)nationalism ¶전통을 너무 강조하면 국수주의자로 오해받기 쉽다.

굳히다: 단단하게 하다; to harden, make hard; to coagulate ¶그는 미국 유학에 대한 결심을 굳혔다. ¶그는 뛰어난 능력으로 직장에서의 자기의 위치를 굳히고 있었다.

그야말로: indeed, really, truly

근거: 어떤 일이나 의논, 의견에 그 근본이 됨; basis, ground, foundation ¶그에 대한 근거 없는 소문이 떠돌았다.

근대화: modernization, updating. 근대 modern (age) ¶근대화 과정에서 자연이 많이 파괴되었다.

기구하다: 살아가는 동안에 여러 가지 어려운 일을 겪어 불행하다, 불운하다; to be unlucky, unfortunate, ill-fated ¶남편과 자식을 모두 잃은 그녀의 인생은 정말 기구했다.

깨닫다: 깨치어 환하게 알아내다; to realize, understand, comprehend, see ¶그는 비로소 진정한 사랑을 깨달았다.

꿰뚫다: 이쪽에서 저쪽으로 구멍을 뚫다; (어떤 일을) 잘 알다; to pierce, penetrate, run through; to be well versed, be expert ¶총알(bullet)이 그의 가슴을 꿰뚫었다. ¶그는 마음을 꿰뚫어 보는 능력을 가지고 있다.

끊임없다: 계속하거나 이어져 있던 것이 끊이지 아니하다; to be ceaseless, incessant, constant. 끊임없이 constantly, continuously ¶그는 끊임없이 노력했다.

널리: 넓고 크게; widely, broadly, extensively ¶그의 이름이 널리 알려졌다.

녹(이) 슬다: to rust, become rusty. 녹 rust, tarnish; 슬다 to come out, arise ¶곰팡이(mold)가 슬다, 좀(moth)이 슬다 ¶이 기계를 오랫동안 안 썼더니 녹슬었다.

단서: 일의 처음, 일의 실마리; beginning; clue ¶형사(detective)는 그 사건의 단서를 잡았다.

단원설: 모든 생물은 전부 동일한 조상으로부터 생겨 나왔다고 하는 학설; monadism. 단원 single origin; ~설 theory

단조롭다: to be monotonous, dull, flat, humdrum ¶그 일은 매우 단조로워서 지루하다.

단출하다: 식구가 적어 홀가분하다; to be compact, small, simple ¶우리 가족은 세 명으로 단출하다.

달성: 목적한 바를 이룸; achievement. 달성하다 to achieve, attain; 달성되다 to be achieved, attained ¶우리의 목표가 한 달 만에 달성되었다.

당연하다: 이치로 보아 마땅하다; to be rightful, proper, reasonable, natural ¶빌린 돈을 갚는 것은 당연한 일이다.

더듬다: (무엇을 알아내거나 찾으려고) 손을 이리저리 움직여 만지다; 똑똑히 알지 못하는 것을 짐작하여 찾다; to grope, feel about for; to trace; to tread ¶나는 어둠 속을 더듬어 어머니의 손을 꼭 잡았다. ¶나는 일 년 전 기억을 더듬어 보았다.

더러: 얼마쯤, 이따금; little; partially; occasionally ¶그런 일이 더러 있었다.

도무지: 전혀; 이러니저러니 할 것 없이 아주; utterly, entirely, at all ¶나는 사랑하기 때문에 헤어지자는 그의 말을 도무지 이해할 수가 없다.

독점: 전혀; 독차지; exclusive possession, monopoly. 독점하다 to monopolize ¶그 회사는 컴퓨터 시장을 독점하려고 수단과 방법을 가리지 않았다.

독창적: 자기 혼자의 힘만으로 생각해 내거나 처음으로 만들어 내는; to be creative, original. 독창 originality ¶한국은 독창적인 문화를 가지고 있다.

독특하다: 특별하게 다르다; to be peculiar, special, original, unique ¶할머니가 해 주신 음식은 독특한 맛이 났다. ¶그 여자는 독특한 매력을 지니고 있다.

돌풍: 갑자기 일어나는 바람; squall; sudden gust of wind ¶돌풍이 불어서 불이 옆집으로 번졌다(spread). ¶개혁의 돌풍이 몰아쳤다.

드러내다: 겉으로 나타나게 하다; to make known; to divulge ¶그는 속마음을 잘 드러내지 않는다.

뚜렷하다: 똑똑하고 분명하다; to be clear, vivid. 뚜렷이 distinctly, vividly, clearly ¶싫은 기색이 그의 얼굴에 뚜렷이 나타났나.

뜬말: 뜬소문; 떠돌아다니는 말; groundless rumor ¶뜬말에 신경을 쓰지 말아라.

마련: 계획을 세워서 준비하거나 가짐; preparation, procurement, management. 마련하다 to prepare, provide, get ¶대도시에서 집을 마련하는 것은 쉬운 일이 아니다.

맺다: 관계나 인연 따위를 이루거나 만들다; to tie, knot ¶그들은 부부의 인연(relation)을 맺었다.

머물다: 머무르다; 도중에 멈추거나 일시적으로 어떤 곳에 묵다; to stay, remain ¶우리는 서울에서 일주일간 머물렀다.

면밀하다: 자세하고 빈틈없다; to be minute; to be nice; to be close. 면밀히 minutely, closely ¶물건을 고를 때는 면밀히 살펴 보아야 한다.

명칭: 사물을 부르는 이름; name, title, term ¶우리 모임에도 이제 명칭을 붙이자.

모음: vowel

모음 조화: vowel harmony

몫: 여럿으로 분배하여 가지는 각 부분; share, portion, allotment ¶그들은 각기 자기 몫의 일을 열심히 해냈다.

묶음; 한데 모아서 묶어 놓은 덩이; bundle, bunch ¶이 장미꽃 한 묶음에 얼마예요?

문자학: study of letters, study of scripts. 문자 letter; ～학 study

문화 유산: 다음 세대에게 물려 줄 과학, 기술, 관습 등의 문화; cultural inheritance ¶한글은 한국의 중요한 문화 유산이다.

민족 문화: 한 민족의 생활 감정과 언어, 풍속 등을 토대로 하여 그 특성을 나타낸 문화; national culture ¶중국의 민족 문화와 한국의 민족 문화는 다르다.

밀접하다: 썩 가깝게 맞닿다; to be close, intimate ¶그 사람은 이 사건과 밀접한 관련이 있다.

바탕: background; quality; natural disposition

반역: 나라와 겨레를 배반함; rebellion, treason. 반역하다 to rebel ¶나라에 반역한 자는 큰 벌을 받아야 한다.

발상: 어떤 생각이 떠오름; conception, idea ¶그것은 정말 획기적인 발상이다.

발음 기관: 말의 소리를 내는 기관; speech organ, sound-producing organ. 발음 pronunciation; 발음하다 to pronounce; 기관 organ

밝히다: 옳고 그른 것을 갈라 분명하게 하다; to make clear; to shed light on ¶진실을 밝혀야 한다.

백성: 일반 국민의 옛날 표현; the people of the nation ¶정치가들은 무엇보다 백성의 뜻을 따라야 한다.

벌리다: 둘 사이를 넓히다; to open, widen, spread ¶그녀는 두 팔을 벌려 우리를 환영했다.

벗어나다: (일정한 범위 밖으로) 빠져나가다; 어려운 일에서 헤어나다; to get out of, get rid of, be out of ¶시내를 벗어나니 공기가 훨씬 맑다. ¶그는 어서 가난에서 벗어나려고 밤낮으로 열심히 일했다.

변형: 형태를 바꿈; transformation, metamorphosis, modification. 변형하다 to transform, modify ¶그 이야기는 여러 사람에게 전해지면서 크게 변형되었다.

보급: 많은 사람들에게 널리 알리거나 사용하게 함; diffusion, spread, popularization. 보급하다 to spread, propagate, popularize; 보급되다 to be propagated ¶지금은 세탁기가 농촌의 구석구석까지 보급되어 있다.

본뜨다: 모범으로 삼아 그대로 좇아 하다; to imitate, copy. 본 example, model, pattern; 뜨다 to copy, imitate ¶나는 지금의 우리 집을 내가 어렸을 때 살던 집을 본떠서 지었다.

본래: 사물이 전해 내려온 그 처음부터; originally, at first ¶본래부터 악한 사람이 어디 있겠습니까?

부각하다: 뚜렷이 떠오르다, 두드러지게 하다; to emboss; to raise. 부각되다 to be embossed; to be bold ¶서울은 세계 경제의 중심지로 부각했다.

사명: 맡겨진 임무; mission, appointed task, errand ¶사명을 띠다 to be charged with a mission ¶그는 중대한 사명을 띠고 아프리카로 떠났다.

사적: 사사로운; private, personal, individual ¶이 일은 사적으로 부탁하는 거예요.

상류 계층: 신분, 지위, 생활 정도 따위가 높은 층; upper class. 상류 upper [higher]; 계층 class, (social) stratum

상소: 임금에게 올리는 글; (presenting) a memorial to the king ¶전국의 선비들(classical scholars)이 왕에게 상소를 올렸다.

서평: 책에 대한 평; book review. 평 criticism, comment, review ¶그 책의 서평을 읽어 보면 그 책의 가치를 짐작할 수 있을 것이다.

선비: (옛날에) 돈벌이나 관직보다는 공부에 열중하던 사람; 지식인; classical scholar; learned man ¶우리 선생님은 선비 정신을 가지고 생활하시는 분이다.

섣달: 음력으로 한 해의 마지막 달; twelfth lunar month ¶섣달 그믐 New Year's Eve (by the lunar calendar)

성질: 사물이 본디부터 가지고 있는 고유한 특성; disposition, temperament, nature, character ¶그는 성질이 급한 것이 단점이다.

세차다: 힘차고 억세다; violent, strong, vehement ¶비바람이 세차게 불었다.

속칭: 통속적인 일컬음; popular designation; popularly, commonly ¶그 여가수는 속칭 한국의 마돈나로 알려져 있다.

속하다: 어떤 부류에 들다; to belong (to), appertain (to), be affiliated with (the party), come under (a category) ¶너는 어느 팀에 속해 있니?

솜씨: 손으로 물건을 만드는 재주; skill in handiwork, dexterity ¶모두들 내 요리 솜씨가 좋아졌다고 칭찬했다.

수립: 이룩하여 세움; establishment. 수립하다 to stand, establish ¶그들은 그곳에 새 국가를 수립하였다.

수수께끼: 어떤 사물을 빗대어 말하여 알아맞히는 놀이; riddle, puzzle, enigma ¶우리는 선생님이 내주신 수수께끼를 한 시간 만에 풀었다.

수월하다: 힘이 안 들어 하기가 쉽다; to be easy, simple ¶네가 도와 줘서 일이 수월해졌다.

순전하다: 순수하고 완전하다; to be pure, genuine, sheer, absolute. 순전히 wholly, completely ¶이번 일은 순전히 내 힘으로 해냈다.

신성 문자: 이집트 문자 가운데 최초에 있었던 상형 문자; hieroglyph; Egyptian script

싣다: 물건을 운반하려고 배, 기차, 수레 등에 얹다; to load, carry ¶빨리 물건을 트럭에 실어 주세요.

실현: 실제로 나타남; realization. 실현하다 to realize ¶피아니스트가 되겠다는 꿈을 꼭 실현하기 바란다.

쐐기: wedge

쐐기 문자: 기원전 서남 아시아에서 쓰인 쐐기 모양의 글자; cuneiform (sign)

아득하다: 끝없이 멀다; 까마득하게 오래다; to be far; to be a long time ago; to be vague ¶새 몇 마리가 산 너머 아득히 먼 곳으로 날아 갔다. ¶아득한 옛날로 돌아간 것 같다.

약칭: abbreviation, short form

어긋나다: 서로 엇갈리다; to pass each other, go astray, run contrary (to) ¶그는 부모님의 기대에 어긋나지 않게 살려고 노력했다.

언문: (옛날에) "한글"을 낮추어 부르던 말; Korean script, vernacular writing

언어학자: 언어학을 연구하는 학자; linguist. 언어학 linguistics

예삿일: 보통 있는 일; ordinary affair. 예사 ordinary; 일 matter, affair ¶이번 일은 예삿일이 아니다.

오므리다: 물건의 가장자리 끝이 한 군데로 향하게 하다; to make narrower; to shut, close ¶그는 입을 오므린 채 아무 얘기도 하지 않았다.

옥: 동양에서 귀히 여기는 보석; jade ¶그녀는 옥같이 고운 마음씨를 가졌다.

올바르다: 옳고 바르다; to be straight, upright, honest ¶항상 올바른 행동을 해야 한다.

완벽주의자: perfectionist. 완벽하다 to be perfect; ~주의 -ism; ~자 person

우러나다: 빛이나 맛이 빠져 나오다; 진실한 감정이나 말 등이 저절로 생겨나다; to soak out, come off ¶녹차는 찬 물에서는 잘 우러나지 않는다. ¶마음에서 우러나는 정성이 담긴 선물이 진정한 선물이다.

우주: 모든 천체를 포함하는 전 공간; universe ¶언제쯤 우리도 우주 여행을 할 수 있을까?

운학: 한자의 음성 구조를 연구하는 학문; prosody, meter

원로: elder statesman, senior ¶원로 정치인 [교수, 종교인]

원본: 베끼거나 고친 것에 대하여 근본이 되는 서류나 문건; origin, source; first copy; codex ¶그 문서의 원본을 잘 보존해야 한다.

원칙: 많은 경우에 적용되는 근본 법칙; natural law, (elementary) principle ¶모든 일에는 원칙을 지켜야 한다.

유래: 전해져 온 내력; origin, genesis; history; source ¶화장(makeup)의 유래가 오래 되었으므로 화장품(cosmetics)의 유래 역시 오래이다.

유일하다: 오직 그것 하나뿐이다; to be only, sole, single ¶그는 우리 반에서 유일한 남학생이다.

음절: syllable

의도: 생각; 장차 하려는 계획; intention, intent ¶특별히 나쁜 의도로 그렇게 말한 것은 아니었다.

이듬해: 다음해; next year, year after ¶그는 그 이듬해에 태어났다.

이상주의자: idealist. 이상 ideal

이차적: 근본적 중심적인 것에 비하여 부수적인; second; to be secondary ¶그에게는 사업이 가장 중요하고 가정은 이차적인 문제였다.

이치: 도리; reason; logic; principle ¶네 말은 이치에 맞지 않는다.

인정: 확실히 그렇다고 여김; recognition, acknowledgment, confirmation. 인정하다 to recognize, admit, authorize ¶그의 실력을 인정해야 한다.

일등: first class [rank, place]

일쑤: 흔히 또는 으레 그러는 일; habitual practice ¶그는 수업 시간에 졸기 일쑤였다.

일으키다: 일으켜 세우다; to raise; to set up ¶전쟁을 일으키다, 혁명(revolution)을 일으키다 ¶넘어진 아이를 일으켰다.

일찍이: 이르게, 오래전에, 이전부터; early in life; in one's early days ¶그는 일찍이 부모를 잃었다.

잇다: 끊어지지 않게 계속하다; to succeed, inherit ¶그는 자기의 뒤를 이을 자손이 없다.

잇몸: gums, alveolar ridge

자음: consonant

저명하다: 이름이 세상에 널리 드러나다; to be prominent, well known ¶그는 이 분야에서 저명한 학자이다.

전승: transmission (from generation to generation). 전승하다 to transmit, hand down ¶고유 문화의 전승을 위해 힘써야 한다.

전파: 전하여 널리 퍼지다; propagation, spreading, diffusion. 전파하다 to propagate ¶불교 사상이 한국 전체에 전파되었다.

절대적: 상대하여 비교될 만한 것이 없는 상태에 있는; absolute ¶이 업무에 있어 그 사람의 역할은 절대적이다.

절실하다: to be earnest, urgent, serious; 절실히 acutely, keenly, fervently ¶요즘같이 대기 오염이 심각할 때 인류는 공기의 소중함을 절실히 느껴야 한다.

정음: 훈민정음; Korean script

정작: 막상; 사실상; 실지로; really, actually ¶도둑을 정작 경찰에 넘기려니 불쌍한 생각이 들었다.

제대로: 제 격식이나 규격대로; as it stands; as it should; in ordinary fashion ¶요즈음은 바빠서 식사도 제대로 못한다.

조각: 전체에서 떼어 낸 부분; piece ¶나는 오늘 빵 한 조각밖에 안 먹었다.

조화: 이것저것을 서로 잘 어울리게 한 상태; harmony; accord; symphony ¶그 여자의 옷차림은 파티 분위기와 조화를 잘 이루었다.

종성: 받침; final consonant of a written Korean syllable

주역: 주장되는 역할; leading role ¶어린이는 미래의 주역이다.

주춧돌: 기둥 밑에 괴는 돌; foundation stone

중성: 가운뎃소리; medial of a written Korean syllable; vowels and semivowels of a Korean syllable

지나치다: 일정한 한도를 넘어 정도가 심하다; to be excessive ¶지나친 옷차림이나 행동은 삼가야 한다.

지니다: 몸에 간직하여 가지다; keep, preserve ¶너무 많은 돈을 지니고 다니는 것은 위험하다.

진정하다: 참되고 바르다; to be true ¶그는 나의 진정한 친구이다.

집현전: 고려와 조선 초에 궁 안에 두어 학문을 연구하고 책을 출판하던 기관; Hall of Worthies

짓누르다: 마구 누르다; to trample down, tread down. 짓~ (emphatic prefix) ; 누르다 to press; 짓눌리다 to be trampled down ¶짓밟다, 짓씹다 ¶그는 근심 걱정에 짓눌려서 건강이 악화되었다.

차지: 무엇을 점유하여 가짐; occupancy, possession. 차지하다 to occupy ¶형보다 동생이 재산을 더 많이 차지했다.

참여: 참가하는 것; participation. 참여하다 to take part in ¶그 모임에 많은 학생들이 참여했다.

창달: 의견, 주장 등을 거리낌 없이 자유로이 표현하여 전달함; promotion. 창달하다 to promote ¶그는 민족 문화 창달에 공헌하였다.

창제: 처음으로 만듦; device; invention; creation ¶한글은 세종대왕이 창제하셨다.

체계: 조직적인 것; system; organization. 체계적 systematic ¶어려서부터 체계 있는 교육을 받아야 한다.

초경: 시작 무렵; first, beginning ¶그는 지난달 초경에 미국으로 이민을 갔다.

초성: 첫소리; initial sound ¶한글은 초성, 중성, 종성으로 이루어져 있다.

추구: 뒤쫓아 구함; pursuit, chase. 추구하다 to pursue, seek after ¶사람마다 추구하는 목적이 다르다.

추측: 짐작; 미루어 생각하여 헤아림; guess, conjecture, supposition 추측하다 to guess, conjecture 추측되다 to be supposed ¶그 두 사람이 결혼할 것이라는 내 추측이 맞았지요?

친제: made by the king himself

친히: 몸소, 손수; of the self, belonging to the self; personally (by a revered person) ¶왕께서 그 일을 친히 행하셨다.

탐색: 더듬어 찾음; search, investigation. 탐색하다 to search, inquire ¶경찰은 범인을 잡기 위해 탐색을 시작하였다.

특이성: 특수한 성질; peculiarity; singularity; uniqueness. 특이하다 to be peculiar; ~성 nature

특징: 다른 것에 비겨서 특별히 눈에 띄는 점; special feature, distinguishing mark, distinction ¶그 사람의 특징을 말해 봐라.

편협하다: 한쪽으로 치우쳐 도량이 좁고 너그럽지 못하다; to be narrow-minded, illiberal, intolerant ¶편협한 생각을 버리고 넓게 생각해 보아라.

표음 문자: phonetic symbol

표의 문자: ideogram, ideographic character

학회: 학술의 연구와 장려를 목적으로 조직된 단체; scientific society; academic meeting ¶서울에는 매년 여러 학회가 열린다.

한결같다: 처음부터 끝까지 꼭 같다; to be uniform; to be consistent ¶그의 행동은 내가 그를 처음 만났을 때부터 지금까지 한결같다.

한(韓)나라: 한국; Korea

한낱: 기껏해야 대단한 것 없이, 오직, 다만; only, mere, sheer, nothing but ¶한낱 벌레(insect)라도 목숨은 소중하다.

한시: 한문으로 된 시; Chinese poem

합치: 의견 등이 꼭 일치함; agreement, concord. 합치하다 to coincide, agree with ¶그 부부는 모든 일에 생각이 합치했다.

혀뿌리: root of the tongue. 혀 tongue; 뿌리 root

확보: 확실히 보유함; security, insurance, guarantee. 확보하다 to secure, ensure ¶요즘은 새로운 정보를 확보하는 것이 무엇보다도 중요하다.

획: 글씨나 그림의 붓으로 그은 줄, 점의 총칭; stroke ¶그는 한 획, 두 획 정성스럽게 붓글씨를 써 내려갔다.

획기적: 새 시대가 열릴 만큼 뛰어난; epoch-making, epochal ¶남북 정상 회담은 역사에 한 획을 긋는 획기적인 사건이다.
훈민정음: 한글의 창제 당시의 명칭; 백성을 가르치는 바른 소리; the Korean alphabet

관용 표현

1. 거슬러 올라가다 go back (to the past); go upstream

This expression involves the verb 거스르다 'to oppose, go against' and the compound verb 올라가다 (오르다 + 가다) 'to go up'. 거슬러 is fossilized from 거스르어(서) 'by opposing', just as 올라 is from 오르어. 거슬러 올라가다 is typically used either to denote going upstream, as in 우리는 헤엄쳐서 강을 거슬러 올라갔다 'We swam upstream' or going back (to the past), as in 정부는 그 법을 과거로 거슬러 올라가서 적용시켰다 'The government applied the law retroactively (*lit.,* going back to the past)'.

2. 이만저만 (in) no small degree; (in) not a little

이만저만, literally 'this much that much', means 'in no small amount' in degree, quantity, and quality. It is used only in negative constructions to indicate a great degree or amount, as in 나는 그때 이만저만 놀라지 않았어요 'I was extremely surprised at that time', 서울은 지금 이만저만 춥지 않아요 'Seoul is very cold now', 이번 미스 코리아는 이만저만 미인이 아니야 'The current Miss Korea is a quite a beauty', and 한국 전쟁 때 우리 고생은 이만저만이 아니었어 'The sufferings we had during the Korean War were beyond description'.

3. ~다고/라고 아니할 수 없다 cannot help but say . . .

The literal meaning of this pattern is 'there is no way not to say that' from which the popular meaning 'cannot help but say' or 'cannot but say that' has developed. Example: 우리 선생님은 훌륭한 학자라고 아니할 수 없어요 'I cannot help saying that our teacher is a great scholar'.

4. 그만이다 be enough

그만 'that much' has various derived meanings including 'enough' and 'no more than that', as in 그만 울어라 'Stop crying' (*lit.,* 'Do not cry any more'), and 오늘은 그만 하자 'That is enough for today'. 그만이다 means 'to be enough' or 'to be all that is needed', as in 나는 많은 돈은 필요 없고 굶지 않을 정도만 있으면 그만이에요 'I don't need much money; if I can have money just to keep me from going hungry, that will be enough'. Another derived meaning of 그만이다 is 'the best', as in 이것 맛이 그만이야 'This tastes superb'.

5. ~에 힘을 실어 주다 give support to

Literally, this expression means 'to load power on (someone or something)'. Metaphorically, it means 'to give support to', as in 그 신문 기사는 그 사람들의 주장에 큰 힘을 실어 주었다 'The newspaper article gave great support to their claim'.

6. 낙인(을) 찍다 brand; stigmatize

Just like 도장 and 인장 'seal', 낙인 'brand, stigma' occurs with the verb 찍다 to indicate 'to brand' or 'to put a seal (on)', as in 이 서류에 도장을 찍으세요 'Please put your seal on this document' and 큰 목장에서는 소유자를 나타내기 위해서 소나 말에 낙인을 찍는다고 해요 'They say that cattle and horses on big ranches are marked with brands to show who owns them'. The passive form of 낙인(을) 찍다 is 낙인(이) 찍히다, 그 사람은 반역자란 낙인이 찍혔어요 'He was branded a traitor' and 그 정치인은 사기꾼이라고 낙인 찍혀 있어요 'The politician is branded a swindler.'

7. ~건만 (even) though; but

The suffix ~건만 and its full form, ~건마는, are used to indicate that the speaker is contrasting two opposing situations. These suffixes sound somewhat old-fashioned, the more frequently used one being ~지만. Examples are 그 사람은 엄청난 부자이건만 인색하기 짝이 없어요 'Although he is extremely rich, he is extremely stingy' and 나는 그 애를 사랑하건만 그 애는 나를 좋아하지 않아요 'I love her, but she doesn't love me'.

8. 그럼에도 불구하고 even so

그럼 is a contraction of 그러함 'doing so', and ~에도 불구하고 means 'regardless of, in spite of, despite'. Hence, 그럼에도 불구하고 means 'despite all that, even so'. It usually occurs in sentence-initial position, as in 할아버지는 돈이 굉장히 많으세요. 그럼에도 불구하고 만족하지 않으세요 'My grandfather has a lot of money. Even so, he is never contented'.

9. 갈고 닦다 cultivate and refine

This expression is a combination of the verb 갈다 'to grind, sharpen, polish', as in 칼을 갈다 'to sharpen a knife' and 다이아몬드를 갈다 'to polish a diamond', and the verb 닦다 'to wipe, polish, improve, cultivate, study', as in 구두를 닦다 'to shine one's shoes' and 덕을 닦다 'to cultivate virtue'. It is usually used with an abstract noun, for example, 'learning', 'scholarship', 'virtue', or 'knowledge'.

연습 문제

1. 다음의 글이 본문의 내용과 맞으면 T, 틀리면 F로 답하세요.

(1) __ 한글은 다른 나라 문자의 영향을 받아 창제되었다.
(2) __ 한글은 세종이 혼자서 만들었다는 주장이 지배적이다.
(3) __ 한글은 말의 의미를 나타내는 표의 문자이다.
(4) __ 한글이 창제되기 이전에 한국 사람들은 입으로는 한국말을 하면서 글로는 한문을 사용했다.
(5) __ 세종은 음절을 초성과 중성 두 조각으로 나누는 새로운 소리 체계를 수립하였다.
(6) __ 한글의 초성은 하늘, 땅 등 자연의 모양을 본떠서 만들었다.
(7) __ "ㅍ"은 발음 기관의 모양을 본떠서 만든 기본자에 속한다.
(8) __ 한글의 모음 조화는 "ㆍ"의 위치에 의해 결정된다.

2. 왼쪽의 형용사와 가장 잘 어울리는 명사를 오른쪽에서 찾아 연결하세요.

(1) 아득한	발상
(2) 근거없는	관계
(3) 획기적인	옛날
(4) 기구한	국수주의자
(5) 밀접한	소문
(6) 편협한	운명

3. 다음 문장의 괄호 안에 들어갈 적절한 부사를 보기에서 골라 그 번호를 쓰세요.

① 일찍이　② 뚜렷이　③ 절실히　④ 면밀히　⑤ 지극히

(1) 다른 문자와 비교해 보면 한글의 독창성이 (　　) 부각된다.
(2) 한글은 인류 문자의 역사상 (　　) 없었던 가장 뛰어난 존재이다.
(3) 문자가 우주 이치에 합치해야 한다는 세종의 기본 사상에서 볼 때 이는 (　　) 당연한 일이다.
(4) 우리말을 그대로 적을 수 있는 문자가 있어야 함을 세종은 (　　) 느꼈다.
(5) 세종은 한글의 음성 체계를 수립하기 위해 한국말을 (　　) 고찰하였다.

4. 다음은 본문의 일부 내용을 요약한 것입니다. 괄호 안에 알맞은 단어를 보기에서 골라 써 넣으세요.

낙인	단서	개화	기원	정설
반역	창제	개념	인연	전파

"인류의 모든 문자는 하나의 (　　　)(으)로 거슬러 올라가는 단원설에 의해 설명된다. 즉 문사는 오랜 옛날부터 이웃에서 이웃으로 (　　　)되었고 조금씩 변형하면서 오늘에 이른 것이다. 그러나 세종이 친히 (　　　)한 한글은 완전히 새로 만든 것으로 세계 문자사에 없었던 하나의 (　　　)와/과도 같은 창조적인 문자였다. 어리석은 백성의 (　　　), 즉 근대화를 목적으로 집현전 학자들은 한글과 (　　　)을/를 맺으며 문자와 관련된 사업에 참

여하지만 한글은 세종이 친히 만든 것이다. 당시의 기록은 '친제'를 말하고 있으며 이에 어긋난 어떠한 (   )도 발견되지 않는다. 과거 한때는 한글의 독창성을 강조하면 국수주의자로 (   )찍히기가 일쑤였다. 그러나 최근에는 외국의 언어학자들까지도 한글의 독특한 특징을 발견하고 더 나아가 순전히 한글을 위해 '자질 문자'(feature-based writing)라는 새로운 (   )을/를 마련하게까지 되었다. 이제는 그 주장이 힘을 얻음에 따라 (   )이/가 되었고 세계 문자사에서 그 독창성을 인정받고 있다."

5. 아래 두 문장을 보기와 같이 한 문장으로 합쳐서 쓰세요.

a. 문자가 있어야 한다. b. 그것을 세종은 절실히 느꼈던 것이다. ⇒ 문자가 있어야 함을 세종은 절실히 느꼈던 것이다.

(1) a. 한글에는 알파벳과는 다른 독특한 일면이 있다.
b. 그것은 우리 나라 학자들도 오래 전부터 느껴왔다.

⇒ ____

____

(2) a. 일부 학자의 주장이 힘을 얻었다.
b. 그럼에 따라 이제는 이것이 정설이 되었다.

⇒ ____

____

(3) a. "ㅗ, ㅏ, ㅛ, ㅑ"에서 "ㆍ"가 위와 밖에 놓여 있다.
b. 그것은 "하늘에서 생겨나 양이 되기 때문"이다.

⇒ ____

____

(4) a. 한글 체계는 기본 글자와 거기에 몇 개의 획을 더한 글자로 이루어져 있다.
b. 그것을 우리는 살펴 보았다.

⇒ ____

____

(5) a. 우리 사회의 상층부가 오랫동안 한문을 썼다.
b. 그럼으로써 한글은 그 밑에 짓눌려 왔다.

⇒ ______________________________

____

(6) a. 옥도 갈아야만 빛이 난다.
b. 그것을 잊어서는 안 된다.

⇒ ______________________________

____

6. 다음 밑줄 친 부분의 뜻과 가장 가까운 것을 고르세요.

(1) 한글 창제는 <u>예삿일이 아니었다</u>.
a. 쉬운 일이었다 b. 대단한 일이었다 c. 반항적인 일이었다
(2) 입으로는 우리말을 하면서 한문을 써야 하는 고통은 <u>이만저만이 아니었다</u>.
a. 참을 만 했다 b. 굉장히 컸다 c. 중요하지 않았다
(3) 기본 글자들을 만드는 솜씨는 <u>말할 것도 없다</u>.
a. 말할 가치도 없다 b. 설명이 더 필요없다 c. 말하지 않았다

7. 본문 1에서 "한글 창제는 세계 문자사에 대한 하나의 반역이었다"라고 말한 이유를 단원설에 비추어 설명하세요.

8. 본문 2를 읽고, 다음 질문에 답하세요.

(1) 다음은 훈민정음의 명칭에 대한 설명입니다. 괄호 안에 알맞은 명칭을 써 넣으세요.

세종의 새 문자의 명칭은 "훈민정음"이다, 약칭은 (   )이었고 속칭으로 (   )(이)라 불리웠다. 19세기 말에야 주시경 선생이 (   )(이)라는 명칭을 쓰기 시작했다.

(2) "한글"은 본래 "한(韓)나라의 글"이란 뜻이었는데 후에 어떤 의미가 덧붙여졌습니까?

(3) "훈민정음(訓民正音)"의 뜻은 무엇입니까?

9. 본문 3을 읽고, 세종이 한국말 음절을 어떻게 분석했는지 설명해 보세요.

10. 본문 4를 읽고, 다음 질문에 답하세요.

(1) 한글의 초성과 중성은 각각 무엇을 본떠서 만들었습니까?

(2) 다음 설명에 해당하는 글자를 고르세요.
i) 초성은 "혀뿌리가 목구멍에 닿는 모양"이며, 중성은 "땅 모양과 하늘 모양 '·'가 땅 아래에 놓여 음을 형성"한다.
a. 구 b. 사 c. 고 d. 서
ii) 초성은 "혀가 윗입몸에 붙은 모양"이며, 중성은 "사람 모양과 하늘 모양 '·'가 사람 밖에 놓여 양을 형성"한다.
a. 도 b. 오 c. 나 d. 구

(3) 다음은 한글의 초성에 관한 표입니다. ①-⑭에 해당하는 초성을 써 넣으세요.

	기본 글자	이차적인 글자	
혀뿌리가 목구멍을 닫은 모양	①____	"글자①"에 획을 더함	②____
혀가 윗 입몸에 붙은 모양	③____	"글자③"에 획을 더함	④____
		"글자④"에 획을 다시 더함	⑤_ㅌ_
입 모양	⑥____	"글자⑥"에 획을 더함	⑦____
		"글자⑦"에 획을 다시 더함	⑧____
이 모양	⑨____	"글자⑨"에 획을 더함	⑩____
		"글자⑩"에 획을 다시 더함	⑪_ㅊ_
목구멍 모양	⑫____	"글자⑫"에 획을 더함	⑬____
		"글자⑬"에 획을 다시 더함	⑭____

11. 위에 있는 표의 ① ~ ⑭의 초성 중 요즈음은 쓰이지 않는 글자는 무엇입니까?

12. 본문의 제목은 "조화의 원칙이 담긴 민족 문화의 주춧돌"입니다. 한글을 민족 문화의 주춧돌로 표현한 이유를 "본문 5"에서 찾아 설명해 보세요.

더 생각해 봅시다

1. 한국어와 영어가 문자, 발음, 문법 등에서 어떻게 다른지 논의해 보세요.

2. 말은 사회의 변화에 따라 함께 변합니다. 한국어도 마찬가지로 계속 변하고 있습니다. 예를 들면, "뫼, 가람" 등의 순 한글 단어가 한자어인 "산, 강" 등으로 바뀌었습니다. "뫼, 가람"을 사용하면 그 의미를 모르는 젊은이들이 많습니다. 이처럼 사라져 가는 한국말 단어나 용법을 되살리는 것이 좋을까요, 아니면 시대의 흐름에 따라 언어의 변화를 받아들이는 것이 더 좋을까요? 서로 의견을 나누어 보세요.

제13과 조선의 건국: 이성계의 등장

(The founding of Chosŏn: Yi Sŏng-gye takes the stage)

그림을 보면서 함께 생각해 봅시다.

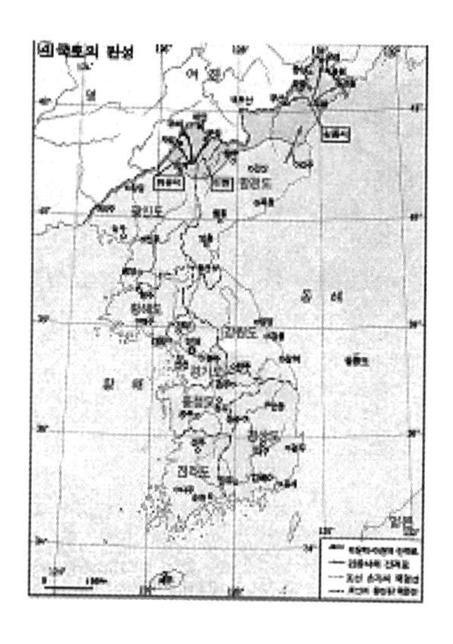

1. 위의 그림과 본문의 제목 “조선의 건국: 이성계의 등장”을 보고 이 과의 내용을 짐작해 보세요. 다음 중, 이 과의 내용과 맞지 않을 것으로 생각되는 것을 전부 고르세요. 본문을 공부한 다음 다시 확인해 보세요.

   (1) 조선은 이성계가 세웠다.
   (2) 조선은 고려에 이어서 세워진 나라이다.
   (3) 조선은 한반도에 맨 처음 생긴 나라이다.
   (4) 조선은 한국 역사상 마지막 왕조였다.
   (5) 조선은 중국을 공격하여 넓은 지역을 지배했던 나라이다.

2. 다음은 이성계의 조선 건국과 관련된 중요한 내용들입니다. 무엇에 대한 설명일까요? 설명을 잘 읽고, 무엇에 대한 설명인지 보기에서 골라 밑줄 친 곳에 써 넣으세요.

보기: 정몽주 한양 천도 4불가론 무학 스님 위화도 회군

(1) ______ : 이성계가 도읍시를 정할 때 한양을 추천해 주는 등 이성계를 도와준 스님.

(2) ______ : 이성계는 조선을 세운 이후 도읍을 개성에서 지금의 서울인 한양으로 옮겼다.

(3) ______ : 이성계는 중국에 맞서 싸우러 나가던 군사들을 위화도에서 다시 데리고 돌아왔다.

(4) ______ : 고려 시대의 마지막 충신으로 끝까지 이성계에게 대항한 선비.

(5) ______ : 이성계는 네 가지 이유를 들어서 중국을 공격하는 것을 반대했다.

3. 어느 나라나 그 나라를 세운 영웅이 있고 그에 대한 이야기가 전해 내려옵니다. 조선을 세운 이성계의 이야기를 읽기 전에, 여러분의 나라는 어떻게 세워졌는지 이야기를 나누어 보세요.

조선의 건국: 이성계의 등장

이성계는 조선 왕조를 세운 주인공으로서 고려 충숙왕 때인 1335년 10월 11일 함경도 영흥 흑석골에서 태어났다. 이성계의 아버지 이자춘은 그 무렵 원나라(몽고)의 벼슬살이를 하고 있었으나, 본디는 전라도 전주의 부자였다. 고구려를 일으킨 주몽이 그랬듯이, 이성계는 어려서부터 활을 잘 쏘아 담장 위에 앉아 있는 까마귀 세 마리를 화살 하나로 잡기도 했다.

어느 해 청년 이성계는 처가에 다녀오다가 어느 절에서 하룻밤을 묵게 되었다. 그 절에는 비상하게 생긴 젊은 중이 있었다. 이성계는 오래 전부터 그 젊은 중과 알고 지내는 터였다.

그날 밤 이성계는 참으로 별난 꿈을 꾸었다. 꿈에 이성계는 다 허물어져 가는 한 낡은 집안으로 들어갔다. 그러자 마루가 삐그덕거리고 대들보가 흔들렸으며, 지붕이 내려 앉으려 했다. 놀란 이성계가 몸을 밖으로 빼는 순간 낡은 집은 폭삭 주저앉았다. 다행히 이성계는 다치지 않고 빠져 나오기는 했으나, 그의 등에는 서까래 세 개가 옆으로 지워져 있었다.

아침밥을 먹으면서 이성계가 젊은 중에게 간밤의 꿈 이야기를 들려 주자 그 중은 주위를 살피며 목소리를 낮추었다.

"쉬, 조용히 말씀하십시오."

"네에?"

"꿈에서 본 허물어져 가는 낡은 집은 고려였습니다. 그리고 서까래 세 개를 지고 나왔다는 건 장차 왕이 되리라는 암시입니다. 보십시오, 서까래 세 개를 등에 지면 그 모양이 임금 왕(王)자가[1] 되지 않습니까?"

이성계에게 이런 꿈 풀이를 해준 젊은 중이 바로 그 유명한 무학 대사였다. 그는 후에 이성계를 도와 조선을 세우는 데 한몫 단단히 했으며,[2] 서울을 한양(오늘의 서울)으로 옮기는 데 결정적인 역할을 했다.

이성계는 남쪽 왜구 토벌에 놀라운 공을 세워[3] 그 이름을 떨치게[4] 되었다. 그즈음 중국 땅에는 명나라가 새로 일어나 원나라와 세력 다툼을 벌이는 한편, 고려에 대해 원나라와 관계를 끊으라고 계속 위협을 하고 있었다.

만주 일대를 다 집어삼킨 명나라는 마침내 혼돈강 유역에서 고려와 국경을 맞대게 되었다. 그러고는 은근히 철령 이북의 고려 땅을 넘보았다. 명나라는 고려에 사신을 보내 으름장을 놓았다.[5]

"한반도에 피비린내가 나기 전에 순순히 철령 이북 땅을 내놓으시오."

그러나 문하시중(오늘의 국무총리)으로 있던 최영 장군은 회를 내며 명나라 사신을 옥에 가두었다. 최영은 평소에 늘 고려는 북진 정책을 적극적으로 펴야 한다고 주장했으며, 이성계와 정몽주는 그에 맞서 명나라와 국교를 맺는게 옳다고 주장해 왔다. 공민왕에 이어 임금이 된 우왕은 최영의 주장을 바르게 보고 있었다.

그런 판에 명나라가 철령 부근에 군사 보급 기지를 만든다는 소문이 나돌았다. 우왕은 크게 노하여 요동 정벌을 선언했다.

"요동 땅을 정복하기 위해 10만 대군을 출동시킬 것이다. 이성계가 선봉장을 맡으라."

이성계는 네 가지 이유를 들어 요동 정벌을 반대했다.

"무엇보다 큰 이유는 이렇습니다. 어린 아이가 어른을 당할 수 없듯이 작은 나라가 큰 나라를 공격한다는 것은 병법상 어긋납니다. 둘째로 여름철에는 군사를 동원하지 않는 게 좋습니다. 농사일로 바쁜데 젊은 사람을 다 빼내면 농사는 누가 짓습니까? 셋째, 요동 정벌 때문에 남쪽을 비워 놓아야 하는데 그 허점을 노려 왜구가 침공해 올 것이 뻔합니다. 끝으로, 여름 장마철에는 활의 힘이 약해지고, 창과 칼이 녹슬기 쉬우며, 전염병이 돌 염려가 있습니다."

이성계의 이와 같은 웅변에도 불구하고 우왕은 그예 전군에 출동 명령을 내렸다. 이성계가 이끄는 고려군이 압록강 한가운데에 있는 섬 위화도에 다다른 것은 1388년 5월 7일이었다. 고려군이 오기 바로 전에 장마가 져 강물이 넘치는 바람에 고려군은 위화도를 건널 수가 없었다. 고려군은 강물이 빠지기를 기다렸다.

그러나 그동안에 이성계가 염려했듯이 전염병이 나돌았다. 이성계는 군대를 돌려야겠다고 보고를 했으나 우왕은 한마디로 거절했다. 전염병이 심해지자 군사들은 불평을 쏟아 놓기 시작했으며, 심지어 장수들마저 툴툴거리며 돌아가자고 우겼다. 이성계는 조민수와 유만수 두 장수를 불렀다.

"내가 하자는 대로 내 명령을 따르겠소?"

"네, 맹세합니다."

이리하여 우왕 14년인 1388년 5월 22일 이성계는 마침내 위화도에서 군사를 돌려 개경으로 진격을 했다 (이를 위화도 회군이라고 일컫는다). 반란군이 된 이성계의 군사를 맞아 최영 장군이 나서 보았으나 늙은 장군은 대번에 사로잡히고 말았다. 그 뒤 최영은 고양으로 귀양을 갔다가 두 달 후에 처형되었다.

나라의 권세를 잡은 이성계는 귀족들의 땅을 빼앗아 농민들에게 나누어 주었다. 그 바람에 귀족의 세력이 무너지고 백성들은 이성계를 믿고 따랐다. 이성계가 땅을 빼앗자 귀족들은 창왕을 부추겨 대항 세력을 만들었다. 그러나 미리 낌새를 챈[6] 이성계는 창왕을 끌어내리고 고려 마지막 임금 공양왕을 내세웠다.

날이 갈수록 이성계의 세력은 커졌으며, 신하들도 하나 둘 그의 밑으로 모여들었다. 그중에서도 정도전 같은 신하는 이성계의 손발 노릇을 했다.[7] 그러나 정몽주, 김진양 같은 신하는 고개를 빳빳하게 쳐든[8] 채 계속 이성계에게 대항했다.

이성계는 정몽주와 같은 큰 인물을 놓치고 싶지 않았다. 이성계의 생일날 그의 아들 이방원은 정몽주를 초대하여 술을 권하며 시조 한 수를 읊었다. 정몽주를 떠보기 위해서였다.

이런들 어떠하리 저런들 어떠하리[9]
만수산 드렁칡이 얽혀진들 어떠하리
우리도 이같이 하여 백년까지 누리리다

이것이 유명한 이방원의 "만수산"이다. 말하자면 함께 손잡고 새 나라를 일으키자는 뜻이었다. 이에 정몽주는 대뜸 다음과 같은 시조로 그의 마음을 대신했다.

이 몸이 죽고 죽어 일백 번 고쳐 죽어
백골이 진토되어 넋이라도 있고 없고
임 향한 일편단심[10]이야 가실 줄이 있으랴[11]

"단심가"로 불리우는 이 시조는 그가 백 번을 죽고 그의 주검이 백골(흰뼈)이 되었다가 다시 흙먼지로 변한다 하더라도 고려 임금에 대한 자신의 충성심은 결코 변하지 않으리라는 뜻이었다.

이방원은 이로써 정몽주의 마음을 확실히 알아낸 셈이다. 1392년 정몽주는 선죽교에서 이방원이 보낸 자객에 의해 죽임을 당했다.

정몽주 같은 충신을 잃자 마음이 약해진 공양왕은 이윽고 옥새(임금의 도장)를 이성계에게 넘기고 말았다. 이로써 고구려의 기상을 잇고자[12] 일어난 고려 왕조는 34대 475년 만에 영영 과거 속으로 사라지고 말았다.

1392년 7월 17일 정도전 등의 추대를 받아 개경 수창궁에서 이성계가 왕의 자리에 오르니 그의 나이는 58세였다. 그 이듬해인 1393년 2월 15일 이성계는 "조선"이란 이름으로 새 왕조를 선언했다. 조선이란 옛 고조선에서 따온 나라 이름이었다. 조선을 세우면서 이성계는 3대 기본 정책을 내놓았다.

숭유 정책: 불교 대신 유교로서 나라를 다스리는 근본으로 삼겠다.
친명 정책: 새로 태어난 명나라와 친교를 맺겠다.
농본 정책: 농업을 장려하여 백성들의 생활 안정에 노력하겠다.

1394년 태조 이성계는 무학 대사의 건의를 받아들여 도읍을 개경에서 지금의 서울인 한양으로 옮겼다. 이를 "한양 천도"라고 일컫는다. 이성계가 한양 천도를 결심한 것은 개경에는 아직도 고려를 따르는 무리들이 많았기 때문이다. 그래서 새로운 기반을 닦을 새 도읍이 필요했던 것이다.

한양으로 도읍을 옮긴 이성계는 여러 곳에 궁궐을 짓게 하는 한편, 동서남북 네 곳에 4대문을 세우고 튼튼한 성을 쌓도록 했다. 그리고 상점을 세울 곳, 관리들이 살 곳을 지정해 주는 등 도시 계획을 세웠다. 이때부터 한양은 5백년 넘게 조선의 수도가 되었다.

김모세 엮음 <교과서풀이 한국역사> (1996), 민서출판사

어휘

4대문: 조선 때, 서울에 있던 네 대문. 즉 동의 흥인지문(오늘의 동대문), 서의 돈의문(오늘의 서대문), 남의 숭례문(오늘의 남대문), 북의 숙정문(오늘의 북문); four big gates; four main entrances (into Seoul)

가시다: 변해 없어지거나 달라지다; to disappear, be gone ¶홍분이 가셨다 ¶그의 얼굴에서 핏기가 가셨다.

간밤: 지난밤; last night ¶간밤에 내리기 시작한 비가 아직 그치지 않고 있다.

건국: 새로 나라를 세움; founding of a country, establishment of a country. 건국하다 to found a country ¶대한민국은 1948년에 건국되었다.

건의: 개인이나 단체가 의견이나 희망을 내놓는 것. 또는 그러한 의견이나 희망; proposal, suggestion. 건의하다 to propose ¶사장은 나의 건의를 받아들였다.

결심: 마음을 굳게 정함; decision; resolution. 결심하다 to make up one's mind ¶담배를 끊기로 결심하였다.

결정적: 일의 결과를 좌우할 만큼 중요한; to bc dcfinitc, dccisivc. 결정 decision; 결정하다 to decide ¶그 사람이 이번 살인 사건의 범인이라는 결정적인 증거가 나왔다.

결코: 절대로; assuredly, truly ¶나는 그 사람을 결코 용서할 수 없다.

공: 일에 애쓴 공적; merit, credit, honor, labor, efforts ¶그는 전쟁에서 큰 공을 세웠다.

광희문: 서울 중구 광희동에 있는 조선 시대의 성문. 사소문의 하나; Kwanghi Gate (one of the four small entrances into Seoul)

국경: 나라와 나라 사이의 경계; boundaries of a country, frontier ¶사랑은 국경을 초월한다. ¶캐나다는 남쪽으로 미국과 국경을 접하고 있다.

국교: 국가 간의 교제; diplomatic relations, alliance ¶국교를 맺다 to open diplomatic relations ¶두 나라는 국교 정상화를 위해 노력했다.

국무총리: prime minister, premier

궁궐: 임금이 거처하는 집; royal palace ¶그 부자는 궁궐 같은 집에서 산다.

권세: 권력과 세력; power, authority ¶그는 국회의원이 되더니 권세를 부리기 시작했다.

권하다: 음식이나 담배나 물건 등을 먹거나 피우거나 이용하도록 말하다; to ask; to suggest, recommend ¶그는 나에게 술을 권했다.

귀양: 죄인을 먼 시골이나 섬으로 보내어 일정한 기간 동안 제한된 곳에서만 살게 하던 형벌; exile, banishment, deportation ¶왕은 죄인을 제주도로 귀양 보냈다.

그예: 기어코; 기어이; 마지막에 가서는; at last ¶그는 열심히 공부하여 그예 시험에 합격하였다.

그즈음: 그 무렵; around then, about that time ¶그즈음 유럽에서는 전쟁이 한창이었다.

근본: 근원 또는 기초; origin, source, beginning, fountainhead ¶모든 잘못된 일은 근본부터 고쳐야 한다.

기반: 기초가 될 만한 지반; base, basis, foundation ¶우리 나라는 경제의 기반이 튼튼하다.

기상: 씩씩한 정신; spirit, temperament, nature, temper ¶고구려 벽화 (mural)는 고구려 사람들의 기상을 잘 나타내 준다.

기지: 군대, 탐험대 따위의 활동의 기점이 되는 근거지; base, home, headquarters ¶보급 기지, 군사 기지

까마귀: crow, raven

끌어내리다: 끌어서 아래로 내리다; to pull down, take down. 끌다 to pull; 내리다 to take down ¶짐을 트럭에서 끌어내려라.

나돌다: 소문이나 어떤 물건 따위가 여기저기 나타나거나 퍼지다; to get about, roam; to be rumored ¶그가 결혼했다는 소문이 나돌았다.

낡다: 물건 따위가 오래되어 헐고 너절하다; to be old, outmoded ¶낡은 건물 [옷, 생각] ¶그는 늘 낡은 청바지 차림이다.

내세우다: 나서게 하다; to put up; to support; to let a person represent ¶그들은 새로운 인물을 대통령 후보로 내세웠다.

넋: 정신이나 마음; soul, spirit, ghost; life ¶넋을 잃다 [빼앗기다, 놓다] ¶그는 그녀의 아름다움에 넋을 빼앗겼다.

넘보다: 남을 얕잡아 낮게 보다; 넘어다보다; to think lightly of, make little of; to eye; to look [peep] over ¶상대 팀을 넘보아서 그들은 결국 시합에 졌다. ¶일본은 한국 땅을 넘보았다.

넘치다: 가득 차서 밖으로 흘러나오다; to overflow; to run over ¶홍수에 강물이 넘쳤다.

노리다: to stare at, have an eye on, watch for ¶기회를 노리다 to watch for a chance ¶그 사기꾼은 그 여자의 재산을 노리고 있다. The swindler has his eye on her property.

노하다: "성내다", "화내다"의 존칭; to get angry, upset ¶할아버지께서 불같이 노하셨다.

농본 정책: agriculture-first policy

놓치다: 잡았거나 잡을 것을 잃어버리다; to miss one's hold, fail to catch, lose, drop ¶다 잡은 도둑을 놓쳤다.

누리다: to enjoy; to be blessed with ¶행복을 누리다 to enjoy happiness

다다르다: 목적한 곳에 이르다; 어떤 수준이나 한계에 미치다; to arrive, reach ¶우리는 저녁이 다 돼서야 목적지에 다다랐다.

다스리다: 국가나 사회, 단체, 집안의 일을 보살펴 관리하고 통제하다; to govern, rule, manage, regulate, arrange ¶그 왕은 민주적으로 나라를 잘 다스렸다.

다툼: 서로 옳고 그름을 주장하여 싸우는 일; quarrel, dispute. 다투다 to quarrel; to compete ¶그들 형제 사이에는 다툼이 잦다.

다행: 뜻밖에 일이 잘되어 운이 좋음; good fortune. 다행히 fortunately, luckily ¶이번 사고에 다행히 아무도 다친 사람이 없었다.

닦다: 기초, 토대 따위를 튼튼히 하다; to prepare the ground, pave the way; to assure one's footing ¶회사의 기반을 닦은 후에 사업 영역을 확장할 것이다.

담장: 흙, 돌 등으로 집 가를 쌓아 올려 둘러막은 것; wall, fence ¶도둑이 담장을 넘었다.

당하다: 상대를 맞서 대항하거나 이기다; to be a match for, compete with ¶너에게 말로는 당할 수가 없다.

대군: 많은 병사로 이루어진 군대; big army, large force ¶우리의 군대는 십만 대군이다.

대들보: 중심이 되는 중요한 물건이나 사람; girder; pillar ¶아버지의 죽음으로 우리 가족은 대들보를 잃었다.

대뜸: 이것저것 생각할 것 없이 그 자리에서 얼른; quickly, rapidly, at once ¶어머니는 내가 집에 늦게 돌아온 이유를 묻지도 않고 대뜸 화부터 내셨다.

대번에: 서슴지 않고 단숨에; at once, without hesitation ¶나는 그의 말이 거짓임을 대번에 알아챘다.

대사: 나라에서 덕이 높은 스님에게 내려 주던 호칭; saint, great Buddhist priest, great teacher of Buddhism

대항: 굽히거나 지지 않으려고 맞서서 버티거나 싸우는 것; opposition, counteraction, resistance, defiance. 대항하다 to oppose ¶군사들이 적을 대항하여 용감하게 싸웠다.

도읍: 서울; capital in old Korea ¶한양으로 도읍을 옮겼다.

도장: seal, stamp ¶나는 그 서류에 도장을 찍었다. I put my seal on the documents.

돌다: 소문이나 돌림병 따위가 퍼지다; to prevail, be prevalent ¶장마 뒤에는 많은 전염병이 돈다.

동원: 어떤 목적을 달성하기 위하여 사람이나 물건을 집중함; mobilization. 동원하다 to mobilize ¶정부는 경찰을 동원하여 폭동(riot)을 진압하였다(suppress).

드렁칡: arrowroot vines

따오다: 필요한 부분을 끌어 오다; to borrow from ¶그의 이름은 성경에서 따온 것이다.

떠보다: 남의 속뜻을 슬며시 알아보다; to fathom, measure, sound out, probe ¶그의 속마음을 떠보았다.

떨치다: 위세를 일으켜 널리 알게 하다; to make well known; to wield (influence) ¶그는 조선 시대에 학자로 당시 명성을 크게 떨쳤다.

맞대다: to face [confront]; to bring in touch with

맞서다: 마주서다; 버티다; to stand opposite each other; to stand against

맹세: 일정한 약속이나 목표를 꼭 실천하겠다고 다짐함; oath, pledge, vow. 맹세하다 to swear ¶우리는 서로 영원히 사랑하기로 굳게 맹세했다.

명나라: 중국의 주원장이 세운 왕조; Ming dynasty

명장: 이름난 장수; 뛰어난 장군; famous general, great commander ¶이순신은 조선 시대의 명장이다.

무덤: grave; tomb

무리: group, crowd, throng, band

무성하다: 풀 따위가 많이 자라 빽빽하다; to be luxuriant, thick, overgrown ¶그의 무덤에는 풀이 무성했다. ¶그에 대한 이런저런 소문이 무성하다.

묵다: 숙박하다; to stay (at, in), lodge (in, with)

문하시중: 고려 시대와 조선 전기에, 문하부의 정일품 벼슬; prime minister during the Koryŏ and early Chosŏn dynasty

바람: wind; conjunction; process, result, consequence, outcome, influence, effect; impetus, motive. 그 바람에 as a result ¶아이는 배탈이 나는 바람에 학교에 결석했다.

반란군: 반란을 일으킨 군대; rebel army, insurgent troops. 반란 rebellion, revolt ¶반란을 일으키다 to rebel against

백골: 송장의 살이 썩고 남은 흰 뼈; human bones, human skeleton ¶그는 이미 죽어서 백골만이 남았다.

벌이다: to display, spread, arrange, begin ¶사업을 벌이다 to embark on an enterprise

벼슬살이: 높은 관직 생활; life as a high-ranking official (in old Korea). 벼슬 high government post, official rank (in old Korea); ~살이 living; life ¶셋방살이, 시집살이, 타향살이 ¶그는 당시 높은 벼슬을 하고 있었다.

별나다: 보통과는 다르게 특별하거나 이상하다; to be eccentric, odd, unusual ¶올 여름은 별나게 덥다. ¶그 친구는 성격이 좀 별나요.

병법: 군사에 대한 모든 법칙; military rules; tactics, strategy. 병법상 strategically ¶그는 각종 병법에 모두 능했다(excel).

보급: 물자나 자금 따위를 계속해서 대어 줌; supply, replenishment. 보급하다 to supply, replenish ¶전쟁이 장기화되어 전 군대에 비상(emergency) 식량을 보급하였다.

본디: 어떤 일이 전해 내려온 그 처음; origin; originally, at first ¶그 살인범도 본디는 착한 사람이었을 것이다.

부추기다: 남을 이리저리 들쑤셔 그 일을 하게 만들다; to stir up, instigate, incite ¶어머니는 나에게 그 여자와 빨리 결혼을 하라고 부추겼다.

북진: 북쪽으로 진출, 진격함; going north, expanding northward ¶북진 정책

불평: 마음에 들지 아니하여 불만스럽게 생각함; grievance, murmur, complaint. 불평하다 to complain ¶불평만 하지 말고 해결 방법을 제시해야 한다.

비상하다: 심상치 않다, 평범하지 않다; to be unusual, extraordinary ¶그는 비상한 두뇌의 소유자이다.

빠지다: 제자리에서 밖으로 나오다; 물 속이나 깊은 데에 잠겨 들어가다; (고인 물이) 흘러 나가다; to fall out, be removed; to fall into; to drain, flow off ¶머리가 빠지다, 이가 빠지다; 강물에 빠지다 ¶이 땅은 물이 잘 빠진다.

빳빳하다: 단단하고 꼿꼿하다; to be straight, stiff ¶그는 고개를 빳빳하게 쳐들고 서 있었다.

빼앗다: 남의 것을 억지로 제 것으로 만들다; to snatch; to deprive ¶형은 동생의 장난감을 빼앗았다.

뻔하다: 분명하다; to be transparent, clear, obvious ¶날씨가 흐린 것을 보니 곧 비가 올 것이 뻔하다.

삐그덕거리다: to creak, squeak ¶문이 고장나서 열고 닫을 때마다 삐그덕거렸다.

사당: ancestral shrine

사로잡히다: 산 채로 잡히다; 마음이 매우 끌리다; to be caught alive; to be captured. 사로잡다 to catch alive ¶그 병사는 적에게 사로잡혔다. ¶나는 그 여자의 아름다움에 사로잡혔다.

사신: 임금이나 국가의 명령으로 외국에 심부름 가는 신하 (in old Korea); envoy; ambassador ¶중국으로 사신을 보냈다.

삼다: 무엇을 무엇이 되게 하거나 여기다; to make, make (a thing) of; to adopt (a person) as ¶그 점은 문제 삼지 않아도 된다. That point may be left out of consideration. ¶어머니 친구분이 우리 언니를 며느리로 삼고 싶어 하신다.

서까래: 도리에서 처마 끝까지 건너지른 나무; house rafter, beam

선봉장: 맨 앞장에 선 군대를 지휘하는 장수; general; leader of the vanguard. 선봉 van, vanguard; ~장 general, leader, head ¶임금은 가장 무예가 뛰어난 장수를 선봉장으로 뽑았다.

선죽교: 개성에 있는 돌다리; Sŏnjuk Bridge (name of a stone bridge in Kaesŏng). ~교 bridge

세력: 기세와 힘; power; influence ¶세력을 떨치다 ¶그의 세력이 늘어 간다.

셈: 계산, 금액을 따져 밝히는 것; 어떻게 하겠다는 생각; count(ing), account; intention, purpose. 셈이다 to amount to ¶그는 셈이 느리다. ¶나는 오전 중으로 돌아올 셈입니다. ¶도대체 어쩔 셈이니?

소문: rumor ¶소문이 나돌다 to become the talk (of) ¶소문에 따르면 그는 엄청난 부자라고 한다.

수: 시나 노래를 세는 단위; stanza, unit of a poem ¶시 한 수를 짓다

수구문: "광희문"의 딴 이름; another name of "Kwanghi Gate"

순순히: willingly, freely ¶그 죄인은 순순히 잘못을 인정했다.

숭례문: 남대문; South Gate (of Seoul)

숭유 정책: 유교를 숭배하는 정책; policy oriented toward Confucianism

시조: 고려 말부터 발달한 한국 고유의 정형시; a kind of short lyric poem ¶시조를 짓다 [읊다, 외다]

신하: 임금을 섬기어 벼슬하는 사람; minister, statesman, servant (in old Korea) ¶신하는 왕을 위해 목숨도 바칠 수 있어야 한다.

심지어: 심하다 못해 나중에는; even; as much as ¶그는 나에게 욕을 하고 심지어 때리기도 했다.

쏘다: 세게 날아가게 하다; 벌레가 침으로 찌르다; to shoot, fire; to sting ¶활(arrow)을 쏘다, 총을 쏘다 ¶벌이 쏜다. A bee stings.

쏟아 놓다: to throw out. 쏟다 to pour; 놓다 to put ¶그는 온갖 불평을 쏟아 놓았다.

암시: 넌지시 깨우쳐 줌; hint, suggestion. 암시하다 to hint, suggest ¶이 소설에서는 주인공의 죽음이 처음부터 암시되어 있다.

얽히다: 이리저리 걸려서 묶여지다; to be tied, twine round, be entangled ¶이 일에는 여러 가지 복잡한 사정이 얽혀 있다.

염려: 걱정; worry, care. 염려하다 to feel anxiety ¶내일 일을 오늘 염려하지 말아라.

영영: 영원히 언제까지나; forever, perpetually ¶그들은 영영 다시 만나지 못했다.

옥: 감옥; 죄인을 가두어 두는 곳; prison, jail ¶왕은 죄인을 옥에 가두었다.

옥새: 임금의 도장; royal seal, imperial seal

왕조: dynasty ¶조선 왕조 오백 년

왜구: (13-16세기의) 일본 해적; Japanese pirate raiders ¶이순신 장군은 왜구를 무찔렀다(defeat).

요동: Liao Dong province (in China)

우기다: 고집을 부리다; 억지를 쓰다; to insist, persist ¶그들은 서로 자기 주장이 옳다고 우겼다.

웅변: 조리가 있고 막힘이 없이 당당하게 말함; 또는 그런 말이나 연설; eloquence ¶그는 웅변을 잘 하기로 유명하다.

위협: 협박; menace, intimidation. 위협하다 to menace, intimidate, threaten ¶그는 나를 죽이겠다고 위협했다.

유교: 공자를 원조로 하는 교학; Confucianism

유언: 죽음에 임해서 남기는 말; will, dying wish ¶할아버지께서는 유언도 남기지 않고 돌아가셨다.

유역: 강물이 흐르는 언저리; basin, (river) valley ¶미시시피강 유역, 한강 유역

은근하다: 드러내지 않고 슬그머니 또는 가만히 하다; to be implicit, indirect ¶그 여자는 은근히 우리 형을 좋아하는 눈치다.

읊다: 억양을 넣어서 소리를 내어 시를 읽거나 외다; to recite ¶최근에도 시조를 읊는 사람이 많이 있다.

이로써: with this, hereby

이북: 어떤 지점을 한계로 한 북쪽; north (of); North Korea ¶폭설로 인해 한강 이북의 교통이 마비되었다.

이윽고: 얼마쯤 시간이 흐른 뒤에; after a while, shortly ¶해가 지고 이윽고 달이 떴다. ¶우리는 이윽고 목적지에 도착했다.

일대: 어느 지역의 전부; area ¶남부 지방 일대에 가뭄이 극심하다.

일컫다: 무어라고 부르다; to call, name, designate ¶그는 손재주가 뛰어나 우리는 그를 신의 손이라 일컫는다.

임: 사모하는 사람 (archaic); sweetheart, lover ¶그는 임 그리는 마음에 잠을 못 이루었다.

자객: 사람을 몰래 찔러 죽이는 사람; assassin ¶그는 자객의 손에 죽었다.

장려: 권하여 북돋아 줌; encouragement. 장려하다 to encourage ¶나라에서는 저축을 장려했다.

장수: 장군; general

전군: 전체의 군대; whole army

전염병: infectious disease. 전염 infection, contagion; 병 disease ¶여름에는 기온이 높아 전염병이 돌기 쉽다.

정벌: 적 또는 죄 있는 무리를 무력으로써 침; conquest, expedition. 정벌하다 to conquer ¶전 군대는 적군의 정벌 길에 올랐다.

정복: 정벌하여 복종시킴; subjugation, mastery. 정복하다 to conquer ¶자연은 정복의 대상이 아니다.

정책: 정치적 목적을 실현하기 위한 방책; policy ¶현 정부의 통일 정책의 성공 여부는 시간이 지나 봐야 알 수 있을 것이다.

주검: 시체, 송장; dead body, corpse ¶그는 아들의 주검 앞에서 통곡했다(wail).

주저앉다: 섰던 자리에 그대로 내려앉다; to sit down suddenly, fall down, sink, collapse; to settle down ¶동생의 대학 불합격 소식에 어머니는 그 자리에 털썩 주저앉아 버리셨다.

중: 스님; Buddhist priest

지우다: 짐 등을 지게 하다; to make a person bear; to let one carry something on the back ¶노인은 젊은이에게 짐을 지우고 자신은 빈 몸으로 따라 갔다.

지정: 가리켜 정하는 것; designation; specification; appointment. 지정하다 to appoint, designate ¶선생님께서 학생들에게 좌석(seat)을 지정하셨다.

진격: 나아가서 적을 공격함; march onward; attack. 진격하다 to march, make an attack ¶장군의 명령에 전군이 진격을 시작했다.

진토: 티끌과 흙; dust and soil

집어삼키다: 거침없이 삼키다; to swallow up, devour. 집다 to pick up; 삼키다 to swallow ¶강물이 주위의 집들을 집어삼킬 듯이 보였다.

짓다: 재료를 들여 만들다; 글을 만들다; 건물 등을 세우다; 논밭을 다뤄 농사를 하다; to cook (rice); to compose (a poem); to build, construct; to cultivate, grow, raise ¶밥을 짓다 ¶집[건물]을 짓다 ¶저희 부모님은 시골에서 농사를 짓고 계세요.

창: spear, pike, javelin

채다: 재빨리 짐작하다; to sense ¶그는 그녀가 자기를 좋아하는 눈치를 챘다. ¶우리는 해고 당할(to be fired) 아무런 낌새도 채지 못했다.

처가: 아내의 본집; home of one's wife's parents, one's wife's home ¶그는 처가댁 식구들과 함께 여행을 떠났다.

처형: 형벌에 처함; punishment, execution. 처형하다 to execute ¶살인범은 오늘 아침 교도소(prison)에서 처형되었다.

천도: 도읍을 옮김; transfer of the capital (in old Korea) ¶예로부터 나라가 어지러우면 도읍 천도를 주장하는 사람들이 있었다.

청년: youth, young man

쳐들다: 위로 들어 올리다; to lift (up), raise ¶그는 고개를 쳐들어 하늘을 올려다보았다.

추대: 윗사람으로 떠받드는 것; installation. 추대하다 to have (a person) as (the president) of ¶그들은 나를 사장으로 추대했다.

출동: 군대 등이 현장에서 활동하기 위해 감; going out, moving out, marching. 출동하다 to go into action ¶사고 현장에 경찰이 출동했다.

충신: 나라와 임금을 위해 충성을 다하는 신하; loyal retainer, loyal subject (in old Korea) ¶그는 충신을 잃었다. ¶정몽주는 고려의 충신이었다.

친교: 친밀한 사귐; friendship, intimacy. 친교를 맺다 to form a friendship ¶그들은 30년간 친교를 유지하고 있다.

친명 정책: 명나라와 친하게 지내는 정책; pro-Ming policy

침공: 공격해 들어감; invasion, raid. 침공하다 to invade ¶왜구의 침공으로 온 나라가 전쟁터가 되었다.

터: "처지"나 "형편"의 뜻을 나타내는 말; condition, situation ¶사흘을 굶은 터에 찬 밥 더운 밥 가리겠느냐? ¶그는 자기 일도 해결하지 못하는 터에 남 걱정을 한다.

토벌: 군대로써 도둑, 반항자 무리를 침; subjugation, suppression. 토벌하다 to subjugate ¶그는 왜구(Japanese pirate raiders)를 토벌했다.

툴툴거리다: 마음에 차지 아니하여서 몹시 투덜거리다; to grumble over, mutter about ¶학생들은 숙제가 너무 많다고 툴툴거렸다.

판: 판국: 사건이 벌어져 있는 형편; situation, state of affairs ¶전쟁으로 사람이 죽고 사는 판에 너는 편하게 있니?

펴다: 벌리다; to open, spread (out)

평야: plain; open field ¶그 나라는 국토의 반이 평야다.

폭삭: 맥없이 주저앉는 모양; entirely, wholly, completely, thoroughly ¶태풍으로 집이 폭삭 주저앉았다. ¶그의 사업이 폭삭 망했다.

풀이: 알기 쉽게 쉬운 말로 밝혀 말함; explanation, elucidation, exposition. 풀이하다 to explain ¶그는 어려운 얘기도 쉽게 풀이해서 설명해 준다.

피비린내: smell of blood

허물어지다: 흩어져 무너지다; to crumble, fall down, collapse ¶그의 집은 허물어져 가는 초가집이다.

허점: 허술한 구석, 불충분한 점; blind spot, unguarded point ¶이 계획은 허점이 많다. ¶사람은 허점이 있어야 인간미(humaneness)가 있다.

화살: arrow; shaft ¶세월은 화살과 같이 빨리 지나간다.

활: 화살을 쏘는 무기; bow, archery

회군: 군사를 돌이켜 돌아옴; withdrawal of troops, military withdrawal. 회군하다 to withdraw troops

홍인지문: 동대문; East Gate (in Seoul)

관용 표현

1. 임금 왕자 the Chinese character meaning 'king' and pronounced *wang*

When referring to or identifying a Chinese character, it is customary to give both the meaning and the pronunciation of the character (~자), as in 하늘 천자 'the Chinese character of "sky" and *ch'ŏn*' and 배울 학자 'the Chinese character of "study" and *hak*'.

2. ~에 한몫 하다 play an important part in

As in 이것은 제 몫이에요 'This is my share', the literal meaning of 몫 is 'share' or 'portion'. 한몫 means 'one share', 'one portion', 'a cut', or 'a whack', as in 한몫 드시겠어요? 'Would you have a share?' and 그분은 이번 거래에서 단단히 한몫 보았대요 'I heard that he made very good money out of a recent business dealing'. 한몫 하다 denotes 'to play an important part'.

3. 공을 세우다 perform a meritorious deed

The Sino-Korean word 공 refers to good deeds or services to a country, an institution, or an organization. It occurs with 세우다 'to erect, make (something or someone) stand' to mean 'to distinguish oneself', 'to render distinguished services', or 'to perform a meritorious deed', as in 이순신 장군은 일본과의 전쟁에서 큰 공을 세웠다 'General Yi Sun-Sin rendered distinguished service in the war with Japan'.

4. 이름을 떨치다 become well known

떨치다, meaning 'to wield' or 'to display widely', occurs with a limited number of nouns like 이름 'name', 명성 'reputation', 위세 'power', and 용맹 'bravery', as in 명성을 떨치다 'to make well known in the world', 위세를 떨치다 'to wield power', and 용맹을 떨치다 'to display dauntless courage'.

5. 으름장(을) 놓다 threaten

으름장 'threat, intimidation, threatening words, tough talk' usually occurs with 놓다 'to put down' but also, rarely, with 하다 'to do' to indicate a threatening action in the sense of 'to threaten' or 'to intimidate', as in 선생님은 또다시 결석한 학생에게는 D를 주겠다고 으름장을 놓으셨다 'The teacher threatened that he would give a D grade to those students who miss the class again'.

6. 낌새를 채다 detect a hint/secret/sign (of)

낌새 'hint, delicate signs, secrets, delicate turn of a situation' is similar in meaning and use to 눈치 and 기미. 낌새[눈치, 기미]를 채다 means 'to detect a hint [delicate signs, a secret] (of)'. More examples are 그들은 움직이려는 아무런 낌새[눈치, 기미]도 보이지 않았다 'They showed not the slightest sign [hint] of moving', 그들이 어떤 계획을 세우고 있는지 낌새[눈치, 기미]를 보고 오너라 'Please go try to get at their plans in a roundabout way', and 우리가 무엇을 하고 있는지 낌새[눈치, 기미]를 챈 모양이다 'He seems to have caught on to what we are up to'.

7. 손발 노릇을 하다 serve (someone) very faithfully

The literal meaning of this expression is 'to perform the function of hand and foot', while its metaphorical meaning is 'to serve (someone) very faithfully, like his or her hands and feet', as in 그 사람은 오랫동안 우리 아버지의 손발 노릇을 했다 'He has faithfully served my father for a long time'. Another similar expression is 손발이 되다, literally, 'to become hand and foot'.

8. 고개를 빳빳하게 쳐들다 stand firm

고개를 들다 or 고개를 쳐들다 means 'to hold up [raise] one's head'. 고개를 쳐들다 or 고개를 빳빳하게 쳐들다 has a metaphorical meaning, 'to stand firm (in defiance of someone)'. The opposite of 고개를 (쳐)들다 is 고개를 숙이다, which means both 'to hang one's head' and, metaphorically, 'to show respect to (someone)'.

9. 이런들 어떠하리 저런들 어떠하리 no matter about this or that

This is an archaic expression whose contemporary counterpart is 이런들 [or 이런다고] 어떠하겠으며 저런들 [or 저런다고] 어떠하겠는가 'Granted that it is this way or that way, what would that matter?' 이런들 is a contraction of 이러한들 'granted that it is this way', where the suffix ~ㄴ들/~는들 means 'granted that . . .' or 'even though it is/does'. The archaic clause or sentence ending ~(으)리 is a contraction of ~(으)리요, which indicates the speaker's conjecture.

10. 일편단심 wholehearted devotion

일편 'a piece, a bit' and 단심 'single-hearted' are combined to mean 'single-heartedness' or 'wholehearted devotion (to someone)', as in 많은 애국자들은 한국의 독립을 위하여 일편단심으로 노력했다 'Many patriots single-heartedly exerted their efforts for the independence of Korea' and 미아에 대한 용호의 사랑은 일편단심이었다 'Yongho loved Mia with wholehearted devotion'.

11. ~(으)랴 rhetorical question ending (archaic)

This is an archaic sentence ending for rhetorical questions, similar to the contemporary ~겠는가 in the rhetorical sense 'do you think? No, by no means', as in 무엇을 더 바라랴 'What more can I expect? Nothing' and 어찌 기쁘지 않았으랴 'How could I not be happy?'

12. ~고자 wanting to; in order to

The suffix ~고자 denotes desire, wish, or hope in the sense of 'wishing to, willing to, intending to, in order to', as in 선생님의 연구에 도움이 되어 드리고자 이 자료를 보내 드립니다 'I am hereby sending this material in order to render assistance to your research'. It is very similar in meaning and function to the intention-indicating suffix ~(으)려고, as in 아무도 그 사실을 믿으려고 [믿고자] 하지 않았어요 'No one wanted to believe the fact'.

연습 문제

1. 다음의 글이 본문의 내용과 맞으면 T, 틀리면 F로 답하세요.

(1) ___ 고려를 세운 주몽은 어려서부터 활을 잘 쏘았다.
(2) ___ 이성계의 조선 건국의 꿈을 풀이해 준 중은 무학 대사이다.
(3) ___ 최영 장군은 명나라와 수교를 맺어야 한다고 주장했다.
(4) ___ 우왕은 북진 정책을 적극 찬성하였다.
(5) ___ 이성계는 요동 정벌을 반대하였다.
(6) ___ 위화도 회군을 하게 된 요인은 장마와 전염병이었다.
(7) ___ 정권을 잡은 이성계는 귀족 세력과 연합하여 힘을 키워 나갔다.
(8) ___ 정몽주의 "단심가"에는 조선 왕조의 건국에 대한 저항 의식이 나타나 있다.
(9) ___ 조선 왕조는 불교로 나라를 다스리는 정책을 근본으로 삼았다.
(10) ___ 이성계는 조선 건국 후 개경에 도읍을 정했다.

2. 왼쪽의 단어 뜻을 오른쪽에서 찾아 연결하세요.

(1) 선봉장	넌지시 깨우쳐 줌
(2) 서까래	한 몫 단단히 함
(3) 불만	계속 위협을 함
(4) 암시	도리에서 처마 끝까지 건너 지른 나무
(5) 일편단심	맨 앞장에 선 군대를 지휘하는 장수
(6) 으름장	마음을 써서 걱정함
(7) 대들보	마음에 들지 아니하여 툴툴거림
(8) 염려	도읍을 옮김
(9) 천도	마음이 결코 변치 않음
(10) 공헌	중심이 되는 중요한 물건이나 사람

3. 다음 a, b 두 문장의 괄호 안에 공통적으로 들어갈 단어를 보기에서 골라 써 넣으세요.

① 채	② 뻔	③ 터	④ 수	⑤ 셈

(1) a. 이성계는 무학 대사와 잘 알고 지내는 (　　)(이)였다.
　b. 그의 가족과 우리 가족은 자주 만나고 지내는 (　　)이다.

(2) a. 신하는 고개를 빳빳하게 쳐든 (　　) 계속 대항하였다.
 b. 그녀는 눈을 감은 (　　) 음악을 듣고 있다.

(3) a. 이방원은 이제 정몽주의 마음을 확실하게 알아낸 (　　)이다.
 b. 결국 너 혼자서 이 일을 해낸 (　　)이다.

(4) a. 고려군은 위화도를 건널 (　　) 없었다.
 b. 공부를 열심히 해서 대학에 합격할 (　　) 있었다.

(5) a. 요동 정벌 때문에 남쪽을 비워 놓아야 하는데 그 허점을 노려 왜구가 침공해 올 것이 (　　)합니다.
 b. 조금만 늦었으면 기차를 놓칠 (　　)했어요.

4. 보기의 단어들은 사물의 소리나 모양을 나타내는 표현들입니다. 아래 문장의 괄호 안에 알맞은 표현을 보기에서 골라 써 넣으세요.

툴툴 폭삭 빳빳 삐그덕

(1) 낡은 집안의 마루가 (　　)거리고 대들보가 흔들렸다.
(2) 그가 몸을 빼는 순간 그 낡은 집은 (　　) 주저앉고 말았다.
(3) 군사들은 불평을 쏟아 놓았고 장수들마저 (　　)거리며 돌아가자고 했다.
(4) 정몽주 같은 신하는 고개를 (　　)하게 쳐든 채 이성계에게 대항하였다.

5. 다음은 이성계에 관한 설명입니다. 맞지 않은 것을 고르세요.

(1) 경복궁을 지었다.
(2) 한글을 만들었다.
(3) 조선을 건국했다.
(4) 위화도에서 군대를 이끌고 되돌아왔다.

6. 본문을 읽고 아래의 물음에 답하세요.

(1) 이성계의 꿈에서 “허물어져 가는 낡은 집”과 “서까래 세 개”는 각각 무엇을 의미합니까?
(2) 이성계가 우왕의 요동 정벌을 반대하는 이유를 말해 보세요. (4가지)
(3) 위화도 회군을 하게 된 원인은 무엇입니까?

7. 다음의 시조를 읽고 물음에 답하세요.

> A. 이런들 어떠하리 저런들 어떠하리
> 만수산 드렁칡이 얽혀진들 어떠하리
> 우리도 이같이 하여 백년까지 누리리다
>
> B. 이 몸이 죽고 죽어 일백 번 고쳐 죽어
> 백골이 진토되어 넋이라도 있고 없고
> 임 향한 일편단심이야 가실 줄이 있으랴

(1) 함께 손을 잡고 새 나라를 일으키자는 뜻이 담긴 시조는 A, B 중 어느 것입니까?

(2) 시조 B의 "임 향한 일편단심이야 가실 줄이 있으랴"의 의미는 무엇입니까?

a. 조선 임금에 대한 충성심은 변할 것이다.
b. 조선 임금에 대한 충성심은 변치 않을 것이다.
c. 고려 임금에 대한 충성심은 변할 것이다.
d. 고려 임금에 대한 충성심은 변치 않을 것이다.

(3) 시조 A에서 나타난 의지를 함께 한 사람 둘을 고르세요.

a. 정몽주　　b. 이방원　　c. 김진양　　d. 정도전

8. 이성계의 조선 건국 3대 기본 정책을 다음 세가지 측면에서 요약해 보세요.

종교적:
외교적:
생활상:

9. 본문을 다시 읽고 아래 사건이 일어난 순서대로 번호를 쓰세요.

(1) __ 창왕이 왕위에 오름
(2) __ 최영 장군의 귀양
(3) __ 중국 명나라 건국
(4) __ 우왕의 요동 정벌 선언
(5) __ 정몽주가 선죽교에서 처형됨

(6) 6 공양왕이 왕위에 오름
(7) 8 한양 천도
(8) 3 이성계의 위화도 회군
(9) 9 조선 건국

10. 보기와 같이 두 문장을 한 문장으로 바꾸어 쓰세요.

보기 1: a. 장마가 져 강물이 넘쳤다. b. 고려군은 위화도를 건널 수가 없었다. ⇒ 장마가 져 강물이 넘치는 바람에 고려군은 위화도를 건널 수가 없었다.

(1) a. 이성계가 귀족의 땅을 빼앗아 농민들에게 나누어 주었다.
b. 귀족의 세력이 무너지고 백성들은 이성계를 믿고 따랐다.
⇒ ______________________________

____

(2) a. 동생이 거짓말을 했다.
b. 내가 부모님께 야단을 맞았다.
⇒ ______________________________

____

(3) a. 친구들이 자꾸 술을 권했다.
b. 나는 어젯밤 취하도록 마셨다.
⇒ ______________________________

____

(4) a. 회의가 길어졌다.
b. 친구와의 중요한 약속을 못 지켰어요.
⇒ ______________________________

____

> 보기 2: a. 내가 우체국 가는 길을 가르쳐 주었다.
> b. 친구가 우체국에 잘 갔다.
> ⇒ 내가 우체국에 가는 길을 가르쳐 준 대로 친구가 잘 갔어요.

(5) a. 아버지께서 새 사업을 계획하셨다.
b. 잘 되면 얼마나 좋겠어요?
⇒ 아버지께서 새 사업을 계획하신 대로 잘 되면 얼마나 좋겠어요?

(6) a. 미리 계획을 세웠다.
b. 잘 되지 않아서 속이 상했다.
⇒ 미리 계획을 세운 대로 잘 되지 않아서 속이 상했다.

(7) a. 그가 약도를 그려 주었다.
b. 낯선 곳을 찾아 갔다.
⇒ 그가 약도를 그려 준 대로 낯선 곳을 찾아 갔다.

(8) a. 열심히 하기로 마음 먹었다.
b. 한국어 공부가 잘 되어 매우 기뻤어요.
⇒ ______________________________

11. 다음 밑줄 친 부분의 뜻과 가장 가까운 것을 고르세요.

(1) 늙은 장군은 대번에 사로잡히고 말았다.
a. 많은 사람들에 의해
b. 여러 번에 걸쳐서
c. 서슴지 않고 단숨에

(2) 정도전은 이성계의 손발 노릇을 했다.
a. 대항적 역할 b. 하찮은 역할 c. 중요한 역할

(3) 미리 낌새를 챈 이성계는 공양왕을 내세웠다.
a. 걱정을 한 b. 형편을 알게 된 c. 고민을 한

(4) 정몽주는 <u>대뜸</u> 다음의 시조를 읊었다.
a. 그 자리에서 얼른 b. 신중하게 c. 한참을 생각한 후에

더 생각해 봅시다

1. 이성계와 정몽주는 다같이 고려의 북진 정책을 반대했습니다. 그러나 정몽주는 결국 이성계로부터 죽임을 당했습니다. 여러분, 이성계와 정몽주를 각각 어떻게 평가하고 싶습니까? 토론해 보세요.

2. 이성계가 세운 조선 왕조는 언제까지 계속되었으며 어떻게 해서 무너졌는지 알아보세요. 그리고 대한민국(한국)은 언제 어떻게 수립되었는지 조사해서 글로 써 보고 또 교실에서 토론해 보세요.

제14과 대학 "기여 입학" 바람직한가

(College "entrance through contribution": Is this desirable?)

그림을 보면서 함께 생각해 봅시다.

1. 대학은 진리를 탐구하는 학자와 학생들의 집단입니다. 또한, 대학은 지식을 전달, 응용하는 곳입니다. 지식의 전달은 교육을 뜻하며, 지식의 응용은 국가나 사회에 봉사하는 것을 뜻합니다. 현재 대학들이 이러한 목표를 충분히 반영한 교육을 하고 있습니까? 여러분의 의견을 나누어 보세요.

2. 여러분의 나라에는 기부금을 내고 대학에 입학하는 제도가 있습니까? 있다면 어떤 대학에 그런 제도가 있습니까?

3. 한국 부모들은 자녀들에 대한 교육열이 대단합니다. 한국 사회의 교육열에 대해 알고 있거나 들은 이야기를 서로 나누어 보세요.

4. "기여 입학" 제도 실시 여부가 한국 사회에서 민감한 사회 문제가 되고 있습니다. 왜 그럴까요? 여러분은 이 제도에 대해 어떻게 생각하십니까? 의견을 말해 보세요.

5. 아래 왼쪽의 단어들을 뜻에 따라 오른쪽과 연결해 보세요.

수학 능력	avarice (*lit.*, money worship)
사학	the rich get richer
부익부	private schools
유전 합격	ability to study
배금 사상	getting into college by paying extra money

대학 "기여 입학" 바람직한가

한국에서는 기여 입학제 실시 여부가 새로운 관심사로 떠올랐다. 대학의 질과 경쟁력을 요구하는 시대에 대학 재정을 살리는 길은 무엇인가. 불가피한 선택이라는 현실론과 교육을 황폐시키고 사회의 공신력을 해친다는 반대론이 여전히 맞서고 있다.

찬성론: 유병화 <고려대 교수, 국제법학>

"외국 대학과 경쟁 시대 자생력 키울 현실 방안"
"수학 능력 있어야 입학 가능"
"돈으로 입학 산다는 건 사회 발전 못 보는 시각"

우리 사회에서 소위 기여 입학 제도라면 누구나 말하기도 싫어하는 피곤한 문제며 이른바[1] 국민 정서상[2] 거부감을 주는 문제다. 그러나 국제화 시대에 외국 대학의 국내 진출과 대학의 자율화, 다양화에 따라 새로운 상황이 도래했다.

첫째, 대학의 자율화, 다양화에 따라 학생 정원이 없어지고 대학은 수용 능력을 고려해 다양한 기준을 설정, 자유롭게 학생을 선발하게 된다. 그러므로 성적뿐 아니라 사회 봉사, 신체 장애, 농어촌 출신, 효행 등 이미 학교측이[3] 내놓은 기준만 해도 매우 다양하다. 그렇다면[4] 학교에 대한 기여라는 기준을 추가하는 것을 법으로 막을 방법이 없다.

둘째, 국제화 시대에는 세계가 하나의 생활권으로 변해 가기 때문에 제도와 법이 통일되고 보편화된다. 가령 서울에 하버드나 컬럼비아 대학의 분교가 생기고 이러한 대학에서 기여 입학 제도를 실시한다면 어떻게 하겠는가. 국민 정서에 안 맞는다고 처벌하겠는가.

셋째, 국제 경쟁에서 우리 대학이 외국의 유수 대학과 경쟁해 살아남을[5] 방법이 무엇인지 냉철하게 생각할 필요가 있다. 대규모 대학 1개의 현재 예산이 1천억 원 정도인데 교직원 인건비를 제외하고 나면 남는 것이 없다. 학생 수를 늘리면 되지 않나 생각할 지 모르나 교수 확보율 때문에 또다시 교수를 늘려야 한다. 결국 등록금을 올려야 하고 그렇다면 결국 가난한 사람은 정말 대학에 못 가게 될 것이다. 미국의 대학 등록금이 연간 1천만 원이 넘는 것을 생각하면 된다.

넷째, 대학의 자생력을 키워 주어야 한다. 정부의 지원 예산을 대폭 늘리면 되지 않냐고 할지 모르나 그러한 자원을 조달하는 것이 현실적으로 어려울 뿐 아니라 남이 지원해 주는 돈으로 발전하는 데는 한계가 있다.

다섯째, 기업인 2세들의[6] 교육과 자금의 해외 유출도 생각해 볼 필요가 있다. 상당수의 기업인 2세 교육을 우리 사회에서 제대로 시키는 것이 얼마나 중요한지는 말할 필요가 없다.

여섯째, 우리 의식도 전환돼야 한다. 가령 투자에 대한 무조건 부정적인 편견이나 기여 입학이 돈 주고 입학을 산다고 생각하는 시각, 사회 전체의 발전을 생각하기 보다 개인의 감정을 앞세우는 일 등은 국제 경쟁 사회에서는 매우 장애가 된다. 일부 재벌이 부를 축적하는 과정에 어두운 점이 있으면 그 점만을 비판하면 되지[7] 모든 기업인을 매도하는 것은 매우 위험한 생각이다. 또한 기여 입학에도 수학 능력 등 여러 가지 전제 조건이 있으며 돈만 낸다고 되는 것은 아니다.

물론 이러한 기여 입학 제도를 실시하기 위해 여러 가지 제도적 보완이 전제돼야 한다. 우선 학생의 수학 능력이 있어야 하며, 자금의 용도나 운영의 공정성과 합리성, 사후 공정한 감사 등이 선행돼야 한다. 일반 국민의 편견이나 거부감이 크다면 합리적인 설득을 함과 동시에 그 우려하는 폐단을 방지하는 제도적 장치도 마련돼야 할 것이다.

반대론: 윤정일 <서울대 교수, 교육학>

"'유전 합격, 무전 탈락'[8] 교육 기회 균등에 역행"
"목적이 정당하다 해서[9] 틀린 방법 정당화 안돼"
"계층간 갈등만 부를 것"

사립 대학에 학생 선발의 자율권을 부여하는 정부의 교육 개혁안이 발표되자 이제 일부 사립 대학에서는 또 다시 대학 기여 입학제를 주장하고 나섰다. 대학 입시 부정 사건이 일어나기만 하면 정부에서는 기여 입학제를 긍정적으로 검토하겠다고 했으며, 사학 재정의 문제가 논의되기만 하면 일부 사학에서는 기여 입학제가 시급히 도입돼야 한다고 주장해 왔다. 마치 기여 입학제가 없어서 대학 입시 부정 사건이 일어나고 사립 대학이 재정난에 직면하게 된 것처럼 말한다. 이는 진단과 처방이 잘못된 것이다.

기여 입학제는 분명히 입시 부정에 대한 올바른 처방이 아니고 사립 대학의 재정난을 해결하기 위한 정도가 아니다.

기여 입학제란 기부금 입학제를 의미하는 것이다. 즉 입학이라는 상품을 공개적으로 매매하는 입학 공개 입찰제다. 입찰 가격이 높을수록 대학의 수입은 늘어나게 될 것이다. 기부금을 공개적으로 관리하면 대학의 교육 여건도 어느 정도 개선될 수 있을 것이며, 빈곤한 학생들에게 장학금 혜택도 확대할 수 있을 것이다. 그러나 목적이 정의롭다고 해서 부당한 수단과 방법이 정당화돼서는 안된다.

사학의 재정난을 해소하기 위해 도입하자고 하는 기여 입학제는 사학 재정에 어느 정도 도움이 되겠지만 당위성, 합법성, 윤리성의 측면에서 볼 때 다음과 같은 문제점을 내포하고 있다.

첫째, 기여 입학제는 교육의 기회 균등을 보장하고 있는 헌법에 저촉된다. 헌법 31조는 "모든 국민은 능력에 따라 균등하게 교육받을 권리를 가진다"고 규정하고 있다. 여기서의 능력은 자신의 능력이지 부모나 타인의 능력이 아니다. 또 능력이란 지적 혹은 학습 능력을 의미하는 것이지 권력이나 재력을 의미하는 것이 아니다.

둘째, 기여 입학제가 인정되지 않는 상황에서도 부정 입학이 자행되고 있는데 이 제도가 공인되고 합법화된다면 학생 선발에서 온갖 부조리가 나타나게 되며, 사회의 가치 체계는 완전히 와해되고 말 것이다. 이 제도는 사립 대학 학생 선발에만 국한되지 않고 임용, 승진 등 모든 인사 제도에 영향을 미치게 되며, 결과적으로 황금 만능 주의[10] 혹은 배금 사상이 사회 전체를 지배하게 될 것이다.

셋째, 대학 기여 입학제는 대학에 대한 불신으로 끝나지 않고 모든 교육 기관으로 파급될 것이다. 고교 내신 성적도 기여금에 따라 결정되고 초등, 중등학교의 성적도 돈 봉투의 두께에 따라 결정되지 않는다고 누가 보장할 수 있겠는가.

넷째, 이 제도는 부익부 빈익빈[11] 현상을 가속화시켜 사회 계층과 격차를 넓히고 갈등을 심화시키게 될 것이다. 대학의 합격과 불합격이 부모의 경제적 능력에 따라 결정될 때 불합격한 학생은 자신의 능력을 탓하기 전에 부모를 원망하는 일이 벌어지게 된다.

가난한 것이 분명히 자랑거리는 될 수 없다. 그렇다고 해서 가난이 수치가 되고 부모의 권위를 추락시키도록 해서는 안된다. 이 제도는 유전 합격, 무전 탈락이라는 또 하나의 유행어를 만들어 조용한 대학 캠퍼스에 학생 소요의 불씨로 자라게 할 것이다.

(1995년 신문; 정확한 출처 미확인)

어휘

가속: 점점 속도를 더함; acceleration. 가속하다 to accelerate, 가속적으로 with increasing speed; 가속화하다, 가속시키다 to make (a thing, a matter) increase speed ¶무거운 수레(wagon)는 언덕(hill)을 내려오면서 가속이 붙어 무섭게 달리기 시작했다.

가치 체계: value system

갈등: 개인이나 집단 사이에 생기는 충돌이나 불화; conflict, complication, discord, dissension; tangle. 갈등하다 to conflict ¶부모와 자식 사이에 갈등이 생기는 경우가 많다.

감사: 감독하고 검사함; inspection, audit. 감사하다 to inspect, audit ¶감사 활동은 언제나 공정하게 이루어져야 한다.

개선: 더 나아짐; improvement, betterment. 개선하다 to improve; 개선되다 to be improved ¶경제가 나아짐에 따라 생활 환경도 개선되었다.

개혁: 제도 따위를 새롭게 바꾸는 것; reform, reformation, innovation. 개혁하다 to reform ¶교육 개혁, 사회 개혁 ¶한국은 19세기 말에 정치, 사회, 경제의 여러 가지 제도를 개혁하게 되었다.

거부감: 어떤 것을 쉽게 받아들이지 못하고 좋지 않게 생각하는 감정; feeling of rejection. 거부 refusal, rejection; 거부하다 to refuse, reject ¶권위적인 교육은 학생들에게 거부감을 준다.

검토하다: to examine, review, study

격차: 서로 벌어진 차이; difference in quality or quantity ¶도시 가정과 농촌 가정의 소득의 격차가 심하다.

계층: 사람들 사이의 여러 층; class, social stratum ¶그 나라는 사회 계층간의 갈등이 심각하다.

공신력: public confidence. 공신 public confidence; ~력 power, strength ¶경쟁력, 경제력, 지도력 ¶그 신문은 잘못된 보도로 공신력을 잃었다.

공인: 공식적으로 인정함; official recognition, authorization. 공인하다 to recognize officially, authorize ¶그는 공인 회계사(CPA)이다. ¶그의 이번 올림픽의 100미터 달리기 기록이 세계 기록으로 공인되었다.

공정성: impartiality, fairness

과정: process, course

관리하다: to manage, administer

관심사: 관심을 가지고 있는 일; matter of concern. 관심 concern; interest; ~사 matter ¶세상사, 인생사, 근심사 ¶그 학생은 관심사가 다양해서 법에 관한 문제뿐만 아니라 의학 쪽에도 관심이 깊다.

국내 진출: advancement into one's own country ¶외국 대학의 국내 진출 advance of foreign universities into the domestic arena

국제화: internationalization. 국제 world; international; ~화 -ize; 국제화하다 to internationalize ¶국제화 시대(global age)에 영어를 못하면 총 없이 전쟁을 하는 것과 같다.

국한되다: to be limited (to). 국한하다 to limit (to)

권위: authority, power ¶권위 있는 잡지 authoritative magazine

규정: 규칙으로 정한 내용; rules, regulations, prescriptions, provisions; 규정하다 to stipulate ¶우리 회사는 유니폼을 입는 것이 규정이다.

균등: 고르고 가지런하여 차별이 없음; equality, evenness, uniformity, parity ¶부(wealth)의 균등한 분배는 현실적으로 불가능하다.

그럴듯하다: 제법 훌륭하다; 꽤 믿을 만하다; to be plausible, specious, very likely ¶그는 그럴듯하게 차려 입고 다닌다. ¶그는 그럴듯한 거짓말을 했다.

긍정적으로: affirmatively, in the affirmative ¶부정적으로 negatively

기부금: 자선 사업이나 공공 사업을 돕기 위하여 대가 없이 내놓은 돈; contribution, donation. 기부 contribution, donation; 기부하다 to contribute, donate; ~금 money

기여: 도움이 되는 것; 이바지, 공헌; contribution, services. 기여하다 to contribute ¶김순권 박사의 옥수수 연구는 식량난(food shortage) 해결에 크게 기여할 것이다.

기여 입학: 학교에 돈을 기부하고 입학하는 것; gaining entrance by contribution

내신 성적: (대학 입시를 위한) 고등학교 때의 성적; high school academic records. 내신 school report (on students' grades and conduct), transcript; 성적 result, record ¶예전에는 고교 내신 성적이 중요하지 않았기 때문에 학생들이 학교 공부보다는 과외 공부를 더 열심히 했다.

내포하다: 포함되어 있다; to contain ¶이 시는 여러 번 읽으니 내포되어 있는 뜻을 조금씩 알 수 있다.

냉철하다: 감정에 좌우되지 않고 냉정하고 날카롭다; to be cool-headed, hard-headed ¶우리 사장님은 모든 일을 냉철하게 처리하신다.

농어촌: farming and fishing villages

늘리다: 많게 하다; to increase, multiply, augment

다양화: 여러 가지로 많아짐. 또는 그렇게 되게 함; diversification. 다양화하다 to diversify; 다양하다 to be diverse; ~화 -ize, change ¶시장 확대를 위해 제품의 다양화가 필요하다.

당위성: 마땅히 그렇게 하거나 되어야 할 성질; legitimacy. 당위 what should be; what one should do; ~성 nature ¶이제 여성은 반드시 가정을 지켜야 한다는 당위성이 약해지고 있다.

대폭: 넓은 범위(로), 썩 많이; sharply, steeply, greatly. 대폭적(인) on a large scale ¶대폭적(인) 지지 ¶이번에 대폭적인 인사 이동(personnel changes)이 예상된다. ¶금년에 월급이 대폭 인상되었다.

도래하다: 어떤 시기나 기회가 닥쳐오다; to come, arrive ¶우리는 모두 평화 공존(coexistence)의 시대가 도래하기를 바라고 있다.

도입: 이끌어 들임; introduction. 도입하다 to introduce

두께: 두꺼운 정도; thickness ¶밤에 눈이 많이 내려 두께가 30센터에 달한다.

뒤이어: 뒤가 끊어지지 않도록 잇대어; following, in succession; later on, one after another. 뒤 back, rear; 잇다 to connect; to continue ¶산업화 시대에 뒤이어 정보화 시대가 도래하였다.

등록금: tuition, registration fee

또다시: '다시'를 강조한 말, 재차; again, once more ¶같은 실수를 또다시 저지르지 말아라.

맞서다: 서로 굽히지 않고 마주 겨루다; to face each other, confront each other, stand up to. 맞~ facing; directly opposite; 서다 to stand ¶맞바람, 맞벌이, 맞잡다 ¶군인들은 적군에게 용감히 맞서서 싸웠다.

매도: 심하게 욕하며 나무람; abuse; invective. 매도하다 to abuse; to revile ¶현 정부를 무능한 정부라고 무조건 매도하는 것은 바람직하지 않다.

모색: 더듬어 찾음; groping. 모색하다 to grope for, search ¶이번 문제의 해결 방안을 모색해 봅시다.

무조건: unconditional, unconditionally

바람직하다: 바라는 일이다; to be desirable ¶교육 정책을 세울 때는 반드시 찬성론(pros)과 반대론(cons)을 들어 보고 결정하는 것이 바람직하다.

방안: 일을 처리하거나 해결하여 나갈 방법이나 계획; plan, device, scheme, program ¶경제학자들은 국가 경제 회복을 위한 방안을 연구 중이다.

배금 사상: 돈을 최고의 가치로 여기고 숭배하는 사상; worship of mammon. 배금 worship of money; 사상 thought, idea ¶요즈음 젊은이들은 돈이면 다 된다는 배금 사상에 물들어 있는 것 같다.

보완: 모자라거나 부족한 것을 보충하여 완전하게 함; repletion, supplementation. 보완하다 to complement, supplement ¶이번 새 법안은 수정 및 보완이 절실하다.

보장: 어떤 일이 어려움 없이 이루어지도록 보증하거나 보호함; guarantee, security. 보장하다 to guarantee, secure ¶헌법은 모든 국민의 평등을 보장한다.

보편: 모든 것에 공통되거나 들어맞음; universality, pervasiveness. 보편성 universality; 보편적(인) universal, general; 보편적으로 universally, generally ¶보편적(인) 진리 universal truth ¶각 민족의 특수성보다는 인류의 보편성에 더 큰 관심을 가져야 한다. ¶보편적으로 여성의 평균 수명이 남성보다 길다.

봉사: service ¶사회 봉사 public service

봉투: envelope ¶편지 봉투, 서류 봉투, 돈 봉투

부: wealth, riches, fortune

부여: 가지게 함; endowment. 부여하다 to endow (a person) with, bless (a person) with ¶모든 사람들에게는 양심이 부여되어 있다. ¶우리 대학은 그에게 명예 박사 학위를 부여하였다.

부정: 옳지 못함; injustice, illegality, dishonesty, inequity

부정적: negative

부조리: 도리에 어긋나거나 이치에 맞지 아니함; irrationality, absurdity, unreasonableness, irregularity. 부~ un-, in-; 조리 logic, reason ¶부도덕, 부적당 ¶우리는 사회의 부조리들을 없애도록 노력해야 한다.

분교: 본교로부터 멀리 떨어진 지역에 사는 학생을 위해 그 곳에 따로 세운, 같은 이름의 동일한 학교; branch school ¶서울의 큰 대학의 분교들이 지방에 많다.

불가피하다: 피할 수 없다; to be unavoidable ¶살다 보면 불가피한 일이 많은데, 태어나고 죽는 것이 그 중의 하나이다.

불신: 믿지 못함; distrust

불씨: 문제의 시작; source of fire; cause; controversy. 불 fire; 씨 seed, source ¶보스니아 전쟁의 불씨는 역사를 거슬러 올라가서 찾아야 한다.

빈곤: 가난하여 살기가 어려움; poverty, penury, indigence, destitution. 빈곤하다 to be indigent, poor ¶많은 나라가 경제적 빈곤에서 벗어나려고 노력하고 있다.

사학: 개인이 세운 교육 기관; private school

사후: 일이 끝난 뒤. 또는 일을 끝낸 뒤; after the fact [matter], ex post facto ¶이번 사건의 사후 대책을 빨리 마련하여야 한다.

상당수: 상당한 수, 상당히 많은 수; a considerable number

생활권: 보통 통근, 통학, 쇼핑, 오락 등 일상 생활을 하는 범위; area of life. 생활 life; ~권 circle ¶수도권, 태풍권, 북극권 ¶교통 수단의 발달로 전 세계가 하나의 생활권이 되고 있다.

선발하다: to select, choose, pick out

선행: 딴 일에 앞서 행함; preceding, going first. 선행하다 to go first, precede; 선행되다 to be preceded ¶인격 수양(character cultivation)이 학습(studying)에 선행되어야 한다.

설득: 상대편이 이쪽 편의 이야기를 따르도록 여러 가지로 깨우쳐 말함; persuasion. 설득하다 to persuade; to prevail (up)on ¶그는 직장을 그만두려고 했으나 아내의 설득으로 계속 다니기로 했다.

설정: 새로 만들어 정해 둠; establishment, creation, institution. 설정하다 to establish, set up, create ¶이번 문제는 목표 설정이 잘못되어 일어난 것이다.

소요: 여러 사람이 모여 폭행이나 협박 또는 파괴 행위를 함으로써 무질서하게 하는 것; disturbance, commotion, agitation, riot, sedition, uprising ¶예전에는 학생 운동이 소요 사태에 이르곤 했다.

소위: 이른바; 세상에서 말하는 바; so-called, what is called ¶소위 지식인이라고 하는 사람들의 비양심적인 행동이 비난을 받고 있다.

수용: accommodation, admission ¶수용 능력 capacity, seating capacity, accommodation

수치: 부끄러움; shame, disgrace, dishonor ¶몰라서 남에게 묻는 것은 수치가 아니다.

수학: 학문을 닦음; pursuit of knowledge, learning, study; 수학하다 to pursue knowledge ¶수학 능력 scholastic aptitude ¶그는 미국 대학 박사 과정에서 수학할 능력이 충분히 있다.

승진: 직위가 오름; promotion, advancement. 승진하다 to get a promotion ¶이번 학기에 그는 부교수에서 정교수로 승진했다.

시각: 사물을 관찰하고 파악하는 기본적인 자세; point of view ¶이 소설은 인생에 대해 여성의 시각으로 접근했다.

시급하다: 급하다, 절박하다; to be pressing, urgent. 시급히 urgently ¶서울은 교통난 해결이 시급한 문제이다.

실시: 실제로 시행함; practical application; enforcement. 실시하다 to enforce; to put into effect; 실시되다 to be enforced ¶새 법이 내년부터 실시된다.

심화: 정도가 점점 깊어지는 것; deepening. 심화하다, 심화시키다 to deepen; to intensify ¶환경 오염의 심화로 자연의 훼손이 심해지고 있다.

앞세우다: 앞에 서게 하다; to make (a person) go ahead. 앞 front, fore; 세우다 to erect, set up; to establish, set forth ¶각국 선수들이 자기

나라 국기를 앞세우고 입장했다. ¶지금 같은 상황에서는 정치 문제보다 경제 문제를 앞세워야 한다.

여건: given condition, postulate

여부: 그러함과 그러하지 아니함; yes or no, whether or not ¶성공 여부는 자기 자신의 노력에 달려 있다.

역행: 거꾸로 감; going backwards; regression. 역행하다 to go back, run counter to ¶시대에 역행하다, 민주주의에 역행하다

예산: 필요한 비용을 미리 계산함, 또는 그 비용; estimate, budget ¶올해 우리 학교는 새로운 선생님을 채용할 예산이 없다.

온갖: 이런저런, 여러 가지의; all sorts of ¶봄에는 온갖 종류의 꽃들이 핀다.

와해: 무너지는 것; disintegration. 와해하다 to disintegrate, break up; 와해되다 to be in pieces ¶산업화(industrialization)는 우리 조상들이 가지고 있던 가치 체계를 와해시켰다.

용도: 쓰이는 곳; 쓰임새; use; service ¶이 건물은 식당, 교실, 회의실 등 다양한 용도로 쓰이고 있다.

우려: 심하게 걱정함; worry, anxiety. 우려하다 to fear, worry (about), be anxious about; to be apprehensive (of) ¶영수는 워낙 착하기 때문에 부모님이 우려하시는 일은 한 번도 한 적이 없다.

운영: management, operation, administration

원망: 못마땅하게 여기어 탓하거나 불평을 품고 미워함; ill-will, grudge, resentment. 원망하다 to resent, reproach ¶그의 행동은 많은 사람의 원망을 샀다.

유수: 손꼽을 만큼 두드러지거나 훌륭함; prominence. 유수하다 to be prominent, leading, distinguished ¶이번 연구는 세계 유수의 기업들이 많이 참여한 사상 최대의 규모이다.

유출: 밖으로 흘러 나감, 밖으로 흘려 내보냄; outward flow, outflow, spillage. 유출하다 to flow out ¶후진국(underdeveloped country)에서는 자금과 두뇌(brain)의 해외 유출 때문에 더욱 발전이 늦다.

유행어: 어느 한때 여러 사람 사이에 널리 쓰이는 특별한 말; words or phrase in fashion ¶날마다 새로운 유행어가 생겨 정신을 차릴 수 없다. ¶컴맹 (computer illiterate; 컴 from 컴퓨터 'computer' and 맹 from 문맹 'illiterate') 이란 말은 요즘의 유행어이다.

윤리성: 사람으로서 마땅히 행하거나 지켜야 할 도리; moral principles, ethics, morals. 윤리 moral; ~성 nature ¶자식이 아버지를 살해한 이번 사건은 윤리성이 완전히 결여된(lacking) 사건이다.

의식: consciousness, awareness, one's senses. 의식하다 to be conscious (of) ¶의식을 잃다 to lose one's senses

인건비: 사람을 일을 시키는 데에 드는 비용; personnel expenses; labor costs. 인건 personnel; ~비 expense ¶공장을 기계화하면서 인건비를 대폭 줄일 수 있었다.

인사: personnel affairs ¶인사 제도 personnel administration system

인정: recognition, acknowledgment, authorization. 인정하다 to recognize, admit, approve

임용: 직무를 맡기어 사람을 씀; appointment; employment. 임용하다 to appoint (a person to a post) ¶금년은 작년보다 교사 임용이 늘어났다.

입시: 입학 시험; entrance examination

입찰제: bidding system. 입찰 bid, tender; 입찰하다 to tender, make a bid for; ~제 system

자생력: 스스로 살아갈 수 있는 능력; self-sufficiency, power of self-generation. 자생 autogenesis, spontaneous generation; 자생하다 to grow wild [naturally] ¶남의 도움에만 의존하면 자생력이 생기지 않는다.

자율권: 독자적으로 규칙을 제정할 수 있는 권한; right to autonomy. 자율 self-regulation; autonomy; ~권 right

자율화: 남의 지배나 구속을 받지 아니하고 자기 스스로의 원칙에 따라 어떤 일을 하게 되는 것; deregulation, self-control. ~화 -ize ¶학생들의 복장(dresses)은 자율화하는 것이 가장 바람직하다.

자행: 제멋대로 해 나감; waywardness, self-indulgence. 자행하다 to do as one pleases, have one's way; to indulge in ¶이런 끔찍한(horrible) 범죄(crime)가 자행되고 있는데 경찰에서는 무엇을 하고 있단 말인가?

장애: obstacle, hindrance, difficulty ¶신체 장애자 disabled person, handicapped person

장치: device, equipment. 장치하다 to equip, install, arrange ¶무대 장치 stage setting ¶무전 장치 wireless installation ¶제도적 장치 institutional [legal] devices ¶우리 사무실은 에어컨 장치가 되어 있다.

재력: 재산상의 능력; financial power, wealth ¶그는 재력과 권력을 다 가지고 있다.

재벌: 많은 돈으로 여러 개의 기업을 거느린 자본가나 기업가 집단; great financial conglomerate; plutocracy; the plutocrats ¶그는 열심히 돈을 벌어 큰 재벌을 이루었다.

재정: 개인, 가정, 단체 등의 경제 상태; finance(s), financial affairs ¶요즘 경제 불황(depression, slump)으로 우리 회사 재정 상태가 좋지 않다.

재정난: 재정이 부족하여 생기는 어려움; financial difficulties. ~난 hardship, difficulty, trouble ¶우리 회사는 요즈음 재정난으로 어려움을 겪고 있다.

쟁점: 서로 다투는 점; point at issue, point of dispute ¶토론의 쟁점, 법률상의 쟁점 ¶상당수의 신문 기자들은 사회 문제를 쟁점화하여 독자들의 의식 수준을 끌어 올리는 역할을 한다.

저촉: 법률이나 규칙 따위에 위반되거나 거슬림; conflict, collision. 저촉하다, 저촉되다 to conflict with ¶법에 저촉되는 일은 하지 말아야 한다.

전제 조건: 미리 내세우는 조건; precondition, prerequisite. 전제 presupposition; 조건 condition ¶언론의 자유가 작품 활동의 전제 조건이다.

전제되다: to be presupposed, assumed

전환: 다른 방향이나 상태로 바뀌거나 바꿈; conversion, changeover; diversion. 전환하다 to convert; 전환되다 to be converted ¶기분 전환을 위하여 산책을 나갔다. ¶요즘은 성 전환 수술을 하는 사람도 있다고 한다.

정당화: justification. 정당화하다 to justify; 정당화되다 to be justified

정도: 올바른 길; right path ¶모든 일에는 정도가 있으니 시간이 걸리더라도 그 길을 택하기로 합시다.

정서: 기쁨, 슬픔, 노여움, 괴로움, 사랑, 미움 따위를 느끼게 되는 마음; emotion(s), feeling(s), sentiment ¶폭력 영화는 어린이 정서에 해로운 영향을 준다.

정원: 정해진 인원; fixed number, capacity ¶이 강당의 정원은 200명이에요. The regular capacity of this auditorium is 200.

정의롭다: to be righteous, just

제도적: institutional, systematic

제외하다: to exclude, rule out

조달: 필요한 자금이나 물건 따위를 대 주는 것; supply, provisions. 조달하다 to supply, provide ¶그는 학비 조달을 위해 밤에도 일을 했다.

지원: 지지하여 돕는 것; support, backup, aid. 지원하다 to support, back up, aid ¶재정적 지원, 정신적 지원, 물질적 지원 ¶부모가 돌아가신 아이들은 교회에서 생활비 지원을 받아 왔다.

지적: intellectual, mental ¶지적 능력 intellectual ability

직면하다: 어떠한 일이나 사물을 직접 당하거나 접하다; to face, confront ¶그 회사는 경영 위기(crisis)에 직면해 있다.

진단: 의사가 환자의 병 상태를 판단하는 일; diagnosis. 진단하다 to diagnose ¶병은 반드시 의사의 진단을 받아야 한다.

처방: 병을 치료하기 위해 증상에 따라 약을 짓는 방법; prescription; recipe; 처방하다 to prescribe ¶이 병은 정확한 처방이 알려지지 않았다.

추가: 나중에 더 보탬; addition. 추가하다 to add ¶우리는 식사 2인분을 추가로 주문하였다.

추락: 좋지 않은 상태로 떨어지거나 기울어지는 것; (accidental) fall, crash. 추락하다 to fall, drop ¶비행기가 사고로 바다에 추락하였다. ¶성추문(scandal) 사건으로 대통령의 권위가 추락하였다.

축적: 모으는 것; accumulation, hoard. 축적하다 to accumulate, amass ¶불법적으로 부를 축적하는 사람은 처벌받아 마땅하다.

탓하다: 잘못된 것을 원망하거나, 핑계나 구실로 삼다; to assign blame to, lay fault on ¶남을 탓하기 전에 자기 자신을 돌아보아야 한다.

투자: 이익을 얻기 위하여 어떤 일에 자본을 대거나 시간이나 정성을 쏟음; investment. 투자하다 to invest in, make an investment in ¶투자 회사 investment company, 민간 투자 private investment ¶나는 그 일을 위해 많은 시간과 돈을 투자했다.

파급: spreading, extending, reaching. 파급되다 to be spread, extended (to)

편견: 오래 전부터 잘못 굳어져 온 생각이나 견해; biased view, prejudice, bias ¶편견이 있는 [없는], 종교적 [인종적, 문화적] 편견 ¶편견을 가지다 [버리다] ¶사람들은 잘 모르는 것에 대해 편견을 가지기 쉽다.

폐단: 어떤 일이나 행동에서 나타나는 옳지 못한 경향이나 해로운 현상; abuse, evil, vice; evil practices, corrupt practices ¶서울의 인구 집중은 교통 혼잡(traffic congestion), 환경 오염 등 많은 폐단을 낳고 있다.

합리성: 이론이나 이치에 합당한 성질; rationality. 합리 rationality, reasonableness; 합리적으로 reasonably, rationally ¶그의 주장은 합리성이 결여되어(lacking) 있다.

합법성: 법령이나 규범에 일치하는 성질; lawfulness, constitutionality. 합법 lawfulness, legality, legitimacy ¶합법적(으로) legal(ly), lawful((ly) ¶합법적 수단으로 돈을 벌어야 한다. ¶그 회사는 모든 운영에 있어서 합법성을 중요시한다.

해소하다: to dissolve, cancel, eliminate

현실론: 현실 위에 기초를 둔 의견이나 말; bread-and-butter theory. 현실 actuality; reality; ~론 theory; treatise ¶올해 경제 성장(growth) 목표는 현실론에 바탕을 두고 1.5-2.0%로 정해졌다.

혜택: 은혜와 도움; favor, blessing, benefit ¶아직도 많은 사람들이 문명의 혜택을 보지 못하고 있다.

확대하다: 크게 하다; to magnify, enlarge, expand

확보율: rate of security. 확보 security, insurance, guarantee; 확보하다 to secure, insure; ~율 rate ¶식량을 확보하다 to secure foodstuffs ¶그 나라의 주택 확보율은 50퍼센트를 조금 넘는다.

황폐: 집, 토지, 삼림 따위가 거칠고 못 쓸 상태에 있음; 정신이나 생활 따위가 거칠어지고 메마름; waste, ruin, devastation. 황폐하다 to be devastated; 황폐시키다 to devastate ¶전쟁으로 그 지역은 황폐해졌다.

효행: 부모님을 잘 모심; filial conduct ¶우리 어머니는 할아버지에게 효도를 많이 하셔서 효행상을 받으셨다.

관용 표현

1. 이른바 what is called; so-called

This idiomatic expression consists of the past modifier form (이른) of the verb 이르다 'inform, report, call' and the dependent noun 바 'thing, what'. Its meaning is very similar to that of the Sino-Korean word 소위 'so-called, what is called', as in 바로 저런 남자가 이른바 신사예요 'Precisely that kind of man is what we call a gentleman' and 곤충들은 이른바 보호색이라고 하는 것으로 자신을 보호한다 'Insects protect themselves by what is called protective coloring', where 이른바 can be replaced with 소위. Use of the noun 바 occurs in 내가 아는 바로는 'as far as I know', 어찌 할 바를 모르다 'do not know what to do', and 그것은 네가 알 바 아니야 'That is none of your business'.

2. ~상 in view of; from the perspective of

This Sino-Korean suffix literally means 'on' or 'the above'. It is suffixed to a wide variety of abstract nouns, as in 교육상 'from the educational point of view', 편의상 'for the sake of convenience', 형편상 'in view of circumstances', 체면상 'for honor's sake', 형식상 'for form's sake', 이론상 'in theory', and 국민 정서상 'in view of national sentiments'.

3. ~측 the side

This Sino-Korean suffix refers to 'the side', as in 좌측 'the left side', 우측 'the right side', 양측 'both sides', 우리측 'our side', 반대측 'the opposite side', 북측과 남측 'the North Korean and South Korean sides', and 학교측 'the school side'.

4. 그렇다면 if (it is) so; then

This idiomatic pattern came from 그렇다고 하면 'if (someone) says that it is so', from which the current meanings, for example, 'if that's the case', 'that granted', 'it follows from the foregoing that', 'if so', and 'then' have developed.

5. 살아남다 survive

This compound word is a combination of the two verbs 살다 'live' and 남다 'remain' to mean 'survive,' as in 살아남은 사람 'survivor'. This word is also used metaphorically to refer to a situation when an entity, whether it is an organization or a nation, survives after a keen competition or some sort of hardship or ordeal, as in 그 회사는 여러가지 어려움에도 불구하고 살아남게 되었다.

6. 기업인 2세 second-generation entrepreneur

This expression means 'children of entrepreneurs', as in 기업인 2세에 대한 나쁜 편견이 있기는 하지만, 부모 못지않게 열심히 일해서 기업을 키우는 사람들도 많아요 'Although there is strong prejudice against second-generation entrepreneurs, there are many who work as hard as their parents to develop their businesses'. 기업 means 'business enterprises', 기업인 or 기업가 'entrepreneur', and 2세 'second-generation'.

7. ~지 surely (it is/does), but

When the suffix ~지 is attached to a clause, it functions to contrast the contents of two clauses. That is, the speaker asserts the content of the first clause ending in ~지, then asserts or questions an opposite thesis in the following main clause, as illustrated below.

기업인의 나쁜 점만을 비판하면 되지 모든 기업인을 다 나쁘다고 하는 것은 옳지 않아요.
'It is certainly O.K. to criticize the bad characteristics of entrepreneurs, but it is not right to say that every entrepreneur is bad.'
가고 싶으면 너나 가지 왜 나를 데리고 가려고하니?
'If you want to go, just go by yourself. But why do you want to take me with you?'
헌법이 말하는 능력은 자신의 능력이지 부모의 능력이 아니다.
'The abilities stipulated in the constitution surely refer to own abilities, not one's parents'.'

8. 유전 합격, 무전 탈락 pass with money, fail without it

This Sino-Korean idiomatic expression means that one who has money can pass an entrance exam, while one who does not will fail. 유전 means 'have money', 무전 'no money', 합격 'passing', and 탈락 'falling off, failing'.

9. ~다(고)/라(고) 해서 (it doesn't necessarily follow) simply because

This pattern indicates that the content of the first clause to which it is attached may not be the cause of the following clause. The second clause is usually a negative construction. Examples: 바람이 세게 분다(고) 해서 추운 것은 아니에요 'It doesn't necessarily get cold simply because the wind blows strongly' and 학자라(고) 해서 다 안다고 할 수는 없어요 'We cannot say that simply because he is a scholar he should know everything'.

10. 황금 만능 주의 worship of money; mammonism

This Sino-Korean compound consists of 황금 'yellow gold, money,' 만능 'omnipotence', and 주의 'principle, doctrine'. It is similar in meaning to 배금

주의 or 배금 사상, where 배금 means 'worship of money' and 사상 'thought, idea'. 황금 만능 주의자 and 배금 주의자 mean 'mammonist'.

11. 부익부 빈익빈 the rich get richer and the poor get poorer

The Sino-Korean idiom 부익부 빈익빈 is literally 'rich-more-rich, poor-more-poor'. It is frequently used in constructions like 부익부 빈익빈 현상은 자본주의 사회의 필요악(necessary evil)인지도 몰라요 'The phenomenon of the rich getting richer and the poor getting poorer may be a necessary evil in a capitalistic society'.

연습 문제

1. 기여 입학제를 찬성하는 주장과 반대하는 주장을 각각 두 줄로 요약해 보세요.

   찬성론: ______________________________

   ____

   반대론: ______________________________

   ____

2. 본문의 찬성론과 반대론을 읽고, 아래 내용이 찬성론의 주장이면 "찬", 반대론의 주장이면 "반"이라고 쓰세요.

   (1) __ 국민들에게 거부감을 줄 것이다.
   (2) __ 경제적 계층 사이에 갈등이 일어날 것이다.
   (3) __ 부모를 원망하는 일이 생기게 될 것이다.
   (4) __ 학생들의 등록금을 더 많이 올려야 할 것이다.
   (5) __ 균등한 교육 기회를 제공하지 못할 것이다.
   (6) __ 대학 부정 입시 사건이 일어날 것이다.
   (7) __ 대학 스스로 발전하는 데 도움이 될 것이다.
   (8) __ 목적 뿐만 아니라 수단이나 방법도 정의로워야 한다.
   (9) __ 현재 큰 대학에서는 예산의 반 정도가 교직원 월급으로 쓰인다.

3. 왼쪽에 있는 단어의 반대말이나 대립되는 말을 오른쪽에서 찾아 연결하세요.

(1) 사후	신임
(2) 빈곤	무전
(3) 찬성	국외
(4) 정의	반대
(5) 명예	긍정적
(6) 불신	탈락
(7) 합격	부유
(8) 진단	불의
(9) 질	타인
(10) 유전	불법
(11) 부정적	확대
(12) 자신	처방
(13) 국내	양
(14) 합법	사전
(15) 국한	수치

4. 찬성론의 여섯 가지 주장을 요약해 보세요.

첫째: 대학의 자율화, 다양화에 따라 ______________________________

____

둘째: 국제화 시대 ____

셋째: 국제 경쟁 ____

____

넷째: 대학의 자생력 ____

____

다섯째: 기업인 2세들 ____

____

여섯째: 의식의 전환 ____

____

5. 반대론의 네 가지 주장을 요약해 보세요.

첫째: 교육 기회 균등을 보장하는 헌법 ______________________

____

둘째: 부정 입학 ______________________

____

셋째: 교육 기관에 대한 불신 ______________________

넷째: 경제 능력에 따라 ______________________

____

6. 보기에서 알맞은 말을 골라 다음 찬성론에 있는 괄호 안에 써 넣으세요.

장치	용도	설득	운영	거부감	수학 능력
폐단	선행	감사	편견	공정성	수용 능력

대학의 기여 입학 문제는 아직까지도 국민들에게 ( )을/를 주는 문제이므로 공정하고 합리적인 ( )을/를 함과 동시에 입시 부정 등 국민들이 걱정하는 문제점을 방지하기 위해 제도적 ( )도 마련해야 한다. 특히 돈만 있으면 입학이 되는 것이 아니라 학생들의 ( )을/를 고려해야 한다. 또한, 기여 입학으로 들어 온 돈의 ( )나 운영의 합리성과 ( )도 생각해야 하며 돈을 쓴 후에 철저하게 ( )하는 것도 아주 중요하다.

7. 다음 글은 반대론의 내용입니다. 보기에서 알맞은 말을 골라 괄호 안에 넣어 보세요.

상품	목적	방법	장학금	매매 가격
제도	윤리	여건	기부금	입찰 가격

기여 입학제는 간단히 말하면 ( ) 입학제이다. 이것은 입학이라는 ( )을/를 공개적으로 매매하는 것을 말한다. 공개 입찰을 할 때는 ( )을/를 높게 부르는 사람에게 물건을 팔게 된다. 마찬가지로 대학의 수입도 공개 입찰을 하면 늘어날 것이다. 이 기부금을 공개적으로 관리

하면 교육 (   )도 개선될 수 있고 가난한 학생들에 (   )도 더 많이 줄 수 있을 것이다. 그렇지만 (   )이/가 옳다고 해서 옳지 않은 (   )이/가 정당화돼서는 안된다.

8. 다음 보기의 단어들 끝에는 한자로 된 어미(suffix)가 붙어 있습니다. 보기 아래에 제시된 이 어미들의 뜻을 오른쪽에서 찾아 연결하세요.

> 론: 찬성론, 반대론, 현실론
> 력: 경쟁력, 능력, 권력, 재력, 공신력, 자생력
> 화: 국제화, 자율화, 다양화, 자유화, 보편화, 정당화, 합법화 가속화, 심화
> 적: 지적, 현실적, 세계적, 부정적, 제도적, 합리적, 경제적 전향적, 공개적, 결과적
> 성: 공정성, 합리성, 당위성, 합법성, 윤리성
> 감: 거부감, 이질감, 안정감, 우월감, 열등감

(1) 성	argument, theory
(2) 적	feeling, sense
(3) 감	ability, power
(4) 력	nature; having the characteristics of
(5) 화	adjectival suffix (-ic, -ical)
(6) 론	changing something into (-ization)

9. 주어진 표현을 사용하여 보기와 같이 짧은 글을 두 문장씩 써 보세요.

(1) . . . 것이 얼마나 중요한지는 말할 필요가 없다.

> 상당수의 기업인 2세 교육을 우리 사회에서 제대로 시키는 것이 얼마나 중요한지는 말할 필요가 없다.

a. ____

____

b. ____

____

(2) ~다고 해서 . . . ~서는 안된다.

목적이 정의롭다고 해서 부당한 방법과 수단이 정당화돼서는 안된다.

a. ______________________________

____

b. ______________________________

____

더 생각해 봅시다

1. 여러분의 나라에는 기여 입학 제도가 있습니까? 이 제도에 대해서 어떻게 생각하세요? 기여 입학 제도의 좋은 점과 나쁜 점을 글로 써 보세요.

2. 부익부 빈익빈 현상에 대해 어떻게 생각하세요? 부자는 점점 더 부자가 되고 가난한 사람은 점점 더 가난하게 된다고 생각하세요? 기여 입학제가 그 현상을 부채질할 것이라고 생각합니까? 친구들과 의견을 나누어 보세요.

3. 한국 사회에서 기부금을 내면서라도 대학에 가려는 것은 대학을 졸업하지 않은 사람은 평생 결혼, 직장, 승진 등에서 많은 불이익을 받기 때문입니다. 교육 정도에 따른 사회적 차별이 여러분의 나라에서는 어느 정도입니까? 친구들과 토론해 보세요.

4. 모든 사람에게 대학 교육이 절대적으로 필요하다고 생각합니까? 교육 기회 균등과 관련하여 친구들과 의견을 나누어 보세요.

5. 목적은 정당하지만 방법이나 수단이 옳지 않은 경우를 보거나 들은 적이 있습니까? 그런 경우를 하나 예로 들어서, 여러분의 의견을 말해 보세요.

English Translations of Main Texts

Lesson 1: Jogging in the morning between 8 and 9 is harmful

Seoul National University Atmospheric Research Center
Joint Research on Air Pollution
This time period has the highest amount of sulfuric acid gas and dust
The conditions are even worse in big cities than in industrial complexes
The highest degree of ozone density is about 3 P.M.

"As much as possiblc, plcasc do not jog in the late morning." Jogging is a way that large numbers of city dwellers use to maintain their health in the morning. However, it seems that it is better for one's health to exercise as little as possible during this time.

According to an investigation of atmospheric quality in the urban areas of South Korea, conducted jointly by the teams of Professor Pak Sun-ung at Seoul National University and of the researcher Chŏng Yŏng-sŏn of the Atmospheric Research Center, atmospheric pollution was at its worst around 8 A.M., regardless of which city they tested. This tendency was revealed to be more prominent in large urban areas than in industrial complexes.

Based on data from the air pollution observation network of sixty national observatories from 1989-1992, provided by the Ministry of the Environment, the research team of Professor Pak recently put forth this conclusion after analyzing the air pollution in each area. This research has been hailed as the data best showing the recent state of air pollution.

The research teams mainly analyzed data in eighteen different areas whose measurements are reliable in terms of accuracy. These areas include Seoul, Inch'ŏn, Suwŏn, Anyang, Kwach'ŏn, Sŏngnam, Kwangmyŏng, Ansan, Pusan, Ulsan, Taegu, Kwangju, Chŏnju, Taejŏn, etc.

The five substances that the research teams analyzed were sulfuric acid gas (SO_2), dust (TSP), carbon monoxide (CO), ozone (O_3), and nitrogen dioxide (NO_2). Among these substances, the degree of pollution was at its highest in the morning at around 8 or 9 A.M., with the exception of ozone. In the case of ozone, the highest density was recorded around 3 P.M., when the sun was also at its strongest, because ozone results from a photochemical reaction.

Professor Pak explained: "The reason that the density of air pollution is at its peak in the morning is that air molecules are coldest at this time. Therefore pollution particles come to rest in the lower part of the atmosphere, because the temperature is not high enough to spread them to higher levels of the atmosphere."

In addition to the morning period, the density of dust, carbon monoxide, and nitrogen dioxide again begin to reach high levels around 5 or 6 P.M. Research team member Chŏng presumed that "the increase in traffic during the evening rush hour results in the discharge of more polluting substances of these kinds". However, even at the time of the highest levels of pollution, the amounts of all the fine pollutants were confirmed to be below the maximum allowable standards.

The chief polluting substances that harm the quality of the atmosphere vary according to area and season. For instance, in spring, the chief pollutant was sulfuric acid gas in the Anyang and Kumi areas, but in Seoul, Inch'ŏn, Suwŏn, Puch'ŏn, Pusan, Ulsan, Taegu, and Taejŏn, it was both sulfuric acid gas and dust. The research team concluded that for the last four years the amount of pollution from sulfuric acid gas has decreased in large urban areas while increasing in industrial complex areas.

On the other hand, the day after a strong northern wind, northwestern wind, or after rain, the air is relatively clean, because many of the polluting substances are washed away.

Reporter Kim Ch'ang-Yŏp, *Joongang Daily* 5/14/1995

Lesson 2: Unexplored sights in the water, with fish as our friends

"I am not envious of the astronauts who swim and play in the sky"
New places for scuba diving are continuously being developed

1

As hot weather draws near, the "flipper season" has begun at beaches nationwide. On the fourth, more than fifty scuba divers gathered at Yŏn'gŭmjŏng in Sokch'o on the east coast and fully enjoyed the unexplored sights in the waters of early summer. "It is so mysterious. I saw a flounder lying in the sand and rolling both of its eyes. Isn't it considered lucky to see a flounder on one's first dive?" Kim Sŏng-hŭi (23, of Myŏngil-dong, Kangdong-gu, Seoul), a housewife who came out for her first outing after completing a short training course for beginners at Taehan Water Association last month, enjoyed herself, saying, "This feeling of swimming and playing in the water is so good that I don't envy astronauts."

2

Yŏn'gŭmjŏng is a place famous for diving that many beginners enjoy. It is easy to go in the water since the depth of the water off the coast is only five to fifteen meters. Moreover, the water is very clear. Together with this place, Ohori of the nearby Sokch'o area and Simni Rock of the Kangnŭng area are well known as suitable areas for diving. However, with the recent boom in scuba-diving, new places have been continuously developed, so that spots for weekend underwater travel in the country are varied. Diving places where one can take a day's trip from Seoul on weekends or spend one night and two days now number more than ten on just the east coast. Recently, even on beaches like Taech'ŏn Beach on the west coast, which are easily accessible (from Seoul and elsewhere), the sight of scuba divers carrying their air tanks has become common.

3

"It is better than weekend golf. There is no headache over a booking war and no need for getting angry over a poor score." Kim Chŏng-su (44, of Kangnŭng City), an office worker who recently changed from playing golf to scuba diving, spoke of his enthusiasm for diving while taking care of his equipment. He is one of the enthusiasts who enjoy early morning dives on weekdays in front of Simni Rock at Kyŏngp'odae Beach at Kangnŭng. He conveyed the popularity of diving in Kangnŭng by saying that there are more than ten people who enjoy the feel of diving before sunrise; they go to work from the diving point at Simni Rock, after having used up their 3000 psi tanks (about 30 minutes of use) from around 6:10 A.M.

4

Presently the temperature of the water in the East Sea is about 12 degrees Celsius. Although this is a weak point, being colder than either the West Sea (18 degrees Celsius) or the South Sea (20 degrees Celsius), a strong point is having various places for diving and well-established facilities. Coming down from Munam 2-ri near Sokch'o, there are newly established dive spots such as Samch'ŏk, Hansŏm, Kŭndŏk (in Kangwŏn Province), Ch'uksan, and Nagok (in North Kyŏngsang Province). Among these, Hansŏm is suitable for beginner beach diving and Munam 2-ri is good not only for beach diving, but also for boat dives, which are conducted further out to sea. Every weekend, vividness is added with the wave of scuba divers wearing colorful diving suits. The resident fishermen who used to post "Off Limits" signs unconditionally for all divers no longer do so and are now delighted by them.

5

If one starts from Seoul to go to the east coast for a day the cost is about ₩ 50,000. For one night and two days the cost is about ₩ 80,000-₩ 90,000 (these figures include transportation, equipment rental, room, and board). On the west coast, Woeyŏndo and Yongsŏm-ni in front of Taech'ŏn Beach and Ch'ŏlli Beach are popular for underwater sightseeing; the cost is about the same as on the east coast. Of course, the south coast and Cheju Island have beautiful scenery under water, and the entire coasts are good for diving. However, when visiting from Seoul, one should be prepared for a trip of at least three days and two nights.

Reporter Im Yong-Jin, *Joongang Daily,* 6/14/1995

Lesson 3: Sweden, land of the Nobel Prize

Surrounded by many northern European countries, the Baltic Sea seems more like a lake than a sea. Although it is salt water, fresh river water feeds into it and dilutes the salt content, so it is only half as salty as regular sea water. In the winter, the sea freezes and can only be navigated by using icebreakers to clear the ship's path.

In the summer, though, it is worthwhile to take a cruise ship when traveling in northern Europe. Boarding at Helsinki harbor at 6 P.M., you can view the beautiful Finnish capital from shipboard, and enjoy the views of the Baltic coastline while dining in the ship's dining room.

After dinner you can have a cocktail while gazing at the sunset, or embrace your beau or belle and enjoy an evening of dancing and music before turning in for the night. In the morning the islands of neighboring Sweden and [its capital] Stockholm appear far off in the distance. When you see swans floating peacefully on the Baltic sea while you enjoy your breakfast, you will feel as though you have arrived in a fantasy land.

The *Silja* and the *Viking*, the two cruise liners that run between Helsinki and Stockholm, always depart and arrive side by side. When asked why the two ships do not alternate their voyage times, the answer was that the two lovebirds ply the waters side by side in order that lives might be more easily saved in the event of an accident.

The Swedish capital of Stockholm is called the Venice of northern Europe. Because it was originally built on a chain of fourteen islands, it is called the city that floats on water.

Sweden's area is 2.4 times that of the Korean peninsula, but is not much bigger than the American state of California. But its population is barely 9,000,000. Sweden is a land of lakes; 12 percent of the country is composed of some 90,000 lakes.

The country's three important resources are lumber, iron ore, and abundant water power. About half of Sweden is forested, and the country is responsible for about ten percent of the world's pulp production. It produces high-grade iron from its (supply of) superior iron ore. In addition to making the Volvo and Saab automobiles that are world famous for durability, it also produces ball bearings—the quintessence of aircraft and the engineering industries—and precision tools.

In Sweden there live about 30,000 Finns, one of the Ural-Altaic peoples who moved there from Asia, and about 15,000 Lapps. Ninety-five percent of the population are pure Viking descendants in terms of language, race, and religion, and they are brave and enterprising. They contended for supremacy with Peter the Great of Russia, and fought a war of resistance against Napoleon. Though they are incomparably brave and pugnacious Viking fighters, it is easy to see their early endeavors at cultural advancement and industrial development everywhere.

It is said that if you dig anywhere in Sweden, you will hit a layer of granite, so to do anything one must be able to break the hard granite. Alfred Nobel, after much hardship, invented an explosive with a terrible destructive force called dynamite (1869). Nobel's invention of the explosive exactly fits the Western proverb, "Necessity is the mother of invention". The invention of dynamite was a landmark contribution to the advancement of the world's mining industry, and with its help the opportunity arose for Sweden to emerge swiftly as an important industrial country in the twentieth century.

Nobel('s enterprise) grew suddenly into a huge conglomerate, but he lost his younger brother in an accident while researching explosives. His early products frequently caused accidents, and for a while he was criticized as a public enemy. Nobel was a humanist, and he suffered guilt when dynamite was used for warfare rather than for peaceful purposes. To prove that he truly desired peace, just before he died (1896), he donated his entire fortune [to create] the Nobel Prize fund. Living, Nobel left behind dynamite. Dying, he left behind the Nobel Prize. Because all of the world's scholars, universities, and nations count the Nobel Prize as the highest honor, Nobel accorded his fatherland Sweden the honor of awarding the Nobel Prize (to great people around the world).

Some people say that Italy's Michelangelo and Sweden's Nobel both died leaving their descendants the wherewithal to feed themselves. Just as Michelangelo's works of art still fuel Italy's tourist industry, the Nobel Prize lets Sweden be the first to compile the best academic papers from around the world, a major factor in advancing its up-to-date science and technology.

Sweden once occupied Norway and Finland, but early in the nineteenth century Sweden chose a policy of neutrality, and it remained non-partisan during World Wars I and II. While strengthening its base as a newly industrialized country, it mustered the driving force to build a welfare state. Early on, Sweden became a wealthy country with more automobiles and phone sets than any other country in Europe.

Choi Sang-jin, *An Ambassador's Anecdotes,* Seoul: Innŭngwŏn, 1997

Lesson 4: The idea of giving extra

The mentality of Asians who like to have extra (*tŏm*) is not limited to instances of buying and selling. Viewed materialistically, *tŏm* means desiring an unearned benefit, something that might seem shameful. But *tŏm* appears most often in the realm of the spiritual, not in the material aspect. Bells in the West do not have long tolls like our temple bells. They clang-clang frivolously. Even the huge bell of Notre Dame Cathedral seems closer to a jingle bell when compared to the endless bong of the faintly heard Emille Bell.

In fact, the legend of the Emille Bell came about because Korean bells resonate for an unusually long time. Of course, the sound that lingers after the ringing fades is the extra ring.

It is the same with painting. Everyone is overwhelmed by the varieties of grand artworks at the Louvre. But what inevitably disappoints me is that all of the pictures lack *tŏm*. They have no room [for the viewer] to enter the canvas and relax. The entire frame is filled up by the picture.

This lack of extra space makes touring the museum a tiring experience for me. At such times I long for Eastern paintings awash with space, a big frame containing a branch of plum blossoms or an orchid leaf over the space. A blank space without brush marks. What is such a space without anything drawn on it, if not visual *tŏm*?

Why does it take Asians so long to say good-bye?

Such a *tŏm* mentality can also be seen in human behavior. It is true even of greeting styles. Westerners take leave very simply. They shake hands or give a wink, and say, "A demain", "Au revoir", or "Bon voyage". People give and receive words of greeting either more or less, depending on the occasion.

But the way Easterners take leave is usually very time-consuming. The Japanese, for example, face each other when parting and greet [bow to] each other dozens of times, as though they were pounding rice with a pestle. In this case there is so much *tŏm* it is hard to distinguish between the actual greeting and what is thrown in as extra.

Once, in the middle of a Paris outdoor café, I drew an extraordinary amount of attention while doing a Korean-style greeting. I was saying good-bye to Professor K, who had stopped in Paris to do some sightseeing. The professor rose from his seat and, shaking my hand politely, said good-bye. Of course, he bowed while shaking my hand. He bowed his head in the Eastern fashion and shook my hand in the Western fashion, for doing just one would have seemed half-hearted.

The Parisians in the café looked very surprised to see this large-scale fusion of Eastern and Western greetings. But what surprised them even more was his greeting me again by raising his hands, as though going "Heil, Hitler!" as he went out of the café.

Repeatedly straining our necks trying to see each other's face through the crowd of patrons . . . we once again became the target of their gaze. Even though we had said good-bye only a minute before, I, of course, rose from my seat in response (to him). But did it end there? Professor K went out into the street and caught a taxicab. The moment he got into the cab, he again greeted me silently from a distance. As soon as the taxi took off, he turned back and waved his hand through the window.

My Western friends stared in amazement at the parting scene so filled with *tŏm*. A French professor sitting beside me inclined his head and asked me, "Why do Japanese and Koreans say good-bye so many times when just one time will do?"

I did not know Professor K very well. But when Koreans say good-bye, they customarily bow their heads two or three times and wave their hands with the feeling of something still missing. In a busy world, others make cannons and battleships while we protract our greetings. But we do not regret the waste of time. This is how I answered the French professor: "To you it seems like simple repetition, but that is not so. The first good-bye is the real one; the ones after that are the trailing notes gradually fading away. As the person fades from our sight, so do our emotions slowly disappear. Perhaps you cannot understand it, but that is the Eastern tradition of giving extra emotion. Your way of leavetaking ends like the cutting of a knife blade, but Easterners' leavetaking expands and expands like a rubber band, and finally terminates as they separate. That's why I laugh when I see Western movies in which lovers say good-bye so calmly. You leave as though you were soldiers running off with your guns to greet an oncoming enemy."

Greeting one time is not enough. Greetings have to have a tail. Of course it is inconvenient, because tails keep getting in the way. But this allows people, even if in poverty or in distress, to live their lives knowing the feeling of warmth. We cannot greet like soldiers on inspection. It is a custom we would not change even for the Eiffel Tower.

Yi Ŏryŏng, *The Mornings of the East as seen from the West,* Seoul: Pŏmsŏ Ch'ulp'ansa, 1975

Lesson 5: For "unfinished"

The word "unfinished" is one of the terms I like most. Depending on situations, even at jobs, I like the unfinished better than the finished. In the world of art, too, often the unfinished is respected more [treated better] than the finished.

For instance, da Vinci's painting of Mona Lisa (some consider it unfinished because eyebrows are lacking in the portrait) or Schubert's "Unfinished Symphony" (Symphony No. 8 in B minor) are such examples. I think that because they are all unfinished works, they remain dear and leave deep impression in the hearts of many people.

I wonder if it is not because of this that more meaning and significance are given to the half-moon than to the full moon, to the budding flowers rather than to those in full blossom, and to dawn rather than to noon. However, the unfinished that I like is far from what is seen from such sentimentalism or aesthetics.

We often give more generous grades in our life not to a person who is extremely smart, nor to a person who is logical, well organized, and would not shed a drop of blood even if pierced with a needle, but to a person who has some faults and knows how to make mistakes at times. It is because there is hope that the insufficiency and the blank may be filled with something more perfect and effective than what is currently available. In other words, we anticipate the possibility of future development or improvement in the unfinished.

When we select aspiring singers at singing contests, when we judge literary works, and when a big company hires new employees, a majority of judges show more interest to those with potential than to those who currently possess mature ability. This can be interpreted from the same perspective.

To anybody, the story of the first love is bound to linger in the heart for a long time. On scrutiny, we find it attributable to the fact that the first love ended unfinished. How could our life be filled only with everyday life that results from finished events and full laughters and joys?

At times we have quarrels, and at other times we shed tears. Although our reality would not be without some joys, reality cannot be something we can embroider only beautifully as in a dream. Compared to this, because the blank space in our first love looked as if it could be embroidered with flowers, only if in a dream, the first love remains in our heart for a long time.

Among what I possess and what I seek after, there is nothing that is not unfinished. This is true of the small apartment I live in, my position in my workplace, and my daily life, which does not meet my expectations. More than anything else, my insufficiency [deficiency] as a human being needs no mentioning. How and with what are we to fill the blanks?

Leading a strenuous life, laughing falsely, drinking together with friends late at night, and falling at times in meditation, all these in fact compete to fill my insufficiency as much as possible.

The reason I still like the unfinished is that I can draw [fill] in the unfinished space with something I want. In the unfinished, there are dreams and hopes; in completion, complacency and laziness. The unfinished reveals humility; and the completion, conceit. The joy of creation can be expected in the unfinished, while the pain of protecting what has been achieved is the price of completion.

The people of the world have begun to pay attention to uncultivated land with bushes and grass in desolate areas and to the frozen land at the South Pole, both of which have been forgotten for a long time. The reason for this is that they are unfinished areas with a lot of possibilities for development.

If we gaze at the eastern sky, where dawn breaks redly, our hearts leap with hope. If we associate with new buds (= young children) our hearts also become young. The dream at the time of sowing a field is greater than the satisfaction at the time of harvest.

No matter how good one may be at *paduk,* one stops at the ninth *tan* (becoming a god); tenth *tan* is not allowed. It is because we want to reserve the mystery of completion and provide the opportunity to progress further.

It was according to the same principle that, in building a house, one builds only up to 99 rooms, leaving 100 rooms as the ideal, with one room as the room to be filled with dream.

If one stands high on the mountain one has conquered, one sees only the path that leads down, but if one stands at the point midway up a mountain, one still has the road to climb up.

Yi Ŭng-Soo, *Sensible life,* Seoul: Bosŏng Ch'ulp'ansa, 1995

Lesson 6: Surviving the Amazon jungle

Many areas of the Amazon are untouched by mankind. People want to go to the Amazon because it still looks like the primordial world. But what if one day you were dropped there on the other side of the world without any special preparation? Let's see how to survive the Amazon jungle using fundamental scientific knowledge.

1. Finding your direction

The first problem a person dropped into the Amazon Jungle has to solve is that of direction. The best way to know your direction is to place a stick vertically in the ground and observe the shadow. One judges east and west by interconnecting two locations (by taking two measurements, each at a different time) where the length of the stick's shadow is the same. The axis perpendicular to that line runs north to south. But be careful, because the Amazon is in the southern hemisphere. There, the shadow points to the south, unlike in the northern hemisphere. Of course, north will be in the opposite direction. Also, when facing south, west is to the right and east is to the left.

What about at night? In the northern hemisphere, one has to locate a star that points north, like the Pole Star. The Southern Cross fulfills the role of compass for the night skies of the southern hemisphere. After locating the Southern Cross, extend its tail five times, and you have reached the celestial South Pole. When you stand facing the South Pole, north is the opposite direction, west is right, and east is left.

2. Getting food and water

It is not difficult to find water in the Amazon region. The Amazon river has an abundant water supply and many tributaries, and there is frequent rainfall. Clouds often form because of active evaporation when the Amazon gets strong light from the sun. Of course, the clouds contain rain. It is like in Korea, when from time to time midsummer shower clouds are created and sprinkle rain down.

3. Piranhas, the fish with teeth

Next, one has to prepare something to eat. You can pick fruit from the fruit trees in the forest or hunt for fish. There is an interesting way to catch fish. Take a big rock and smash it down on top of another rock jutting slightly out of the water. The jolting impact of the big rock travels below the water's surface and momentarily stuns the fish. Lift up the big rock and you can see small fish, stunned and floating in the water.

Among the fauna in the Amazon, there is a well-known (breed of) fish, the man-eating piranha. "Piranha" means "fish with teeth" in the aboriginal language, and they truly do have sharp, triangular teeth. If you can just avoid the piranha, you can eat an adequate meal from the fish you catch.

You can cook the fish by thermal conduction using stones. Heat gravel in a fire, then place gravel in a hole dug in the ground. Wrap the fish in leaves and place on the gravel. Cover the fish with more hot stones, and the fish will cook.

4. It's best to avoid poisonous snakes and poisonous mushrooms

Illness while traveling is an emergency situation. The most serious conditions result from bites from a poisonous animal or having eaten poisonous mushrooms. Among (sources of) animal poison, venomous snakes come across our mind first of all. They have flat, triangular heads and two teeth. After being bitten by a venomous snake, the poison enters the (human) body through the two tooth marks. Because of enzymes created by its protein content, snake venom has neither smell nor taste. From the snake's perspective, the venom not only paralyzes or kills prey, it also aids in the snake's digestion. But snake venom can be fatal to human beings.

If bitten by a venomous snake, first tightly bind the area above the wound. This is to stop the blood containing the venom from flowing toward your heart, and to delay the (body's) absorption of the venom. The best thing is to be taken to a hospital, but this is not possible in the Amazon forests. Cross-hatch the area over the wound with a sharp knife or a razor blade (0.5-1 cm long, 0.5 cm deep) and suck out the venom with your mouth. But be sure that you don't have any open wounds in your mouth.

The danger of poisonous mushrooms is different from that of venomous snakes. The danger posed by poisons such as muscarine, amanitine, and gyromitrine, often found in pretty mushrooms, is that they cannot be neutralized by the (human) liver. Eventually the poisonous elements destroy the liver cells and stop the liver from functioning properly. Another thing to remember is that not all poisonous mushrooms are brilliantly colored. Do not eat mushrooms unless you are sure they are safe.

5. Sleeping in the Amazon, where temperature fluctuates daily

Although it is perpetually summer weather in the Amazon, it is not easy to stay up all night outdoors. Because the Amazon's weather experiences huge changes from day to night rather than from season to season, you will harm your health if you try to sleep carelessly (at night), thinking only about the hot daytime hours. If you sleep on the ground, it is a good idea to lay out some tree branches and cover them with leaves or grass. This is to keep the earth's cold and humidity from directly reaching you. You are lucky if you have a sleeping bag; if you do not, you will have to cover yourself with leaves.

6. Smoke by day, fire by night

If you meet with disaster in a place like the Amazon, signaling for help is not easy. When you are surrounded only by tree-covered forest, it is difficult to transmit a signal to the outside. You must find level ground with few trees. If you are in a savannah, you must clear the area around you of all grass to make room to send an SOS signal. Generally, you must use smoke by day and fire by night to send help signals. In the daytime, you must (be careful to) create lots of smoke. To do this, you must use grass that is not dry. When you make the fire, lay dry grass and tree branches at the bottom, then place grass that is not dry on top. After the fire is lit, use something like a wet piece of clothing to keep the smoke from escaping, but then remove it suddenly. Repeat the process sending up smoke for one minute, then covering for a minute. This will be your distress signal. Of course, at nighttime it is important that your fire can be seen far away, so you must use dry grass and tree branches.

Reporter Chang Kyŏng-Ae, *Donga Science,* 8/1998 & 7/2000

Lesson 7: Cheju Island, which is perfumed with local customs

The wind constantly blows hard. The fields, covered in yellow colored rapeseed flowers and quite tall barley, billow in the wind. The low dikes around the fields are made of basalt, the remains of volcanic explosions, which is peppered with small holes. It looks loose, but remains steady even in the strong wind. Below the dike, dozens of women are sitting in rows and harvesting onions that are larger than an adult's fist. Upon entering the village, except for a few newly improved houses, one can see thatch-roofed houses with walls of stone and soil and thatching of thick leaves of grass (bound with straw ropes).

"These are dried sweet potatoes. Ground up like this, it is used to make grilled food. The old people do this to kill time." This was told to me by an old woman spinning a millstone while sitting outside a thatched house.

Pukch'on Village, of Choch'ŏn Town in North Cheju Province, symbolically reveals the appearance of Cheju Island, which is referred to as "the Island of Three Excesses" because of its abundance of stones, strong wind, and women. It is also a place where the traditional way of life remains. Not just in Pukch'on Village, but throughout the whole of North Cheju County, such traditional tasteful remains lie scattered about.

North Cheju County is located on the northern side of Cheju Island, starting from Halla Mountain. Cheju City, which was upgraded from a township to a city in 1955, is in the center of this county and divides the county into east and west.

The population of North Cheju County is more than 340,000, living in both urban and rural areas. Fifty percent of North Cheju County consists of forests and fields, giving this area a central role in the livestock industry of Cheju Island. Moreover, abundant fishing areas, chiefly located among the islets, are easily able to provide for the people. Additionally, extensive crops of onions, garlic, and carrots are produced. The people of North Cheju County assist one another while leading prosperous, well-managed, diligent, and plentiful lives. If South Cheju County and Sŏgwip'o City are to be considered places where tourism has been established, then North Cheju County and Cheju City are the gateway to and the roots of Cheju and places from which to inherit their traditions.

According to myth, in the beginning of the world three godlike beings named Koŭlla, Yangŭlla, and Puŭlla arose from three caves. They married three princesses from the country of Pyŏngnang, who brought with them the seeds for five different grains, and lived a life of farming and stockbreeding. Their descendants were prosperous, and this area was called by the name of Mora or T'amra. Even today there are many residents of Cheju Island with the family names of Ko, Yang, and Pu, and the Samsŏnghyŏl (Caves of Three Surnames) are located in Cheju City and treated as hallowed ground by the people of Cheju Island. At the site of Samsŏnghyŏl, in Cheju City, sacrificial rites are performed three times a year by these three families.

Due to the presence of an international airport and piers, Cheju City has taken on the role of serving as the gateway to Cheju Island. From Cheju City, if one heads east on the round-the-island road, he will first arrive at Choch'ŏn Township. After Choch'ŏn if one keeps driving on the road, one will arrive at Kuchwa Township. At this place there is a cave formed by the lava that is also the geological composition of Cheju Island. This lava cave, named Manjang Cave, is 13,422 km in length and is considered to be the longest lava cave in the world. Manjang Cave has a different type of beauty from that of limestone caves, and has preserved shapes from ancient times, such as stone turtles and stone pillars, which were formed through the hardening of lava. Presently, the cave is open to the public to a point one kilometer into the cave, where a seven-meter-high stone pillar is located.

According to a geological survey, Cheju is known to have had volcanic activity in its foundation in the tertiary era of its formation. Because of this eruption, the whole of Cheju is covered with volcanic rock. The stone grandfather guardians that are sculptured from this porous black rock are representative symbols of the island.

The time of the original sculpture of these stone grandfather guardians is not known. According to archaeologists, these stone grandfather guardians are similar to sculptures found at Easter Island, Okinawa, Fiji, and Bali. Of these mysterious sculptures, forty-five originals remain on Cheju Island. These stone grandfathers, which were set up at the entrances to the villages, functioned as guardian deities as well as bringing about good fortune and driving away calamities. Their height ranges from 130 centimeters to 180 centimeters, and their shapes also vary somewhat.

In North Cheju, which is composed of one city, four townships, and three sub-counties, one can see many features of the lives of the people of old Cheju in the villages (which cannot be called the hinterlands) scattered all the way to the foot of Mt. Halla. Of course, it is not something constructed for tourists like the folk village in Sŏngŭp, but instead the true character of Cheju, which has continued until now.

Nabŭp Village of Aewŏl Town in North Cheju County is one such village. Although there are (public) electricity and water services, except for the newly constructed homes, most are still thatch-roofed houses. The thatched houses of Cheju Island have wooden doors, and the walls are made of stone and earth in the same fashion as a dike. The roof is covered with strands of dried grass leaves over and over and tied down with thick sashes in a checkered pattern so that it can withstand strong winds and cold weather. Fortunately, in this town one can see old-style baby cradles, which are no longer used. These cradles look like baskets made of woven bamboo. On hot days the center of the basket was bound with strings in the form of a net, with a thin layer of barley straws on top, in order to provide shade and allow cool air to circulate. On cold days, when the west wind blew, the net would be removed and the basket filled with barley straw to provide the baby with a soft sleeping place.

Until a few years ago, mothers going out to the fields to work could be seen easily carrying their babies on their backs in these baskets. Once metal-frame cradles were introduced, this bamboo basket disappeared.

"These bamboo cradles cannot be found now. People got rid of these with the introduction of the metal-frame cradles. However, every person raised on Cheju has memories of these bamboo cradles." Mrs. Pu Yŏng-sun recalls rocking the baby in the cradle with the tips of her toes while sewing at the same time.

Nabŭp Village is a place that cultivates many of the products of North Cheju County such as onions, garlic, and carrots. Women working together in the field against a backdrop of an emerald green sea can easily be seen. Because women can often be seen working diligently throughout Cheju Island, there is a saying that there are many women in Cheju Island. As a matter of fact, there is not a large difference in the ratio of women to men in Cheju Island, with the women holding a slightly larger number.

Cheju Island is a synonym for tourism in Korea. These good people of Cheju Island manage their lives diligently, based on the spirit of reclaiming barren land and on good morals and manners, which place great importance on filial piety. This is how they have established the Cheju Island of today. In particular, North Cheju Island is like a hometown to the people of Cheju Island, serving to protect their precious cultural traditions and roots until this day.

Reporter Kwŏn Pyong-Rin, *Hankuk Hwabo,* 7/1992

Lesson 8: Are women still "flowers of the workplace"?

"Look pretty, regardless, if one hopes to get the job."

A master's thesis that examined how physical appearance and clothes effect the evaluation of applicants in recent job interviews concluded with the advice above. In this study, the subjects of the interviews who had to look pretty were, of course, women. After [the investigation of] this study, which used nicely dressed women and those dressed casually in hypothetical interviews, the thesis concluded that its research findings were no different from the widespread common thinking of our society. In other words, this empirically confirmed that the probability of being hired was higher for an attractive applicant than for a plain one.

Some time ago there was a class-action lawsuit filed by a few associations, including the National Teachers' Association and the Assembly of Citizens for True

Education, against the presidents of forty-four enterprises and banks. The reason for the lawsuit was that they required appearance and physical conditions that are not related to job performance as hiring conditions in the recruiting process of female high school graduates. They [the plaintiffs] claimed that these were violations of the Male-Female Equality in Employment Law and of the Constitution. I remember that hiring conditions for female workers put out by the enterprises at that time were, in general, things related to inborn appearance and physical conditions such as "good looks", "160 cm or more in height", and "weight of 50 kg or less". In other words, regardless of one's ability to perform the work, without exception, one should be slim and pretty if she wanted to be hired. What is important here is the fact that this has been a rule that most other enterprises followed secretly, although the hiring conditions as such were not presented.

Although not of the extent of a large-scale movement related to women's liberation, I think that this rule related to hiring women should be seriously reconsidered. The appearance of one's face and body shape is not decided by intention. Accordingly, from the beginning there is no possibility to change one's appearance through postnatal endeavors and choice. It is obvious that any whose appearance is not of the beautiful, as defined by society, would overcome the weak point and look for other complementary features, such as the ability to conduct one's work or other such merits.

Education is conducted as a social system to help and guide the pursuit of social values such as these. However, education becomes superfluous if a female who is born with a less than beautiful face or body, for example, tries to find a job after being very well trained at school, but faces the situation of a society that considers only her appearance for hiring, not her ability.

If affairs are conducted in this fashion, education will unavoidably be crippled. There will be no purpose having schools to educate women, except for beauty or charm schools that would help her adorn herself rather than fostering the necessary abilities and values for the future performance of work in society. It is said that women have plastic surgery to have "double eyelids" and change their faces easily to gain employment. Is there then any justification for stopping this?

One more item that we should consider is that the conditions for hiring female workers underlie the backward characteristics of structured inequality between men and women, created by the old patriarchal culture. There is far too much difference in the interpretation and valuation of one's appearance between men and women. The hard fact is that a woman who has a large mouth is criticized as being "vulgar and cheap", while a man is praised as being "good-sized and refreshing-looking". A short woman is described as being "small and boring", while in the same case a man is "firm and determined" or "a small pepper is hotter". When a woman is heavy, she is called "awkward and foolish", while a man with a wide girth is "trustworthy". These are the atmosphere and concepts that reflect our pre-modern and unequal societal structure regarding men and women.

That a female worker must be pretty and slim is synonymous with the concept that women must satisfy men as sexual objects. When one looks at Western countries or nearby Japan, one does not find such behavior concerning women's employment exhibited. In those countries, appearance does not take priority over ability. For example, how many unattractive women are there among female secretaries, bank tellers, and stewardesses?

It is such a waste if we are in the practice of keeping women idle, after educating them with much effort, only because of their not being born "pretty". Fortunately, I have heard that a few conglomerate-level enterprises recently have started to use human resource policies that allocate a certain ratio of the employment to women in hiring, realizing the importance of female human resources. A mechanical distribution of employment such as this could go against the just and righteous cause of equality between men and women in a certain way, but we will never know. Despite this, it cannot help but be a good thing, if only by the fact that it opens up the solidly blocked gate. However, what is important in reality is that if this policy goes only so far as to increase the number of "showroom blossoms" for attracting customers, by taking advantage of the beauty of women, it will be useless.

Chŏng Ho-Yong, *Newsweek* (Korean edition), 9/1/1994

Lesson 9: Summit conference between North and South Korea

1. P'yŏngyang has a new look

Resident journalists report that the streets and buildings of P'yŏngyang have been newly smartened up in preparation for the arrival of visitors from the South for the first North-South summit meeting in more than fifty years. According to P'yŏngyang correspondents for the Chinese *People's Daily* and resident reporters for international organizations, since the end of this May North Korea has been putting into effect extensive repair operations for important roads in P'yŏngyang and paint-refurbishing projects for residential structures. In the early summer weather, the entire city has become brighter and cleaner.

It is reported that they have made repairs to bumpy sections of the busy Ch'anggwang Road that runs by the Labor Party's Central Committee Office, the People's Great Study Hall, and the P'yŏngyang Koryŏ Hotel, where South Korean reporters will lodge during the summit. Moreover, they have repaved sections of road that are severely damaged. In addition, Sŭngni (Victory) Road, site of the Historical Museum and the P'yŏngyang Student Youth Palace, and Moranbong (Peony Hill) Road, leading to the Chusŏkkung (Chairman's Palace) have undergone road-surface repair. President Kim Dae-jung will travel on Moranbong Road in case he visits Kim Il-sŏng University.

Resident reporters also relate that important buildings along roads to be traveled by summit representatives and news reporters have been newly repainted to harmonize with the surrounding wooded areas. They also report that signboards on buildings and propaganda pictures have been freshly painted, making the roads seem much neater than before. It is reported that the Koryŏ Hotel, closed down from June 3, has been completely refurbished, and the Paekhwawŏn guest quarters, where President Kim Dae-jung will stay, has also been thoroughly repaired and been put through safety inspections.

It is known that recently reinforced traffic police and security personnel have been stationed in the principal streets of P'yŏngyang, and that nonresident foreigners are not allowed to enter P'yŏngyang for a designated period. In addition, during the summit meeting, inhabitants outside of P'yŏngyang are not allowed to come into P'yŏngyang, no matter who they are.

Resident foreign reporters reported that inhabitants of North Korea have expressed their welcome to and expectations of the first summit meeting since the national division by saying, "Everything will go well" and "Everything should go well."

Reporter Chi Hae-Bŏm, *Chosun Daily,* 6/11/2000

2. Reactions from the Seoul Press Center

When President Kim's entourage set foot in Py'ŏngyang's Sun-an Airport on the thirteenth at 10:28 A.M., the Press Center set up on the second floor of the Lotte Hotel (in Seoul's So-gong district) was thrown, together with the average citizen, into a flurry of emotions and plaudits. In addition to more than a thousand domestic and foreign reporters, volunteer assistants and the employees of the hotel all had their eyes on the Press Center's two large multiscreens.

In contrast to the slight apprehension in voices asking, "Will the special aircraft holding the President and his entourage arrive safely in Sun-an Airport?" after the President's takeoff from Seoul's airport, the scene at the Press Center instantly changed into hearty cheering as President Kim arrived safely and National Defense Commission Chairman Kim Jong-il made a special appearance at the welcoming spot. Both foreign and native reporters applauded as they watched President Kim descend the steps of the aircraft and shake hands with Commission Chairman Kim. Tears gathered in some eyes, bringing home the level of emotion [caused by the scene].

Of particular note was that, at around 10:28 that morning, the crowd of welcomers who had quietly gathered at Sun-an Airport suddenly began waving pink pompons and letting out cheers. Some reporters expressed their opinion that National Defense Commission Chairman Kim Jong-il really came to the airport to greet the President! When the image of Chairman Kim Jong-il appeared on the multiscreen, domestic and foreign reporters, as though in disbelief at Chairman Kim's special reception, said, "That's unprecedented!" or "No one would have predicted that!" They appeared to be surprised at Chairman Kim's exceptional reception. A foreign newsman evaluated [the events, saying], "The summit from the thirteen to the fifteenth will truly live up to the expectations of the Korean people, and the very fact that National Defense Commission Chairman Kim Jong-il came to the airport to welcome President Kim reflects that view."

Reporter Kwŏn Kyŏng-Bok, *Chosun Daily,* 6/13/2000

3. Full Text of South-North Joint Declaration

In accordance with the noble aspiration of the Korean people for a peaceful unification of the fatherland, Kim Dae-jung, President of the Republic of Korea, and

Kim Jong-il, National Defense Commission Chairman of the Democratic People's Republic of Korea, held a conference in Pyŏngyang from June 13 through 15, 2000.

Recognizing that the first meeting and summit, which took place for the first time since national division, are significant in helping promote mutual understanding, develop inter-Korean relations, and realize peaceful unification, the leaders of the two Koreas made the following declaration.

1. The South and the North have agreed to join hands to solve the question of national unification in an independent manner between us, who are the main parties.
2. Acknowledging that the South's "Korea commonwealth unification formula" and the North's proposal of the "loose form of confederation unification system" have similarities, the South and the North decided to pursue unification in this direction.
3. In marking August 15 (Liberation Day) this year, the South and the North decided to exchange delegations of separated families and relatives and to seek to resolve humanitarian issues, including the problem of long-serving (North Korean) prisoners who have refused to convert.
4. The South and the North decided to build up mutual trust by developing a national economy in a balanced manner through economic cooperation, and by stimulating cooperation and exchanges in such various fields as society, culture, sports, health, and the environment.
5. The South and the North have agreed to begin dialogue between the authorities of the two Koreas at the earliest date in order to implement the accord.

President Kim Dae-jung formally and cordially invited National Defense Commission Chairman Kim Jong-il to visit Seoul at an appropriate date, which Defense Commission Chairman Kim formally accepted.

Lesson 10: *T'aekwŏndo,* the world's sport

A loud yell, a fist crashes down, and twenty tiles are easily broken. A body flies through the air, and a pine board [raised] three meters off the ground is shattered with the kick of a foot. Spirit and strength are felt in this demonstration of *t'aekwŏndo,* a sport that originated in our country and then spread across the globe.

T'aekwŏndo is a full-body sport that uses mostly the hands and the feet. It strengthens the body and forges character through spiritual and physical discipline. It is a martial art form that employs training in techniques for self-defense.

With the establishment of the Korea T'aekwŏndo Association in 1961, and Korea's participation in the Vietnam War in the mid-1960s, *t'aekwŏndo* had the chance to spread overseas. The obligatory training and demonstrations of *t'aekwŏndo* by Korean soldiers in Vietnam elicited a great response from foreigners unfamiliar with martial arts. After the brave *t'aekwŏndo* instructors were discharged from Vietnam, they were invited to countries throughout Asia and there began to teach *t'aekwŏndo,* creating a *t'aekwŏndo* boom abroad.

From the latter half of the 1960s, *t'aekwŏndo* instructors received government funding to penetrate the U.S., Europe, and the interior of Africa. In the mid-1970s, their range of activity expanded even to Eastern European countries with whom Korea had no diplomatic relations during the Cold War.

As of 1995, the World Taekwondo Federation (WTF) had a membership of approximately 40,000,000 trainees from 144 countries. With more than 15,000,000 members from 46 countries in Asia, 8,600,000 members from 38 countries in Europe, 1,300,000 members from 34 countries across the American continents, and 2,500,000 members from 26 countries in Africa, *t'aekwŏndo* has taken its place as an international sport.

T'aekwŏndo's international position was raised a notch when it was chosen as an official category for the 2000 Sydney Olympics. Furthermore, no matter where in the world, the sport is taught, and competitions are held, the terms *Ch'aryŏt!* (Attention!), *Kyŏngnye!* (Salute!), *Chwahyang-jwa!* (Left!), *Uhyang-u!* (Right!), *Chunbi!* (Ready!), *Sijak*! (Go!), *Kallyŏ* (Separate!) are used, so we now can see an Olympic sport conducted in Korean.

T'aekwŏndo training is divided into the basic moves, *p'umsae* (forms), *kyŏrugi* (competition), *tallyŏn* (discipline), *hosinsul* (self-defense), and so on. *T'aekwŏndo*'s basic moves use the dynamic elements of the hands and the feet: blocking, punching, thrusting, and striking with fists and the flat of the hand, and kicking with the feet. *P'umsae* involves imagining the actions of one's opponent, perfecting one's attack and defense moves with one's opponent in imagination, and developing dexterity, muscular energy, flexibility, and weight focus, as well as breath control. *Kyŏrugi* involves applying the *p'umsae,* using one's attack and defense skills in actual competition.

T'aekwŏndo competitions are divided by weight class, and proceed for three three-minute rounds in a square competition area eight meters by eight meters. For the safety of the competitors, protective bands are attached outside the uniform to the trunk, arms, legs, etc.

One's level of training is decided by *kŭp*-grade and *tan*-grade. The eighth *kŭp* grade is given when one completes the first chapter of *t'aegŭk*. After completing *Koryŏ p'umsae*, one is awarded *tan*-grade 1. All those who have achieved *tan*-grade wear black belts. Belts are also worn to distinguish between *kŭp*-grades: white, yellow, blue, red, etc.

Examinations for the *tan*-grades are held at the *Kukkiwŏn*, the World T'aekwŏndo Headquarters. Exceptions to this are recognized in unavoidable cases, such as when the examinee is in a foreign country, but only for the first four *tan*-grades. But the exams for *tan*-grades 5 and over must be taken at the Headquarters.

It is said that the ideal age to learn *t'aekwŏndo* is 4-5 years old. This is because as a form of exercise it can function to prevent illnesses. It is said that *t'aekwŏndo* prevents hereditary high blood pressure and diabetes in children, and is also useful in treatments.

In an academic paper entitled "Analysis of the influence of *t'aekwŏndo* on bone-marrow density" prepared by a team of orthopedic researchers at Seoul National University Medical School under Professor Sŏng Sang-ch'ŏl, a study claims that the sport straightens the bones of adolescents and prevents bone-marrow depletion in later life. Also, a high school teacher, Kim Sŏk-ryŏn, has published a paper stating that *t'aekwŏndo* affects IQ and improves student grades.

Says Yi Ho-yŏl, director of the Han'gang Gymnasium, the site that produces the most black-belts in Korea, "Even without those reasons, *t'aekwŏndo* brings together [the elements of] spiritual cultivation such as courtesy, posture and appearance." He said that *t'aekwŏndo* forms good character through the continuous repetition of proper thoughts and movements. *T'aekwŏndo* is a very beneficial sport that makes children confident, and instills in them [the qualities of] honesty, respect, understanding, leadership, and cooperation.

Korea Times, 1/1995 & other sources

Lesson 11: Korean society around the world

1. Hawai'i

Most common Korean businesses: Stores, restaurants, and real estate (in that order)

It turns out that the local convenience store is the most popular form of business operated by Koreans in Hawai'i. According to the *1998 Korean Business Telephone Directory*, compiled and distributed for the first time this year by the *Korea Times,* convenience stores, including liquor stores, are the most popular form of business among Koreans in Hawai'i, with 101 locations.

The second most popular business is restaurants, with a total of sixty-two listings. Thirty-seven Korean restaurants top the list, proving that one's taste doesn't change even when living abroad, followed by ten Hawai'ian and Western restaurants, nine Japanese restaurants, and six Chinese restaurants. The third most popular Korean business is real estate, with forty businesses listed. These businesses do everything from assisting Koreans relocating from Korea or from another U.S. state in buying a home to conducting business leases. It seems the problem of living space is second only to that of food in terms of importance.

The fourth is travel agencies, owing to Hawai'i's abundant tourism, with thirty-five businesses. Automobile body and maintenance shops also number thirty-five, bringing home the words "one car for every person". Other businesses numbering twenty or more are, in order: thirty-three beauty salons, thirty-two schools and *hagwŏn* academies, thirty-two law offices, twenty-seven coffee shops, twenty-five dress shops, and twenty-one clinics and doctor's offices.

Compared with the number of general businesses, the number of organizations and churches shows their unstoppable power, which proves that communication is actively taking place among Koreans. Also, it turns out that there are as many as sixty-six (Korean) churches on the island of Oahu, a testament to the fact that churches are vital to Koreans regardless of where they live.

Distribution of Korean Business (Jan. 1998)	
Type	Number
convenience store	101
social organization	69
church	66
restaurant	62
real estate agency	40
travel agency	35
auto shop	35
beauty salon	33
school or academy	32
law office	32
coffee shop	27
dress shop	25
clinic or doctor's office	21
Source: *Korean Business Telephone Directory* (1988)	

Reporter Kim Yong-U, *Korea Times,* 3/21/1998

2. Japan
Osaka's Korean Market: A sentimental hometown to those who came [to Japan] to make a living

"The Korean Market is 'the sentimental hometown' of all Koreans living in Japan. Even Koreans living in other parts of Japan have a father or grandfather who got his start there."

Hong Yŏ-p'yo (69), a representative for Tŏksan Products, Inc. [based in] the Ikuno district's Korean Market, defines the market, where he has been settled for forty-five years, as quoted above. Japan's administrative capital is Tokyo, but the capital for Koreans is Osaka. It has the deepest history of Korean settlement and the largest Korean population [in Japan].

Board the subway downtown and get off at the Tsuruhashi Station, and the entire neighborhood is market streets. Only 30 or 40 years ago, the streets selling red pepper paste, soybean curd, bean sprouts, and salted seafood along the market's bustling dirt roads were the place Koreans gathered from all over the country on Korean holidays such as New Year's Day and the Harvest Festival. Now the ground is clean, paved with cement blocks, and the streets are lined with lampposts hung with decorations in traditional Korean patterns. It is known as a Korean area, but not many Koreans visit there. This is because Koreans have spread out and settled in all areas of the country, and can get Korean goods without coming to the Korean Market. Still, however, all of the *pulgogi* restaurants in Osaka, Kobe, and Nara purchase ingredients from here, and everyone in the country knows Tsuruhashi kimchi.

Tokuyama Shotei's (Tŏksan sangjŏm) Hong Yŏ-p'yo and his family started doing business in the Korean Market more than fifty years ago. Hong and his wife began by baking and selling bread in the Market, then in 1955 started Tŏksan sangjŏm there, making money by selling steamed, crescent-shaped, and glutinous rice cakes. Now, more than forty years later, Tŏksan manufactures rice-cake soup and buckwheat noodles under its own label for distribution all over Japan. The family operates a Tŏksan Foods factory in Korea, and has developed a corporation in charge of Japanese distribution of Korean foods like instant noodles and refined and unrefined wines.

"Approximately 70 percent of the more than 140 shops at the Korean Market are Korean-owned. All of them have forty-to-fifty year histories in the Market." Also, Mr. Hong gave a hint that many of them are not simply stores, as seen outwardly, but enterprises. The Korean Market, with its dwindling Korean presence, has changed in appearance in the 1990s, as a result of the revival movement led by the younger generations. The second and third generations, which have inherited the Market in their turn, have established a Committee for the Promotion of Korea Town, the new name they have given the Market. With financial assistance from the city of Osaka, they have refurbished the Market, and with support from Chagalch'i Market, their sister market in Pusan, they hold Korean festivals every year to keep up the sentimental hometown of Japanese-Koreans throughout the generations.

Korea Times, 6/15/1999

3. Germany

Kim Kwang-il, the godfather of *t'aekwŏndo,* living witness to Korean sports in Germany, once owned forty-five *t'aekwŏndo* halls

German society became acquainted with (the presence of) Koreans through *t'aekwŏndo.* Nowadays Korea is known for the many Korean enterprises that have entered Germany, but until ten years ago, *t'aekwŏndo* was the only point of pride for the Korean ultra-minority in Germany.

The *t'aekwŏndo* population in Germany is now 300,000, with more than seventy *t'aekwŏndo* halls located in all areas of the country. Also noticeable is a *t'aekwŏndo* magazine sold at kiosks and bookstores. It is published by Pak Su-nam, the manager of a *t'aekwŏndo* hall in Stuttgart.

Kim Kwang-il (63), the godfather of *t'aekwŏndo* in Germany, says, "No German familiar with *t'aekwŏndo* dislikes Korea." Having opened the first private *t'aekwŏndo* hall in Germany, Mr. Kim, who has turned out many members of the younger generation like Director Pak Su-nam of Stuttgart and the former Korean team director Ko Ŭi-min of Munich, is a living witness to the spread of the sport in Germany. He had as many as forty-five *t'aekwŏndo* halls when he retired from service in 1975. His acquaintance with high-level persons in German athletics, who were by that time well acquainted with *t'aekwŏndo,* greatly contributed to the attraction of Seoul as an Olympic city [during meetings] in Baden-Baden in 1980.

Many other, non-*t'aekwŏndo* athletes have informed [Germany] about Korea and its people. Han Ho-san, a resident of Bonn, has served as the general manager for the German judo team since 1964. He is famous as the longest-serving manager in any sport in Germany. Manager Han was largely responsible for Korea's strength in judo in Europe and Japanese judo's inability to make headway there. Pak Tae-hŭi of Cologne, manager of the German national volleyball team, is another physical educator who has represented Korea to the Germans.

Korea Times, 6/29/1999

4. Brazil
Pride in being well-treated immigrants

A twelve-hour Korean Air flight from Los Angeles (three round-trip flights per week), Brazil is not so near a country to us as we imagine. To begin with, it is located in the southern hemisphere, and its seasons are opposite from ours. There is a four- to six-hour time difference between Brazil and Los Angeles. Brazilian-Koreans are proud that they were the first immigrants officially sponsored by the Korean government.

Korean society in Brazil, which began when ninety-two individuals from seventeen families left Pusan Harbor on December 18, 1962, and arrived in Santos Harbor the following year on February 12, has grown in thirty-six years to (a scale of) 50,000. Ninety-two percent of Brazilian-Koreans live in São Paulo. Their chief industry is wholesale clothing, and they own 80 percent of the total clothing stores in the wholesale garment districts Bom Retiro and Brass, referred to by São Paulo Koreans as the South Gate and East Gate markets. Also Korean-owned are most of the 250 wholesale and retail shops in the fashion center that was built in the cross-country bus terminal twelve years ago.

It is said that 26 percent of women's clothing in Brazil is provided by Korean-owned industries. However, in the early years, before [they gained] their current hold on the garment industry, their only foundation was their sweat and blood, whether [it meant] spending entire nights at the sewing machine or wearing out their shoes peddling their goods.

Not a few Koreans assimilate into Brazilian society by marrying Brazilians or Japanese. Hwang Kŭm-ok (66) was among that first immigrant group of ninety-two people comprising seventeen families on a Dutch national ship arriving in Santos Harbor on February 12, 1963. She made money selling blankets and running a jewelry store with her husband, who was two years her senior. But after her husband died and her son inherited the business, her son fell victim to fraud and lost everything. He is looking to make a commercial comeback by way of a trade business. Her oldest girl Heloisa, the first second-generation Korean in Brazil, was unable to find suitable Korean friends growing up, so she made friends with Japanese children instead. Finally, she went against her father's wishes and married Silvio Hirai (37), a second-generation Japanese, with whom she has a five-year-old son and a two-year-old daughter.

Heloisa, who was graduated from São Paulo University's Foreign Language Department, speaks four languages: Portuguese, English, Japanese, and Korean. Her Korean is not fluent, but her Japanese ability is better than her husband's. Her two children speak Japanese with their first-generation paternal grandmother, Korean with their maternal grandmother Hwang, and Portuguese with their parents. Hwang and her daughter have never visited Korea, as they have no relatives there.

If mother and daughter have any regret, it is that they do not speak Portuguese or Korean fluently to each other. Because of this, when they wanted to disclose their innermost feelings or be consoled, they could not communicate adequately with each other. This memory remains a painful aspect of immigrant life for the mother and daughter.

Korea Times, 6/22/1999

Lesson 12: The foundation of national culture, with its harmonious principles

Yi, Ki-Mun

1

Han'gŭl is the greatest script ever created by man. When we look broadly and deeply into the history of the world's scripts, the uniqueness of *han'gŭl* becomes even more apparent.

The origins of writing are not only simple, but their [manner of] transmission is uniform. This is true to such an extent that for a long while the monadistic theory of scripts—the theory that traces all human writing back to a single origin—was very popular. While the monadistic theory is perhaps exaggerated, if we sort out the histories of past and present languages across the world, [we find that] most of them go back to Sumerian cuneiform, Egyptian hieroglyphs, and Chinese characters. Stated simply, since a long time ago writing systems have spread from neighbor to neighbor, changing little by little in the process into what is their present form.

But such is not the case with *han'gŭl.* It was not devised by slightly altering or copying a neighboring script. It was an entirely new creation. No ordinary affair! It was the emergence of something entirely new in the history of writing. Its creation was a form of rebellion against the world's history of writing.

2

The work of King Sejong: a perfectionist and idealist

The new alphabet that Sejong created was first announced to the world in the twelfth lunar month of the twenty-fifth year of his reign (1443). It was called *hunmin jŏngŭm* (correct sounds to teach the people), or *chŏngŭm* (correct sounds) for short; but at that time the common name *ŏnmun* (vernacular writing) was already being used. The name "*han'gŭl*" dates from the end of the nineteenth century, but it did not come into widespread use until after it started to be used by Chu Si-gyŏng. The name "*han'gŭl*" originally meant 'the writing of the Han (Korean) people', but later on, "*han*" was given the meaning 'big' or 'singular'.

In the name *hunmin jŏngŭm* (meaning 'correct sounds to teach the people') is contained the deep purpose of Sejong, its creator. At that time in Korea, people wrote using Chinese characters, an ideographic writing system. People used Korean when speaking, but having to use Chinese characters to write was no small hardship, and writing came to be monopolized by the upper-class minority. King

Sejong strongly felt that, in order to allow all of the (general) people to read and write, there had to be an alphabet to write Korean the way it actually sounds. This idea of Sejong's appears in the first part of the *hunmin jŏngŭm.*

Sejong was an idealist, a perfectionist who sought the proper and the best in all things. His idea was that everything should correspond to principles that pervade the universe (nature and man). In the name *hunmin jŏngŭm* is contained Sejong's deep purpose.

Han'gŭl was made personally by King Sejong. He created it by himself. All the records from that period say [that *han'gŭl* was] *ch'inje,* i.e., "made by himself." Not a single hint to the contrary has ever been discovered. Before the original text of the *hunmin jŏngŭm* was available for study, a few articles stated that the scholars of the Hall of Worthies helped with *han'gŭl*'s creation. Such a statement has persisted until today, but it is a groundless assertion.

It was the year after *han'gŭl*'s creation, in the spring of 1444, (the twenty-sixth year of Sejong's reign) that the young scholars of the Hall of Worthies first had contact with the alphabet, when they were planning a *han'gŭl*-related project. This was the first time they were involved with it, and also the time when Choe Mal-li and other elder scholars of the Hall of Worthies submitted a petition to the King opposing the alphabet.

3
A Korean alphabet modeled after the shape of the speech organs

We may surmise that Sejong made the designs for *han'gŭl,* though we do not know when he began to do so. After much investigating, Sejong hardened his resolve to create (phonetic) letters to represent the sounds of words.

At that time in history, scholars in Korea learned prosody *(unhak)* from childhood, a form of study related to the pronunciation of Chinese characters. To be ignorant of prosody meant one could not write Chinese poems *(hansi).* Sejong applied [the principles of] this study to our language. He established a new theory, which divided syllables into three parts (initials [*ch'osŏng*], middles [*chungsŏng*], and finals [*chongsŏng*]). Using this theory, he painstakingly considered the Korean language and established a phonetic system (for it). The beauty of the Korean alphabet lies in its grounding in this phonetic system.

4
The pursuit of true harmony between heaven, earth, and man

Sejong went a step further. He carefully considered the shape of the sound-producing organs when Korean sounds are pronounced. Based on those shapes, he formulated a principle for making letters. Viewed in terms of Sejong's basic idea that the [Korean] alphabet should coincide with the logic of the universe, *han'gŭl*'s design was truly a matter of course; but when viewed against the history of (man's) writing, it was a landmark conception that was entirely new and original.

The shapes of the sound-producing organs are clearly discernible in the word initials (*ch'osŏng*).

ㄱ : the shape of the back of the tongue closing off the throat passage
ㄴ : the shape of the tongue touching the (front) upper gums
ㅁ : the shape of the mouth
ㅅ : the shape of a tooth
ㅇ : the shape of the throat passage

The shapes of the middles *(chungsŏng)* were (also) modeled after nature. While it is true that it would have been difficult to copy the shapes of the vocal organs [for these sounds] directly, the [shapes of the] middles came from the idea of their close connection to the order of the universe.

ㆍ : the shape of the heavens
ㅡ : the shape of the earth
ㅣ : the shape of man

What is even more surprising is Sejong's skill in making other initials and middles besides the basic ones. He added a line [to show the level of] strength of the initial sounds. He made [additional] middles [based on] the opening and closing of the lips.

ㅋ : a line added to ㄱ
ㄷ : a line added to ㄴ
ㅌ : a line added to ㄷ
ㅂ : lines added to ㅁ
ㅍ : lines added to ㅂ
ㅈ : a line added to ㅅ
ㅊ : a line added to ㅈ
ㆆ : a line added to ㅇ
ㅎ : a line added to ㆆ
ㅗ : the same as ㆍ, but with the mouth narrowed
ㅏ : the same as ㆍ, but with the mouth widened
ㅜ : the same as ㅡ, but with the mouth narrowed
ㅓ : the same as ㅡ, but with the mouth widened
ㅛ : the same as ㅗ, but preceded by ㅣ
ㅑ : the same as ㅏ, but preceded by ㅣ
ㅠ : the same as ㅜ, but preceded by ㅣ
ㅕ : the same as ㅓ, but preceded by ㅣ

Of course, we admire Sejong's skill in creating the basic letters, but his creation of the secondary letters is truly amazing. Looking at the middles only, (it is explained that) the placement of the heaven symbol either above or outside (= to the right of) the line in the cases of *o, a, yo,* and *ya* is "because the sounds symbolize *yang*, emerging from the heavens": the placement of the heaven symbol either below or inside (= to the left of) the line in the cases of *u,* ŏ, *yu,* and *yŏ* is because the sounds symbolize *yin*, emerging from the ground. This indicates that the Korean vowel harmony system is reflected in the structure of the letters.

Such true harmony between the heavens, earth, and man was the ideal pursued by Sejong. All Sejong's projects, beginning with the creation of *han'gŭl*, were for the purpose of realizing this ideal.

Han'gŭl was something of a riddle to Western scholars. It was known for the first time in the West in the late eighteenth and early nineteenth centuries. Researchers who studied orthography thought it was just a matter of finding out to which family of scripts *han'gŭl* belonged. They did not understand that there could be a unique script.

A few Korean scholars were the only ones to argue for *han'gŭl's* uniqueness. Their assertion was strengthened when the original text of the *hunmin jŏngŭm* surfaced in 1940. When first coming to the United States in 1960, I had the experience of being labeled a narrow-minded nationalist when I emphasized *han'gŭl's* uniqueness.

During my second stay in the States, from 1965 to 1967, the situation was much improved. This was because U.S. linguists were struck when J. D. McCawley, a renowned professor from the University of Chicago, published a book review in the journal of the Linguistics Society of America recognizing the scientific nature and originality of *han'gŭl*.

5

Han'gŭl: The foremost meritorious "subject" that promoted our national culture and [encouraged] modernization

Despite its having no precedent in the world, the *han'gŭl* alphabet's history has been an eventful one. Because for ages Korea's upper classes used Chinese characters in both their public and private life, *han'gŭl* came to be suppressed. Sejong's plan was for Chinese characters and *han'gŭl* both to fulfill distinct roles in Korean society, but *han'gŭl's* role was not properly secured.

Even so, we could not underestimate *han'gŭl's* importance. Although not often used in writing, there were places where only *han'gŭl* script was used. In those cases it certainly fulfilled its mission. In literary works written in Korean, for example, its role was preeminent.

Viewed from a wider perspective, *han'gŭl* was a central player in (the process of) Korea's modernization. The actual goal of *han'gŭl's* creation was to enlighten the ignorant people, and this (modernization) was finally achieved in the twentieth century.

At the same time that it is the Korean people's most precious cultural artifact, *han'gŭl* will also be the continuing foundation of our culture in future millennia. It seems *han'gŭl's* checkered history is likely to fade from memory, but if we do not ceaselessly grind and polish *han'gŭl* with heightened creativity, it will grow moldy, rusty with neglect. We must not forget that *han'gŭl*, like jade, will shine only if it is polished.

Culture and Me, 9/10/1997

Lesson 13: The founding of Chosŏn: Yi Sŏng-gye takes the stage

Yi Sŏng-gye, the hero who established the Chosŏn dynasty, was born in Hŭksŏk Village in Yŏnghŭng, Hamgyŏng Province, on the eleventh day of the twelfth month in the year 1335. At that time, his father, originally a rich man from Chŏnju in Chŏlla Province, was serving as a government official for the Mongols. Just like [King] Chumong of Koguryŏ, Yi Sŏng-gye was skilled in archery from childhood. Once he shot three ravens sitting on a wall with a single arrow.

One year, the young man Yi Sŏng-gye happened to stay overnight at a temple on his way home from visiting his wife's parents. In the temple was an unusual-looking young monk with whom Yi had previously made acquaintance.

That night, Yi had a truly peculiar dream. In the dream, he entered an old rundown house. The floor creaked, the pillars shook, and the roof was about to cave in. The startled Yi escaped to the outside just as the old house collapsed with a boom. Fortunately, Yi escaped unharmed, but there were three rafters placed across his back.

While eating breakfast [the next morning], Yi told the monk about the previous night's dream. The young monk looked around and then said in a hushed voice:

"Shhhh . . . talk quietly."

"What?"

"The old rundown house in the dream is Koryŏ. The three rafters you carried out with you suggest you will be a king in the future. Look! If you carry three rafters on your back, is it not the same shape as the Chinese character for king?"

The young monk who interpreted Yi's dream was none other than the famous Great Priest Muhak. Later Muhak played an important part in the founding of the Chosŏn dynasty and a decisive role in moving the capital city to Hanyang (present-day Seoul).

Yi, who had become a general, became famous after his successful suppression of Japanese invaders in the south. At that time, the new Ming dynasty was coming to power in China. On the one hand, they began a power struggle with the Yuan [Mongol] dynasty, while on the other hand, they continually threatened Koryŏ, ordering it to sever ties with the Yuan.

The Ming swallowed up the entire area of Manchuria, finally reaching the border with Koryŏ in the Hondon River region. They were indirectly eyeing the Koryŏ territory north of Ch'ŏllyŏng. The Ming sent an envoy to Koryŏ with a threat: "Willingly hand over to us the land north of Ch'ŏllyŏng, or the Korean peninsula will stink with blood."

General Ch'oe Yŏng, the *sijung* (modern prime minister) of the time, became angry and put the Ming envoy in prison. Ch'oe had always advocated a Koryŏ strategy of aggressive northward expansion, while Yi Sŏng-gye and Chŏng Mong-ju recommended forming diplomatic relations with the Ming. King Wu, successor to King Kong-min, was persuaded by Ch'oe's argument.

Then a rumor was reported that the Ming would set up a military supply headquarters in the Ch'ŏllyŏng region. Now very angry, King Wu declared an all-out attack against the Ming at Liao Dong.

"To attack Liao Dong, we will deploy a large army of a hundred thousand. Yi Sŏng-gye! You serve as front-line commander!"

Yi gave four reasons for opposing an expedition at Liao Dong.

"The (first and) principal reason is this: Just as a child cannot attack an adult, it is strategically unwise for a small country to attack a larger one. Second, it is best not to deploy soldiers in the summertime. They are busy with farming, and if we take away all the young men, who will farm? Third, if we attack Liao Dong, we must leave the south open. It is obvious that, seeing a weakness, the Japanese will attack us. Finally, during the rainy season the force of our arrows will be weakened, and our spears and knives will easily rust. There is also the fear of contagion."

But despite Yi's speech, King Wu gave orders for all soldiers to mobilize. Led by Yi, the Koryŏ army reached Wihwa Island, [situated] in the middle of the Amnok (Yalu) River, on the seventh day of the fifth month of the year 1388. Just before the Koryŏ army's arrival, the rainy season set in. Because the river was flooded, they could not cross Wihwa Island. The army waited for the waters to recede.

But just as Yi had feared, an epidemic arose. Yi reported that he would have to turn his troops back, but King Wu flatly rejected the idea. When the epidemic worsened, the soldiers began to complain. Even the generals grumbled, insisting that the army go back. Yi summoned two generals, Cho Min-su and Yu Man-su.

"Will you follow any order I give?"

"Yes, we swear."

And so, on the twenty-second day of the fifth month of the year 1388 (the fourteenth year of King Wu's reign), Yi finally turned his troops around and attacked [the Koryŏ capital] Kaegyŏng. This event is referred to as *Wihwado hoegun* (the retreat from Wihwa Island). Ch'oe Yŏng emerged to face Yi's rebellious army, but the old general was captured almost immediately. Afterward Ch'oe went into exile at Koyang. He was executed two months later.

Yi, having seized the country's power, took land from the aristocrats and distributed it among the farmers. The aristocrats subsequently lost their power, and the common people believed and followed Yi Sŏng-gye. When Yi took their land, the aristocrats incited King Ch'ang to create a force of resistance. But by this time Yi had already caught on to their plans. He dethroned King Ch'ang and put Kong Yang, Koryŏ's last king, in power.

Yi's power grew daily. One by one the king's ministers gathered under him. One of them, Minister Chŏng To-jŏn, served as Yi's instrument. But Chŏng Mong-ju, Kim Chin-yang, and other ministers shook their heads firmly and continued to resist Yi Sŏng-gye.

Yi did not want to lose an important figure like Chŏng. On Yi's birthday, his son Yi Pang-wŏn invited Chŏng for a visit and offered him some wine. He then sang a *sijo* poem. He did this to probe Chŏng's intentions.

"No matter about this or that,
or the arrowroot vines entangled on Mansu Mountain.
We can be like them and live for a hundred years."

This is Yi Pang-wŏn's famous poem "Mansu Mountain". It means he wants to join hands with Chŏng and create a new country. At this, Chŏng rapidly composed the following poem to show his feelings:

"Though this body die and die a hundred times,
though my bleached skull become dust, whether my soul is here or gone,
Could my single-hearted devotion to my lord ever fade?"

This *sijo* poem, called "Song of Single-hearted Devotion", means that if he died a hundred deaths and his skull became bleached, then turned to dust, his loyalty to the Koryŏ king would not change.

With that, Yi Pang-wŏn knew with certainty how Chŏng felt. In 1392, Chŏng was murdered at *Sŏnjukkyo* by an assassin sent by Yi Pang-wŏn.

Disheartened by the loss of a loyal minister like Chŏng Mong-ju, Kong-yang handed over the royal seal to Yi Sŏng-gye. Thus the Koryŏ dynasty, which had risen up to continue the spirit of Koguryŏ, slipped into the mists of time after 475 years and thirty-four kings.

On the seventeenth day of the seventh month of the year 1392, Yi Sŏng-gye ascended the throne as king in Such'ang-gung at Kaegyŏng, installed by Chŏng Tojŏn and others. He was fifty-eight years old. On the fifteenth day of the second month of the following year, Yi proclaimed a new dynasty named Chosŏn. The name was taken from the ancient nation called Old Chosŏn. Upon establishing Chosŏn, Yi laid down the following three major policies:

Neo-Confucianism, rather than Buddhism, will be the basis for the rule of the country.
We will establish friendly relations with the new Ming dynasty.
We will encourage agricultural production and strive to stabilize the lives of the people.

In 1394, at Great Priest Muhak's suggestion, T'aejo Yi Sŏng-gye moved the capital city from Kaegyŏng to Hanyang, which is present-day Seoul. This event is referred to as *Hanyang ch'ŏndo* (transfer of the capital to Hanyang.) Yi decided to transfer the capital because there were many groups in Kaegyŏng still loyal to Koryŏ. He needed a new capital to make a new beginning.

While building many palaces after the move to Hanyang, he set up four huge gates, one in each cardinal direction, and had a strong wall built. He also influenced city planning, designating where shops would be built and where the government officials would reside. Hanyang remained the capital of Chosŏn for more than 500 years.

Kim Mo-Se (ed.), *Annotated Korean History*, Minsŏ Ch'ulp'ansa, 1996

Lesson 14: College "entrance through contribution": Is this desirable?

In Korea, there have been new concerns about whether the system of granting college entrance through contribution should be allowed or not. In an era that requires quality and competitive ability in universities, how can the finances of the schools be revived? There are still two opinions on this issue, one that says this is the reality of an unavoidable choice, and the counterargument that this will devastate education and damage public confidence in society.

Argument in Support: Professor Yu Pyŏng-hwa
Korea University, International Law Department

"This is a practical device to promote self-sufficiency in a time of competition with foreign universities; This system is only possible with students' scholastic aptitude; 'buying entrance with money' is a view ignoring social development"

The so-called system of gaining entrance by contribution is a trying problem that none in our society wishes to speak of. This problem also rouses the feeling of denial from what are called national sentiments. However, in this age of internationalism, new circumstances have arisen, dictated by the advance of foreign universities into the domestic arena and the self-regulation and diversification of universities.

First, according to the self-regulation and diversification of universities, the fixed number of students will disappear and the universities themselves will establish various standards, considering their own capacities, and select their students in a free atmosphere. Therefore, they will not be limited to the standard of student grades, but will use various standards that have already been suggested by the universities, such as public service, handicapped students, students from farming and fishing communities, and filial action. This being the case, there is no method for prohibiting the addition of one more standard, that of contributing to the university, as another criterion for entrance.

Second, in this international time, both the system and the laws are becoming unified as the world is becoming one zone of life. For example, what would happen if a branch of Columbia or Harvard were established in Seoul, and these schools permitted entrance through contribution? Would they be reprimanded because this did not agree with national sentiments?

Third, it is necessary to think with a cool head about how our universities would survive in an international competition with predominantly foreign universities. The present budget of one large-scale university is about ₩100,000,000,000, but there are no surplus funds after payment of the personnel expenses of the faculty. One may think that with the increase in the number of students there would be more revenue, but the number of professors must also be raised in order to maintain the appropriate ratio between faculty and students. Ultimately tuition will need to be increased and this will result in the poor not being able to attend college. (One can imagine that) the tuition at an American university is more than ₩10,000,000 per year.

Fourth, universities need to become more self-sufficient. Again, one may think that there should be a great leap in the amount of government support. However, it is not only difficult in actuality to provide this type of support; there is also a limit to how the school can be developed with these types of funds.

Fifth, we need to consider the education of second-generation entrepreneurs and the resulting flow of money out of the country. It is not necessary to state how important it is to provide a proper education for a good number of these second-generation entrepreneurs in our society.

Sixth, our consciousness should also be changed. For instance, it is a large obstacle in this competitive international society to hold an unconditional bias against investment or against gaining entrance to college through contribution, and to give priority to personal feelings rather than considering the development of the whole society. It is very dangerous to condemn and criticize all entrepreneurs for the shady practices of some plutocrats in the process of compiling their fortunes. Surely only the unethical tactics should be criticized. Moreover, entrance by contributing can be accomplished with money only as long as the other pre-conditions, such as scholastic aptitude, are met.

Surely certain types of institutional supplements should be presupposed in order properly to execute a system of gaining entrance through contribution. First of all, the student's scholastic aptitude, the use of funds, the impartiality and rational practices of management, and the impartial auditing of the results should all be prerequisites. If public prejudice and objections are strong, there should be reasonable persuasion as well as institutional provisions to prevent the feared abuses.

Counterargument: Professor Yun Chŏng-il
Seoul National University Department of Education
"Pass with money, fail without money—this is a regression in equal opportunity in education. Ends do not justify means. This will cause discord among the social strata."

After the government's announcement of the bill reforming educational policies, which would permit private universities to regulate the admission of students, some of these universities again began to insist on a system of gaining entrance through contribution. Whenever there has been illegality in the entrance examinations for universities, the government has said that they would affirmatively examine the system of gaining entrance through contribution. Whenever there has been a discussion about the financial problems of private schools, some private schools have insisted on the immediate introduction of a system of entrance through contribution. They speak as though illegalities in university entrance examinations and financial difficulties of the private schools occurred as a result of the lack of an entrance by contribution system. This is incorrect in both analysis and remedy.

Clearly, this system of gaining entrance through contribution is not a correct solution for illegalities in entrance examinations, nor is it the right path for solving the financial difficulties with which private schools are confronted.

The system of gaining entrance by contribution is no more than a system of gaining entrance by donation. Specifically, it is an open bidding system for entrance that publicly sells the product of university entrance. The higher the bidding price, the more profits for the universities. If the donation system is managed in a manner that is open to the public, the educational condition of the university can be improved somewhat, and the benefit of scholarship to the students can be expanded. However, this unjustified means and method should not be justified only because its intention is good.

This system of gaining entrance through contribution can to a certain degree help solve the financial difficulties of the private schools. However, it contains problems in the questions of legitimacy, lawfulness, and morality, as outlined below.

First, this system of gaining entrance by contribution violates the Constitution, which guarantees equal opportunity in education. Article 31 of the Constitution prescribes that "all the citizens have a right to receive an equal education in line with their ability". Here, the meaning of "ability" refers to that of the individual, not the ability of one's parents. Moreover, it refers to intellectual or scholastic ability, not social power or financial ability.

Second, there are inequities committed in entrance to the universities even in the situation of not allowing the system of entrance through contribution. If this system becomes officially authorized and sanctioned, all types of irregularities could occur in student selection, and the system of social values will completely disintegrate. This system will not be limited just to student selection in private universities, but will also influence personnel administration in employment and promotion. As a result, all of society will be governed by mammonism and the quest for money.

Third, this system of gaining entrance through contribution will not discredit only the universities; it will also spread to all educational institutions. Who will guarantee that the high school academic records will not be decided by donation, and that elementary and junior high school academic records will not be determined by the thickness of the money envelope?

Fourth, this system will accelerate the phenomenon of the rich-getting-richer and the poor-getting-poorer, widen the distances among the social classes, and intensify conflicts. When the success of entering a university is determined according to the financial ability of one's parents, students who fail will blame their parents before blaming themselves.

Clearly, poverty is not something to be proud of. However, it should not serve to disgrace and lower a parent's authority. This system will create one more popular saying, "Pass with money, fail without it", and become a catalyst for student agitation—on silent campuses.

(From a newspaper in 1995)

관용 표현 Index

Korean-English Glossary

4대문	four main entrances (into Seoul)
가득하다	to be full of
가령	if, supposing that
가로등	streetlight
가리다[1]	to conceal, shield
가리다[2]	to choose, select
가부장	patriarch
가상	imagination
가속	acceleration
가시다	to disappear, be gone
가정	supposition
가치 체계	value system
가판대	newsstand; kiosk
각광	spotlight
각기	each, respectively
각오	readiness, resolution
각지	various places
간간이	at times, occasionally
간밤	last night
간주하다	to regard as
간직하다	to keep, save, hold
간판	signboard
갈등	conflict
갈려	Break!
감귤류	citrus
감독	superintendent
감명	deep impression
감사	inspection, audit
감상적	sentimental
감소	decrease, reduction
감시망	surveillance network or system
갓	just now; newly, fresh from
강건하다	to be strong, robust
강세	strong tone
강습	training course
개량	improvement, reform
개발	development
개선	improvement
개척	cultivation, reclamation
개최	holding (a meeting)
개축	reconstruction
개혁	reformation, innovation
개화	enlightenment, civilization
거리[1]	distance
거리[2]	material, stuff
거부감	feeling of rejection
거스르다	to go against, act contrary to
거주	dwelling, residence
거창하다	to be on a large scale
거치다	to pass through; to go by way of
건국	founding of a country
건설	construction
건의	proposal, suggestion
건조하다	to be dry
걷어치우다	to clear away; to quit
걸리적거리다	to be in a person's way
걸음	step, pace
걸치다	to be laid across
검토하다	to examine, review
게다가	besides, moreover
겨레	offspring of the same ancestor, brethren
겨루기	competing
겨루다	to compete [match] with

격차	difference in quality or quantity
결국	after all, in the end
결론	conclusion
결성	formation
결심	decision; resolution
결점	weak point
결정적	definite
결코	assuredly, truly
겸양	humility and concession
겸하다	to possess both; to serve both as
경관	view, scene, scenery
경례	salute, bow
경비	defense, guard
경유하다	to go by way of
경향	tendency, trend, inclination
계기	momentum, opportunity, chance
계층	social class
계통	genealogy
고객	customer, client
고고학자	archaeologist
고난	distress, suffering
고발	indictment; complaint
고수	persistence, tenacity
고용	employment, hire
고위	high rank
고이다	to stagnate
고졸	high school graduate
고찰	investigation
곡식	grain
곧잘	often; fairly well
골밀도	bone-marrow density
골치	nuisance, head
곰팡이	mold, mildew, must
곱다	to be beautiful; to be soft
공	merit, credit
공간	room, space
공개	open to the public
공구	instrument, tool
공기통	air tank
공단	industrial complex
공동	partnership; union
공동 선언문	joint statement
공백	blank space
공식	formality; formula
공신	exemplary public officer (in old Korea)
공신력	public confidence
공인	official recognition
공적[1]	being public; official
공적[2]	public enemy
공정성	impartiality, fairness
공짜	free of charge
공통성	commonness
공헌	contribution, service
과소 평가	underestimation
과시	display, showing off
과정	process, course
과제	task, assignment
관념	notion, idea; sense
관리하다	to administer
관문	gateway, boundary
관심	interest, concern
관심사	matter of concern
관장	superintendent, director
관찰	observation, survey
관측	observation
관측소	observatory
관행	custom, routine
광어	flatfish, flounder
광업	mining (industry)
광화학	photochemistry
광희문	Kwanghi Gate (one of the four small entrances into Seoul)
교류	interchange
교체	replacement
구간	section, block
구덕	basket (in Cheju)

구별	distinction
구상	plan, design
구조 신호	SOS; call for help
구조	rescue, relief
국경	frontier
국교	diplomatic relations, alliance
국기원	World T'aekwŏndo Headquarters
국내 진출	advancement into one's own country
국무총리	prime minister
국방	national defense
국방 위원장	national defense commission chairman
국수주의자	ultranationalist
국적	nationality
국제 기구	international organization
국제화	internationalization
국한되다	to be limited (to)
군함	warship, battleship
굳이	strongly, decisively
굳히다	to harden
굴리다	to roll
굽다	to roast, broil
궁궐	royal palace
궁전	(royal) palace
권고	advice, counsel
권세	power, influence
권위	authority, power
권하다	to suggest
귀양	exile
규모	scale, scope
규정	rules, regulations
균등	equality
그럴듯하다	to be specious
그림자	shadow, silhouette
그야말로	indeed, really, truly
그예	at last
그즈음	around then
그치다	to stop
극복	conquest, subjugation
근간	basis, foundation
근거	basis, ground
근대화	modernization
근력	(muscular) strength
근면	hard work, diligence
근본	origin
급	class, grade, rate
긍정적으로	affirmatively
기[1]	counter for tombstones, towers, tombs, etc.
기[2]	vigor, energy
기구하다	to be ill-fated
기껏	to the utmost of one's ability
기르다	to develop, cultivate
기반	base, foundation
기부금	contribution, donation
기상[1]	weather conditions
기상[2]	spirit, temperament
기슭	edge; the foot
기업	enterprise, company
기업체	business organization
기여 입학	gaining [university] entrance by contribution
기여	contribution, services
기와	(roofing) tile
기운	strength, vigor
기웃거리다	to peep frequently
기절	faint, swoon
기점	starting point
기준	standard, criterion
기준치	allowable level
기지	base, headquarters
기합	concentration of spirit; yell
길거리	downtown street
김일성 종합대학	Kim Il Sung University
까마귀	crow, raven
깔다	to spread, put down

깔리다 to be spread
깨닫다 to realize, understand
꼬리 tail
꼽다 to count (on one's fingers); to be ranked (among)
꿰뚫다 to pierce, penetrate
끄떡없다 to be safe and sound
끊임없다 to be ceaseless
끌다 to pull, draw
끌어내리다 to pull down
끼 meal

나돌다 to wander about; to be rumored
나들이 going out; airing
나란히 side by side
나물 wild vegetables
나뭇가지 branches of a tree
나침반 compass
낙엽 fallen leaves
난초 orchid, orchis
날리다 to fly, let fly
날카롭다 to be sharp, keen
낡다 to be old, outmoded
남극 South Pole
남반구 southern hemisphere
남십자성 Southern Cross
납작하다 to be flat, level, even
낫다 to be better (than)
낭비 extravagance
낯설다 to be unfamiliar
내걸다 to hang out (a sign); to advocate
내다 to set up
내세우다 to put up, support
내신 성적 high school transcript
내외 inside and outside
내포하다 to contain
냉전 Cold War
냉철하다 to be cool-headed
넋 soul, spirit, ghost
널리 widely, extensively
넘보다 to think lightly of
넘실대다 to surge, roll, swell
넘어서다 to pass [get] over
넘치다 to overflow
노년기 senescence, old age
노동당 Labor Party
노릇 role, function
노리다 to aim at
노면 road surface
노벨상 Nobel Prize
노하다 to become angry, upset
녹(이) 슬다 to rust, become rusty
논문 thesis, article
농도 density
농목 agriculture and stock farming
농본 정책 agriculture-first policy
농어촌 farming and fishing villages
놓치다 to miss one's hold, fail to catch
누리다 to enjoy; to be blessed with
누비다 to quilt; to thread one's way through
누이다 to lay down, have (someone) lie down
눈가 rim of the eye
눈길 eyes, glance
눈썹 eyebrows
느슨하다 to be loose, slack
늘리다 to increase, multiply
늘어나다 to increase
늘어서다 to stand in a row

다다르다 to arrive, reach
다듬다 to trim, make even
다부지다 to be strong and firm
다빈치 da Vinci
다스리다 to govern, rule

다양하다	to be various
다양화	diversification
다지다	to solidify
다투다	to quarrel; to compete
다툼	quarrel, dispute
다행	good fortune
닦다	to get a firm footing
단	grade, rank, class
단련	discipline, drilling
단백질	protein, albumin
단서	beginning; clue
단원설	monadism
단장	decoration, ornament
단점	weak point
단정	decency; neatness
단조롭다	to be monotonous
단출하다	to be compact
단칼	one stroke of the sword
달구다	to heat
달성	achievement
닳다	to wear out
담당	charge
담수	fresh water
담장	wall, fence
당국	the authorities (concerned)
당뇨	glycosuria, diabetes
당락	success or defeat in an election
당시	at that time
당연하다	to be natural
당위성	legitimacy
당하다	to encounter
닿다	to touch; to arrive
대~	big, huge, severe
대군	big army, large force
대기	air; atmosphere
대기과학과	department of atmospheric science
대다	to put, place, apply
대다수	majority
대대로	generation after generation
대대적	extensive, large-scale
대들보	girder, pillar
대뜸	quickly, at once
대번에	without hesitation
대부	godfather
대사	great Buddhist priest
대상	object, subject; target
대여	lending, loan
대의	moral law, justice
대접	hospitality
대제	Great Emperor
대포	gun, cannon, artillery
대폭	steeply, greatly
대표단	delegation
대한 태권도 협회	Korea T'aekwŏndo Association
대한 수중 협회	Korea Underwater Association
대항	opposition
대형	large [full] size
더듬다	to grope
더러	occasionally, partially
덕택	indebtedness, support
덤	extra; addition
덤덤하다	to remain silent
덮다	to cover (with)
도달	arrival, reaching
도래하다	to come, arrive
도로변	roadside
도매업	wholesale business
도무지	entirely, at all
도복	suit for (*t'aekwŏndo*) practice
도사리다	to hide
도색	coloring, painting
도서	islands
도심	downtown
도야	cultivation; training
도우미	helper; clerk at an information desk

도읍 capital (in old Korea)
도입 introduction
도장[1] seal, stamp
도장[2] training hall
도 · 소매업 wholesale and retail
독 poison
독버섯 poisonous mushroom
독사 venomous snake
독액 poisonous liquid
독점 monopoly
독창적 creative
독특하다 to be peculiar, unique
돌다 to be prevalent
돌풍 sudden gust of wind
돌하르방 stone grandfather guardian
동녘 east
동원 mobilization
동의어 synonym
동포 compatriots, brethren
동호인 persons interested in the same subject
동화 assimilation
되풀이 repetition, reiteration
된장 *toenjang*, fermented soybean paste
두께 thickness
두루 in many ways
두르다 to put around
두텁다 to be thick, deep
뒤덮이다 to be covered, veiled
뒤이어 one after another
드러내다 to divulge
드렁칡 arrowroot vines
들녘 flat country, plain
들어맞다 to fit (in) perfectly
듬직하다 to be dignified
등록금 registration fee
따오다 to borrow from
때우다 to make shift
땡그렁거리다 to clang, cling
떠보다 to fathom, probe
떠오르다 to rise, float
떨치다 to become well known
또다시 again, once more
똑똑하다 to be clever, smart
뚜렷하다 to be clear, vivid
뚝 bank
뚫리다 to be pierced
뜬말 groundless rumor
뜯어고치다 to tear apart and mend
띠[1] belt, sash
띠[2] kind of reed
띠다 to tie a belt
띠줄 sash

랩족 Lapps
리스 lease

마련 procurement
마찬가지 one and the same
마취 anesthesia
막걸리 *makkŏlli*, unstrained rice wine
막기 defense, protection
막대기 stick, staff, cane
만끽하다 to enjoy fully
말끔하다 to be neat and tidy
말하자면 so to speak
맞대다 to confront
맞부닥치다 to hit against
맞서다 to face each other
매다 to tie up, fasten
매도 abuse, condemnation
매력도 degree of attractiveness
매화 plum blossom
맥락 context
맥없다 to be weak
맷돌 millstone
맹세 oath, pledge, vow
맺다 to tie, knot
머물다 to stay, remain
먹이 fodder; feed

메다 to carry on one's shoulder
메우다 to fill up
면도칼 razor
면밀하다 to be minute; to be close
명나라 Ming dynasty
명명하다 to name
명분 moral obligation
명성 fame, reputation
명소 famous place
명시 clear statement
명장 famous general
명칭 name, title, term
모나리자 Mona Lisa
모란봉거리 Moranbong (Peony Peak) Street
모색 groping
모음 vowel
모음 조화 vowel harmony
목례 nod of greeting
목재 timber, lumber
목초지 uncultivated field with bushes and grass
몫 share, portion
몰려오다 to come in crowds
몰아내다 to drive out, turn out
몸매 one's figure [shape]
몸부림 writhe, struggle
무덤 grave, tomb
무렵 around the time when
무릅쓰다 to risk
무리 crowd, throng
무사하다 to be safe, secure
무성하다 to be luxuriant
무술 martial arts
무역업 trading
무인도 uninhabited island
무조건 unconditional
묵다 to stay (at, in)
묶음 bundle, bunch
문양 pattern, design
문자학 study of letters
문하시중 prime minister (during the Koryŏ and early Chosŏn dynasty)
문화 유산 cultural inheritance
물결치다 to move in waves
물리다 to be bitten
물씬하다 to be smell nice and strong
물질 matter, substance
미련하다 to be foolish
미술관 art gallery
미완 unfinished
미완성 교향곡 Unfinished Symphony
미용 cosmetic treatment; hair styling
미치다 to influence
미학 aesthetics
민간 nongovernmental
민족 문화 national culture
민첩성 agility, quickness
밀리다 to be left undone
밀림 jungle, thick forest
밀접하다 to be close, intimate

바구니 wicker basket
바느질 needlework, sewing
바늘 needle, pin
바둑판 *paduk* board
바라다 to wish, desire
바람 consequence, result
바람직하다 to be desirable
바로 exactly
바탕 natural disposition
~박 stay
반기다 to be delighted at
반란군 rebel army
반면(에) on the other hand
반반하다 to be smooth, even
반성 self-reflection

반역	rebellion, treason
반영	reflection
반향	echo, reflection
발상	conception, idea
발음 기관	speech organ
발틱 해	Baltic Sea
밝히다	to make clear; to throw light on
방아	grinding mill, mortar
방안	plan, device
방어	defense, safeguard
방울	small bell; drop
방위	direction
방정맞다	to be frivolous
밭담	dike around a field
배경	background; backing
배금 사상	worship of money, mammonism
배출[1]	discharge, exhaust
배출[2]	coming forward in succession
배치	arrangement, disposition
배포	distribution
백골	human bones
백성	populace
백조	swan
버림받다	to be abandoned
번쩍	easily, with no effort
번창	prosperity, flourish
벌리다	to open, widen
벌이다	to display, spread
범미주	Pan-America(n)
범종	Buddhist temple bell
벗어나다	to get out of
벼슬살이	life as a high-ranking official
벽랑국	the country of *Pyŏngnang*
변동	change
변두리	outskirts, suburb
변모	change in (one's) appearance
변형	transformation
~별	(classified) by; according to
별나다	to be eccentric
별다르다	to be particular
병법	military rules; strategy
보건	preservation of health
보급	supply; popularization
보도	sidewalk, pavement
보따리	package, parcel
보리밭	barley field
보석상	jeweler
보수	mending, repair
보완	supplementation
보유	possession, retention
보장	guarantee, security
보편	universality
보호대	protector
복병	ambush
본국	one's own country
본디	originally
본뜨다	to imitate, copy
본래	originally, by nature
본태성 고혈압	congenital hypertension
봉사	service
봉오리	flower in bud, bud
봉투	envelope
부	wealth, riches
부각하다	to emboss, raise
부국	rich country
부동산업	real estate business
부두	wharf, pier
부딪치다	to collide with
부락	village
부럽다	to envy
부상	rise to the surface
부여	endowment
부정	injustice, illegality
부정적	negative
부조리	irrationality

부족하다 to be short (of), lack
부추기다 to instigate, incite
부치다 to cook on a griddle, fry
부킹 booking, reservation
북구 Northern Europe
북극성 North Star
북반구 northern hemisphere
북새통 confusion, commotion
북진 going north
분간 distinction
분교 branch school
분단 division, partition
분석 analysis
분야 field, division
분출 spouting, eruption
분포 distribution
불가피하다 to be inevitable
불과 just, nothing but
불그스름하다 to be reddish
불러일으키다 to rouse, excite
불문하다 not to ask; to disregard
불빛 light, rays of light
불신 distrust
불씨 source of fire
불평 grievance
비경 mysterious sights
비기다 to compare to
비난 blame, criticism
비단 merely, only
비롯하다 to start from
비상하다 to be unusual, extraordinary
비전향 nonconversion
비하다 to be compared to
빈곤 poverty
빈번하다 to be frequent
빚다 to bring about, give rise to; to breed
빠지다 to fall into
빨아내다 to suck out; to absorb
빳빳하다 to be straight, stiff
빼앗다 to snatch, deprive
뻔하다 to be obvious
뿌리다 to sow; to scatter
삐거덕거리다 to creak, squeak

사기 fraud, swindle, cheat
사냥 hunting, shooting
사당 ancestral shrine
사로잡다 to catch alive
사로잡히다 to be caught alive
사명 mission, appointed task
사범 teacher, master
사색 speculation
사신 envoy (in old Korea)
사연 circumstances and origin of a matter [case]; (full) story
사열 inspection; parade
사장 hoarding; keeping (a thing) idle
사적 private, personal
사학 private school
사후 after the fact
산뜻하다 to be clean; to be neat and tidy
산림 forest
산재 strewn
산하 subsidiary; under
산허리 mountainside
살풋 gently
삼가다 to refrain from
삼각형 triangle
삼다 to make (a thing) of
삼성혈 Caves of Three Surnames
상당수 considerable number
상대적 relative
상류 계층 upper class
상봉 meeting (each other)
상상 imagination
상소 (presenting) a petition to the king

상의	consultation
상주하다	to be permanently stationed (at)
상징	symbol, emblem
상책	best policy, best plan
상처	injury, wound
상층	upper layer
상표	trademark, brand
상호간	mutual, mutuality
상황	conditions, situation
새벽당	dawn activity (such as diving before sunrise)
새삼스럽다	to feel anew
샘솟다	to spring out, spout
생계	living, livelihood
생김새	looks, appearance
생물	living thing, creature
생존법	way to survive
생활권	sphere [zone] of life
서까래	rafter
서서히	slowly, gradually
서평	book review
석사 학위	master's degree
석양	evening sun
석회	lime (chemical)
섞이다	to be blended, mixed
선민	earlier people
선발하다	to select, pick out
선봉장	leader of the vanguard
선비	scholar (in old Korea)
선상	deck
선언	declaration
선전	advertisement
선죽교	Sŏnjuk Bridge (name of a stone bridge in Kaesŏng)
선행	preceding, going first
섣달	twelfth lunar month
설득	persuasion
설립	foundation
설정	establishment
설치	installation
성분	ingredient
성읍 민속촌	Sŏngŭp Folk Village
성장기	period of growth
성지	sacred ground; Holy Land
성질	temperament, nature, character
성큼	with big strides
성하다	to be thick, luxuriant
세계화되다	to be globalized
세력	power; influence
세차다	to be violent, strong
세포	cell
셈	count(ing); intention
소라	turban shell
소멸	extinction
소문	rumor
소수 민족	minority race
소아	infant
소요	commotion
소위	so-called, what is called
소유	possession
소유자	possessor
소통	communication
소화액	digestive fluid
속담	proverb
속속	continuously
속칭	popular designation
속하다	to belong (to)
손톱	fingernail
솜씨	manual skill
송판	pine board
쇄빙선	icebreaker (ship)
수[1]	unit of stanza; a poem
수[2]	embroidery
수도	capital city
수량	quantity of water
수력	water power
수련	training, practice
수련생	trainee

수립	establishment
수성	protection of what has been achieved
수수께끼	riddle, puzzle, enigma
수수하다	to be plain and simple
수술	pompon
수시	from time to time
수심	depth of water
수양	cultivation of the mind
수여	award
수온	water temperature
수용	accommodation
수용소	asylum
수월하다	to be easy, simple
수입	income, revenue
수중	underwater
수증기	water vapor, steam
수직	verticality
수치	shame, disgrace
수트	(diving) suit
수학	pursuit of knowledge
수행	performance, execution
수호신	guardian deity
수확	harvest
숙달	proficiency, mastery
숙식	room and board
순간	moment, instant
순례	pilgrimage
순순히	willingly, freely
순전하다	to be pure, genuine
숭고하다	to be lofty, noble
숭례문	South Gate (of Seoul)
숭숭	perforated; minced
숭유 정책	Confucianism-oriented policy
슈베르트	Franz Schubert
습기	moisture, humidity
승격	promotion in status
승리거리	Victory Street
승선	boarding
승진	promotion
시각	point of view
시간대	time range, time slot
시급하다	to be urgent
시기	(proper) moment
시루떡	steamed rice cake
시범	demonstration
시선	gaze
시설	facilities
시외버스	cross-country bus
시일	time, days
시장통	bustling market
시조[1]	(kind of short lyric poem)
시조[2]	founder, progenitor
시차	time difference
식량	provisions, food
식수	drinking [potable] water
식인 물고기	cannibal fish, piranha
신기하다	to be novel, marvelous
신뢰	confidence, trust
신비롭다	to be mysterious
신생	new birth, newborn
신성 문자	hieroglyph; Egyptian script
신인	godlike person; prophet
신입 사원	new employee
신체	body
신하	minister, royal subject
싣다	to load, freight
실감	actual feeling
실수	mistake, error
실시	practical application
실전	actual fighting
실증	actual proof
실천	practice
실현	realization
심사	judging; screening

심신	mind and body
심심하다	to be bored
심지어	even, as much as
심화	deepening
쌍	pair, couple
쌍꺼풀	double eyelid
쏘다	to shoot; to sting
쏟아 놓다	to throw out
쐐기 문자	cuneiform (character)
쐐기	wedge
씨앗	seeds
아낙(네)	woman
아득하다	to be far [vague]
아쉬움	regret, attachment
아황산가스	sulfur dioxide
악화	aggravation
안	suggestion, proposal
안목	appreciative eye
안배	arrangement
알아주다	to think highly of
암시	hint, suggestion
압도	overwhelming
앞세우다	to make (a person) go ahead
앞장서다	to stand at the head
애기구덕	crib (in Cheju)
애당초	very first; the beginning
액	calamity, misfortune
야트막하다	to be somewhat low
야하다	to be gaudy or flashy
약칭	abbreviation
양장점	Western dressmaking shop
양질	good quality
어긋나다	to pass each other
어민	fishermen
어울리다	to match well
어장	fishing banks
언어학자	linguist
얽다	to bind, weave
얽어매다	to bind up, tie up
얽히다	to be tied, be entangled
엄청나다	to be extravagant
업소	place of business, e.g., restaurant, bar, store, shop
업종	category of business
업체	(business) enterprise
엉성하다	to be loose
에밀레종	bell of the great king Sŏngdŏk
에워싸다	to surround
여객선	passenger boat
여건	given condition
여러모로	in various ways
여명	dawn, daybreak
여백	blank, space
여부	whether or not
여운	aftereffect
여지	room; margin
역사박물관	history museum
역임하다	to assume (an official position), serve as
역학적	dynamic
역행	going backward
연교차	annual range
연금정	(a place in Kangwŏn province)
연기	smoke, fumes
연령	age
연방제	confederation system
연신	continuously
연안	coast, shore
연장	extension
연장하다	to extend, prolong
연합제	commonwealth
열기	heat, hot air
열성파	group of enthusiasts
열십자	cross
염도	(degree of) saltiness
염려	worry, care

염분	salt content
염원	heart's desire
영빈관	guesthouse
영영	forever, perpetually
영예	honor
영접	welcome, reception
영향	influence, effect
예리하다	to be sharp, keen
예방	prevention
예산	estimate, budget
예삿일	ordinary affair
예외	exception
예외없이	without exception
예찬론	admiration, adoration
오곡	five grains (i.e., rice, barley, beans, foxtail millet, millet)
오래도록	for a long time
오리발 시즌	flipper season, swimming season
오므리다	to narrow
오염	pollution
오염도	pollution level
오염원	source of pollution
오염 물질	pollutant
오존	ozone
오종종하다	to be meager
오지	hinterland
옥[1]	prison, jail
옥[2]	jade
옥새	royal [imperial] seal
온갖	all sorts of
온통	wholly, entirely
올바르다	to be straight, upright
옷차림새	manner of dressing
와해	disintegration
완벽	perfection
완벽주의자	perfectionist
완성	perfection; completion
완숙	full ripeness
왕복	round trip
왕조	dynasty
왜구	Japanese pirate raiders
외모	outward appearances
외벽	outer wall
요동	Liao Dong Province (in China)
요람	cradle
요소	constituent; requisite
요원	(necessary) personnel
용감 무쌍	unchallenged bravery
용도	use; service
용모	looks, features
용사	brave man; hero
용암	lava
용어	terminology
용이하다	to be easy, simple
용출	gush, eruption
우글거리다	to swarm, be crowded
우기다	to insist, persist
우뚝	high; aloft
우랄 알타이계	Ural-Altaic
우러나다	to soak out, come off
우렁차다	to be sonorous
우려	worry, anxiety
우선	preference, priority; first of all
우주	universe
우주인	astronaut
우향우	Right face!
운명	(one's) fate, destiny
운영	management
운학	prosody, metrics
운항	navigation
운행	traffic service
울리다	to ring, sound, clang
울퉁불퉁하다	to be uneven
웅변	eloquence
웅장하다	to be grand, magnificent, majestic
원동력	motive power
원로	elder statesman, senior

원망	ill will, resentment
원본	source, original
원앙	mandarin duck
원주민	native, aborigine
원칙	(elementary) principle
월남전	Vietnam War
위로	solace, consolation
위반	violation, breach
위상	place, position, rank
위원회	committee, board
위중하다	to be dangerously ill
위협	menace, intimidation
유교	Confucianism
유단자	holder of a (martial arts, *paduk,* etc.) rank
유도	judo
유람선	excursion boat
유래	origin, genesis
유수	prominence
유언	will, dying wish
유역	basin, (river) valley
유연성	flexibility, pliability
유영	swimming and playing
유익하다	to be helpful, profitable
유일하다	to be only
유지	maintenance
유창하다	to be fluent
유채	rapeseed (plant)
유출	outward flow, outflow, spillage
유치	attraction, lure
유통	distribution, currency
유행어	words or phrases in fashion
유형	type, pattern
윤리성	moral principles
융합	fusion, merger
으레	customarily, usually
은근하다	to be implicit
은밀하다	to be secret, covert
은은하다	to be dim, vague
읊다	to recite
음절	syllable
응급	emergency
응답	response, answer
응용	(practical) application
의도	intention, intent
의류	clothing, clothes
의무적	obligatory
의사	intention, purpose
의식	consciousness, awareness
의원	doctor's office
의의	meaning, significance
의지	will, intention
이국	foreign country
이듬해	the next year
이래	since, from
이런저런	one thing and [or] another
이로써	with this, hereby
이론	theory
이르다	to reach, arrive (at)
이목	public attention
이민	emigration, immigration
이북	north (of); North Korea
이빨	tooth
이산화질소	nitrogen dioxide
이상[1]	above
이상[2]	ideal
이상주의자	idealist
이어받다	to inherit, succeed to
이윽고	after a while; shortly
이주	move; migration
이차적	secondary
이치	reason; principle
익히다[1]	to cook; to mature
익히다[2]	to make oneself familiar with
인건비	personnel expenses
인격	character, personality

인계 transfer, taking over
인구 population
인근 neighborhood
인도적 humane, humanistic
인도주의자 humanist
인력 human resource
인명 human life
인민 대학습당 People's (Great) Study Hall
인민 people, citizens
인민일보 *People's Daily*
인사[1] men of society
인사[2] personnel affairs
인접국 neighboring country
인정 recognition, acknowledgement
인종 ethnic group
인체 human body; flesh
인파 surging crowd of people
일교차 daily (temperature, humidity) range
일구다 to bring under cultivation
일껏 with much trouble, at great pains
일대 whole place [area]
일등 the first class [rank, place]
일말 a spray (of), a touch (of), a tinge (of)
일산화탄소 carbon monoxide
일쑤 habitual practice
일약 at a (single) bound
일원 member
일으키다 to raise; to set up
일주 a round
일찍이 in one's early days
일컫다 to call, designate
일행 party; company
임 sweetheart, lover
임야 forests and fields
임용 employment
임하다 to meet, face
입맛 appetite, taste
입문 entrance into a professional area
입수 entering water
입시 entrance examination
입신 divinity, deity
입장 situation, standpoint
입증 proof, establishment
입찰제 bidding system
입항 entry into port
잇다 to succeed, inherit
잇몸 gums, alveolar ridge

자갈 gravel, pebbles
자객 assassin
자격 qualification, competence
자만 conceit, vanity, pride
자매 결연 establishment of sisterhood
자못 considerably
자부심 self-confidence
자생력 power of self-generation
자세 posture, pose
자신감 confidence
자율권 right to autonomy
자율화 self-regulation
자음 consonant
자주적 voluntary, independent
자체 itself
자행 self-indulgence
작달막하다 to be short and thick
작별 leave-taking,
작용 action, operation
작품 work (of art), product
잠수 diving
잠수객 diver
잡아타다 to take (a taxi)
장기수 long-serving prisoner

장래성 prospect
장려 encouragement
장만 getting ready
장비 equipment
장수 long life
장수 general (in old Korea)
장악 grasp; command
장애 obstacle, hindrance
장점 strong point
장치 device, equipment
재기 comeback; rising again
재능 ability, talent
재력 financial power
재벌 financial conglomerate
재봉틀 sewing machine
재일 residing in Japan
재정 finance(s)
재정난 financial difficulties
쟁점 point at issue
저들 they
저명하다 to be prominent
저촉 conflict, collision
저하 falloff, decline, drop
적당하다 to be appropriate
적병 enemy soldier
적절하다 to be suitable
적지 appropriate place
전 *chŏn*; panfried food
전개 unfolding
전교조 National Teachers' Association
전군 whole army
전근대적 premodern
전기 turning point
전달 transmission
전도 conduction
전망 view, prospect
전면 whole [entire] surface; entirely
전문 full text
전복 ear shell, abalone
전설 legend, folktale
전승 transmission (from generation to generation)
전신 whole body
전염병 infectious disease
전제 presupposition
전제되다 to be presupposed
전제 조건 prerequisite
전철 electric railroad
전파 propagation
전하다 to inform
전향 changing one's beliefs or ideas
전화(번호)부 telephone directory
전환 conversion
절개 incision
절기 24 divisions of the year (in the lunar calendar); season
절대 absolute(ness)
절대적 absolute
절실하다 to be earnest, urgent
절약 economy, frugality
점검 check, inspection
점수 points, grade
점포 store, shop
젓갈 salted seafood
정 feeling, emotion, love
정글 jungle
정당화 justification
정도[1] right path
정도[2] degree, extent; about
정밀 minuteness, precision, accuracy
정벌 conquest, expedition
정복 conquest, subjugation
정비 업체 maintenance shop
정사각형 perfect square
정상 회담 summit conference
정서 emotions, sentiments
정연하다 to be orderly
정원 fixed number; capacity

정음	Korean script
정의	definition
정의롭다	to be righteous, just
정작	really, actually
정중하다	to be polite
정착	settlement
정책	policy
정형외과	orthopedics
정확하다	to be accurate
제	ancestor-memorial service
제거	exclusion; removal
제대	discharge from military service
제대로	properly, as it should
제도적	systematic
제반	all, every; various
제법	quite, considerably
제외하다	to exclude
제작	production
조각[1]	sculpture
조각[2]	piece
조국	fatherland
조기	early stage
조난	disaster; accident
조달	supply, provision
조선 민주주의 인민공화국	Democratic People's Republic of Korea
조성	development; creation
조속하다	to be immediate
조이다	to tighten (up)
조화	harmony, accord
존재	existence, being
종목	item; line; event
종사	following a profession
종성	final (consonant) on the end of a written Korean syllable
좌향좌	Left face!
죄책감	guilty conscience
주검	corpse
주도	lead, initiative
주먹	fist
주변	circumference
주석궁	presidential palace
주식 회사	corporation
주역	leading role
주의	attention, heed, care
주재원	resident reporter
주저앉다	to sit down suddenly
주체	the main body
주춧돌	foundation stone
줄짓다	to be in a row
중	Buddhist priest
중립 정책	policy of neutrality
중복	duplication, repetition
중성	medial of a written Korean syllable
중추	center; pivot
증가	increase
증강	reinforcement
증발	evaporation
증인	witness
증진	promotion; increase
지나치다	to be exceeding
지니다	to keep, preserve
지류	tributary
지르기	kicking; yelling
지망생	aspirant; applicant
지반	ground; foundation
지배	governing
지새우다	to stay up all night
지역	region, area
지연	delay, postponement
지우다	to let carry something on the back
지원	support, backup, aid
지원자	applicant, candidate
지적	intellectual, mental
지점	spot, point, place
지정	designation
지질학	geology
지층	geological stratum
지향	intention, inclination

직면하다	to face, confront
직무	duty
직원	staff, personnel
진격	march onward; attack
진귀하다	to be rare and precious
진단	diagnosis
진력하다	to exert oneself
진입	entry, penetration
진정하다	to be true
진출	advance, entry
진취적	progressive
진토	dust and soil
진행	progression
진홍	promotion
질	quality
짊어지다	to pack on the back
집결	assembly
집계	totaling, total
집단	group, mass, body
집어삼키다	to swallow up
집중	centralization, concentration
집현전	Hall of Worthies
짓누르다	to trample
짓다	to have (clothes, shoes) made
짜증	fret; annoyance
찌르기	piercing, stabbing
찧다	to pound; to ram
차기	kicking (at)
차다	to attach, wear
차렷	Attention!
차원	dimension; level
차지	occupancy
차지하다	to occupy, have
착용	wearing
찰떡	rice cake made of glutinous rice
참교육 시민 모임	Assembly of Citizens for True Education
참모습	true picture
참여	participation
참전	participation in a war
창	spear, pike, javelin
창달	promotion
창립	foundation
창시	origination, creation
창업	inauguration of an enterprise
창제	device; invention
채	(not) yet; as yet
채다	to sense
채색	coloring
채용	employment
채취	picking, gathering
채택	choice, selection
채택하다	to select; to adopt
처가	wife's home
처방	prescription; recipe
처지	situation
처형	execution
척박하다	to be barren
천도	transference of the capital (in old Korea)
천박스럽다	to be shallow
철광석	iron ore
철저하다	to be exhaustive
첨단	cutting edge
청년	youth, young man
청사	government office building
체계	system; organization
체급	weight
체육	physical training
체제	structure; system
체중	weight
쳐들다	to lift (up), raise
초가(집)	thatched house
초경	first, beginning
초단	first grade
초보자	beginner, novice
초상화	portrait painting
초성	initial sound

초청	invitation, call
총본산	headquarters
총재	president; governor
최다	(being) most numerous
최신(의)	newest
최악	worst
최초	beginning
추가	addition
추구	pursuit, chase
추대	installation
추락	precipitation
추스르다	to pack up
추정	presumption
추진	propulsion, drive
추측	conjecture
축	axis
축산	stockbreeding
축적	accumulation
출동	moving out
출항	departure from port
충격량	impulse
충신	loyal retainer, loyal subject (in old Korea)
충실하다	to be faithful, devoted, loyal
취업	employment
취재	collection of data or materials
측면	side; flank
측정치	measured value
치기	striking, hitting
치료	(medical) treatment
치명적	to be fatal, mortal
치사스럽다	to be shameful
치안	public peace (and order); security
친교	friendship; intimacy
친명 정책	pro-Ming policy
친분	(closeness of) friendship; intimacy
친제	made by the king himself
친히	personally (by a revered person)
침공	invasion, raid
침낭	sleeping bag
칭하다	to call, name, title
칸	partition, room
콩쿨	contest, competition
타고나다	to be born with
타주	another state
탐색	search, investigation
탑승	boarding; riding
탓	fault; responsibility
탓하다	to put blame on
태고	ancient time
태극	Great Absolute (in Chinese philosophy)
태초	beginning of the world
터	condition, situation
터득	mastery
터뜨리다	to explode, burst
터전	(residential) site
토벌	subjugation
토속	local customs
통계	statistics, figures
통념	common idea
통솔력	leadership
투사	fighter, combatant
투자	investment
툴툴거리다	to grumble over
튀어 나오다	to rush out, pop out
특별기	special plane
특성	characteristics
특이성	peculiarity
특징	special feature
특파원	delegate, special correspondent
파격적	exceptional
파고들다	to dig into
파괴	destruction
파괴력	destructive power

파급 spreading, extending
파리장 Parisian
파월 dispatch of forces to the Vietnam War
파행 crippling, limping
판 state of affairs
팽창 expansion; swelling
퍼지다 to spread out
펄프 pulp
펴다 to unfold
편견 prejudice, bias
편협하다 to be narrow-minded
평가 appraisal, assessment
평야 plain, open field
평양 학생소년 궁전 Pyŏngyang Palace for Young Students
평지 flatland; level ground
폐단 abuse, evil
포근하다 to be comfortably warm
포만 satiety, satiation
포인트 point
포장 paving, pavement
폭삭 entirely, wholly
폭약 explosive
표음 문자 phonetic writing
표의 문자 ideographic writing
표정 (facial) expression
푹신하다 to be soft, spongy
풀다 to solve
풀숲 bush, thicket
풀이 explanation
품새 *p'umsae,* form
품성 character; nature
풍속 manners, customs
풍요롭다 to be rich; to be abundant
풍정 tasteful appearance
피비린내 scent of blood
피터 대제 Peter the Great

하늬바람 west wind
하직 leavetaking
하천 river, stream, brook
학회 academic meeting
한(韓)나라 Korea
한결같다 to be consistent
한낮 noon, midday
한낱 only, mere
한마디 a (single) word
한반도 Korean peninsula
한복판 middle, center
한시 Chinese poem
～할 tithe, ten percent
함부로 thoughtlessly
함양 fostering, cultivation
합리성 rationality
합법성 lawfulness
합의 사항 agreed-upon matters
합치 agreement
합치다 to put together
항전 resistance
항해 navigation
～해 sea
해녀 woman diver
해독 작용 detoxification
해롭다 to be harmful
해방 release, liberation
해석 interpretation
해소하다 to dissolve
해안 seashore, (sea)coast
해치다 to do (a person) harm
행사하다 to excercise; to employ
행운 good luck
행정 administration
행태 behavior, action
향상 progress
향취 scent, fragrance
허물어지다 to crumble
허용 allowance, permission
허점 blind point
헌납 contribution, donation
혀뿌리 base of the tongue

현무암	basalt, whinstone
현실	reality
현실론	bread-and-butter theory
현역	active service (on full pay)
현저하다	to be notable
현지	very spot, (actual) locale; the field
혈	hole, aperture, cave
혈액	blood
협동심	cooperation
형성	formation
혜택	favor, blessing
호신	self-protection
호전적	belligerent; bellicose
호흡	breath, respiration
화강암	granite
화려하다	to be magnificent
화살	arrow
화창하다	to be sunny
화폭	canvas, picture, drawing, painting
확대하다	to magnify, enlarge
확률	probability
확보	security; insurance; guarantee
확보율	insurance rate
확산	diffusion; extension
확인	confirmation
환경부	Ministry of the Environment
환상	fantasy
환영	welcome; ovation
환호	cheer
환호성	shout of joy; cheer
활	bow; archery
활력	energy, vitality
활성화하다	to activate
활짝	very widely
황폐	ruin, devastation
회관	assembly hall
회군	withdrawal of troops
회화	picture, painting
획	stroke
획기적	epochal
효	filial piety
효소	ferment; enzyme
효율적	efficient
효행	filial conduct
후배	one's junior
후손	descendants; posterity
후예	descendant, offspring
후원	support, backing
후진성	being underdeveloped
후천적	(something) acquired during the course of one's life
후하다	to be generous
후회	repent; regret
훈민정음	Korean alphabet
훼손	damage
흉	scar; fault, flaw
흠	flaw, defect
흡수	absorption
흥인지문	East Gate (in Seoul)
흩어지다	to disperse, scatter
희귀하다	to be rare
희석	dilution
힘입다	to owe; to be indebted to (a person) for (something)

About the Authors

Ho-min Sohn received his B.A. (1956) and M.A. (1965) in linguistics from Seoul National University and Ph.D. (1969) in linguistics from the University of Hawai'i at Manoa, where he currently serves as professor of Korean Linguistics. He is president of the Korean Language Education and Research Center (KLEAR) and a past president of both the American Association of Teachers of Korean (1994–1997) and of the International Circle of Korean Linguistics (1979–1981). His numerous authored or co-authored publications include *Korean: Descriptive Grammar* (Routledge, 1994), *Linguistic Expeditions* (Hanshin, 1986), *The Korean Language* (Cambridge University Press, 1999), and *Integrated Korean* series (University of Hawai'i Press, 2000–).

Heisoon Yang holds B.A. and M.A. degrees in English from Ewha Womans University, as well as a Ph.D. in English linguistics from Seoul National University. She is currently a professor of English linguistics and language pedagogy at Ewha Womans University, has taught Korean at several universities in Korea, and has been a visiting scholar to University of Hawai'i. She is the co-author of *Korean Proficiency Guidelines* (University of Hawai'i, 1994), *Speak Up* (Hyundai English, 1997), *Korean Reader for Chinese Characters* (University of Hawai'i Press, 2002) and has written several research papers on comparative studies of Korean and English.